Erinnerungen

Aufgezeichnet von
BRIGITTE RÖTHLEIN

*Mit 132 Abbildungen
und Dokumenten*

HERBIG

Fachlektorat und Bildredaktion:
Kyrill von Gersdorff

© 1994 by F. A. Herbig Verlagsbuchhandlung GmbH,
München – Berlin
Alle Rechte vorbehalten
Umschlaggestaltung: Wolfgang Heinzel
Satz: Schaber Satz- und Datentechnik, Wels
Gesetzt aus 10,6/12,2 Times in PostScript
Druck und Binden: Wiener Verlag, Himberg
Printed in Austria
ISBN 3-7766-1747-0

Inhalt

Kindheit und Jugend –
Erste Berührung mit der Fliegerei　　　　　　　　　　9

Lehre bei Heinkel –
Praktikum in den »Deutschen Werken Spandau«　　22

Studium in Berlin-Charlottenburg –
Maschinenbau, Fachrichtung Flugzeugbau　　　　38

Bei Willy Messerschmitt –
»Das Konstruieren lernen«　　　　　　　　　　　47

Bei Kriegsbeginn –
»Man muß junge Leute ranlassen«　　　　　　　　61

Augsburg – Wiener Neustadt – Oberammergau –
»Ständig mit einem Fuß im KZ«　　　　　　　　　73

Bis zur »Alpenfestung« –
»Wieder Herr im Haus – mit der Me 262«　　　　88

INHALT

Endlich Frieden –
Der Krieg ist zu Ende ... 110

Nach der Stunde Null –
Hungerjahre und Neubeginn in Stuttgart ... 125

»Bölkow-Entwicklungen KG« –
Von der Tonrohrfertigung zum Glasfaser-Kunststoff ... 137

Die Gefahr aus dem Osten –
Neue Anfänge der Wehrtechnik ... 146

»Blut geleckt« –
Die COBRA-Story ... 160

Von Stuttgart nach Ottobrunn –
Der »Entwicklungsring Süd«, Arge »EWR« ... 175

Eine Lebensversicherung über 8 Millionen –
Zusammenarbeit mit den Amerikanern ... 185

»Wer ist schon Bölkow?« –
Zusammenarbeit mit den Franzosen ... 192

Bo 105 »System Bölkow« –
Hubschrauber- und Magnetschwebetechnik ... 202

NKF – »Neues deutsches Kampfflugzeug« –
Fusion mit Messerschmitt ... 214

Messerschmitt-Bölkow-Blohm (MBB) –
Fusion mit den Hamburger Flugzeugwerken   226

European Space Research Organisation (ESRO) –
Erste Schritte ins Weltall   237

»Ariane« und »Hermes« –
Probleme der Trägerraketen   249

»Panavia Aircraft GmbH«
Der MRCA-Tornado   263

Das Risiko hat sich gelohnt –
Der Airbus   273

PR-Aktionen –
Auf den Philippinen und in der VR China   286

»Assistant to the President of MBB« –
Kontakte mit Indonesien   297

»An einer Zusammenarbeit sehr interessiert« –
Der Schah von Persien   307

»Sie waren unser Vorbild« –
Der Geist von Ottobrunn   312

»Bölkows gut verwurzeltes Pflänzchen« –
Abschied von der Firma   326

»Wir können es packen!« –
Überlegungen für die Zukunft   337

Danksagung   351

Anmerkungen   355
Ludwig-Bölkow-Stiftung   375
Auszeichnungen   383
Personenregister   385
Bildnachweis   392

Kindheit und Jugend –
Erste Berührung mit der Fliegerei

1985, als Deutschland noch geteilt war, besuchte ich zum ersten Mal nach 40 Jahren wieder meine Heimatstadt Schwerin, in der ich 1912 geboren worden war. Ein eigenartiges Gefühl, wenn man nach einem halben Jahrhundert dorthin zurückkommt, wo man seine Kindheit und Jugend verbracht hat. Ich wagte es zunächst gar nicht, in die Stadt zu gehen, sondern spazierte erst einmal am Schweriner See entlang, um mich an die Veränderungen im Stadtbild langsam heranzutasten. Wichtige Plätze meiner Kindheit existierten nicht mehr: das Bootshaus, unser Strempelplatz u. a. Trotzdem fühlte ich mich zu Hause. Woher kam dieses Heimatgefühl? Die eigentliche Bindung entsteht sicherlich durch die Landschaft, die einzigartige, flache und trotzdem vielfältige Landschaft der Mecklenburger Seenplatte mit ihren Moränenhügeln.

Nach kurzer Eingewöhnungsphase suchte ich das ehemalige Haus meiner Eltern in der Goethestraße – früher Rostocker Straße – auf. Das ursprünglich großbürgerlich-gepflegte Haus befand sich in schrecklichem Zustand: Die Fassade war abgebröckelt, im Inneren hatte man unsachgemäß Bäder eingebaut, so daß sich in den Wänden der Schwamm eingenistet hatte, die Bewohner im obersten Stockwerk hielten sogar leibhaftige Schweine in der Wohnung. Ich war von diesem Anblick ziemlich deprimiert und beschloß, mein Elternhaus wieder in einen vernünftigen Zustand zu versetzen.

Zunächst besorgte ich mir von der kommunalen Wohnungsverwaltung (KWV) einen Grundbuchauszug, dann beauftragte ich vorsichtig einen ansässigen Architekten, Sanierungs- und Renovierungspläne auszuarbeiten. Wir entschlossen uns schließlich, das Haus völlig zu »entkernen« und nach hinten ein fünf Meter tiefes Rückgebäude mit Wohnungen anzubauen. Nach vorn, zur Straße hin, sollten im Erdgeschoß wie früher Läden untergebracht werden.

Nach der Öffnung der Mauer wurde die Organisation der Arbeit leichter, und Ende 1991 war die Renovierung endlich abgeschlossen. Sie hatte mich eine Stange Geld gekostet; aber die Wiederherstellung meines Elternhauses war mir einerseits eine Verpflichtung, andererseits Nostalgie – ich hatte in Schwerin eine schöne Kindheit verbracht.

Mein Vater war als gelernter Polsterer, Sattler und Tapezierer im Flugzeugwerk Fokker[1] Meister in der Versuchswerkstatt gewesen. Nach dem Ersten Krieg machte er sich selbständig, und wir zogen von der Brunnenstraße in der Vorstadt in die Rostocker Straße 81 um, wo meine Eltern ein Haus mit einer Werkstatt im Hof erworben hatten. Sie begannen zunächst ganz klein, zu zweit. Meine Mutter arbeitete in der Werkstatt mit, nähte Polsterbezüge, Gardinen und ähnliches; außerdem erledigte sie den Verkauf. Der Betrieb wuchs schnell, zehn Jahre später hatten wir schon 20 Angestellte.

Schon früh, etwa mit sieben Jahren, begann ich mich für Flugzeuge zu interessieren. Im Sommer 1919 hatte der damalige Fokker-Entwicklungschef Reinhold Platz bei meinem Vater die Innenausstattung für die Kabine der V 45 bestellt, dem Prototyp des Verkehrsflugzeugs F II.

Nun waren die Sitze fertig, und ich durfte meinen Vater zum Flugplatz Görries im Süden der Stadt begleiten, wo er sie in das Flugzeug einbauen wollte. Für mich eine aufregende Sache.

Ich sah zu, wie er die rot bezogene Sitzbank montierte und zwei freistehende Vordersitze in dem Flugzeug festzurrte, ähnlich wie das mit Stühlen auf Schiffen als Sicherung bei Sturm gemacht wurde. Ich durfte auch im Flugzeug herumklettern und neben meinem Vater vorn auf dem Pilotensitz Platz nehmen. Natürlich mußte er mir alles so genau wie möglich erklären, alle Knöpfe, Instrumente und Schalter. Mein Vater tat sein Bestes. Am meisten beeindruckten mich die Steuersäule und die Seitensteuerpedale, die ich allerdings mit meinen noch kurzen Beinen vom Sitz aus nicht erreichen konnte.

Von diesem Tag an spielte ich in Gedanken immer wieder Pilot, und meine Wünsche und Träume kreisten um die Vorstellung, einmal selbst solche Maschinen zu steuern oder gar zu bauen. Immer wieder stellte ich meinem Vater neue Fragen zu diesem Thema, und er erzählte mir viel von seiner Zeit bei Fokker. Wenn dann ehemalige Kollegen, die jetzt noch bei Fokker arbeiteten, zu uns auf Besuch kamen, war ich ein aufmerksamer Zuhörer bei ihren Gesprächen.

Ich ergriff nun jede Gelegenheit, etwas über Luftfahrt und Flugzeuge zu

ERSTE BERÜHRUNG MIT DER FLIEGEREI

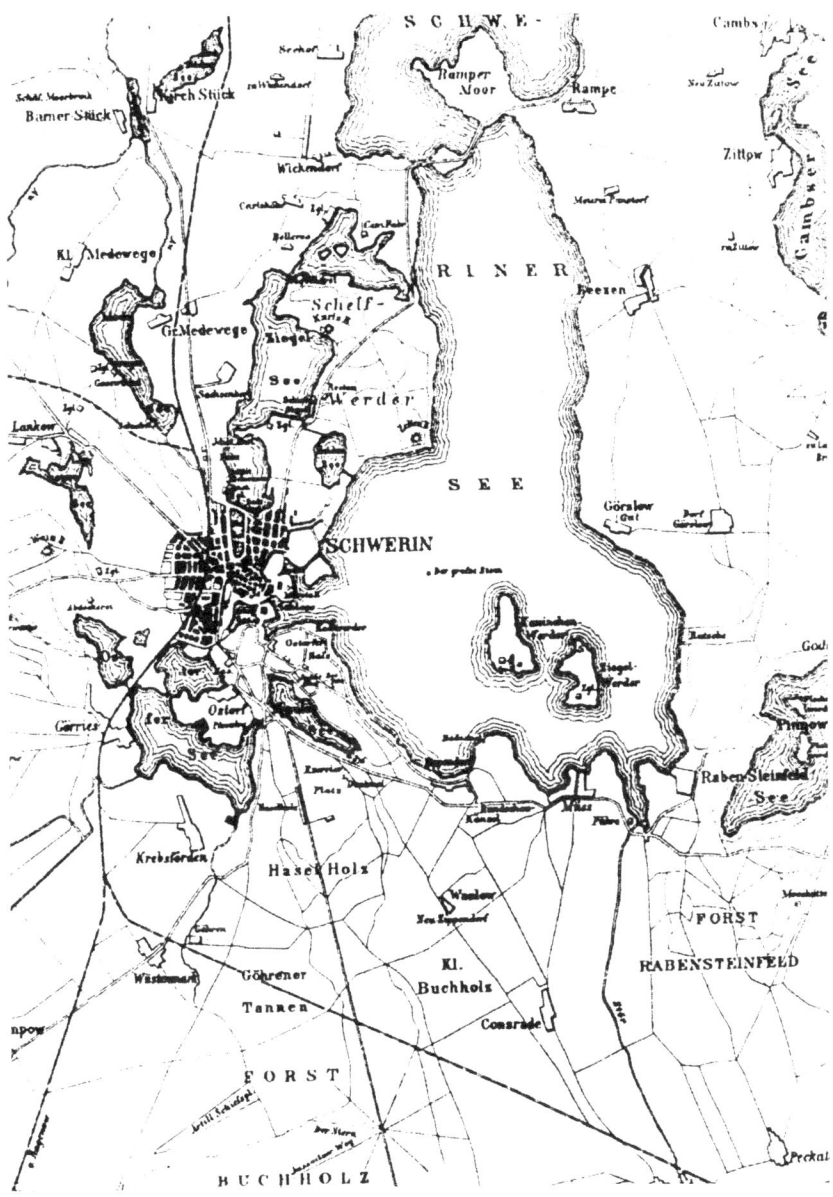

Alte Landkarte von Schwerin und Umgebung.

erfahren. So war es für mich ein ganz besonderes Erlebnis, als damals ein Zeppelin über Schwerin angekündigt wurde. An jenem Nachmittag nahm meine Mutter mich bei der Hand, und wir gingen zum sogenannten Steinerplatz, wo schon viele Menschen standen und auf den Zeppelin warteten. Er kam dann auch kurz darauf und schwebte langsam über den Schlachthof und den Friedhof hinweg in Richtung Süden. Meine Träume folgten ihm.
Als später dann eines Tages ein Sohn von Junkers anläßlich eines Flugtags die F 13 vorführte, wurden unter uns Schulkindern einige Freiflüge ausgelost. Ich war sehr enttäuscht, daß ich dabei keinen gewann.

Jahre später, an einem Samstagabend. Ich lag schon im Bett, später als sonst. Aber ich konnte nicht einschlafen. Nebenan im Wohnzimmer führten meine Eltern ein entscheidendes Gespräch, und ich wußte: Es geht um mich, es geht um meine Schule.
Wir schrieben 1922, ein Jahr, in dem die wirtschaftlichen Probleme immer größer wurden, auch in dem kleinen Handwerksbetrieb meiner Eltern. Die Inflation nahm immer größere Dimensionen an. Der Dollar war praktisch die Grundwährung. Damals ging ich fast jeden Tag zu einem Schalterfenster der Girozentrale in der Kaiser-Wilhelm-Straße, wo am Nachmittag zu einer bestimmten Zeit – ich glaube, es war um 16.00 Uhr – der jeweils neue Dollarkurs ausgehängt wurde. Außer mir warteten noch viele andere Leute dort. Sobald der Aushang mit dem neuen Kurs angeschlagen wurde, rannte ich los, im Dauerlauf die rund eineinhalb Kilometer nach Hause. Ich gab meiner Mutter die neue Zahl auf einem Zettel, und sie nahm dann zum aktuellen Kurs Zahlungen an und bezahlte selbst Rechnungen.
Freunde meiner Eltern drängten meine Mutter damals oft dazu, die Hypotheken, die noch auf dem Haus lagen, zu kündigen und zurückzuzahlen, die seien doch jetzt nichts mehr wert. Ich erinnere mich noch daran, wie empört sie auf solche Vorschläge reagiert hat. Sie betonte immer: »Olle Lüd beschitt man nich.«
Seit 1919 besuchte ich die sogenannte Bürgerschule[2], später Volksschule, in der Beethovenstraße. Unseren Klassenlehrer sehe ich heute noch vor mir, ebenso wie das braun eingebundene Zeugnisheft. Ich war damals ein guter Schüler, hatte in allen Fächern eine Zwei.
Nach drei Volksschuljahren gehörte ich zu denjenigen, die mit dem Ver-

setzungszeugnis die Mitteilung erhielten, sie könnten sich um die Aufnahme in eine höhere Schule bewerben. Ich wollte unbedingt aufs Gymnasium. Für meine Eltern war das eine schwere Entscheidung. An jenem Abend berieten sie darüber.

Ich lag im Bett und hörte bruchstückhaft, wie sich mein Vater dagegen wehrte, in solch schlechten Zeiten den Sohn auf die höhere Schule zu schicken. Dies hieß nämlich, daß meine Eltern über die normale Schulzeit hinaus weitere drei Jahre lang Schulgeld, Lehrmaterial und andere Kosten aufbringen mußten. Trotzdem war meine Mutter von Anfang an dafür, zumal der Lehrer ihr wegen meiner guten Noten den Schulwechsel empfohlen hatte.

Leise öffnete sich die Tür meines Zimmers, meine Mutter trat herein und setzte sich auf den Bettrand. »Bist du wirklich sicher, daß du aufs Realgymnasium willst?« fragte sie mich eindringlich. »Du weißt ja, wie schlecht die Zeiten sind. Wenn du es wirklich willst, mußt du dann auch durchhalten!«

Ich wußte, daß meine Mutter ein wichtiges Wort mitzureden hatte, was wirtschaftliche Dinge betraf. Sie war und blieb immer der Motor des Unternehmens. Es war wohl auch sie, die den Anstoß dazu gegeben hatte, daß mein Vater bei Fokker gekündigt hatte. Meine Mutter kam vom Dorf und besaß eine besondere Zähigkeit. Sie war in meinem Elternhaus eigentlich immer die entscheidende Persönlichkeit. 1985 ist sie in Ottobrunn gestorben, mit 96 Jahren.

Mein Vater war mehr künstlerisch veranlagt, er war ein hervorragender Zeichner und verfügte über außergewöhnliche handwerkliche Fähigkeiten. Er war übrigens mit dem berühmten Bildhauer Ernst Barlach gut bekannt. Nach und nach erwarb er sich einen Namen als Einrichter für die umliegenden Villen in unserem Vorort. Er hat seine Kundschaft sehr individuell beraten und ihre Wünsche bezüglich Polstermöbel, Gardinen oder Möbel zeichnerisch geschickt umgesetzt. Natürlich war es für das Geschäft auch günstig, daß die Kundschaft gleich vor unserer Tür wohnte.

Sehr lange hörte ich an jenem Abend noch, wie meine Eltern auf Plattdeutsch diskutierten. Am Ende setzte sich meine Mutter durch: Ich durfte aufs Realgymnasium. Es war fast schon Mitternacht, als sie wieder zu mir ins Zimmer kam, mich umarmte und sagte: »Wi warden dat all schaffen.«

Die Aufnahmeprüfung bestand ich ohne Probleme und war nun also Sextaner des Realgymnasiums.

Ostern 1922 begann mein erstes Schuljahr in der Grenadierstraße. Damals gab es noch Klassenmützen, jede Klasse trug eine andere Farbe, angefangen von Schwarz in der Sexta bis zu Weiß in der Oberprima. Ich bekam natürlich auch eine Mütze, und zwar im Geschäft gegenüber der Post in der Kaiser-Wilhelm-Straße.[3]

Da mein Vater ein sehr guter Fußballer war – er spielte in der Altherrenmannschaft des FC Schwerin 1903 Mittelläufer (heute würde man sagen Vorstopper) –, nahm er mich schon als ganz kleinen Jungen mit auf den Sportplatz. Der Fußballclub Schwerin wurde bald meine zweite Heimat. Ich verbrachte viele Nachmittage auf unserem Sportplatz Paulshöhe, der 1921 von den Mitgliedern selbst gebaut worden war. Ich fühlte mich dort sehr wohl und trieb neun Jahre lang intensiv Sport, in erster Linie Fußball, später auf der höheren Schule auch Leichtathletik und Rudern. Als etwa 17jähriger Schüler war ich ein sehr guter Mittelstreckler, etwa unter den ersten zehn in Norddeutschland.

Ich war bald Kapitän unserer Fußballmannschaft bei Schwerin 03 und hatte die Aufgabe, die Kameraden zu motivieren und mitzureißen, wenn wir an den Wochenenden unsere Pokal- und Meisterschaftsspiele machten. Meist mußten wir dabei auf dem Land und in kleinen Städten antreten.[4]

Neben dem Fußball spielte ich nach Handball und Schlagball. Im Schlagball war unsere Schulmannschaft einmal sogar die beste in ganz Norddeutschland.

Kurz vor dem Abitur hörte ich dann wegen einer Verletzung mit dem aktiven Sport auf. Erst während meines Studiums begann ich wieder, regelmäßig zu trainieren, aber nicht für irgendeinen Mannschaftssport, sondern nur für die eigene Fitneß. Später, während meiner Zeit in Augsburg, machte ich noch einmal einen Versuch, in einer Fußballmannschaft mitzuspielen, nämlich bei Schwaben Augsburg. Aber ich stellte bald fest, daß ein regelmäßiges Training wegen meines beruflichen Engagements nicht mehr möglich war. Zu oft mußte ich auswärts arbeiten. So gab ich also das Fußballspielen auf. Erst Jahre nach dem Krieg begann ich, Ski zu laufen und Berg- und Klettertouren zu machen.

Vielleicht lag es an meinem sportlichen Engagement, vielleicht daran, daß ich damals abends stundenlang unter der Bettdecke Karl May las,

vielleicht waren es aber auch nur allgemeine Pubertätsprobleme – auf jeden Fall passierte in der Mittelstufe plötzlich die Katastrophe: Ich, der ich immer ein so guter Schüler gewesen war, mußte eine Klasse wiederholen. Es war mir unsäglich peinlich, im neuen Schuljahr die gleiche Schulmütze wie im Jahr zuvor zu tragen. Die ganze Familie schämte sich mit mir. In einer Beamtenstadt von rund 45 000 Einwohnern konnte man ein solches Malheur nicht verheimlichen. Jeder erfuhr davon, sowohl die Freunde meines Vaters im Gesangsverein als auch die im Sportclub.
Nach der Mittelstufe tat es aber bei mir plötzlich einen Ruck, und von da an ging in der Schule alles glatt. Ich gehörte nun immer zu den besten zwei bis drei Schülern in der Klasse. Auch als wir in den letzten beiden Jahren mit der Parallelklasse zusammengelegt wurden, blieb das so. 1932 machte ich Abitur und erhielt das zweitbeste Zeugnis.
Außerhalb der Schule lernte ich insbesondere durch die Mitarbeit im Betrieb meiner Eltern andere Leute kennen. Ich kam laufend mit unseren Gesellen, Lehrlingen und deren Familien zusammen. Selbst als ich Pennäler des Realgymnasiums war, war es für mich selbstverständlich, daß ich für meinen Vater mit dem Ziehwagen Möbel ausfuhr. Und das in einer Beamtenstadt wie Schwerin! Anfangs versteckte ich meine Schulmütze, weil ich mich ein wenig schämte; später entwickelte ich jedoch sogar einen gewissen Stolz auf diese Arbeit und trug die Mütze demonstrativ.
Politische Diskussionen gehörten damals zum täglichen Leben – auch in der Schule. Besonders in den letzten Schuljahren war die Schule sowohl ein Hort der Bildung als auch ein Ort des politischen Gesprächs.
Mit Politik war ich schon früh in Berührung gekommen, als sich Ende März 1920 in Schwerin Ausläufer des Kapp-Putsches, der sich in Berlin gegen die Reichsregierung richtete, bemerkbar machten.[5]
In Schwerin gab es gegen diesen Rechtsputsch eine große Gegendemonstration. Ich, als achtjähriger Junge, war von den Vorgängen zutiefst beeindruckt: Auf den Straßen marschierten Tausende von Menschen, viele mit roten Armbinden. Sie sangen Lieder, schrien Parolen. Irgendwo wurde auch geschossen, es gab einen Toten.
Mein Vater, der bei Fokker als Vorsitzender des Betriebsrats gewählt worden war, hielt es damals für selbstverständlich, an dieser Kundgebung teilzunehmen. Der Putsch brach schließlich zusammen, die Rädelsführer flohen.

Mit seinem Übertritt in die berufliche Selbständigkeit hat mein Vater übrigens sein Interesse an politischer Betätigung aufgegeben. Später fand ich sein SPD-Parteibuch mit seiner Austrittserklärung, die aus dieser Zeit stammte. Als ich ihn einmal fragte, warum er ausgetreten sei, sagte er zu mir: »Ich hätte in der SPD-Regierung Minister werden sollen, und stell di dat blot vör, ick as Minister!« Ich glaube aber, er wäre kein schlechter Minister gewesen, er konnte immer gut zwischen gegnerischen Parteien vermitteln. Während seiner Zeit bei Fokker war er zum Beispiel nicht nur Betriebsrat gewesen, sondern er besaß auch das Vertrauen von Herrn Fokker selbst. Ich kann mich erinnern, daß Anthony Fokker, der ganz in unserer Nähe im Jägerweg wohnte, mitunter auch zum Essen bei uns vorbeikam.

Je schlechter die wirtschaftlichen und politischen Verhältnisse in den zwanziger Jahren wurden, desto kontroverser waren die politischen Diskussionen in der Schule, an denen sowohl Lehrer als auch Schüler teilnahmen.[6] Die letzten drei Schuljahre waren geprägt von den politischen Ereignissen: Die Weltwirtschaftskrise, die innenpolitischen Auseinandersetzungen im Reich, das Wachsen der Kommunistischen Partei Deutschlands und der Nationalsozialisten sowie die zunehmende Arbeitslosenzahl, dies und vieles mehr brachte das Leben in unserem ruhigen Beamtenstädtchen durcheinander.

Arbeitslos: Wer von unserer heutigen aktiven jungen Generation weiß, was das damals hieß! Die Unterstützung lief lediglich zwei Wochen lang, danach half nur noch die Wohlfahrt, so gut sie konnte. Ich kam immer wieder mit Kindern von Arbeitslosen in Berührung, die häufig in sozialistische und kommunistische Jugendverbände eintraten.

Jeder von uns jungen Leuten versuchte auf seine Weise, das politisch Richtige zu tun. Manche schlossen sich den Kommunisten an, andere der Sozialistischen Arbeiterjugend, die konservativ eingestellten gingen zum deutschnationalen Jugendbund. Nach vielen Gesprächen mit den Linken entschied ich mich schließlich für die Nationalsozialisten und trat zusammen mit einigen Mitschülern in den Schülerbund, eine Unterorganisation der Hitlerjugend, ein. Die Hoffnung, daß Hitler die wirtschaftlichen Probleme würde lösen können, beflügelte nicht nur mich.

Damals, in der Zeit der großen Wirtschaftskrise, gab es sogar in unserer Beamtenstadt hungernde Arbeitslose. Wen wunderte es, daß sie für die KPD marschierten, daß sie ihr Heil in einem Rätesystem suchten? Die einzigen, mit denen sie Lösungen diskutierten, waren wir, die »Nazis«. Vor allem die Mitglieder der kommunistischen Jugend und wir vom Schülerbund bzw. später von der Hitlerjugend trafen uns oft zu Diskussionen. Wir fühlten uns hoch erhaben über die deutschnationalen Jugendbünde und die Sozialistische Arbeiterjugend, die jugendbewegt auf Wanderungen und in Lagern unter sich blieben.

Wir gingen zwar auch auf Versammlungen, aber es kam praktisch nie zu Handgreiflichkeiten. Als einmal Goebbels in Schwerin eine Rede hielt, ging ich mit ein paar Jungen von der SPD-Jugend hin. Er hat lang gesprochen, aber kein einziges Wort über Hitler gesagt. Das war zu der Zeit, als in der nationalsozialistischen Partei starke Richtungskämpfe stattfanden.

Mein Vater war damals dagegen, daß ich in die Hitlerjugend eintrat, obwohl er meine Entscheidung andererseits auch verstehen konnte. Meine Mutter war ebenfalls dagegen, denn unsere Kundschaft, also die Leute vom Schloßgarten, waren alle deutschnational. Für diese Leute galt ein Nationalsozialist fast schon als Kommunist. In einer solch kleinen Beamtenstadt war es fast selbstverständlich, daß man deutschnational war. Es galt als ausgesprochen unfein, sich in die Niederungen der Politik zu begeben, in Versammlungen zu gehen, wo sogar teilweise geprügelt wurde. Zwar konnte ich zu meinem Vater sagen: »Du warst ja auch mal in der Politik«, aber er war trotzdem dagegen.

Was haben wir damals nicht alles diskutiert! Eine soziale und nationale Sehnsucht nach Gerechtigkeit im Inneren, aber auch nach außen, beherrschte uns. Es war für uns alle selbstverständlich, daß die politischen Folgen des Ersten Weltkriegs, die Rheinlandfrage, die Reparationszahlungen und der Dawes-Plan, der ihre Ausführung regelte, die Beschränkung der Wehrhoheit und vieles andere so schnell wie möglich beseitigt werden müßten. Wir hatten auch einen gewissen Nationalstolz, zum Beispiel waren wir stolz auf die Rolle, die Berlin in der »modernen Kunst« spielte. Eigenartigerweise nahmen wir die scharfen Angriffe gegen die moderne Kunst, die gerade aus NS-Richtung kamen, damals in unserem provinziellen Umfeld überhaupt nicht wahr. Wir hätten sie auch nicht anerkannt.

Am wichtigsten waren uns die sozialen Fragen. Ansichten über Wirtschaftsprobleme wurden diskutiert, Schlagworte wie das von der »Brechung der Zinsknechtschaft«, das von einem der Verfasser des NS-Parteiprogramms, Gottfried Feder, stammte, machten die Runde. Die ganze Parteiprominenz führte es damals im Munde. Später habe ich allerdings davon nie mehr etwas gehört.[7]

Während meiner gesamten Schulzeit war ich von der Fliegerei fasziniert. In der Untersekunda kam ich in Kontakt mit einem Modellflugzeugbauer im Schweriner Fliegerverein. Ich begann nun auch, selbst Modelle zu bauen, in erster Linie kleine Segelflugmodelle. Leider gab es damals noch keine Fernsteuerung. Mein Vater hatte übrigens eine schöne Modellsammlung von Blechflugzeugen aus seiner Zeit bei Fokker. Obwohl er nicht so recht zog, überredete ich ihn, daß wir die Sammlung für eine Ausstellung ausleihen sollten. Und da wurden leider alle Flugzeugmodelle gestohlen.
In der Obersekunda, 1929, erhielt ich die Möglichkeit, beim Rostocker Aeroclub den A- und B-Kurs zu machen. Der 14tägige Kurs fand in Krackow am See statt, mitten in der Mecklenburger Seenplatte, einer wunderschönen Moränenlandschaft. Fliegen war damals auch ein Mannschaftserlebnis, denn man mußte zusammenarbeiten, um die Flugzeuge in die Luft zu bringen. Schließlich gab es dort keine hohen Berge, nur größere Hügel. Vier, sechs oder acht Mann zogen jeweils vorne an zwei dicken Gummiseilen. Gleichzeitig hielten die anderen das Flugzeug hinten fest. Wenn die Seile stark genug gespannt waren, ließ man dann auf Kommando das Flugzeug los. Wenn es eine gewisse Höhe erreicht hatte, hakte das Seil aus.
Wir flogen mit einem »Zögling« und einer »Mecklenburg«. Als erstes lernte man das Geradeausfliegen. Dann mußte man eine S-Kurve beschreiben, einmal rechtsrum, einmal linksrum, und schließlich landen.
Es gab damals auch schon zweisitzige Segelflugzeuge. Ich bin in einem solchen ein paarmal geflogen, und wir haben alle möglichen Verbesserungen ausprobiert, zum Beispiel den Start von einer Holzschiene aus, die wir mit Schmierseife bestrichen hatten. Nach diesem Kurs ließ mich der Wunsch nicht mehr los, die Pilotenscheine zu machen. Leider hatte ich später doch nie die Zeit oder das Geld dazu.

Während der letzten drei Jahre meiner Schulzeit war ich Mitglied in einer sogenannten Schülerverbindung, der Suerinia 05 (Suerin ist das slawische Wort für Schwerin), die 1905 gegründet wurde. Diese

Schülerverbindungen versuchten ein wenig, die Studentenverbindungen nachzuahmen, mit all ihren Gebräuchen, dem Liedersingen, den Abzeichen, dem Trinken und der Hierarchie. Einmal pro Woche trafen wir uns – zunächst geheim, später offen – in der Kneipe, und jedes Jahr gab es ein »Stiftungsfest«, zu dem sich auch die ganzen Ehemaligen – die »Alten Herren« – versammelten. Bei diesen Stiftungsfesten wurde ein Kommers veranstaltet, und wir waren sehr stolz, mit den Alten Herren gemeinsam zu feiern. Abends durften wir die Damen, unsere Freundinnen, zu einer Tanzveranstaltung einladen.[8]
Die Chargierten wurden in geheimer Wahl für je ein Semester, also ein halbes Jahr, gewählt. Das Amt brachte Pflichten mit sich, aber auch Vollmachten, die man geschickt einsetzen mußte. Oft war man gezwungen, sich zu entscheiden zwischen sachlich richtigen, aber unpopulären Schritten und einem bequemen Anpassen an die Meinung der Mehrheit. Die nächsten Wahlen im Blick, mußte man seinen eigenen Weg suchen. Aus heutiger Sicht halte ich diese Zeit für sehr prägend in meinem Leben. Ich war den unterschiedlichsten Einflüssen ausgesetzt: Elternhaus, Schule, politische und sportliche Gemeinschaften, dazu kamen die ersten nachpubertären, mehr oder weniger erotischen Freundschaften.
Als Mitglied der Suerinia mußte man auch Beiträge zahlen. Da ich von Haus aus wenig Geld hatte, gab ich Privatstunden. 2,50 Mark erhielt ich pro Stunde – für mich war das damals viel Geld. Einige Schüler aus der Unterstufe kamen zu mir und ließen sich bei den Schularbeiten helfen, ansonsten gab ich Mathematik und Physik in Einzelstunden. Die Lehrer vermittelten mir Nachhilfeschüler, und schließlich hatte ich so viele Angebote, daß ich sogar auswählen konnte.
Auch später, als ich studierte, war es für meine Eltern keineswegs einfach, die dafür nötigen Finanzmittel aufzubringen. Schließlich war 1929 der totale Zusammenbruch der Weltwirtschaft, der auch an kleinen Betrieben wie dem meiner Eltern nicht spurlos vorüberging. Danach dauerte es einige Jahre, bis man die Folgen des Zusammenbruchs überwunden und wieder einen bescheidenen Wohlstand aufgebaut hatte.
1931 fuhr ich mit dem Rad nach Ostpreußen. Dabei besuchte ich auch die Kurische Nehrung an der Ostsee, um dort die Gelegenheit zum Segelfliegen in Rossitten auszunutzen. Von Schwerin nach Ostpreußen – das war eine lange Fahrt; und obwohl ich pro Tag 100 bis 150 Kilome-

ter zurücklegte, brauchte ich insgesamt doch rund vier Wochen. Übernachtet habe ich in Jugendherbergen.

Schon in den Jahren zuvor hatte ich mit Klassenkameraden größere Radtouren gemacht, aber diesmal fuhr ich allein, denn so kurz vor dem Abitur wollte von meinen Freunden keiner wegfahren. Auf dem Hinweg durch Polen – auf dem Rückweg über Danzig und dann mit dem Schiff nach Stettin und von dort nach Hause. Soweit ich mich erinnere, kam ich damals mit zehn Mark pro Woche aus; ich fuhr los mit 50 Mark in der Tasche, das Schiff für die Rückfahrt hatte ich schon bezahlt.

Unterwegs in Masuren und Memel habe ich mir die Gegend angeschaut: die vielen Seen, dazwischen riesige Wälder und Hügel, fast wie bei uns in Mecklenburg. Auf der Rückfahrt bin ich dann noch ins Samland und nach Königsberg, Marienburg und Danzig gefahren.

Die bis zu 100 Meter hohen Dünen in Rositten beeindruckten mich sehr. Hier war damals ein Eldorado der Segelflieger, insbesondere der Hanggleiter. Ferdinand Schulz hat dort mehrere Dauerflug-Weltrekorde aufgestellt.

Man schleppte die Flugzeuge den Hang hoch, um anschließend von oben herunterzusegeln. Ich habe eifrig mitgeschleppt, und weil ich einen Flug-Schülerausweis hatte und jeder sah, daß ich kein Geld besaß, durfte ich dann auch mal umsonst fliegen. Das war natürlich etwas ganz anderes als die kleinen Berge bei uns in Krackow oder der Hang in Schwerin-Görries, der gerade zwölf Meter hoch war. Dort konnte man – wenn der Wind günstig war – immer nur ein paar Minuten in der Luft bleiben – wenn man sehr geschickt war wie mein Freund Heino vielleicht eine Viertelstunde. Ich glaube mich zu erinnern, daß ich es dort auf sieben Minuten gebracht habe.

Im März 1932 machte ich das Abitur. Endlich war es Frühling nach einem lauen Winter. Die schriftliche Prüfung war vorüber, ich hatte sie ganz gut überstanden. Nun kam das Mündliche an die Reihe. Alles ging ziemlich militärisch vor sich: Die zehn Prüflinge dieses Tages standen in Reih und Glied im Lehrerzimmer und warteten darauf, ihre Prüfungsaufgaben zu erfahren. Ich hatte als Wunschfächer Physik und Geschichte angegeben. Deshalb erschrak ich zunächst sehr, als man mir mitteilte, daß ich in Englisch und Latein geprüft werden sollte. Aber es ging alles gut, ich erhielt Gesamtnoten zwischen 1 und 2. Am Ende der

Prüfung mußten wir uns wieder in einer Reihe aufstellen, und das Resultat wurde verkündet.

In der Aula fand die große Abschlußfeier statt mit den offiziellen Reden, am Abend gab es ein Bierfest, an dem auch die Lehrer teilnahmen. Sie waren auf einmal gar nicht mehr steif, sondern sehr vergnügt und lachten mit uns über die Späße, die wir in der Abiturzeitung brachten.

Nun mußte ich also nicht mehr täglich in die Schule gehen – ein völlig neues Gefühl. Eine eigenartige Ruhe überkam mich. Oft saß ich am Schweriner See – die Bank gibt es übrigens heute noch – und schaute in die Ferne. Landschaft, Raum, Zeit. Ein angenehmes, weites Gefühl beim Nachdenken über die Zukunft, von der ich noch etwas unklare Vorstellungen hatte.

Dies war also der »Eintritt« ins Leben, von dem unser Schuldirektor Otto Mehr bei der Abschlußfeier gesprochen hatte. Ich persönlich war fest entschlossen, Flugzeuge zu bauen. Mit anderen Worten: Ich wollte Ingenieur werden. Meine Eltern hatten nichts dagegen, aber mein Vater verlangte von mir, daß ich vorher noch ein Handwerk erlernen sollte, damit ich mich im Notfall von meiner Hände Arbeit ernähren könnte. Reinhold Platz, der ehemalige Fokker-Entwicklungschef, mit dem meine Eltern immer noch Kontakt hatten, riet zu einem Jahr Ausbildung im Flugzeugbau und einem halben Jahr Maschinenbau. Und so kam ich auf Vermittlung von Reinhold Platz als Praktikant zur Flugzeugfirma Heinkel.

Lehre bei Heinkel – Praktikum in den »Deutschen Werken Spandau«

Am 1. April 1932 sollte das Praktikum beginnen. Einige Tage vorher fuhr ich nach Warnemünde, wo sich die Heinkel-Werke befanden, und suchte eine Unterkunft. Ich hatte Glück: Schon beim ersten Rundgang durch den Badeort fand ich bei Frau Herholz in der Alexandrinenstraße eine Bleibe, von der aus ich etwa 25 Minuten zu Fuß in die Arbeit brauchte: über den alten Hafen und die Brücke zum Bahnhof, dann unter den Gleisen hindurch zur Warnow mit der Anlegestelle der Fähre, denn das Werksgelände lag auf einer schmalen Landzunge zwischen Breitling und Ostsee.
Als ich diesen Weg zum ersten Mal ging, war das Fährboot schon mit Arbeitern voll besetzt, als ich ankam. Ich wurde sofort als »Neuer« erkannt und auf Plattdeutsch angepflaumt. Da ich aber ebenfalls auf Platt herausgab, begann ein beinahe kumpelhaftes Verhältnis.
Während das Boot bereit war zur Abfahrt und sein Horn schon zum zweiten Mal tutete, hupte es plötzlich hinter uns: Zwei sehr unsportlich gekleidete »Puch-motorisierte« Männer kamen da um die Ecke gebraust, hinein in die Kurve und rauf auf die Fähre. Ich erfuhr, daß es sich um die Gebrüder Günter handelte, Walter und Siegfried. Sie waren bekannte Flugzeugkonstrukteure, unter anderem ging der »Sausewind« der Firma Bäumer auf ihr Konto.[8]
Auf der anderen Seite führte zwischen Flugplatzzaun und Straßenbahn ein Fußweg zum Werk. Die Neulinge sammelten sich beim Pförtner, der anhand einer Liste die Namen kontrollierte. Eine Gruppe von Lehrlingen wurde zuerst abgeholt. Danach waren ich und mein Kollege Manfred von Cossart, Sohn eines Arztes aus Brunnshaupten, an der Reihe.
Wir wurden zum Betriebsleiter Schubert geführt, einem jungen, dynamischen Mann, der in einer hellen, gestreiften Jacke am Schreibtisch

saß. Sein Büro war zur Schlosserei und zur Blechbauwerkstatt hin mit einer großen Glasscheibe abgetrennt. Damals ahnte ich freilich noch nicht, daß ich eines Tages, 37 Jahre später, sein Chef sein würde. Im Mai 1969 war er nämlich Fertigungschef bei der Hamburger Flugzeugbau GmbH, gerade noch in der Zeit, als diese mit der Messerschmitt-Bölkow GmbH fusionierte.

Nach einer kurzen, aber freundlichen Begrüßung stellte uns Schubert dem Meister der Schlosserei und dem Hallenschreiber Rosenberg vor. Ich wurde einem hünenhaften Schlosser mit Namen Hühnermörder zugeteilt, der Katapult-Spezialist war. Katapulte wurden damals von der Lufthansa im Atlantik verwendet, um den Start ihrer Postflugzeuge von Schiffen aus zu ermöglichen. So wurde die Zustellung der Post jeweils um etwa einen Tag beschleunigt.

Bald hatte ich mich umgezogen und stand im »blauen Anton« am Schraubstock, bereit zur Arbeit.

»Kannst du feilen?« fragte mein Betreuer. »Ja«, gab ich zur Antwort.

»Na, dann probier mal.« Er gab mir einen rohen Stahlklotz. Ich sollte ihn sauber auf Maß und Winkel feilen, das Haarlineal sollte auf den Kanten aufliegen. Als Werkzeug gab er mir zwei völlig stumpfe Feilen. Alles war natürlich gespannt, wie ich reagieren würde. Ich zog ein paar Feilstriche, dann nahm ich still die beiden Feilen, ging in die Werkzeugausgabe und sagte, ich käme von Hühnermörder und solle die stumpfen Feilen umtauschen. Es gelang ohne jeden Umstand. Ruhig ging ich zurück, die Treppe zur Galerie rauf, und begann zu arbeiten.

Die anderen feixten: »Minsch, wo häst du de her?« Ich tat erstaunt: »Wieso? Das war ganz einfach. Ich soll doch feilen.«

Hühnermörder lachte auch und schlug mir mit seiner Pranke auf die Schulter.

Bis die Probearbeit fertig war, brauchte ich über eine Woche. Meine Hände waren wund, in den Armen hatte ich Muskelkater. Schließlich brachte ich den fertigen Klotz zusammen mit Schublehre, Winkel und Haarlineal zu Hühnermörder. Er schaute ihn ganz genau an, maß immer wieder nach, es dauerte lange, dann gab er ihn an einen Kollegen weiter. Sie holten den Meister der Schlosserei.

Auch der war zufrieden: »So nu kannst du uns helpen, wie häv veel to dohn.«

Herrlich, ich war akzeptiert!

Meinen Arbeitskollegen gegenüber machte ich kein Hehl daraus, daß ich mittlerweile vom Schülerbund in die nationalsozialistische Partei übergetreten war und mich der SA angeschlossen hatte. Ich wurde damals Mitglied des Warnemünder Sturms. Nach wie vor war ich der Meinung, daß nur aktive Mitarbeit politisch etwas verändern kann.

Als Hühnermörder wegen eines Katapultstarts nach Hamburg mußte, wurde ich einem anderen Schlosser zugeteilt, der mich gleich mit der Bemerkung empfing, er sei Mitglied des Reichsbanners. Er wolle das nur gleich klarstellen, denn er habe gehört, ich sei in der SA.

»Stimmt«, entgegnete ich, »aver hett da wat mit uns Arbeet to don?«

»Nee«, meinte er.

»Denn man los, wat kann ich maken?«

Mein neuer Betreuer war mir gegenüber anfangs skeptisch, weil er politisch auf der anderen Seite stand. Das Reichsbanner war eine Organisation der Sozialdemokraten, die als Gegenstück zur SA gegründet worden war. Sie war aber meiner Ansicht nach ein recht spießiger Verein. Die Sozialdemokraten waren damals schon nicht mehr die dynamischen Kämpfer des zweiten oder dritten Jahrzehnts.

Trotzdem entwickelte sich mit der Zeit ein sehr gutes Verhältnis zwischen uns. Als er einmal etwas vermurkst hatte, ging ich in die Materialvorbereitungswerkstatt und organisierte ohne Schein ein neues Stück Elektronblech. Abends blieb ich länger da, und am nächsten Morgen fand er in seinem Schraubstock das Werkstück eingespannt.

»Minsch, das vergät ick di nich.«

Ich wurde wie ein ganz normaler Lehrling behandelt und durchlief die einzelnen Abteilungen: Schlosserei, Schweißerei usw. Gottseidank hatte ich keine Probleme, weil ich handwerklich einigermaßen begabt war. Trotzdem wurde ich ganz schön gefordert, und das bei sehr geringem Lohn: zehn Mark die Woche.

Unter der Anleitung des Schweißers Möller lernte ich die Feinheiten des Autogen-Schweißens von dünnen Blechen. Eine schwierige Sache. Proben, die ich interessehalber in der Prüfmaschine testen ließ, erfüllten zwar die Anforderungen, aber ich beschränkte mich ansonsten auf möglichst unkritische Teile. Damals wurden Rümpfe, Motorvorbauten und Fahrwerkskonstruktionen aus dünnen Stahlrohren, die zumeist aus Schweden kamen, geschweißt.

Eines Tages ließ mich mein Betreuer einen Gerüstbock aus Stahlrohren bauen. Nachdem die Kontrolle ihn vermessen und genehmigt hatte, meinte mein Kollege: »Na, dann wollen wie dat 'mal anpassen.«

Wir marschierten in die Montagehalle, ich mit dem Bock, er mit einem in Packpapier eingewickelten länglichen Gegenstand, den er vorsichtig trug. In der Halle standen alle möglichen Flugzeuge herum, eine He 45, eine He 60, ein riesiges Flugboot und ein Doppeldecker mit Motoren zwischen den Flügeln, daneben eine Zeitungstransportmaschine der Berliner Zeitung »BZ am Mittag«.

Schließlich gingen wir zu einer He 46, einem Hochdecker, dessen Typennummer ich schon aus der Zeichnung meines Stahlrohrbockes kannte. Mein Betreuer erklärte mir, dies sei ein Aufklärer, und ich solle nun den Bock so justieren, daß dieses Maschinengewehr – und nun packte er sein geheimnisvolles Paket aus – daraufpaßte.

Da stand ich Naivling nun plötzlich in einem Land, das keine Luftwaffe halten durfte, von einer schwachen Regierung geführt wurde, fünf Millionen Kommunisten und sechs Millionen Arbeitslose hatte, vor einem bewaffneten Aufklärer. Unter Anleitung eines Mitglieds des SPD-Reichsbanners, einer Organisation, die für den Weltfrieden kämpfen wollte, sollte ich den Einbau eines MG in ein Militärflugzeug vorbereiten. Ich, ein Mitglied der SA, die kurze Zeit später verboten wurde. Ich glaube, es gibt kaum ein kurioseres Beispiel für die Zerrissenheit der Gesellschaft in unserer Republik in diesem Sommer 1932.

Meine nächste Station war der Blechbau. Damit ich ein Gefühl für die Bearbeitung von Leichtmetall bekommen sollte, gab mir der Meister als erstes einen mit Sand gefüllten Ledersack und eine Stahlplatte als Unterlagen, dazu einen Treibhammer und einige Stücke Aluminiumblech. Ich sollte versuchen, einige Formen, die er mir als Muster gab, nachzubilden. Nach einigen Stücken, die Schrott wurden, klappte es ganz gut. Leider ist das beste Stück, eine topfförmige Schale, die ich mit nach Hause nahm, 1944 bei einem Bombenangriff in Augsburg verbrannt.

Als nächstes lernte ich das Nieten, also die im Flugzeugbau übliche Art, wie man Leichtmetallteile miteinander verbindet. Der Meister zeigte mir eine ganze Reihe unterschiedlicher Beispiele auf einer Blaupause. Ich begann zu üben: Blechreste und Nieten gab es ja in Massen. Von den einzelnen Verbindungsarten mußte ich jeweils Zwölferreihen anfertigen.

Die Heinkel-Ingenieure hatten eine neue Niet-Methode entwickelt: Man benutzte dazu besondere Werkzeuge, die Nieten waren pilzförmig und wurden versenkt genietet. Zusammen mit einem neuen Gesellen mußte ich eine größere Anzahl von Mustern mit verschiedenen Blechstärken und Nietendurchmessern herstellen. Sie wanderten ins Konstruktionsbüro. Die Bedeutung dieses Vorganges wurde mir jedoch erst einige Tage später bewußt.

Zunächst hatte ich erst einmal ein Erlebnis, das mir zwar sehr peinlich war, mir andererseits aber die persönliche Bekanntschaft mit meinem damaligen obersten Chef, Ernst Heinkel, verschaffte.

Eines Morgens kam der Leichtmetallmeister mit dem Hauselektriker zu mir an die Werkbank: Ich solle heute dem Elektriker helfen. Im »blauen Anton«, das Mittagsbrot in der Tasche, stieg ich zu ihm in den Lieferwagen, der mit grünlackierten Möbeln und Elektromaterial beladen war. »Schwitzkasten beim Ernst montieren«, war der karge Hinweis meines Kollegen. Es ging in die Strandstraße zur Heinkel-Villa, dort in sein großes Mahagoni-Schlafzimmer. Die mitgebrachten Möbel waren Teile eines Schwitzkastens und eines Gurt-Massagegeräts. Wir stellten beides auf, führten eine Stromleitung über den Balkon durch die Wand ins Zimmer und schlossen nach einigen Stunden Arbeit die Geräte an. Das Massagegerät funktionierte einwandfrei.

Zum Spaß knobelten wir, wer von uns beiden den Schwitzkasten ausprobieren sollte. Es traf mich. Gerade als ich schwitzend im Kasten saß – mein Kopf schaute oben heraus –, stand plötzlich Ernst Heinkel im Zimmer. Der Elektriker war stumm vor Schreck. Und mir brach der Schweiß noch stärker aus; ich stotterte etwas auf Plattdeutsch, was der Schwabe Heinkel natürlich nicht verstand.

Sein Lachen löste die Spannung: »Gute Arbeit muß belohnt werden!« Er verschwand und kam mit einer Flasche Champagner wieder. Ich mußte im Schwitzkasten bleiben und einiges trinken. Dabei amüsierte es ihn köstlich, wie mir immer heißer wurde und das Wasser herunterlief. Seit dieser Episode wußte Heinkel, wer ich war, und erwiderte meinen Gruß, wenn er mich im Betrieb traf.

Ernst Heinkel war ein völlig anderer Menschentyp als mein späterer Flugzeugbau-Lehrmeister Willy Messerschmitt. Von seiner Tätigkeit als Konstruktionschef bei den Hansa-Brandenburgischen Flugzeugwerken im Ersten Weltkrieg war mir kaum Genaueres bekannt. Erst später erfuhr ich etwas mehr über ihn. Er hatte den Kasper-Flugzeugbau in Lübeck-Travemünde, wo er als Chefkonstrukteur gearbeitet hatte, zusammen mit einigen Mitarbeitern bei Nacht und Nebel verlassen und in Warnemünde eine eigene Firma eröffnet.

Es gelang ihm bald, einige der führenden Leute im damaligen Flugzeugbau zu engagieren. Mit den Zwillingsbrüdern Siegfried und Walter Günter gewann er zwei begabte Aerodynamiker, dazu von Anfang an Karl Schwärzler, einen Österreicher, als Konstrukteur. Mit ihm und Siegfried Günter – Walter war inzwischen tödlich verunglückt – arbeitete ich übrigens später in den sechziger Jahren bei der Entwicklung des Tornado zusammen. Mit Ernst Heinkel bildeten diese Männer damals ein sehr kreatives Team, das für eine ganze Reihe aufsehenerregender Flugzeugentwürfe verantwortlich war.

Einer davon, der zum Vorbild werden sollte für den Flugzeugbau der folgenden Jahre, war die He 70, auch »Heinkel-Blitz« genannt, dessen Rumpf ganz aus Metall gebaut wurde. Die Maschine wurde 1932 als Schnellverkehrsflugzeug in Konkurrenz zu Junkers für die Deutsche Lufthansa entwickelt. Während damals die übliche Reisegeschwindigkeit noch 180 Kilometer pro Stunde war, erhöhte der »Blitz« sie schlagartig auf rund 300 Kilometer pro Stunde, was auf seine besonders gute aerodynamische Form zurückzuführen war. Er verfügte als erstes deutsches Flugzeug auch über ein einziehbares Fahrwerk, versenkte Nieten und bündig eingesetzte Sichtscheiben.

Daß ich damals den »Heinkel-Blitz«, das Renommierstück der Heinkel Flugzeugwerke, das zum zehnjährigen Firmenjubiläum am 1. Dezember 1932 fertig sein sollte, mit ausnieten durfte, lag daran, daß meine Probenietkünste, insbesondere die neue »Pilznietung«, gut ausgefallen waren. Der Meister beschloß, zwei neue Nieterpaare zu bilden: mein Kollege von Cossart und ich jeweils zusammen mit je einem von Junkers, Dessau, engagierten Fachmann. Dort bei Junkers herrschte damals große Flaute, es gab viele Entlassungen.

Wir probierten einige Nietarten zusammen, um unsere Verständigung im allgemeinen Hallenlärm zu testen, und fingen an. Es klappte sehr gut.

Nach kurzer Zeit standen wir beiden Paare uns in dem engen, stromlinienförmigen Rumpf gegenseitig im Wege, deshalb beschlossen wir, uns in Schichten von jeweils – man bedenke heute – zwölf Stunden abzulösen.

Bei einer dieser Nachtschichten kam ich erneut mit Ernst Heinkel in Berührung. Ich lag gerade lang ausgestreckt auf einem Brett im Ende der Rumpfröhre, die Hände mit meinem kleinen Preßluft-Niethammer nach oben ausgestreckt. Mein Kollege außen mit dem Gegenhalter. Er erschien mir etwas nervös. Irgend etwas klappte bei unserer sonst so gut erprobten Klopfverständigung nicht. Als ich »schoß«, war der Gegenhalter nicht drauf, das Blech federte, ich rutschte ab, und mein Werkzeug bohrte sich durch das nur 0,5 Millimeter dünne Blech nach außen. Eine Katastrophe – ein Loch im Flugzeug! Noch bevor ich mich mühsam aus dem engen Heck herausschälen konnte, hörte ich, wie unser Vorarbeiter zu schimpfen begann.

Ich war aber auch nicht auf den Mund gefallen und verteidigte mich sofort: »Sei bloß still, du kannst diese Arbeit ja gar nicht machen, du bist ja viel zu dick, um hier überhaupt reinzukriechen!«

Daraufhin schimpfte er noch mehr, und ich schrie zurück: »Du kannst mich dreimal am A... lecken!«

»Die Stimme kenne ich doch«, hörte ich plötzlich draußen meinen obersten Chef, Ernst Heinkel, und kletterte daraufhin erschrocken aus dem Flugzeug heraus.

Wir hatten Nachtschicht, und außer dem Vorarbeiter und uns Nietern sollte eigentlich niemand in der Halle sein. Aber was sah ich? Am Ende des Rumpfes stand eine illustre kleine Gesellschaft zusammen mit dem Nieterkollegen. Ernst Heinkel, der als »wilder Hecht« in bezug auf Frauen bekannt war, im Abendanzug, mit einer sehr eleganten englischen Lady. Sie trug ein schwarzes Kleid mit Spitzenjäckchen und war rosa gepudert; wir hingegen steckten in Arbeitskleidung, dreckig und verschmiert. Der Gast war die bekannte englische Fliegerin Lady Drummond Hay.

»Was machen Sie denn nun?« fragte mich Heinkel, auf das Loch im Blech deutend. »Keine Sorge, ich gehe ins Lager, hole mir ein neues Blech, und morgen früh ist alles erledigt«, beruhigte ich ihn.

Und so war es dann auch: Morgens um sieben, als die anderen zur Arbeit kamen, war nichts mehr zu sehen. Am Vormittag kam Heinkel tatsächlich persönlich vorbei, um sich von der Reparatur zu überzeugen, wie mir mein Kollege von Cossart, der Tagschicht hatte, später berichtete. Er habe alles genau angeschaut, mit dem Kopf genickt und sei dann lächelnd in Richtung Büro verschwunden.

Ich erkannte sehr schnell, daß ich durch meine Sonderstellung als beinahe schon Facharbeiter im Nieten einen gewissen Seltenheitswert besaß. Deshalb unternahm ich bei meinem Vorgesetzten schließlich einen Vorstoß in finanzieller Hinsicht: Ich arbeitete täglich rund zwölf Stunden, dazu auch noch Schicht, ob ich nicht wenigstens einen Lohn erhalten könnte, der irgendwo in der Mitte lag zwischen dem eines Lehrlings und dem eines Gesellen? Das wurde akzeptiert, und ich erhielt von da an etwas mehr Geld. So war ich mit einem Mal in der Lage, am »Nachtleben« im Ostseebad Warnemünde teilzunehmen.

Mit den Kollegen im Betrieb kam ich gut aus, auch wenn sie politisch zum Teil andere Ansichten vertraten als ich. Jeden Montagmorgen pflaumten wir uns auf Plattdeutsch an über die politischen Ereignisse des Wochenendes. Ich war damals knapp 20 und gut trainiert und hatte keine Angst vor irgendeiner körperlichen Auseinandersetzung. Wenn es mal eine Rauferei gab, habe ich die immer schnell gewonnen. Ernsthafte Konflikte mit den Arbeitskollegen hatte ich nie, das waren meist nur harmlose Plänkeleien.

Streitereien gab es höchstens manchmal mit dem »Bonzen«, dem Betriebsratsvorsitzenden Franz Stürmer. Der kam morgens geschniegelt, mit einem Hamburger Pralinéhut und im schwarzen Paletot mit Samtaufschlägen in den Betrieb. Im »blauen Anton« habe ich diesen Mann nie gesehen. Ihm gegenüber nahm ich auch kein Blatt vor den Mund. Ich teilte meine Einstellung diesem Mann gegenüber übrigens mit den meisten anderen Arbeitern, auch wenn sie Mitglieder der SPD oder der Gewerkschaften waren. Der zweite Betriebsrat, ein Schmied, war Kommunist. Der war ein gestandener Mann – Eisernes Kreuz im Ersten Weltkrieg – und ein Hüne von Figur. Zu ihm hatten wir alle ein sehr gutes Verhältnis.

Für mich war das hautnahe Zusammensein mit den Arbeitern und den Lehrlingen, die Auseinandersetzung mit ihren sozialen Verhältnissen eine Erfahrung, die mich stark beeinflußte. Ich hatte lange Unterhaltungen mit ihnen über die Probleme, die sie mit ihren Familien und mit ihren Kindern hatten, und wir beratschlagten darüber, wie man der Arbeitslosigkeit beikommen könnte. Ich lernte damals, wie Arbeiter miteinander umgehen, und so konnte ich später, als ich eigene Betriebe hatte und als Chef mit Arbeitern sprechen mußte, den rechten Ton anschlagen.

Ich werde heute immer wieder gefragt, wie ich es geschafft habe, meine

Arbeiter und Angestellten ständig neu zu motivieren. Meine Antwort darauf ist: »Nun, ich habe ja mit den Leuten gelebt, daher weiß ich, wie man miteinander umgehen sollte. Übrigens ist Vorbild schon fast alles.« Außerdem verschaffte ich mir später immer dadurch Respekt, daß ich bei technischen Fertigungsfragen mitreden konnte. Ich konnte vielen Mitarbeitern schon vorher sagen, ob sich eine Konstruktion verwirklichen läßt, wo die Probleme liegen usw. So haben sich für mich die eineinhalb Jahre praktischer Arbeit später vielfach ausgezahlt.

Nach dem Ausnieten der He 70 war meine Lehrzeit im Blechbau und damit die gute Bezahlung zu Ende. Als nächstes standen »mechanische Bearbeitung« und zwei Wochen Schmiede auf dem Programm.

In der mechanischen Abteilung gab es keine besonders gute Ausrüstung, lediglich einige Dreh- und drei Fräsmaschinen sowie zwei Langhobler. Sie wurden von einem sehr fähigen Kollegen bedient, der ständig versuchte, sich mit Milchtrinken für sein offenbar sehr strapaziöses Privatleben fitzuhalten. Er begrüßte mich freundlich, denn er hatte bereits von meinen Nietkünsten gehört. Zunächst, so meinte er, solle ich mich mit den Shaping-Maschinen vertraut machen, denn es kämen einige Freiformhobelstücke auf uns zu.

Zur Übung zeichnete er mir Linien auf Abfallklötze, die ich dann versuchen sollte herauszuarbeiten. Dazu mußte man die Hobeltiefe und den Seitenvorschub entsprechend verstellen. Es dauerte fast eine Woche, bis ich darin eine beachtliche Fertigkeit erworben hatte. Ich durfte eine Gleitführung für das Einziehfahrgestell der He 70 aushobeln.

Das Freiform-Schmieden hingegen war eine Arbeit, die mir besonders gut gefiel. Es gab auch einen Lufthammer, an dem ich manchmal arbeiten durfte. Ich bewunderte den Schmiedemeister Engels, der in seinem Fach wirklich ein Künstler war. Oft kamen die Konstrukteure zu ihm, um sich bei der Formgebung schwieriger Beschläge beraten zu lassen. Man kann sich denken, daß ich dabei die Ohren spitzte, um möglichst viel mitzukriegen. Engels, der sich zu den Kommunisten bekannte, hatte übrigens eine Besonderheit: Als Zeichen seiner proletarischen Würde steckte er bei Gesprächen mit Vorgesetzten beide Hände ostentativ in die Hosentaschen und streckte sie dort möglichst weit nach außen. Zum Spaß habe ich ihm einmal einen Spiegel geschenkt, damit er sich darin beobachten könne. Abends ging ich manchmal mit ihm in Kommunistenkneipen und diskutierte stundenlang mit ihm und seinen Genossen.

In die Dreherei kam ich nicht mehr, sie wurde nämlich schon sehr früh nach Rostock verlagert. Ich fing deshalb gleich in der Montage an und durfte dort unter dem Meister Koch, der viel in Rostock war, ziemlich selbständig den Motor, einen Zwölfzylinder von BMW, in die He 70 einbauen sowie die Kühlwasser- und Ölleitungen verlegen.

Damit war meine Warnemünder Zeit zu Ende, ich wurde nach Rostock versetzt, denn etwa ein halbes Jahr nach meinem Eintritt in die Firma waren Schritt für Schritt die Fertigung und die Flugzeugvormontage von Warnemünde dorthin verlegt worden. Wegen des Umzugs mußte ich meine schöne Bude in Warnemünde aufgeben. Aber sonst fiel mir der Abschied nicht schwer. Trotz meiner Mitgliedschaft in der SA, wo ich allerdings in jenem Sommer kaum gefordert war, hatte ich außer mit meinem Kollegen von Cossart und meinem Betreuer Hühnermörder keine Freundschaften geschlossen. Vielleicht lag das auch daran, daß ich die Wochenenden oft in Schwerin verbrachte, mit meinen Eltern und den Jugendfreunden. Mein Vater drang immer wieder darauf, ich solle doch im Fußballverein Rostock 95 aktiv werden. Aber nach der Arbeit mit der Eisenbahn noch rund 20 Kilometer zum Training nach Rostock zu fahren, diese Energie brachte ich nicht auf. Dazu kam noch, daß ich abends meine praktischen Arbeiten noch zeichnerisch genau dokumentieren mußte, damit das Praktikum später für mein Hochschulstudium anerkannt würde.

Also auf nach Rostock. Ich zog mit meinem ehemaligen Leibburschen aus der Schülerverbindung, Heinz Kaiser, zusammen. Er studierte Zahnmedizin. Wir hatten zwei Zimmer zur Untermiete bei einer Lehrerin in der Blutstraße, kurz vor dem wunderschönen Marktplatz. Die Eltern bezahlten mir das Zimmer. Für den Rest mußte mein Stundenlohn von 40 Pfennigen ausreichen. So kam es immer wieder zu Szenen wie der folgenden:

Gegen Abend, kurz bevor die Stände geschlossen wurden, ging ich auf den Markt.

»Was soll denn der Bückling kosten?« erkundigte ich mich bei einer Marktfrau.

»50 Pfennige«, war die Antwort.

»Was, 50 Pfennige? Die Fische müßt ihr doch wegwerfen, morgen sind sie schon trocken!«

In dieser Art verhandelte ich oft lange, und zum Schluß bekam ich, »Weil du dat bist«, meist einen großen Bückling für fünf bis zehn Pfennige. Der hat mir fürs Abendessen gereicht und zu vier Stullen für den nächsten Tag.

Eines Tages traf ich auf dem Flugplatz meinen alten Segelfluglehrer vom Rostocker Aeroclub wieder. Ich begann bei ihm wieder Flugstunden zu nehmen – immer, wenn ich gerade ein wenig Geld übrig hatte. Auch Alleinflüge habe ich gemacht. Einmal habe ich sogar ein Flugzeug »hingeschmissen«, wie man in der Fliegersprache sagt, das heißt, eine Bruchlandung hingelegt. Es hieß »Grasmücke«. Sein Fahrwerk war gebrochen, aber das war nicht so schlimm; schließlich waren wir ja Flugzeugmechaniker und konnten das Fahrwerk selbst reparieren.
Aber obwohl ich den Wunsch, einen Pilotenschein zu erwerben, nicht aufgegeben habe, konnte ich meine Flugausbildung nie konsequent zu Ende führen. Zuerst hatte ich dazu immer zu wenig Geld, später waren die Zeiten zu unruhig. Während meines Studiums in Berlin besuchte ich zwar dort die Akademische Fliegergruppe, aber ich fühlte mich bei den Leuten nicht wohl. Die Mitglieder in diesem Club hatten zum Teil 20 Semester und mehr. Sie bauten Flugzeuge und flogen damit, anstatt zu studieren.
Schließlich hatte ich nicht mehr die Zeit, den Pilotenschein zu machen, weil ich mich für so viele Dinge außerhalb der Fliegerei interessierte. Und das Wichtigste war für mich sowieso: Hauptsache, ich konnte hin und wieder fliegen, auch wenn das nicht amtlich bestätigt war.
So ist also aus meiner Liebe zur Fliegerei nie eine Ehe geworden.
Später brauchte ich den Flugschein gar nicht mehr. Da hatten wir in der Firma eigene Flugzeuge, und der Pilot, mein guter Heinrich, hat mich oft fliegen lassen, saß daneben und paßte auf. So konnte ich auch ohne Lizenz immer wieder die Lust am Fliegen genießen.
Das Segelfliegen habe ich nicht wiederaufgenommen. Dazu war ich beruflich zu sehr eingespannt. Ich bin nicht der Typ, der einfach abschalten kann von seinen beruflichen Sorgen, ins Flugzeug steigen und an etwas anderes denken.[10]

Zurück nach Rostock ins Jahr 1932. Heinkel hatte in der Bleicherstraße von einem stillgelegten Betrieb eine Reihe großer Hallen gekauft und

Erste Kontakte mit der Fliegerei

Das Elternhaus in Schwerin, aufgenommen kurz vor dem Zweiten Weltkrieg

Die Eltern: Ludwig und Erna Bölkow mit ihren Söhnen Ludwig (links) und Karl

Gummiseilstart eines »Zöglings« – so flog der Autor von den Hügeln bei Krakow

Die ersten Hallen der Fokker-Werke in Schwerin (1914) ▷

Ein in Schwerin-Görries gebautes Fokker-Verkehrsflugzeug F II ▷

Als Schüler der Untertertia, der Autor sitzend links vorne ▷

Bei einer Schlittenpartie im Winter 1929 als Schüler des Realgymnasiums (mit Brille: der Autor) ▽

Beim Schweißen des Stahlrohrrumpfes eines »Zöglings« mit vergrößerter Spannweite (links: der Autor)

Die Heinkel-Werke in Warnemünde. Vorne der Werkseingang. (Anfang der 30er Jahre)

verlegte nun bis auf die Einfliegerei den gesamten Betrieb von Warnemünde nach Rostock. Die Größe des Geländes erlaubte einen Ausbau der Firma.

Aber wieso Ausbau? Inmitten der tiefsten wirtschaftlichen Depression im Herbst und Winter 1932/33?

Heinkel weitete seine Produktionsanlagen aus, weil er »Großaufträge« vom Militär hatte. Er hatte schon im Jahr zuvor, als sich die Arbeitslosigkeit in Deutschland katastrophal auswirkte, eine enge Zusammenarbeit mit Japan in die Wege geleitet. Für die japanische Marine entwickelte er beispielsweise zunächst die He 50, aus der dann auch das erste Sturzkampfflugzeug für die deutsche Luftwaffe wurde.

Außerdem hatte er bereits seit Ende der zwanziger Jahre gute Kontakte zu den noch geheimen Stellen der Regierung, die sich mit einem möglichen Wiederaufbau der Luftwaffe in Deutschland beschäftigten.

So war es kein Wunder, daß Anfang der dreißiger Jahre große Teile der Entwicklungs- und Produktionskapazitäten der Heinkel-Werke dem Aufbau der neuen Luftwaffe für das Dritte Reich gewidmet waren. Rund 60 Prozent der ersten Generation von Militärflugzeugen der Luftwaffe stammten von Heinkel.[11]

Ernst Heinkel war nicht nur ein ausgesprochen begabter Wirtschaftsmann – vom Geldverdienen verstand er wirklich etwas –, er hatte auch einen guten Riecher für Dinge, die in der Luft lagen: In der Geschichte der Luftfahrt hat er mehrfach Weltpremieren verwirklicht. Da war später das erste Flugzeug mit Flüssigkeitsraketen-Antrieb, das erste Flugzeug mit Turbostrahlantrieb – er hatte das Triebwerk gegen den Rat vieler Fachleute bei sich im Werk durch von Ohain entwickeln lassen –, der erste Schleudersitz und schließlich auch der »Blitz«. Dabei war Heinkel längst kein so genialer Konstrukteur wie zum Beispiel sein Konkurrent Willy Messerschmitt. Aber er hatte immer einen gewissen Vorausblick, und er hatte gute Leute verpflichtet.

Die Konkurrenzfirmen Junkers und Messerschmitt standen zu jener Zeit nicht sehr gut da, während Heinkel sogar noch zusätzliche Leute einstellte. So sprach mich zum Beispiel der Betriebsleiter, Direktor Schweigert, im Winter 1932/33 einmal an und fragte, ob unter meinen Kameraden von der SA keine Metallarbeiter, Schlosser oder Dreher seien. Er wolle neue Leute einstellen. Ich versuchte, welche zu finden, aber sie reichten am Ort nicht aus. So wurden schließlich sogar SA-

Leute aus Berlin geholt, freche Typen, die auch im Rostocker Werk mit ihren braunen SA-Hosen unter dem Arbeitsmantel herumliefen. Da sie aber tüchtig waren, gab es keine Probleme.

Bei Heinkel wurden damals schon »Großserien« produziert: sechs Stück, manchmal auch zwölf; ich mußte, wie ich es in Warnemünde gelernt hatte, die Wasser- und Ölleitungen für die Motoren zurechtbiegen und einbauen.[12]

Ich erinnere mich an ein eigenartiges Gespräch mit dem Betriebsratsvorsitzenden, zu dem ich aus den geschilderten Gründen möglichst Distanz hielt. Als er eines Tages meine Biegevorrichtungen für die Rohre sah, lobte er zwar meine »Serienvorbereitung«, wie er es nannte. Aber gleichzeitig fragte er mich, wieso ich bei einem voll von den Japanern bezahlten Auftrag versuchte, Stunden zu sparen, wo es doch so viele Arbeitslose gebe. Ich weiß nicht mehr, was ich ihm antwortete. Auf jeden Fall gab mir diese Bemerkung einen ersten Anstoß, über den Zusammenhang zwischen Rationalisierung und Arbeitslosigkeit nachzudenken.

Zu dieser Zeit lernte ich übrigens auch die schon damals berühmte Fliegerin Elly Beinhorn kennen. Heinkel hatte ihr ein Flugzeug – eine He 71 – zur Verfügung gestellt, damit unternahm sie 1935 einen großen Flug durch Afrika. Ich habe auch in dieses kleine Holzflugzeug den Motor eingebaut, mit allen Anschlüssen und Benzinzuleitungen. Eines Nachts kam sie mit Heinkel zur Besichtigung und zum »Probesitzen«. Nach dem Krieg sollte ich sie in München dann persönlich kennen und schätzen lernen.

Zum Abschluß meiner Zeit bei Heinkel hatte ich auf Wunsch meines Vaters eine Art Gesellenstück angefertigt, einen Flugzeugsitz, der ganz leicht war und in zwei Richtungen verstellbar. Zur Gesellenprüfung in Rostock wurde ich aber nicht zugelassen, dafür hätte ich, auch als Abiturient, zwei Jahre lernen müssen.

Nachdem ich das Lehrjahr bei Heinkel hinter mir hatte, verbrachte ich den April 1933 in Schwerin. Meine ehemaligen Klassenkameraden waren inzwischen alle ausgeflogen, aber durch die Schülerverbindung war meine Bindung an die Schule immer noch eng. So verbrachte ich manchen Nachmittag auf Spaziergängen mit dem von mir so verehrten Studiendirektor Otto Mehr. Er erzählte mir, daß sich unter den Lehrern nun die ersten politisch Übereifrigen bemerkbar machten. Zu meiner

Überraschung interessierte er sich auch intensiv für die Einzelheiten meines Praktikums, nicht nur in technischer, sondern vor allem auch in politischer Hinsicht.

Mein politisches Engagement stand zu dieser Zeit jedoch nicht mehr im Vordergrund. Der Hitlerjugend war ich entwachsen, Verbindungen zur Schweriner SA und zur Partei hatte ich nie gehabt. So füllte ich meine Freizeit mit dem Bau eines Segelflug-Übungseinsitzers. Zusammen mit einem Kameraden, Heino Funay, der ein sehr engagierter Flieger und Tüftler war, verbesserten wir den »Zögling«, einen bewährten Gleiter der Rhön-Rossitten-Gesellschaft, um dann an unserem zwölf Meter hohen Hang in Görries längere Flüge zu unternehmen. So vergrößerten wir die Spannweite des Flugzeugs um zwei Meter, und ich benutzte meine Kontakte zu einem Statiker bei Heinkel, um ihn um die Berechnung der nötigen Holmverstärkung zu bitten. Für den Rumpf hatte mein Kamerad eine Rohrkonstruktion entworfen.

In der Werkstatt eines Auto- und Bootsschlossers, die – kurioserweise – auf dem ehemaligen Gelände der Fokker-Werke am Schweriner See lag, bauten wir den Rumpf in drei Wochen zusammen. Im Sommer flog die neue Konstruktion schon – mit sehr gutem Ergebnis. Wenn der Wind günstig stand, waren sogar Stundenflüge drin. Später erfuhr ich, daß unser Flugzeug im Flugsportverein noch auf über 1000 Starts kam.

Am 2. Mai 1933 sollte ich mein Praktikum in den »Deutschen Werken Spandau« im Bereich Maschinenbau fortsetzen. Ich machte mich also Ende April auf den Weg nach Berlin und fand ein Quartier in der Nähe meiner neuen Arbeitsstätte.

Ein entfernter, schon längere Zeit arbeitsloser Verwandter holte mich am frühen Morgen des 1. Mai ab, um mich zur Mai-Kundgebung auf dem Tempelhofer Feld mitzunehmen. Ich erlebte einen Aufmarsch von Musikkapellen und uniformierten Männern, der mich sehr beeindruckte. Wenn ich mich recht erinnere, hielten zuerst Goebbels und dann Hitler eine Rede. Um mich herum herrschte eine eigenartige Festtagsstimmung, eine Atmosphäre von großer Hoffnung. »Jetzt wird alles anders«, diese Vorstellung beflügelte in jener Zeit politischen und wirtschaftlichen Niedergangs die Menschen. Wie tief die Menschen in den Arbeitervierteln deprimiert waren, das wurde mir erst im Laufe des Sommers durch verschiedene Begegnungen und Gespräche klar. Hier, am 1. Mai 1933, brandete jedenfalls ein Massenjubel über das Tempelhofer Feld, wie ich ihn noch nie erlebt hatte. Mein Onkel klärte mich auf dem Heimweg auf, was seine Kollegen, alles Tiefbauarbeiter, früher gewählt hatten: KPD. An jenem Tag hatten sie Hitler zugejubelt.[13]

Am nächsten Morgen kam ich dann in die »Deutschen Werke Spandau«. Eine völlig neue, ungewohnte Umgebung: alte, verstaubte Hallen, dunkel und zum Teil seit vielen Jahren verschlossen. Auf dem Gelände roch es nach dem Koksfeuer der Eisengießerei. Alles in allem war der Eindruck ganz anders als in den Warnemünder und Rostocker Fabriken, die ich kannte. Im Ersten Weltkrieg war dies eine riesige Munitionsfabrik gewesen, nun wurden hier hauptsächlich Motorräder hergestellt. Aber als ich kam, war auch dieser Fabrikteil schon fast leer, man baute nur noch Ersatzteile. Mit der Zeit kam ich allerdings dahinter, daß auch Granaten hergestellt wurden.

Die Arbeiter dort waren ein viel gröberer Menschenschlag als die Flugzeugbauer in Warnemünde. Sie waren auch nicht auf den Mund gefallen und in politischen Dingen viel radikaler als die Rostocker und Warnemünder.

Bei der Personalabteilung holte ich mir meinen Arbeitsplan: Werkzeugbau, Gußformenbau, Grauguß, Aluminium- und Magnesiumguß, am Schluß Schmiede und Werkstofflabor. Samstags hatte ich frei, damit ich an der TH Charlottenburg einen Kurs über Fertigungstechnik besuchen konnte. Er wurde von der Hochschule extra für Praktikanten abgehalten. Ich habe dabei viel gelernt; insbesondere der ständige Vergleich zwischen praktischer Arbeit und der Theorie war sehr nützlich, für mich ein Glücksfall.

Da mich soziale Probleme interessierten und ich schwere körperliche Arbeit nicht scheute, arbeitete ich drei Nächte beim Ausformen von Bremsklötzen mit. Eine wahre Schinderei: Eine niedrige Halle voller Dampf vom heißen Formsand, und ich mußte ununterbrochen Formkästen wegnehmen, den Bremsklotzguß auseinanderklopfen, die Klötze zum Gußputzen schaffen, den Formsand absieben und für die nächste Schicht am Morgen aufbereiten. Ohne meine sportliche Vergangenheit hätte ich diese drei Nächte sicherlich nicht durchstehen können. Nach dieser Schinderei war ich allerdings bei den Kollegen akzeptiert, einer rauhen, aber freundlichen Gruppe, die aus ihrer früheren KP-Zugehörigkeit mir gegenüber kein Hehl machte.

Am nächsten Tag brachte der Meister einen Wachmann mit einem

großen Schlüsselbund: Er sollte mir das Werk zeigen. So durchwanderten wir Halle für Halle, mit Hunderten verstaubter Werkzeugmaschinen, Drehbänke und Fräsen, vielfach noch aus der Zeit des Ersten Weltkriegs. Auf uralten Drehmaschinen wurden in einer Halle Eisenbahnachsen für die Reichsbahn gefertigt. Die Dreher zeigten sich als wahre Künstler, um auf den überalterten Maschinen die geforderten Toleranzen zu erreichen. Für mich ein Bild des Jammers.
Von der Gießerei kam ich in die Schmiede. Auch sie war fast leer. In der großen Halle mit vielleicht 30 Öfen und Schmiedemaschinen arbeiteten ganze zwei Gruppen, die sich in dem riesigen Raum verloren. Ich wurde einer Dreierkolonne zugeteilt, die an einem Fallhammer Federlaschen für die Bahn schmiedete und ausstanzte, das heißt entgratete.[14]
Meine nächste Ausbildungsstation war das Werkstofflabor. Dort war ich im wesentlichen damit beschäftigt, Proben zu entnehmen, sie zu bearbeiten und dann auf Härte, Zug- und Reißfestigkeit zu prüfen.

Studium in Berlin-Charlottenburg – Maschinenbau, Fachrichtung Flugzeugbau

Im Herbst 1933 war es also endlich soweit: Ich hatte den Wunsch meines Vaters mit meiner anderthalbjährigen praktischen Ausbildung erfüllt und konnte mein Studium beginnen. Dazu schrieb ich mich an der Technischen Hochschule Berlin-Charlottenburg als Student für Maschinenbau, Fachrichtung Flugzeugbau, ein.

Im ersten Semester machte sich bemerkbar, daß ich eineinhalb Jahre lang keine Theorie mehr betrieben hatte, insbesondere keine Mathematik. So war ich zunächst noch nicht mit ganzem Herzen dabei, ging lieber ab und zu in die Uni und hörte dort Physik-Vorlesungen oder frönte meiner alten Liebe, der Geschichte des 19. Jahrhunderts.

Wegen meiner angespannten finanziellen Situation hatte ich mir vorgenommen, spätestens nach acht oder neun Semestern fertig zu sein. Am Anfang lebte ich noch vom Geld meiner Eltern, aber schon vom dritten Semester an verdiente ich mir als Hilfsassistent bei Professor Moritz Weber in der Mechanik etwas dazu, indem ich bei den Erstsemestlern Übungen abhielt. Dabei habe ich gelernt, wie man schwierige Sachverhalte so einfach erklären kann, daß sie auch ein anderer versteht. Diese Übungen fanden zweimal in der Woche statt, und ich erhielt dort immerhin schon 30 Mark pro Woche. In den letzten vier Semestern bekam ich dann schließlich ein Stipendium. Es belief sich auf 110 Mark monatlich, die das Reichsluftfahrtministerium in Zusammenarbeit mit der Luftfahrtindustrie zahlte, auch während der Ferien.

Meine Anlaufprobleme hatte ich bald überwunden, vor allem, weil ich im zweiten Semester einen Mann kennenlernte, dessen einnehmende Art und dessen Fachwissen mich ungeheuer fesselten.

Als der neue Professor zu seiner ersten Vorlesung den Hörsaal betrat, der mit etwa 25 Flugzeugbau-Studenten besetzt war, war ich zunächst sehr enttäuscht. »Mensch, jetzt schicken die uns schon wieder einen Assistenten!« flüsterte ich meinem Nachbarn zu.

Herbert Wagner – so hieß unser neuer, kaum 30jähriger Lehrer – hörte dies und kam auf mich zu: »Ich bin der Wagner, wir werden uns schon noch kennenlernen!« Nun blieb mir nichts anderes übrig, als mich mit etwas belegter Stimme ebenfalls vorzustellen. Die Zuhörer klatschten seinem charmanten Auftreten Beifall. Und auch mich hat er an jenem Tag gewonnen. 50 Jahre lang, bis zu seinem Tod, sollte unsere Freundschaft dauern.

Neben dem berühmten Ludwig Prandtl war Herbert Wagner aus Graz wohl der beste Luftfahrt-Mechaniker im deutschen Sprachraum. Ich glaube, als Nichtfachmann kann man gar nicht richtig ermessen, was für ein Genie dieser Mann war. Alles, was er anpackte, machte er absolut perfekt.

Ich hatte seine Vorlesung »Die Bauelemente des Flugzeugs« belegt. Bis zu diesem Zeitpunkt hatte ich mein Studium pflichtgemäß absolviert, alle Scheine gemacht, sogar mit sehr guten Noten, aber richtigen Spaß an der ganzen Sache hatte ich eigentlich nicht. Durch Herbert Wagner änderte sich das schlagartig. Er hat es geschafft, mich wirklich in die Welt der Technik einzuführen und mich zu einem begeisterten Ingenieur zu machen. Alles lebte bei ihm. Selbst in der Festigkeitslehre: Das Material arbeitete, verformte sich. Er lehrte uns, wie man sich die Vorgänge plausibel machen konnte, um dann überraschend einfache Berechnungsverfahren zu finden. So entstanden selbst komplizierte Differentialgleichungen oft ganz spielerisch bei unseren Diskussionen.

Herbert Wagner hatte ich auch im mündlichen Kolloquium, einer Prüfung, der er uns unterzog, um uns für schriftliche Hausarbeiten zu testen. Für die erste Aufgabe brauchte ich etwas länger, da ich mir erst einen Trick, den er uns beigebracht hatte, überlegen mußte. Bei der zweiten, die er mir aufs Papier schrieb, blieb Wagner am Fenster stehen, kam zurück, sah meine ersten beiden Zeilen, nahm meinen Stift und zeichnete sofort die dritte Aufgabe: ein Stabilitätsproblem.

»Na, Bölkow«, meinte er, »nur einen Satz zur Lösung, bitte.«

Ich hatte Glück, sagte fünf Worte, daraufhin nahm er den Zettel und zerriß ihn. »Ist in Ordnung, Sie können gehen.«

Leider verließ Herbert Wagner bald wieder die Hochschule und ging zu Junkers, wo er Entwicklungschef wurde und mit seinem Strahltriebwerk Technikgeschichte schrieb. 1938, als ich meine Abschlußprüfung hatte, kam er wieder an die Hochschule.

»Sie wollen eine Eins?« fragte er mich.
»Wenn es geht, schon.«
Er ging zur Tafel und zeichnete eine konische Zylinderschale mit einem großen Ausschnitt. »Wie kann man das konstruieren, ohne einen Steifigkeitsverlust zu erhalten?«
Ich begann zu rechnen und zu konstruieren. Er blieb am Tisch sitzen, schaute meinen Bemühungen zu, nahm dann selbst ein Blatt und begann zu rechnen. Nach einiger Zeit schaute er auf und verglich unsere beiden Lösungen: »Ihre Lösung ist besser«, gab er zu und trug die gewünschte Eins in die Prüfungsakte ein.
»Warum kommen Sie nicht zu mir ins Entwicklungsbüro zu Junkers?« fragte er mich zum Abschluß. Ich erklärte ihm, daß ich zunächst meine Diplomarbeit bei Professor Hoff noch genauer als Forschungsbericht ausarbeiten wollte, was etwa ein halbes Jahr dauern könnte. Außerdem wußte ich nicht, ob nicht zu Hause bereits ein Einberufungsbefehl auf mich wartete, denn es waren die Tage des Einmarsches in der Tschechoslowakei im Oktober 1938.
Auch die anderen Abschlußprüfungen waren nicht allzu schwer. Moritz Weber hielt seine in Ähnlichkeitsmechanik sogar im Café Hardenberg ab. Die Papierserviette mit den Skizzen von der Prüfung hielt ich noch lange in Ehren. Leider verbrannte sie später bei einem Bombenangriff auf Augsburg 1944.
Die Berliner Technische Hochschule war eine sehr strenge Hochschule, geschenkt wurde einem dort nichts. So kam es, daß von den rund 30 »Luftfahrern« meines Semesters beim Examen nur noch acht übrig waren. Ich brauchte neun Semester – die Regelstudienzeit wäre acht gewesen. Aber da ich neben dem Studium auch noch andere Interessen verfolgte, ging es nicht so schnell.
So überlegte ich zu Beginn meines Studiums zunächst, ob ich in eine Studentenverbindung eintreten sollte. Ich folgte den Einladungen wichtiger Verbindungen, um zu sehen, wie es mir gefiele. Aber aus unserer Schülerverbindung kannte ich die ganzen Rituale schon, das Biertrinken, Liedersingen, die Fuchsenzeit usw. Nachdem ich nun eineinhalb Jahre mit Arbeitern zusammengelebt hatte, kam mir das alles ziemlich unwirklich vor. Aber eine ganze Reihe von Studienkollegen und ich hatten trotzdem den Wunsch, uns irgendwie zusammenzuschließen, vielleicht sogar zusammenzuwohnen. Wir wollten versuchen, eine neue

Form menschlicher Bindungen zu suchen, ohne uns von »alten Herren« auf bestimmte Traditionen festlegen zu lassen. Deshalb gründeten wir eine »Kameradschaft«.

Wie wichtig für mich der Gedanke der Gemeinschaft war, zeigt ein Text, den ich in den ersten Kriegsjahren als »Alter Herr« für die Kameradschaftszeitschrift verfaßt habe: »Noch nie sind Einsiedler und Weltfremde Männer geworden, die die Welt irgendwie bleibend gestaltet haben. Nur in der Gemeinschaft, im persönlichen inneren Kampf, in der persönlichen Auseinandersetzung Mann gegen Mann, ist die Möglichkeit gegeben, auf die Jungen einzuwirken und sie zu inneren Entscheidungen zu bringen.«

Neben dem Hochschulgelände, an der Kurfürstenstraße, hatten wir eine Reihe von Baracken entdeckt, die abgerissen werden sollten. Wir renovierten einige von ihnen mit Hilfe des Vermieters und zogen dort ein. Ich wurde von einer der drei Gruppen zum Kameradschaftsführer gewählt und zog mit Ernst Oswald, einem Maschinenbau-Studenten aus Boizenburg, in eines der Zimmer. Ich freute mich, daß ich mit ihm Plattdeutsch sprechen konnte.

In den ersten beiden Semestern wohnten die Mitglieder der Kameradschaft zusammen, danach zogen die meisten in Privatzimmer, kamen aber oft wieder zu den Veranstaltungen. Es gab Vorträge zu den verschiedensten Themen und lange Diskussionen.

Wir organisierten ein ziemlich anspruchsvolles Programm: Es gab Referate über politische, geschichtliche und religiöse Themen. Wir gingen aber auch außer Haus, zum Beispiel zu Pastor Niemöller zur »Bekennenden Kirche« nach Dahlem und ins Schöneberger Rathaus, wo er manchmal Vorträge hielt.[15]

Im Krieg kamen fast drei Viertel der Kameradschaftsmitglieder ums Leben, viele Freundschaften haben aber bis heute gehalten.

Was mein politisches Engagement betrifft, habe ich mich wohl – zumindest aus meiner heutigen Sicht – zu wenig um die Innenpolitik gekümmert. Eigentlich war unsere politische Aktivität im Schülerbund und in der Hitlerjugend ja gerade aus der Innenpolitik heraus entstanden. Aber dann hatte ich plötzlich das Gefühl, ich müßte mein Interesse mehr dem Studium zuwenden, müßte jetzt erst einmal etwas leisten. Das leere Gerede vieler Parteileute ging mir auf die Nerven.

Ende Juni 1934 – ich war im zweiten Semester – fand der »Röhm-

Putsch« statt. In der »Nacht der langen Messer« entledigte sich Hitler einiger unliebsamer SA-Führer. Zufällig war in diesen Tagen mein Vater bei mir in Berlin zu Besuch. Als ich ihm mittags den Fernsehturm zeigte, zog unten eine Einheit der Reichswehr vorbei in Richtung Stadt – erstaunlicherweise mit Stahlhelmen ausgerüstet wie beim Manöver. Nachmittags, als ich meinen Vater durch die Hochschule führte und ihm auch den Zeichensaal zeigte, wo ich zum Wintersemester einen Platz erhalten hatte, begegneten wir im Lichthof Gruppen, die heftig diskutierten. Es tauchten die ersten Gerüchte auf: Erschießung von SA-Führern in Lichterfelde, Verhaftungen, Putsch der SA in München und vieles andere. Ich hatte ein beklemmendes Gefühl, das ich auch in der darauffolgenden Zeit nicht wieder verlor.

Dieser interne Machtkampf in der NSDAP gab mir sehr zu denken, er stieß mich ab. Ich zog mich ziemlich aus der Politik zurück und machte auch nicht mehr aktiv in der SA mit. Da ich von 1933 an dabeigewesen war, warf man mich nicht raus, aber von Zeit zu Zeit erhielt ich eine Mahnung, mich doch wieder einmal sehen zu lassen und mitzumarschieren.

Da ich und einige meiner Freunde trotz der nicht gerade begeisternden politischen Verhältnisse etwas Sinnvolles tun wollten, nahmen wir am sogenannten Landdienst teil, einer Art Arbeitsdienst von Studenten bei den Bauern an der Grenze zu Polen. Wir fuhren in unseren Semesterferien dorthin und halfen den Bauern zwei bis drei Monate lang ohne Entgelt während der Erntezeit. Ich arbeitete zwei Monate lang bei Bauern, die aus dem früheren Polen in dieses Gebiet umgesiedelt worden waren. Es war ethnographisch ein gemischtes Gebiet. Das Nachbardorf bekannte sich mehrheitlich – vor allem bestärkt durch die katholische Kirche – zum Polentum. Ich wurde so vertraut mit den Problemen des polnischen Volkes und lernte, wie es sich durch die ganzen Teilungen hindurch doch eine Art von nationaler Zusammengehörigkeit erhalten konnte.

Zwei Sommer lang arbeitete ich beim Landdienst mit, zuletzt als Landdienstführer. In dieser Funktion hatte ich die anderen Studenten und Studentinnen zu betreuen; ich fuhr herum, besuchte die verschiedenen Bauern und sorgte dafür, daß alles organisatorisch gut ablief.[16]

1936 fanden die Olympischen Spiele in Berlin statt. Obwohl ich mich auf das Vorexamen vorbereiten mußte, nahm ich in vollen Zügen an den

Veranstaltungen und dem internationalen Leben teil, das in dieser Zeit in der Stadt herrschte. Die Begeisterung, mit der unser noch junges nationalsozialistisches Reich von den Ausländern gefeiert wurde, brachte meine eigenen Zweifel und Bedenken ins Wanken. Ich diskutierte insbesondere oft mit einer englischen Familie. Die ausländischen Besucher stellten meinen negativen Beispielen immer wieder Positives gegenüber und argumentierten mit dem Spruch: »Wo gehobelt wird, da fallen eben Späne.«
Als ich ihnen meine Bedenken in der Judenfrage schilderte – ich hatte mitbekommen, daß einige jüdische Hochschullehrer nicht mehr arbeiten durften –, antworteten sie nur: »Was wollen Sie denn, Sie haben doch eine Helene Mayer, eine blonde Volljüdin, als Goldmedaillengewinnerin im Florettfechten!«
Walter Granzow, ein Mecklenburger Gutsbesitzer und zeitweiliger Ministerpräsident, später Präsident der Rentenbank, den ich über den Landdienst kennengelernt hatte, eröffnete mir die Möglichkeit, mit einer Schweriner SA-Einheit zum Nürnberger Parteitag zu fahren. Ich wollte so etwas einmal miterleben. Von Anfang an hatte ich das Gefühl, daß die Teilnehmer dieser Veranstaltung unter einer Art Massenpsychose standen. Das Wetter war herrlich, wir schliefen in großen Zelten auf Stroh, alles war bestens organisiert. Aber erstaunlicherweise kamen politische Diskussionen, wie ich sie aus meiner studentischen Umgebung kannte, hier nicht zustande. Als ich einige Fragen stellte und Zweifel äußerte, schaute man mich überrascht und mißtrauisch an. Es war, als ob mit der Uniform alles gleich zu sein hatte.
Im Herbst bat mich Granzow um einen Besuch. Er empfing mich in der Rentenbank in der Wilhelmstraße mit ungewohnt ernster Miene. Vor ihm lag ein Stapel Papier: Berichte über unliebsame politische Äußerungen von mir. Da er Ehrenbrigadeführer bei der SS war, hatte man ihn von höherer Stelle aus gebeten, doch mal mit mir als »altem Kämpfer« ein offenes Wort zu sprechen. Im übrigen hatte man ihm überlassen, was er mit dem Dossier tun wollte. Obwohl ich ein gutes Gewissen hatte, durchfuhr mich ein gewaltiger Schreck. Aber Granzow nahm die Papiere, zündete sie mit seinem Feuerzeug an und verbrannte sie in meiner Gegenwart im Kamin.
Heute muß ich mir den Vorwurf machen, daß ich an der Schaffung des Dritten Reichs mitgearbeitet habe bis zum Januar 1933, dann aber ge-

sagt habe: »Nun macht mal«, und mich selbst aus der Politik herausgehalten habe. Ich hatte aufgrund der Ereignisse wirklich keine Lust mehr, nach der Beendigung meines Studiums in der Partei mitzuarbeiten. Heute halte ich das für falsch. Man sollte sich eigentlich später auch noch um das Kind kümmern, das man mitgeboren hat.

Nach dem Krieg hat man mir den Vorwurf gemacht, daß ich für dieses Regime Waffen und Flugzeuge gebaut habe. Ohne etwas zu beschönigen, kann ich dazu nur sagen: In der damaligen Situation habe ich darüber überhaupt nicht nachgedacht. Mein Hauptimpuls war, ich wollte Flugzeuge bauen und die Arbeit daran galt als nationale Pflicht.

Zwischendurch, 1934 und 35, nahm ich auch ein paarmal an einer militärischen Ausbildung teil, die die Reichswehr für Freiwillige durchführte, denn eine allgemeine Wehrpflicht gab es damals noch nicht. Die wurde erst 1935 eingeführt und betraf mich zunächst nicht. Die Ausbildung dauerte jeweils vier Wochen. Ich wurde einer Maschinengewehrkompanie zugeteilt. Als damals 22jähriger junger Mann war es für mich völlig normal, daß ich mich als Soldat ausbilden ließ.

Auch später, als ich bei Messerschmitt anfing, war es natürlich eine Selbstverständlichkeit, daß dort auch Militärflugzeuge gebaut wurden. Ich habe damals wirklich keinen Gedanken auf diese Tatsache verwendet; es gab auch niemanden, keinen Pfarrer und keinen Pazifisten, der mir damals gesagt hätte: »Du mußt darüber nachdenken, du baust an einer Waffe mit.« Aus meiner heutigen Sicht erscheint mir meine damalige Sorglosigkeit für die Zeit verständlich. Später, 1954/55, als wir begannen, Panzerabwehrwaffen zu bauen, da habe ich mir lange Gedanken darüber gemacht, ob man das tun dürfe. Aber damals, in den dreißiger Jahren, wäre ich gar nicht auf eine solche Idee gekommen.

Nun studierte ich ja nicht Waffenbau, sondern Flugzeugbau. In meiner Diplomarbeit bei Professor Hoff entwickelte ich einen Gesamtentwurf für ein viermotoriges Hochgeschwindigkeits-Postflugzeug für die Strecke Berlin–New York. Es sollte mit einer mittleren Reisegeschwindigkeit von 600 Kilometer pro Stunde fliegen. Das war für damalige Verhältnisse sehr viel, hatten doch Verkehrsflugzeuge erst Reisegeschwindigkeiten zwischen 300 und 370 Kilometer pro Stunde und Reichweiten von maximal 2000 Kilometern, also nur rund einem Drittel der Strecke Berlin–New York.

Nach dem Examen, das ich mit »sehr gut« abschloß, machte mir Pro-

*Bitte beachten Sie
die folgenden Seiten*

Portrait einer faszinierenden Persönlichkeit

Umfassende Biographie eines Universalgenies mit Charisma, dessen technische Glanzleistungen der Menschheit das Tor zum Weltraum geöffnet haben.

Bechtle

Vater der Raumfahrt

Hermann Oberth war der erste, der in Verbindung mit dem Gedanken einer wirklichen Weltraumfahrt zum Rechenschieber griff und zahlenmäßig durchgearbeitete Konzepte und Konstruktionsvorschläge vorlegte. In prophetischer Klarheit beschreibt Hermann Oberth alle wesentlichen Elemente heutiger Großraketen, die von zeitgenössischen Schreibern oft für Erfindungen der letzten Jahre gehalten werden.«
Wernher von Braun

Bechtle

Beitrag zum Schnellflug über weite Strecken
===

Übersicht:

Zu den schwierigsten Aufgaben, die dem Flugzeugbau gestellt sind, gehört der Schnellflug über weite Strecken, wie Kontinente und Weltmeere, mit einer Nutzlast (zunächst Postgüter), die den hohen Einsatz erfahrener Besatzungen und wertvollen Geräte rechtfertigt. In diesem Bericht wird die Möglichkeit untersucht, eine Entfernung von 6000 km bei einer als wirtschaftlich angesehenen Nutzlast von 2000 kg in einer Flugzeit von 10 Stunden, also mit einer Fluggeschwindigkeit von 600 km/h zu durchfliegen, die damit noch genügend weit unter der bei der Annäherung an die Schallgeschwindigkeit sich ergebenden Grenze liegt. Der Abflug ist mit einem Hilfsflugzeug vorgesehen, da er trotz seiner technischen Durchführbarkeit mit vollem Fluggewicht am Boden zu gefährlich erscheint.

- 2 -

- -

Der Bericht umfasst:

27 Seiten mit
8 Abbildungen
11 Seiten Anhang mit
3 Abbildungen

LEHRSTUHL FÜR LUFTFAHRTWESEN AN DER TH BERLIN
PROF.DR.-ING. W. HOFF

Der Inhaber des Lehrstuhls: Der Bearbeiter:

    W. Hoff   L. Bölkow

Berlin-Charlottenburg, den 15.1.39

Titelblatt des Forschungsberichtes FB 963 vom 15. Januar 1939 »Beitrag zum Schnellflug über weite Strecken«.

fessor Hoff den Vorschlag, das Thema der Diplomarbeit weiter zu bearbeiten und daraus einen Forschungsbericht zu machen. Ich ging gern darauf ein und blieb noch ein halbes Jahr auf der Hochschule. Ich konnte dort auch in den Büros von Hoff in der Deutschen Versuchsanstalt – er war dort einmal Leiter gewesen – arbeiten und vieles anhand der dortigen Literatur studieren.

Bei Willy Messerschmitt – »Das Konstruieren lernen«

Anfang 1939 hatte ich meine Studienarbeit abgeschlossen. Mein Plan war, nun als Ingenieur zu Heinkel zu gehen, wozu mir auch Professor Hoff wegen meiner Schnellfluginteressen riet. Außerdem war für mich von Vorteil, daß mich aus meiner Praktikumszeit in Warnemünde bereits einige der leitenden Mitarbeiter und auch Ernst Heinkel persönlich kannten. Ich schrieb also einen Bewerbungsbrief und wurde zur Vorstellung nach Marienehe, dem neuen Werk von Heinkel zwischen Warnemünde und Rostock, eingeladen.

Mit dem Personalchef Köhler, mit dem ich auch von früher noch bekannt war, einigte ich mich schnell. Wir gingen nach einer Besichtigung über den Werkhof in Richtung auf sein Büro. Ein Offizier in Luftwaffenuniform kam uns entgegen und sprach mich überraschend an: »Ludwig, was willst du denn hier?«

Ich erkannte ihn nun auch. Es war Reinhold Platz, der langjährige Chefkonstrukteur von Anthony Fokker während des Ersten Weltkriegs in Schwerin und auch noch viele Jahre später in Amsterdam. In der Versuchswerkstatt in Schwerin war er der direkte Vorgesetzte meines Vaters gewesen, als dieser dort noch als Meister arbeitete. Ich wähnte ihn längst als Pensionär in Schwerin und war überrascht, ihn hier in Uniform anzutreffen. Er war, wie er mir später erzählte, inzwischen als Fliegeroberstabsingenieur aktiv geworden. Nun arbeitete er als Chef der Bauaufsicht des Reichsluftfahrtministeriums bei allen Heinkel-Werken.

»Ich bin mit meinem Studium fertig und will in die Industrie«, erklärte ich ihm.

Er fragte dann im einzelnen nach meinem Studium und nach meinem Examen. »Theorie ist zwar wichtig, aber selbst bei deinem ausgezeichneten Examen bin ich es deinem Vater schuldig, daß du erst einmal konstruieren lernst. Das kann man aber nicht hier, sondern nur bei Willy Messerschmitt.«

Nun wandte sich Platz an den Personalchef: »Entschuldigen Sie, Herr Köhler, den jungen Mann nehme ich erst einmal mit.« Wir gingen zu einem Fernschreiber, und Platz ließ Messerschmitt in Augsburg antickern. Willy Messerschmitt war auch da und kam zu meiner Überraschung sogar persönlich ans Gerät.
Reinhold Platz fragte ihn, ob er einen diplomierten Flugzeugbauer mit sehr gutem Examen brauche, es sei der Sohn seines ehemaligen Meisters aus der Versuchswerkstatt bei Fokker in Schwerin. »Er soll bei Ihnen nach all der Theorie das Konstruieren lernen.«
Messerschmitt antwortete umgehend: »Er soll sich in Augsburg vorstellen.«
»Sie bekommen bei Messerschmitt bestimmt 100 Mark weniger als ich Ihnen biete, das ist in der Branche bekannt.«
Mit diesem Argument mißbilligte Köhler beim Abschied meinen Entschluß, nach Augsburg zu fahren. Er sollte recht behalten. Statt Heinkels 460 Reichsmark im Monat erhielt ich bei Messerschmitt dann nur 360 RM.
Für die Reise nach Augsburg gab mir Reinhold Platz großzügig einen Finanzzuschuß. Unterwegs besuchte ich in München Freunde aus der studentischen Arbeit, und da gerade Faschingszeit war, stürzte ich mich auch ins Vergnügen.
Völlig übernächtigt nach einem lustigen Faschingsfest wurde ich von meinen Freunden auf dem Münchner Hauptbahnhof in den Zug nach Augsburg gesetzt. Bevor ich zu dem Vorstellungsgespräch ging, ließ ich mich schnell noch bei einem Friseur frischmachen und besorgte mir Pfefferminztabletten. Ich konnte schließlich nicht mit einer Alkoholfahne bei Professor Messerschmitt erscheinen.
Mit der Straßenbahn fuhr ich vom Königsplatz, damals hieß er noch Adolf-Hitler-Platz, nach Haunstetten ins Werk I, das Entwicklungswerk. Der Personalchef, der von meiner Ankunft informiert war, brachte mich aber nicht, wie ich erwartete, ins Konstruktionsbüro (Kobü), sondern ins Projektbüro (Probü). Auf meine Frage, wieso, erklärte er: »Die neue Leitung im Kobü hat es nicht so mit den Akademikern.«
Im Probü erwartete mich Waldemar Voigt, der Leiter, sowie Riclef Schomerus, der Abteilungsleiter für Aerodynamik, Flugeigenschaften und Flugleistungen. Beide waren Diplomingenieure aus Darmstadt, und ich kannte ihre Namen bereits als Mitglieder der dortigen Akademi-

schen Fliegergruppe. Sie hatten in ihrer Studentenzeit interessante Flugzeuge geschaffen, das letzte war zur damaligen Zeit das extreme Segelflugzeug Darmstadt D 30 »Cirrus«.
Die beiden redeten mir das Konstruktionsbüro wegen des dort herrschenden Betriebsklimas aus. Sie hatten sich außerdem bereits bei der Technischen Hochschule in Berlin nach meinen Arbeiten erkundigt. Nun waren sie der Meinung, daß ich mit meiner guten wissenschaftlichen Basis dazu beitragen sollte, die Probleme zu lösen, die sie mit ihrem neuen Projekt hatten. Es handelte sich um die geplante Me 262, die einen Strahlantrieb bekommen und damit Geschwindigkeiten erreichen sollte, die nahe der Schallgeschwindigkeit lagen. Meine Beschäftigung im Studium mit Schnellflug und Gasdynamik würden mir dabei helfen.
Diese Herausforderung lockte mich natürlich. Ohne im Augenblick dem Konstruieren allzusehr nachzuweinen, sagte ich zu. Im übrigen versprachen mir die beiden, daß ich nach einigen Jahren, wenn ich es dann noch wollte, in die Flugzeugprojektierung übersiedeln könnte. Eine Zusage, die mich sehr reizte, und die 1942 auch eingelöst wurde.
Mein Gehalt betrug, wie schon gesagt, 360 Reichsmark. Obwohl ich auf das höhere Angebot bei Heinkel hinwies, wollten sie für mich als akademischen Anfänger keine Ausnahme machen. Da es mir immer sehr schwergefallen ist, für mich selbst ein gutes Gehalt auszuhandeln, habe ich es bis zum März 1945 lediglich auf 800 Reichsmark gebracht, und das, obwohl ich damals große Verantwortung trug. Trotzdem habe ich es in meinem ganzen Arbeitsleben nie geschafft, daraus eine Lehre zu ziehen. Schüchternheit auf diesem Gebiet zahlt sich nicht aus.
So wurde ich also Angestellter der Messerschmitt AG, mit einem Arbeitsplatz im Werk I, rechter Flügel, zweiter Stock, Projektbüro. Die Zugangstür war nur von innen von einem Pförtner zu öffnen, bei dem man sich per Knopfdruck melden mußte. Alles wegen der Geheimhaltung.
Eine Bleibe fand ich nach kurzer Zeit in der Augsburger Vorstadt Pfersee. Von dort aus konnte ich das Werk entweder in 20 Minuten mit dem Fahrrad oder in einer halben Stunde zu Fuß und dann per Straßenbahn erreichen.
Am 7. März 1939 passierte ich morgens pünktlich kurz vor 8 Uhr das Werkstor. Wer mehr als fünf Minuten zu spät kam, wurde mit Zeitan-

gabe in einem Buch notiert. Hin und wieder haben wir Jüngsten uns später den Spaß erlaubt, dieses Buch zu entwenden und per Werkspost wieder zurückzuschicken. Das hatte jedesmal große Untersuchungen des Werkssicherheitsdienstes zur Folge, die allerdings immer ergebnislos verliefen.

Abteilungsleiter Schomerus empfing mich und stellte mich meinen zukünftigen Kollegen vor. Die sechs Personen der Gruppe für Aerodynamik saßen in einem Raum mit drei Fenstern, der nach Süden lag. Man hatte dort mehrere Tische aufgestellt: Am vordersten saßen ein promovierter Ingenieur, ein Doktor der Mathematik und ein Diplommathematiker, am zweiten ein Zeichner für die Windkanalmodelle und an einem Doppeltisch zwei Diplomingenieure, nämlich Jochen Puffert und ich.

Es sei zwar eng, meinten meine neuen Kollegen, aber seit dem Umzug aus dem alten Projektbüro habe man doch Fortschritte gemacht: Jetzt brauche der Nebensitzer wenigstens nicht mehr aufstehen, wenn einer rausmüsse. Im übrigen projektiere man hier hervorragende Flugzeuge.

Jochen Puffert und ich sollten gemeinsam für die Aerodynamik verantwortlich sein. Puffert für den Unterschall und ich für die Annäherung an die Schallgeschwindigkeit. Ansonsten gab es keine scharfe Trennung zwischen unseren beiden Arbeitsgebieten, und wir unterstützten uns gegenseitig. Unsere Aufgabe bestand darin, aerodynamische Grundformen für die Flugzeugentwürfe zu ermitteln. Formen für Flügel, Rumpf und Leitwerk. Diese Grundformen sollten wir dann im Windkanal messen und, soweit möglich, parallel dazu mit Hilfe der Mathematiker theoretisch durchrechnen.

Ich sollte mich zunächst ganz auf die Probleme des Strahljägers Me 262 konzentrieren, der damals noch unter der Projektnummer P 1065 lief. Dieser Jäger sollte im Horizontalflug Geschwindigkeiten bis zu 900 Kilometer pro Stunde, im Sturzflug 1000 Kilometer pro Stunde und mehr erreichen.

Damals gab es noch herzlich wenig Literatur zu diesem Thema. Man verwies mich auf den Bericht über die Volta-Tagung 1935 in Rom, der im Hause verfügbar war. Außerdem gebe es noch den amerikanischen NACA-Bericht 492. Er behandelte eine große Anzahl von Messungen an verschiedenen Flügelprofilen im höheren Unterschallbereich.[17]

Wir wollten erreichen, daß unser Strahljäger schnell, das heißt schneller als alle Konkurrenten fliegt. Es galt also, den kritischen Punkt, an dem sich die Strömung ablöst, möglichst weit hinauszuschieben. Dazu mußte ich neue Profile entwerfen. Zum Herbstanfang müßten die Hauptformen klar sein, denn danach begänne die Arbeit im Konstruktionsbüro. Ich fing also an, nachzudenken, zu rechnen und zu zeichnen.

In Aachen, in dem berühmten Aerodynamischen Institut des damals schon emigrierten Professors Theodor von Kármán, gab es einen besonderen Windkanal, der von Professor Wieselsberger betreut wurde. Dieser Kanal konnte stoßweise für einige Sekunden Strömungsgeschwindigkeiten bis knapp unter die Schallgeschwindigkeit erzeugen. Die Meßstrecke hatte allerdings nur einen geringen Durchmesser, so daß die Flügelmodelle, die ich dort erproben sollte, nie größer als vier Zentimeter in der Tiefe sein durften.[18]

Mein Chef Riclef Schomerus schickte mich nach Aachen, damit ich die laufenden Messungen begleiten und gleichzeitig die Hochgeschwindigkeitsmeßtechnik studieren könne. In den Meßpausen sollte ich mich bei den Aachener Wissenschaftlern über den neuesten Stand der Gasdynamik informieren. Außerdem sollte ich die Meßergebnisse aus diesem Windkanal laufend mit den Zahlen vergleichen, die im NACA-Bericht 492 angegeben waren. Ich hatte das Glück, in den beiden Leitern des Windkanals, den Professoren Sauer und Naumann, kameradschaftliche und gute Lehrer zu finden. Innerhalb kürzester Zeit war ich über die Theorie, soweit sie damals schon existierte, auf dem neuesten Stand.

Bis zu Machzahlen von 0,8 (also 80 Prozent der Schallgeschwindigkeit) kann man noch mit Näherungsformeln auskommen, man kann sich noch behelfen. Aber darüber benötigt man geschlossene Strömungsgleichungen, die unendlich lang und kompliziert sind und die Grenzschicht berücksichtigen. Den ganzen Sommer habe ich daran herumgerechnet, als Hilfsmittel hatte ich nur eine kleine mechanische Rechenmaschine. In diesen Wochen in Aachen habe ich das Rüstzeug erworben für meine Hochgeschwindigkeits-Aerodynamik.[19]

Als ich nach meiner ersten Meßreihe in Aachen Mitte April 1939 wieder ins Werk nach Augsburg zurückkam, herrschte dort Siegesstimmung: Eine Messerschmitt-Maschine, die Me 209, hatte einen neuen Geschwindigkeitsweltrekord aufgestellt.[20]

Am 30. März 1939 hatte der Heinkel-Pilot Hans Dieterle mit einem auf 2770 PS frisierten Daimler-Benz-Motor in einer Heinkel He 100 in Oranienburg den neuen Geschwindigkeits-Weltrekord von 746,606 Kilometern pro Stunde erreicht. Zum ersten Mal fiel damit dieser Rekord an einen Deutschen. Dies hatte meinen Kollegen bei Messerschmitt natürlich keine Ruhe gelassen, die Arbeiten an der Me 209 wurden parallel zu Heinkel intensiviert. Und tatsächlich: Am 26. April 1939 hatte unser Werkspilot Fritz Wendel diesen Weltrekord überboten und war mit der Me 209 eine Durchschnittsgeschwindigkeit von 755,138 Kilometern pro Stunde geflogen. Wir hatten es also fertiggebracht, mit unserer Maschine gerade ein klein wenig schneller zu sein als die Maschine unseres großen Konkurrenten Heinkel.

Die Kollegen von Heinkel interpretierten unseren Erfolg so: Da unser Pilot in rund 500 Metern Meereshöhe geflogen war, konnte er schneller sein. Heinkels Rekord war nämlich in nur rund 50 Metern Meereshöhe erfolgt. Je höher man fliegt, desto dünner ist dort die Luft, und desto geringer ist der Luftwiderstand des Flugzeugs. Sie planten deshalb, einen neuen Rekordflug durchzuführen, und zwar ebenfalls auf einer höher gelegenen Strecke. Aber wegen des Kriegsausbruchs kam es nicht mehr dazu.

Die Kollegen nutzten die aufgelockerte Stimmung wegen der Siegesmeldung und wollten mich verspätet in den April schicken. Es kam ein Telefonanruf, Bölkow solle dringend in die Versuchswerkstatt kommen und den aerodynamischen Einlauf zum Ölkühler anschauen.

Zögernd ging ich hin, und man sagte mir, irgend etwas sei los mit dem »Spinner«, also dem Rotationskörper, der ganz vorn auf der Mittelachse des Propellers sitzt. Es diente bei der Me 209 gleichzeitig als Einlauf für den Ringölkühler. Der Spinner hatte einen Riß. Da die Kollegen in der Versuchswerkstatt von meinem Erscheinen völlig überrascht waren, schwante mir inzwischen schon, daß man mir einen Streich spielen wollte. Ich ging aber ganz ernst darauf ein und schlug vor, in den Spinner am Ende des Risses ein Loch zu bohren und aufzureiben sowie die Ränder sorgfältig zu glätten. Ein solches Vorgehen bei so dünnem Blech war den Kollegen neu. Ich als gelernter Blechbauer machte es ihnen vor. Nach zwei bis drei Stunden Laufzeit sollten sie das Teil wieder abnehmen und nachsehen, ob der Riß sich verlängert hat. Mit dieser Auskunft waren die Kollegen in der Werkstatt recht zufrieden, und ich ging wieder nach oben, wo ich mit einem Riesengelächter empfangen wurde. Es stellte sich heraus, daß meine Zimmernachbarn nur einmal testen wollten, ob ich auch praktische Dinge beherrschte. Natürlich konnte ich mir ein Grinsen nicht verkneifen, als ich ihnen von meiner Spinner-Reparatur erzählte. Mein Verhältnis zur Versuchswerkstatt war, wie man sich vorstellen kann, von diesem Tag an sehr gut.

Die Arbeit am Flügelprofil für die Me 262 war schwieriger, als sie zunächst aussah. Mir wurde nach meinen Erfahrungen im Windkanal in Aachen schnell klar, daß ich bei der Auswahl des Profils neuartige Überlegungen anstellen mußte. Zunächst begann ich also, umfängliche Berechnungen anzustellen, was damals, wie gesagt, nur mit Handrechenmaschinen, ausgesprochen mühsam war.[21]

Mit Analogieüberlegungen aus theoretischen Überschallrechnungen, die ich der Literatur entnahm, sowie mit selbstgemachten Systematiken aus dem NACA-Bericht 492, außerdem mit Auswertungen von Grenzschichtmessungen an Platten und der Zuhilfenahme der Prandtlschen Zahl zauberte ich mir schließlich ein Flügelprofil zusammen. Im Vorderteil bis zur größten Dicke entsprach es einer Halbellipse. Die Stelle, an der der Flügel am dicksten sein mußte, war durch die Holmlage vorgegeben, daran konnte ich nichts ändern. Der hintere Teil des Profils ergab sich dann durch mathematische Berechnungen aus der Umrißformel des Reports 492 von selbst.

Mit meinem Entwurf ging ich zu meinem Chef, Riclef Schomerus, dem Abteilungsleiter für Aerodynamik und Flugmechanik, und erklärte ihm die Idee. Er schlug vor, das Ganze erst einmal praktisch auszuprobieren. Unsere Werkstatt baute also ein Modell mit neun Prozent Dicke, und zwar in doppelter Ausführung. Das eine war ein relativ großer Rechteckflügel mit einer Tiefe von 80 Zentimetern für den großen Windkanal in Göttingen, das andere ein nur fünf Zentimeter tiefes Profil für die Hochgeschwindigkeitsmessungen in Aachen.

Die Messungen im Windkanal ergaben zu meiner großen Freude und Überraschung, daß das Profil sehr gute Eigenschaften hatte. Meine Überlegungen und Kombinationen hatten sich als positiv herausgestellt. Ich war sehr glücklich, allerdings wurde ich wieder recht bescheiden, als ich mir klarmachte, auf welchem Weg ich zu dieser »Leistung« gekommen war. Es war ja nur eine glückliche Mischung gewesen aus Gedanken, eigenen Theorien und Näherungsrechnungen. Fast könnte man sagen, es war hauptsächlich ein sich in die Materie Hineinfühlen, Hineinleben.

Ich hatte also einen brauchbaren Profilvorschlag, von dem ich auch

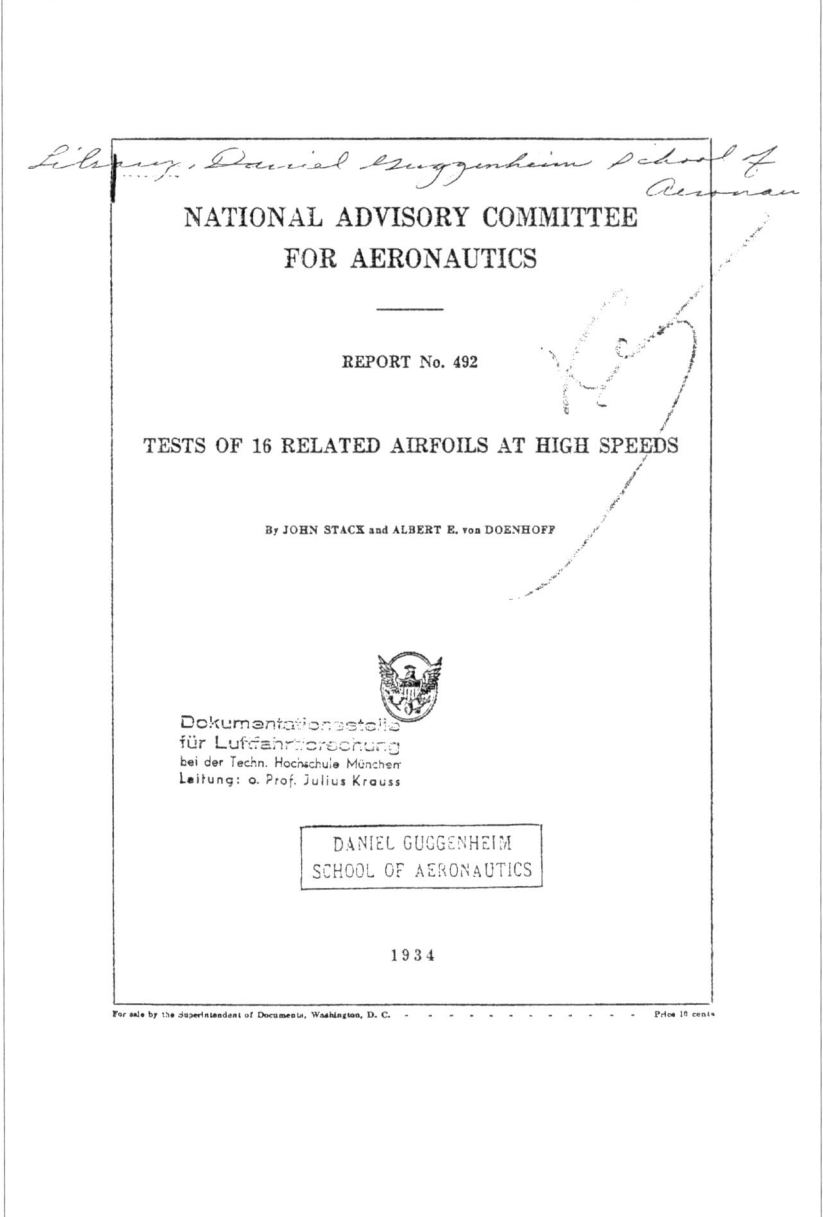

Der NACA-Report No. 492 von 1934 enthielt amerikanische Windkanalmessungen an Hochgeschwindigkeitsprofilen.

meine Chefs schnell überzeugt hatte. Inzwischen war für unsere Aerodynamik im Probü der Grazer Professor Winter als Gruppenleiter eingestellt worden, der bis dahin den großen Göttinger Windkanal gebaut und betreut hatte.

Im Vorgriff kann ich sagen, daß mein Profil 009 E 4 schließlich ein richtiggehender Klassiker im Flugzeugbau wurde. Das Profil wurde zunächst von unserer Firma bei der Me 262, später aber allgemein und nach dem Krieg auch von den Amerikanern bei der F 86 Sabre noch viele Jahre verwendet. Jeder glaubte natürlich, das sei eine ganz große mathematische Leistung von mir gewesen, aber in Wirklichkeit war es eigentlich nur Intuition, die sich aus den Messungen und den theoretischen Überlegungen ergab.

Zunächst aber mußte ich das Profil noch unserem Chef »verkaufen«. Es wurde ein Termin angesetzt, an dem ich Willy Messerschmitt – in der Firma wurde er allgemein Mtt genannt – das Profil vorführen sollte. Noch vorher überzeugte ich die anderen, daß wir die Profildicke des Flügels herabsetzen sollten; statt die Dicke von zwölf Prozent in der Rumpfmitte auf neun Prozent am Ende des Trapezflügels abnehmen zu lassen, wollte ich jeweils drei Prozent weniger vorschlagen. Mit der Projektgruppe der Me 262, Seitz, untersuchte ich, ob dann auch das Rad des Hauptfahrwerks noch in den Flügel-Rumpf-Übergang paßte. Es ging.

Vor Professor Messerschmitt war ich etwas befangen, als ich mein Profil erklärte. Es hatte inzwischen auch schon seinen Namen: 009 E 4 (Elliptischer Nasenradius und 40 Prozent Dickenrücklage).

Messerschmitt war mit den Daten, vor allem dem späten Widerstandsanstieg und dem sauberen Momentenverlauf, sehr zufrieden. Daraufhin mutiger geworden, trug ich ihm meine Idee für einen dünneren Flügel vor. Ich schlug vor, die Flügel der Me 262 ganz besonders dünn zu bauen, um das Flugzeug schnell zu machen, denn wir wollten ja Geschwindigkeiten von 800 bis 900 Kilometern pro Stunde erreichen. Ich zeigte Messerschmitt die Skizze mit dem Hauptfahrwerk und nannte ihm einen Wert für den geringen Gewichtszuwachs des dünneren Flügels, den mir die Statiker ausgerechnet hatten.

Messerschmitt war aber dann der Meinung, wenn der Flügel so dünn werde, könne man keine automatisch sich öffnenden Vorflügel an den Außenflügeln mehr daransetzen, die aber für die Flugeigenschaften und fürs Landen unbedingt nötig seien. Er fragte mich, wie ich denn in einem so dünnen Flügel noch den gesamten Mechanismus zum automatischen Ausfahren des Vorflügels unterbringen wollte.[22] Messerschmitt gab mir den Auftrag, dieses Problem zu untersuchen und dann wiederzukommen.

Ich gab die Aufgabe an das Konstruktionsbüro weiter. Gleichzeitig setzte ich mich selbst vors Zeichenbrett und begann zu überlegen, wie man die ziemlich komplizierte Mechanik zum Ausfahren des Vorflügels in dem dünnen Profil unterbringen könnte. Eine brauchbare Lösung fand ich aber nicht. Am Freitag kam dann auch noch der Leiter des Flügel-Konstruktionsbüros, Weißflog, zu mir und erklärte, auch sie könnten keine Lösung für das Problem finden.

Die Frage ließ mich das ganze Wochenende über nicht mehr los. Es mußte doch irgendeinen Ausweg geben! Beim Herumschmökern in meiner Fachbibliothek geriet mir plötzlich der Sonderdruck einer Arbeit meines verehrten Professors Herbert Wagner aus Berlin in die Finger. Darin beschrieb er, wie die Strömung um die Vorderkante einer flach über das Wasser gleitenden Platte aussieht. Als ich die Arbeit durchlas, kam mit ein Gedanke, wie man die Strömungsverhältnisse an der Flügelspitze verbessern konnte: Wenn ich in der Spitze einen Knick nach unten mache, so sagte ich mir, dann sind die Kräfte kleiner, und die Strömung reißt später ab.

Gleich am Montagmorgen ging ich zu meinem Kollegen Dr. Evers, dem der Rauchwindkanal unterstand, und bat ihn, einen Versuch für mich zu machen.[23] Wir heizten den Kanal an und hängten ein dünnes Blech in die Strömung. Bei einem bestimmte Anstellwinkel riß wie erwartet die Strömung ab. Man konnte das an den Rauchfahnen deutlich sehen. Nun bog ich die Vorderkante des Blechs in verschiedener Tiefe mit unterschiedlichen Winkeln nach unten ab. Erneut untersuchten wir, bei welchem Anstellwinkel die Strömung abreißt. Und tatsächlich, es zeigte sich, daß eine solche »Nasenklappe« eine Verbesserung des Auftriebswinkels brachte, die fast so groß war wie bei einem Vorflügel.

Meine »aerodynamischen« Vorgesetzten Winter und Schomerus waren überrascht, ließen sich aber sofort überzeugen. Ein Meßflügel mit meinem »Idealprofil«: 009 E 4 und Nasenklappe wurde für den Test im großen Göttinger Windkanal in Auftrag gegeben. Firmenintern erhielt meine Erfindung den Namen »Kippnase«.

Ich ging also mit meinem Vorschlag zu Professor Messerschmitt. »Haben Sie eine Lösung für die Kinematik des Vorflügels gefunden? Mir ist es bisher nicht geglückt«, fragte er mich. »Mir auch nicht«, antwortete ich und brachte dann meine Alternativlösung mit der Nasenklappe vor.

Schomerus, der mich begleitete, zeigte sich optimistisch, daß genaue Messungen die Ergebnisse des Rauchkanals bestätigen würden.

Messerschmitt interessierte sich sehr für die neue Lösung, führte sie doch zu dünneren, also schnelleren Profilen.

Unsere Vorflügel klappten nun aber bei einem bestimmten Unterdruck über dem Flügel automatisch heraus; die von mir vorgeschlagene Kippnase aber nicht. Wir diskutierten deshalb im kleinen Kreis lange und angeregt darüber, ob man daraus wohl auch eine selbsttätig funktionierende Vorrichtung wie beim Vorflügel machen könne. Da wir aber keine solche Lösung fanden, blieb es beim Vorflügel und damit beim dickeren Flügel.

Ich war aber stolz auf meine gute Idee, und Messerschmitt sprach sich sehr anerkennend über die Arbeit aus. Als wir sein Büro verlassen hatten, meinte Schomerus: »Das müßten wir eigentlich feiern, so etwas erlebt man bei Mtt selten.«

Ich entwickelte die »Kippnase« weiter und kombinierte sie mit einem System zum Ausblasen, das den Auftrieb noch weiter verstärkte. Auf diese Erfindungen erhielt ich mehrere Patente. Die Kippnase ist zwar während des Krieges in Deutschland nirgends mehr gebaut worden, aber nach dem Krieg ist sie bei vielen Flugzeugen angewandt worden.

Warum schildere ich diese Nasenklappengeburt so im Detail? Erstens gewann die Kippnase später als Konstruktionselement vor allem für Hochleistungsflugzeuge große Bedeutung, und zwar bis heute. Zuerst baute sie Handley-Page beim Bomber »Victor«, man findet sie aber auch bis heute in US-Kampfflugzeugen wie dem Lockheed F-104 »Starfighter«, dem Northrop F-5 »Tiger«, dem McDonnel-Douglas F-15 »Eagle«. 1989 hatten außerdem alle auf dem Pariser Aerosalon ausgestellten sowjetischen Kampfflugzeuge eine Kippnase.

Zweitens war die Art, wie sie entstanden ist, typisch für unsere damalige Arbeitsweise. Wir hatten die Aufgabe, Flugzeuge zu bauen, die leicht waren, schnell flogen und trotzdem noch gute Flugeigenschaften aufwiesen, auch beim Landen. Ein ewiger Wettbewerb mit den anderen

DEUTSCHES REICH

Patentbüro
eingetr.: 15. Nov. 1942

AUSGEGEBEN AM
5. NOVEMBER 1942

REICHSPATENTAMT
PATENTSCHRIFT
№ 694916
KLASSE **62b** GRUPPE **8**01
M 145751 XI/62b

Dipl.-Ing. Ludwig Bölkow in Augsburg
ist als Erfinder genannt worden.

Messerschmitt A. G. in Augsburg

Tragflügel mit Mitteln zur Veränderung der Profileigenschaften

Patentiert im Deutschen Reich vom 3. August 1939 an

Patenterteilung bekanntgemacht am 11. Juli 1940

Es ist bekannt, an Flugzeugflächen zur Vergrößerung der Profilwölbung zwecks Auftriebserhöhung bewegliche Flügelnasen zu verwenden. Weiter ist es bekannt, vor einer festen Flugzeugfläche einen festen oder beweglichen Vorflügel anzubringen, der durch die Wirkung des Schlitzes zwischen ihm und dem Hauptflügel das Abreißen der Grenzschicht verzögert.

Erfindungsgemäß wird eine besonders günstige Wirkung durch die Kombination dieser beiden bekannten Maßnahmen erzielt, wobei die Betätigung beider Elemente gemeinsam erfolgt. Dabei genügt es unter Umständen, die bewegliche Flügelnase mit einem festen Vorflügel derart zusammenarbeiten zu lassen, daß letzterer bei gehobener Nase diese unmittelbar berührt und somit ein geschlossenes Profil entsteht, während beim Absenken der beweglichen Nase zwischen dieser und dem Vorflügel ein Schlitz entsteht. Günstigere Verhältnisse werden sich jedoch im allgemeinen ergeben, wenn der Vorflügel die Kippbewegung der Nase mitmacht und während dieser Bewegung von der Nase abgehoben wird.

In weiterer Ausbildung der Erfindung wird zur weiteren Beeinflussung der Profileigenschaften an oder in der Nähe der Flächenhinterkante eine der bekannten Auftriebsklappen angebracht, die getrennt oder gemeinsam mit Nase und Vorflügel betätigt wird und deren Wirkung gegebenenfalls in bekannter Weise durch Ausblasen von Luft oder Gas in ihrer Nähe verstärkt wird.

Die Abbildungen zeigen schematisch zwei Ausführungsbeispiele der Erfindung im Schnitt durch den Flügel. 1 ist der feste Flächenteil, 2 die bewegliche Nase und 3 der Vorflügel.

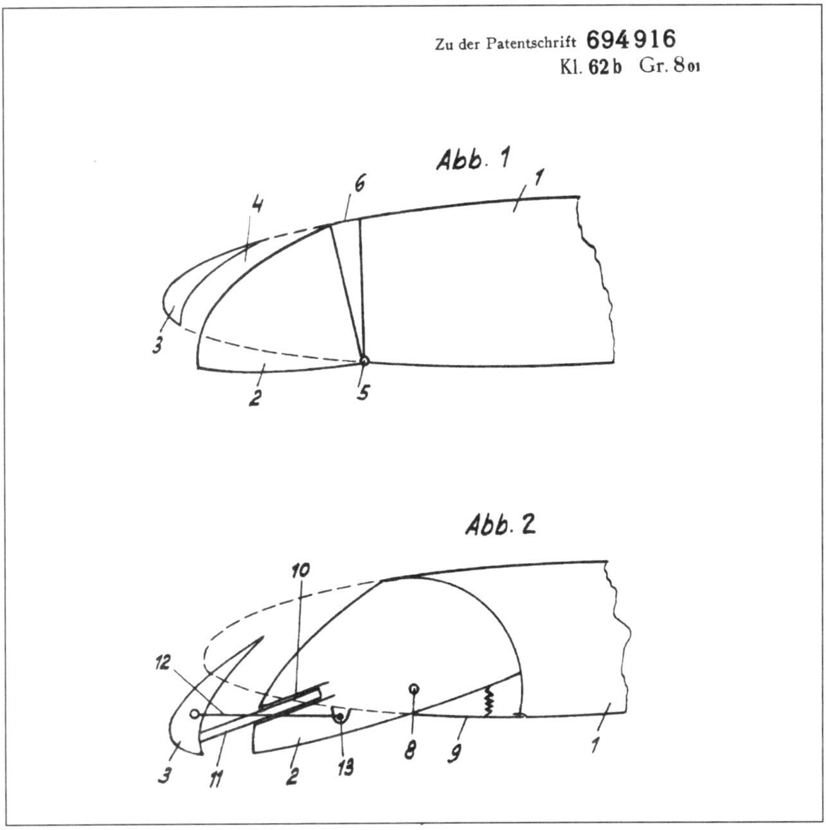

»DAS KONSTRUIEREN LERNEN«

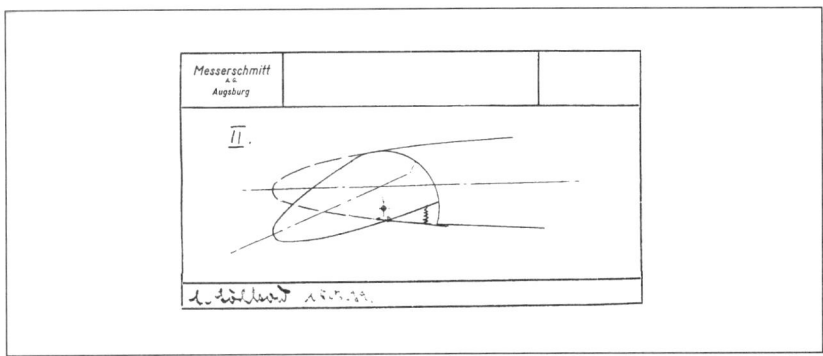

Patentschrift zur Kippnase in Kombination mit Vorflügel und Ausblasung.

Die erste Skizze der »Kippnase« für die Messerschmitt-Patentanmeldung trägt die Unterschrift des Autors vom 15. 7. 1939.

Flugzeugfirmen, in dem Willy Messerschmitt mit seiner Beharrlichkeit zumeist sehr anregend wirkte. Er war immer auf der Suche nach der noch besseren Lösung. Und man konnte ihn auch mit unkonventionellen Ideen herausfordern. Es war oft eine Lust, zu beobachten, mit welcher Eleganz er übers Wochenende Lösungen zu Papier gebracht hatte, manchmal auf mehreren aneinandergeklebten DIN-A4-Bögen mit einem Blaustift.

Für meine persönliche Entwicklung waren die Erlebnisse um die Profilfindung für die Me 262 von großer Bedeutung. Sie brachten mich dazu, meine Neigung zu rein rechnerischen Arbeiten aufzugeben und hinüberzuwechseln in einen Bereich, in dem man die Dinge praktisch mitgestalten konnte. Ein Entschluß, den ich nie bereut habe.

Es war mir geglückt, in einem Grenzgebiet der Technik eine Lösung zu finden, die über die damaligen Erkenntnisse und belegbaren Lösungen hinausging. Wie hatte ich das fertiggebracht? Die Antwort ist wohl: Ich konnte mich in die entscheidenden Fragen so hineindenken und hineinfühlen, daß ich ganz intuitiv eine besondere Vorstellung davon entwickelte. »Man schläft mit dem Problem« ist eine Redensart, die den Sachverhalt ganz gut trifft. Allerdings muß das Fühlen in einer solchen Situation laufend vom Denken überwacht und begrenzt werden. Exakte Ergebnisse auf benachbarten Gebieten, zu denen man Analogien finden kann, und physikalische Grundsätze müssen immer bei der Lösung mitspielen.

Bei Kriegsbeginn –
»Man muß junge Leute ranlassen«

Am 1. September 1939 begann der Zweite Weltkrieg, der mich in den nächsten Jahren beruflich forderte und fast ausschließlich mein Leben bestimmte. Über die Gemeinschaft mit den Kollegen hinaus hatte ich kaum engere soziale Kontakte in Augsburg.
Zunehmend verlor ich das Interesse an der konkreten politischen Arbeit. Die umwälzenden Ereignisse der damaligen Jahre gingen an mir vorüber, ohne daß ich mehr getan hätte, als sie zu registrieren und zu beobachten. Ich war zwar immer noch Parteimitglied bei der NSDAP und ließ mich auch in Augsburg registrieren. An Veranstaltungen oder an der organisatorischen Arbeit habe ich aber nie wieder teilgenommen.
Die Zeit reichte auch nicht aus dafür. Je intensiver ich in die aerodynamischen Probleme unserer Flugzeuge eindrang, desto mehr packten sie mich. Das ging übrigens allen in unserer jungen Mannschaft so. Es herrschte eine phantastische Arbeitsatmosphäre, wir bewegten uns ständig an den Grenzen des technischen Know-hows.
Das galt nicht nur für die Ingenieure in Augsburg, sondern für alle, die Ende der 30er Jahre in Deutschland im Flugzeugbau tätig waren, egal, in welcher Firma oder in welchem Institut. Wir fühlten uns wie eine große, kämpferische Gemeinschaft, geeint durch das Ziel, immer bessere und schnellere Maschinen zu bauen. So hatten wir auch kaum betriebliche Geheimnisse voreinander. Willy Messerschmitt hat später sogar vorgeschlagen, interne technische Berichte frei auszutauschen, was dann teilweise auch stattfand.
In der Flugzeugtechnik war 1939 für die Entwicklung hin zu hohen Geschwindigkeiten ein ganz entscheidendes Jahr.
Die im Frühjahr aufgestellten Weltrekorde führten an die Grenzen der Geschwindigkeit, die man gerade noch mit den üblichen Propellern erreichen konnte. Denn auch bei optimaler Auslegung und trotz Anwendung aller technischer Finessen ist diese Grenze erreicht, wenn die Drehzahl so

hoch wird, daß die Propellerspitzen in die Nähe der Schallgeschwindigkeit kommen. Will man noch schneller fliegen, muß man dafür andersartige Antriebe entwickeln. In den Triebwerkfirmen, bei Daimler-Benz, Junkers, BMW und Heinkel, wurde fieberhaft daran gearbeitet.
Heinkel hatte wieder mal die Nase vorn: Im August 1939 flog zum ersten Mal ein Flugzeug, das mit einem Strahltriebwerk ausgerüstet war. Heinkel hatte die Idee für ein solches Triebwerk von dem Göttinger Physiker Hans Joachim Pabst von Ohain aufgegriffen und es in Warnemünde gebaut. Nach vielen Vorversuchen wurde ein Triebwerk He S 3B in die eigens für diesen Zweck konstruierte He 178 eingebaut. Am 27. August war Weltpremiere: Erich Warsitz, Heinkels Testpilot, unternahm den Jungfernflug.
Meine Kollegen und ich hatten zwar immer wieder von einem Strahltriebwerk bei Heinkel munkeln hören, aber die Nachricht vom Erstflug überraschte uns dann trotzdem sehr. Schließlich steckten wir selbst bis über beide Ohren in der Konstruktion eines Strahlflugzeugs, der Me 262, für die von BMW und Junkers die Strahltriebwerke entwickelt wurden. Nach dieser Nachricht aus Warnemünde intensivierten wir unsere Arbeit. Hinzu kam, daß durch den beginnenden Krieg der Druck auf die Leistung der Flugzeuge immer stärker wurde.
Kurzfristig wurde auch ich als Soldat eingezogen und mußte Brücken bewachen. Eine dringende Anforderung meiner Firma holte mich jedoch schnell wieder an meinen Schreibtisch zurück.
Zusammen mit meinem Kollegen Jochen Puffert erhielt ich die Aufgabe, in Göttingen die Windkanalmessungen für das Gesamtmodell der Me 262, für die ich ja bereits das Flügelprofil entworfen hatte, durchzuführen. Für mich war das sehr aufregend, weil ich damit zum ersten Mal die Möglichkeit erhielt, aktiv an der Gestaltung eines ganzen Flugzeugs mitzuwirken.
An dem Übergang zwischen Tragflächen und Rumpf hatten wir Druckmeßrippen eingebaut. Bei Messungen an einem Modell im Windkanal stellten wir fest, daß an diesen Stellen immer zu hohe Strömungsgeschwindigkeiten auftraten. So etwas kann bei hohen Geschwindigkeiten unangenehm werden. Mit Plastilin verbreiterte ich deshalb den Rumpf etwas, wobei der Rumpfquerschnitt dreieckig wurde. Die Messungen zeigten eine Verbesserung der Strömungswerte.
Ich baute also das Modell auch auf der anderen Seite in die neue Form

um, machte erneute Messungen und fuhr mit dem Zug wieder nach Augsburg. Die ganze Fahrt über zerbrach ich mir den Kopf: »Wie bringe ich es Messerschmitt bei, daß das Flugzeug eine neue Rumpfform bekommen soll?«

Nach meiner Ankunft zog ich als erstes meine Chefs Winter und Schomerus ins Vertrauen, die mir ganz schönen Ärger mit Messerschmitt prophezeiten. Als Ausweg beschlossen wir schließlich, daß jemand das neue Aussehen »erfunden« haben mußte. Ich fragte den Chef des Projektes, Seitz, ob er nicht mehr Platz im Rumpf der Me 262 für Treibstoff gebrauchen könne. Er war natürlich interessiert, denn die Reichweite war sowieso ein Problem dieses Flugzeugs.

Ich ließ also die neue Form zeichnen, und schließlich rief Schomerus bei Messerschmitt an und erklärte, der junge Bölkow sei aus Göttingen zurückgekommen mit seinen Messungen. Alles sehe sehr gut aus, und man habe eine Rumpfänderung vorgenommen, die notwendig war und obendrein geringere Widerstandswerte für das Flugzeug bewirke.

Mtt ließ mich daraufhin kommen, und ich zeigte ihm die neue Form.

»Aber der Pilot hat doch genügend Platz«, meinte er, »wir brauchen doch den Rumpf nicht breiter zu machen?«

»Es geht nicht um den Piloten«, erklärte ich ihm, »sondern Herr Seitz möchte mehr Treibstoff unterbringen.«

»Warum machen Sie dann nicht einfach den Rumpf länger?«

»Weil diese Form sogar weniger Widerstand hat als die frühere, außerdem reißt die Strömung, vor allem bei der Landung, erst später ab.«

Nach längerem Zögern und Nörgeln über die seltsame dreieckige Form des Rumpfes ließ er mich schließlich gehen. Als ich schon unter der Tür stand, rief er mich jedoch noch einmal zurück und fragte mich über meine Messungen aus.

Ich zeigte ihm alle Protokolle, und auf einmal war er überzeugt: »Also gut, dann bleibt die Form so.«

»Und übrigens, Herr Professor«, stimmte ich ihm erleichtert zu, »haben wir noch einen weiteren Vorteil dadurch: Wir haben mehr Platz für das Fahrwerk beim Einziehen.«

Die anderen erwarteten mich recht bang und waren sehr erstaunt, als ich aus Messerschmitts Büro zurückkam und Herrn Seitz seine Anweisung weitergab, daß die Me 262 jetzt also in der neuen, dreieckigen Rumpfform gebaut werden solle.

Dieses gegenseitige Aufschaukeln zwischen Willy Messerschmitt und dem Projektbüro, dieser kreative Streit um Ideen hat mehrfach zu ganz neuen und recht genialen Lösungen geführt. Messerschmitt hatte den großen Vorzug, daß man ihn von einer Lösung überzeugen konnte, wenn sie besser war. Viele meiner Kollegen haben sich vor ihm gefürchtet, weil er mitunter anfing zu toben, wenn ihm etwas nicht paßte. Daraus habe ich mir aber nichts gemacht, ich bin dann einfach, wenn er sich wieder beruhigt hatte, ein zweites Mal hingegangen. Ich hatte keine Angst vor ihm, was hatte ich denn schon zu verlieren? Damals ahnte freilich noch keiner von uns beiden, weder er noch ich, daß es eines Tages zu einer Fusion seiner Firma mit meiner späteren eigenen kommen würde. Damals war ich nur einer seiner Ingenieure.

Nachdem nun also die Grundform der Me 262 feststand, ging es darum: Wo sollte das Höhenleitwerk angebracht werden? Ich erhielt den Auftrag, diese Frage zu klären. Wie bei vielen früheren Messerschmitt-Flugzeugen lag das Höhenleitwerk zunächst am Rumpf. Bei meinen Messungen im Windkanal stellte ich jedoch fest, daß sich beim Übergang zu hohen Unterschallgeschwindigkeiten eine stärkere Wirbelschleppe bildete und sich die Strömung ablöste. Die Strömung erreichte also das Höhenleitwerk nicht mehr mit vollem Druck. Es begann deshalb ein großes Rätselraten, ob man es wohl noch riskieren könne, das Leitwerk so tief anzubringen. Ich war aber der Meinung, man müsse auf Nummer Sicher gehen und das Höhenleitwerk höher legen.

Eine schnelle Antwort war gefragt. Ein Telefonanruf von Professor Winter beim Windkanal in Göttingen ergab: Ein Gebläse war gerade frei. In unserer Versuchswerkstatt baute Evers in nur zwei Tagen ein kleines Flügel-Rumpf-Modell. Im Nachtschnellzug nahm ich es mit nach Göttingen.

Gleich morgens bei Dienstbeginn fing ich an zu arbeiten: ein Tag für Meßaufbau und Eichung. Eine Nacht und ein Tag für die Messung und Dokumentation der Werte. Die nächste Nacht zurück. Erschöpft, aber zufrieden kam ich mit dem Ergebnis zurück: Das Höhenleitwerk mußte höhergelegt werden. So wurde es dann auch gemacht.

Solche Schnellschüsse waren typisch für unsere damalige Arbeitsweise. Es gab einfach keine Zeit für lange und umständliche Überlegungen, alles mußte schnell entschieden werden.

Am 25. März 1942 flog unser Testpilot Fritz Wendel zum ersten Mal die

Studium in Berlin und bei Messerschmitt

Als Student in Berlin, der Autor mit Mandoline

Das Hauptgebäude der Technischen Hochschule Berlin-Charlottenburg

Das Schnellverkehrsflugzeug Heinkel He 70 »Blitz« hatte mit 300 km/h eine höhere Reisefluggeschwindigkeit als die damaligen Jagdflugzeuge (1933).

Die Diplomarbeit des Autors war der Entwurf eines Weitstrecken-Schnellflugzeugs für den Posttransport. Zu seinem 75. Geburtstag bekam der Autor ein Modell dieses Entwurfes von Professor Gero Madelung überreicht.

Mit Professor Herbert Wagner bestand eine langjährige Freundschaft, die beim Studium in Berlin begann. Die Aufnahme entstand in den 70er Jahren nach einer Schifffahrt auf dem Bodensee.

Hauptverwaltung der Messerschmitt AG in Augsburg (Werk I), vom Flugplatz her gesehen. Das erste Büro des Autors war im oberen Stockwerk des linken Flügels (Aufnahme von 1937).

Der erste Prototyp der Me 210 von 1939 mit doppeltem Seitenleitwerk

Die umgebauten Me 210 mit verlängertem Rumpf und stärkeren Motoren wurden als Me 410 bezeichnet (1942).

Me 262, die mit zwei BMW-Strahltriebwerken ausgestattet war. Zwar fielen bei diesem Erstflug beide Triebwerke aus, aber man hatte glücklicherweise noch einen alten Kolbenflugmotor mit Propeller zusätzlich in der Rumpfnase eingebaut, und mit dessen Hilfe konnte Wendel heil landen. Am 18. Juli desselben Jahres unternahm er schließlich den ersten Testflug ohne zusätzlichen Kolbenmotor. Er gelang und dauerte zwölf Minuten.

Damals, ganz zu Anfang, hatte die Me 262 noch ein Fahrgestell mit Heckrad. Das bewirkte, daß man sie nur starten konnte, wenn man sie in voller Fahrt leicht abbremste, dadurch hob sich der Schwanz der Maschine, das Höhenleitwerk erhielt Luftkräfte, die Maschine konnte starten. Um diesen Nachteil abzustellen, entschloß man sich schließlich, ein Bugrad zu bauen. Die Konstruktionen wurden von Professor Madelung, dem Schwager von Messerschmitt, in Stuttgart mit Modellen getestet. Es zeigte sich, daß ein Bugrad eine enorme Stabilisierung beim Rollen auf dem Boden – vor allem beim Landen – brachte.

Bei diesem Bugrad kann man wieder einmal die großartigen Fähigkeiten von Willy Messerschmitt als Konstrukteur bewundern: Es wurde so leicht, schlicht und einfach, wie es nur immer möglich war. Das zeigt sein großes Können. Und immer war er auch für extreme Forderungen zu haben. Nur für meine dünnen Me-262-Flügel konnte ich ihn nicht gewinnen, das ärgert mich noch heute, denn das hätte bestimmt einen zusätzlichen Gewinn an Geschwindigkeit gebracht.

Die Me 262 stellte sich im Krieg als wirklich hervorragendes Flugzeug heraus. Wenn man sie richtig flog, konnte man mit ihr alles bekämpfen, was auf der anderen Seite flog, auch die Moskitos, die berühmten Aufklärer der Engländer, damals die schnellsten Flugzeuge.

Man durfte sich mit der Me 262 nur auf keinen Kurvenkampf einlassen. Man mußte überraschend ankommen, und das ging auch gut, denn man war 840 Kilometer pro Stunde schnell. Die anderen flogen so um die 560 bis 570 Kilometer pro Stunde. Ein Kurvenkampf war deshalb ungünstig, weil die langsameren Flugzeuge engere Kurven fliegen konnten.

Man muß sich einmal die Geschwindigkeiten vorstellen: Bei einer Differenz von 300 Kilometern pro Stunde legt man in der Sekunde rund 100 Meter zurück. Wenn also ein Flugzeug noch ein bis zwei Kilometer entfernt ist, ist es ja nur ein Pünktchen, noch kaum zu sehen. Und innerhalb weniger Sekunden ist man dann dran.

Daß man manchmal auch zu unkonventionellen Methoden greifen mußte, um Willy Messerschmitt zu überzeugen, illustriert die folgende Anekdote: Ich sollte 1942 die Gruppe meines Kollegen Hügelschäffer übernehmen. Und im Rahmen dieses Wechsels sollte ich Messerschmitt die Konstruktionspläne für ein neues einmotoriges Propellerflugzeug, die spätere Me 209, vorstellen. Die Gruppe hatte schon monatelang daran gearbeitet und war mittlerweile beim 173. Entwurf angelangt. Bisher war Messerschmitt aber mit den Entwürfen nie zufrieden gewesen, deshalb wollte er den Wechsel in der Gruppenleitung.

Ich ging also mit dem neuesten, dem 173. Entwurf zu Messerschmitt. Er kritisierte eine ganze Reihe von Einzelheiten, schmierte mit einem dicken Bleistift in der Zeichnung herum und war total unzufrieden. Als ich sah, was er wirklich wollte, erinnerte ich mich plötzlich, daß ich einen ähnlichen Entwurf bereits in den Unterlagen von Hügelschäffer gesehen hatte. Als ich zurückblätterte, stellte sich heraus, daß der Entwurf Nr. 3 ziemlich gut zu Messerschmitts Vorstellungen paßte. Wir gingen nun daran, über Nacht Datum und Nummer wegzuradieren und neue Pausen anzufertigen, damit man der Zeichnung ihr Alter nicht ansehen konnte.

Am nächsten Morgen meldete ich mich bereits früh bei Messerschmitt an und zeigte ihm den »neuen« Entwurf. Er war begeistert: »Sehen Sie«, rief er aus, »ich habe doch gleich gesagt, man muß einfach junge Leute ranlassen.«

Erst Jahre später habe ich ihm erzählt, daß das in Wirklichkeit der Entwurf Nr. 3 gewesen ist.

Willy Messerschmitt war ein unglaublich genialer Gestalter und Konstrukteur. Das machte ihm keiner nach, wie er Guß- oder Blechteile entwarf. Seine Schwäche lag jedoch auf dem Gebiet des Systemdenkens: das Flugzeug als System. Ihm konnte es schon mal passieren, daß er ein Flugzeug baute, in das keine Waffe mehr hineinpaßte. Dafür waren seine Flugzeuge immer klein und schnell.

Oft war er ganz besessen von einer Sache. Wenn er an etwas glaubte, mußte es einfach gehen. So hat er zum Beispiel sehr früh die M 20, das wirtschaftlichste Verkehrsflugzeug der damaligen Zeit, konstruiert, aber es hatte ein zu schwaches Leitwerk. Es war aber das erste große Flugzeug in Leichtbauweise und hatte ein sehr günstiges Verhältnis von Zuladung zu Eigengewicht. Messerschmitt verteidigte sich, er habe nach

den offiziellen Bauvorschriften gerechnet und getestet. Diese waren aber, wie wir viele Jahre später erfuhren, für das Leitwerk zu niedrig.
Immer, wenn ein neues Problem auftauchte, versuchte ich, dafür eine praktische Lösung zu finden. Ich empfand meine Arbeit damals als Herausforderung, der ich mich mit großem Eifer stellte. Doch meist bekam ich nicht die Gelegenheit, meine Ideen in die Realität zu übersetzen – dafür war weder Zeit noch Geld vorhanden.
Trotzdem gelang es mir schließlich, Messerschmitt zu überreden, daß er mir eine Me 109 zur Verfügung stellte, an der ich einige Neuerungen einbauen und erproben konnte. Ich wollte zum Beispiel den Flügel ganz luftdicht machen, damit man durch ihn Luft ausblasen konnte. Diese wurde von einem kleinen Gebläse erzeugt, das vom Triebwerk über eine Welle mit angetrieben wurde.[24] Ich machte die Einbauten und vermaß die Strömungsverhältnisse dann ganz genau: Der Auftrieb mußte sich erheblich steigern lassen. Leider wurde diese Version der Me 109 erst gegen Ende des Krieges in Frankreich bei der Firma Coudron fertig gebaut, die im Krieg für unser Werk arbeitete.[25]
Im September 1940 kam Willy Messerschmitt wieder einmal von einem Besuch beim »Führer« zurück und vertraute uns den neuesten Geheimplan Hitlers an: Wir sollten bis zum 1. November ein Flugzeug entwerfen, das unseren größten Panzer, also etwa 20 Tonnen, im Segelflug nach England bringen könne – also einen Lastensegler.
Solche Großraumlastensegler waren für die geplante Invasion Englands im Frühjahr 1941 vorgesehen. Sie sollten in dem Augenblick, wenn die Landstreitkräfte von der See her landeten, aus der Luft deutsche Panzer hinter dem Rücken des Feindes absetzen.
Gleichzeitig mit Messerschmitt (das Projekt erhielt den Decknamen »Warschau Süd«) begann man auch bei der Firma Junkers an der Verwirklichung dieses Vorhabens zu arbeiten, dort unter dem Decknamen »Warschau Ost«. Der Bau des Lastenseglers mußte nicht nur schnell, sondern auch billig über die Bühne gehen. Deshalb wurden bei uns die Flügel, der Rumpf und das Leitwerk aus Stahlrohren von Mannesmann zusammengeschweißt und mit Stoff bespannt. Junkers hingegen arbeitete an einer Holzkonstruktion. Jochen Puffert und ich wurden zu der geheimen Nachtsitzung hinzugezogen, weil Messerschmitt natürlich auch ein Windkanalmodell brauchte.[26]
Puffert und ich mußten nun also so schnell wie möglich ein solches

bauen und vermessen. Vorsichtshalber bestellte ich schon gleich den Windkanal in Berlin-Adlershof für eine Woche nach der Besprechung. Gleichzeitig besorgte ich mir das nötige Holz, und nach und nach erhielt ich in den nächsten Tagen die Umrisse und Querschnitte der geplanten Maschine. Kaum zu glauben, aber nach sieben Tagen hatten wir in der Werkstatt von Evers das Modell fertig, und ich fuhr damit im Schlafwagen nach Berlin zum Messen. Auch das dauerte nur sieben Tage, danach kam ich wieder zurück nach Augsburg, die Meßergebnisse in der Tasche.[27]

Nach fieberhafter Arbeit war im Februar 1941 der Lastensegler Me 321 fertig – unglaublich, wie schnell das damals ging. Am 25. Februar standen wir damit in Leipheim auf der Piste, um ihn zu erproben. Es gelang. Er wurde zunächst mit einer Ju 90 hochgeschleppt, aber die Kraft dieser viermotorigen Maschine reichte nur knapp. Deshalb versuchte man anschließend, ihn mittels dreier Me 110 in die Luft zu schleppen. Da es ziemlich gefährlich war, die Last mit mehreren Maschinen hochzuschleppen, schlug Messerschmitt den Bau eines Spezialflugzeugs vor. Ernst Udet, der damals Generalluftzeugmeister war, griff diesen Vorschlag auf und initiierte den Bau der He 111 Z, einer Zwillingsmaschine aus zwei He 111, die durch ein Mittelstück verbunden wurden, das einen fünften Motor trug. So besaß man ein starkes Schleppflugzeug mit zwei Rümpfen und fünf Motoren zu je 1340 PS.

Die Serienproduktion der Me 321 begann sehr schnell, und bereits im Sommer 1941 wurde die hundertste Maschine an die Luftwaffe ausgeliefert. Insgesamt wurden in den Jahren 1941 165 und 1942 weitere zehn Flugzeuge dieses Typs gebaut. Danach, im April 1942, stellte man ihre Produktion ein.

Bereits am 21. April 1941 erfolgte außerdem der Erstflug der motorisierten Version Me 323, die von vier, später sechs Gnôme-&-Rhône-14 N-Triebwerken angetrieben wurde.

Mit ähnlichen Lastenseglern hatte die deutsche Luftwaffe schon 1940 Festungen erobern können, die vorher für uneinnehmbar gegolten hatten, zum Beispiel Lüttich. Völlig überraschend tauchten die Lastensegler dort auf und landeten mit ihren sechs oder acht Mann Besatzung.

Auch Junkers hatte, wie gesagt, versucht, ein solches Flugzeug zu bauen, aber es ging beim ersten Flug zu Bruch. Hier konnte man wieder einmal sehen, wie überlegt Messerschmitt an eine Aufgabe heranging:

Er benutzte aerodynamisch den bereits bewährten Flügel der Me 110 und ließ sich auf keine großen Experimente ein. Außerdem hatte er natürlich eine unwahrscheinlich gute Mannschaft. Wir hatten das Ziel: Im Februar 1941 muß das Flugzeug in der Luft sein, und da halfen wirklich alle mit. Ich selbst war nur am Anfang beteiligt und später noch einmal kurz bei der Flugerprobung.

Bei der Invasion der deutschen Truppen in Frankreich im Juni 1940 wurde auch der damals größte Windkanal der Welt in Chalais-Meudon besetzt.
Das Reichsluftfahrtministerium hatte der Firma Messerschmitt angeboten, bei den Arbeiten zum Pfeilflügel diesen Windkanal zu benutzen. Nun wurden zwei Modellpfeilflügel in der Originalgröße eines einmotorigen Strahljägers gebaut, mit Landeklappen und Querrudern. Einer davon mit dem normalen Vorflügel, der andere mit der schon erwähnten Kippnase. Außerdem erhielt ich den Auftrag, an einer Me 109 Messungen mit und ohne laufendem Motor durchzuführen.
Im Sommer 1941 kam ich in Paris an. Die Firma hatte ein Büro in der Rue Rivoli. Dort erhielt ich die nötigen Papiere, die Aufenthaltsgenehmigung und Lebensmittelmarken. Zusammen mit einigen Kollegen wohnte ich im Hotel Normandie. Mir stand ein Fahrer mit einem Citroën zur Verfügung. Da Benzin knapp war, beschlossen wir, von dem Treibstoff für die Versuche mit der Me 109, von dem wir genügend zur Verfügung hatten, etwas fürs Auto abzuzweigen. Das dauerte allerdings eine Weile, denn erst mußten wir die blaue Färbung entfernen (bei Kontrollen durch die Feldpolizei wurde darauf geachtet) und dann durch geeignete Zusätze den Treibstoff den Erfordernissen des Automotors anpassen. Aber es ging.
Mit den nicht unbedingt optimalen Verhältnissen des Windkanals wurde ich erst mit der Zeit vertraut. Die Meßhalle selbst war ein riesiger Raum – man konnte eine ganze Me 109 hineinstellen. Bei näherem Hinsehen erwies sich die Anlage aber als ziemlicher Reinfall. Sie saugte die Luft aus einem Wald an, und mit ihr alle Insekten und Käfer, die dort herumflatterten. Nach jeder Meßreihe mußte man deshalb die Modelle von den Resten der an ihnen klebenden zerschmetterten Insekten wieder reinigen. Die ganzen Widerstandswerte waren reichlich illusorisch.
Auch die Meßgeräte, insbesondere die Waagen im Windkanal waren

nicht gut. Es waren einfache Sackwaagen aufgestellt, also Waagen, mit denen zum Beispiel in Zuckerfabriken die Säcke beim automatischen Füllen gewogen wurden. Diese Waagen waren kaum gedämpft, und sie ins Gleichgewicht zu bringen war fast unmöglich. Wegen der Schwingungen der großen Modelle lief einmal die eine los, dann warf der Drucker die Werte aus, danach kam die andere – schrecklich. Eines habe ich in diesem Windkanal allerdings gelernt: Wie man aus vielen ungenauen Meßwerten den wahrscheinlichsten herausfindet. Zusammen mit einem französischen Ingenieurskollegen habe ich dann aber so lange an den Schaltungen herumgebastelt, bis man einigermaßen damit arbeiten konnte. Zwar war es immer noch kaum möglich, verläßliche Absolutwerte zu erhalten, aber für Relativwerte, wie wir sie bei unseren Messungen benötigten, reichten die Waagen am Ende aus.

So gelang es mir, 1941/42 meinen Kollegen aus der Projektgruppe die Gewißheit zu vermitteln, daß ein selbst mit 45 Grad gepfeilter Flügel aerodynamisch in seinen Flugeigenschaften zu beherrschen sei.

Allmählich bekam ich auch ein wenig engeren persönlichen Kontakt zu einer Reihe von Franzosen. Im Sommer 1941 war es in Paris politisch noch relativ ruhig. Soweit ich es erleben konnte, war das Verhältnis der deutschen Besatzer zu den Franzosen korrekt, teilweise sogar hoffnungsvoll und freundlich. Die Kollegen in Chalais-Meudon bewunderten uns junge Leute und äußerten sich bisweilen pessimistisch über die eigene junge Generation.

Ich versuchte, ihnen Optimismus und Mut zu vermitteln und hatte den Eindruck, daß man damals – insbesondere mit den Jungen – gut über die Vorstellung sprechen konnte, einen europäischen Bundesstaat zu gründen. Viele hatten das Gefühl, die Zeit sei reif dafür. Keiner ahnte damals, wie gründlich vor allem durch unser deutsches Verhalten diese hochfliegenden Pläne zerstört werden sollten.

In Paris ließ sich damals noch ganz gut leben. Zusammen mit anderen Ingenieuren, die ebenfalls Offiziersrang hatten, ging ich oft ins Palais Rothschild zum Essen. Dessen Rotweinkeller, in dem sogar noch Jahrgänge aus dem vergangenen Jahrhundert lagerten, schien unerschöpflich.

Mit dem Leiter unseres Windkanals saß ich oft abends beim Wein zusammen. Er beklagte sich immer wieder über die französische Jugend, die nicht mehr arbeiten, sondern sich nur noch amüsieren wolle.

Als ich 1942 noch einmal nach Paris kam, um eine Weiterentwicklung der Me 262 zu vermessen, hatte man als Deutscher schon Probleme. Allein konnte man nachts nicht mehr auf die Straße gehen. Die Ursache für die zunehmende Feindschaft gegenüber den Deutschen lag sicherlich im wesentlichen im Verhalten der Besatzungsmacht. Es gab damals bereits den Anfang der Résistance, deren Einfluß zunahm. Mich bedrückte dieser Wandel sehr.

1937 hatte Messerschmitt ein Flugzeug entworfen, das den Langstreckenweltrekord verbessern sollte. Es hieß Me 261. Da die Olympischen Spiele für 1940 an Japan vergeben worden waren, sollte dieses Flugzeug im Nonstopflug von Berlin nach Tokio fliegen und die olympische Fahne dorthin bringen. Adolf Hitler war angeblich sehr angetan von dieser Idee, deshalb erhielt das Flugzeug inoffiziell den Namen »Adolphine«. Wegen des Zweiten Weltkriegs fielen die Olympischen Spiele bekanntlich aus, der Entwurf der Me 261 geriet deshalb zunächst in Vergessenheit.
Er wurde aber wieder hervorgeholt, als es darum ging, Ende 1940 einen Fernaufklärer zu entwickeln. Die Aufgabenstellung war ähnlich: Das Flugzeug brauchte nicht viel Last zu tragen, mußte aber sehr große Entfernungen überwinden können.
Für dieses Flugzeug sollte ich dann die Formen entwerfen – nach meinen Erfolgen bei der Me 262 traute man mir das zu –, und es war wegen der hier nicht vorhandenen Hochgeschwindigkeitsprobleme ein Vergnügen.
Damit wir Gewicht sparen konnten, waren keine geschützten Treibstofftanks vorgesehen, sondern die Blechhaut sollte direkt den Tank bilden. Die Kampfflugzeuge hatten ja normalerweise dicke Gummiwände um die Tanks: Wenn diese von einem Geschoß getroffen wurden und Benzin herausfloß, quoll die Gummimasse auf und schloß das Loch wieder.
Von der »Adolphine«, der Me 261, wurden drei Prototypen gebaut, und am 23. Dezember 1940 fand der Erstflug statt. Zwei Wochen später schrieb Messerschmitt an den Generalluftzeugmeister Ernst Udet einen Brief, in dem er über den erfolgreichen Test berichtete und mitteilte, das Flugzeug habe eine Reichweite von 12 000 bis 14 000 Kilometern, die aber noch erhöht werden könnte.

Messerschmitt erwog auch, das Flugzeug für einen Flugzettelabwurf in den USA umzubauen. Dafür sollte es mit geschützten Tanks, Bewaffnung und einer Druckkabine ausgerüstet werden und eine Reichweite von 18 000 Kilometern besitzen. Daraus wurde jedoch nichts. Einen Rekordflug unternahm Karl Baur noch im Jahr 1943: Er flog mit dem dritten Prototyp der Me 261 auf einem Rundkurs eine Strecke von 4500 Kilometern in nur zehn Stunden. Wegen des Kriegs wurde dieser Rekord aber nicht anerkannt.
Dann kam das Ende der Me 261: Die Maschinen wurden bei einem Bombenangriff im Juni 1944 in Memmingen völlig zerstört. Schade – es war ein wunderschönes Flugzeug.
Heinkel hatte ein ähnliches Flugzeug – die He 177 – entwickelt, mit Doppelmotoren. Dieses Flugzeug wurde als Bomber geflogen. Es hieß bei uns nur das »Reichsfeuerzeug«, weil es infolge Triebwerksbrände immer sehr schnell zu brennen begann. Diese Maschine wurde schließlich mit Einzelmotoren in Serie gebaut und sollte die große Enttäuschung der Bomberverbände werden.

Augsburg – Wiener Neustadt – Oberammergau – »Ständig mit einem Fuß im KZ«

1940 verwendete ich viel Zeit auf Pannensuche. Damals entwickelte Messerschmitt als Nachfolgemodell für die Me 110 ein Flugzeug mit dem Namen Me 210, das unter vielen schweren Kinderkrankheiten litt. Nichts war daran wirklich in Ordnung. Es war unter größtem Zeitdruck entworfen worden – 1000 Stück waren von der Me 210 schon vorbestellt, noch bevor der erste Prototyp überhaupt geflogen war. Als ich bei Messerschmitt anfing, wurden bereits die Werke für die Massenproduktion vorbereitet. Das war nur möglich, weil man vom Reichsluftfahrtministerium Willy Messerschmitt fast unbegrenztes Vertrauen entgegenbrachte.

Er hatte aber den Fehler gemacht, im März 1938 den Konstruktionschef zu wechseln. Er hatte meinen späteren Freund Richard Bauer gefeuert, der meiner Ansicht nach so gut konstruieren konnte wie er selbst. Dafür holte er dann den Oberingenieur Walter Rethel, einen Schweißfachmann von Arado, der aber sonst wenig verstand.

Die Hauptprobleme: Viele Me 210 begannen ohne sichtbaren Anlaß zu trudeln, und es kam zu Abstürzen, bei denen sogar erfahrene Testpiloten ums Leben kamen. Das Problem der Me 210 war nicht nur die Aerodynamik, sondern auch eine schlechte Konstruktion, dazu eine überspitzte Aufgabenstellung, das heißt, das Flugzeug sollte alles gleich gut können.

Die Me 210 war als sogenannter Zerstörer gebaut, das heißt, sie sollte sowohl Bomben werfen als auch als Jagdflugzeug eingesetzt werden. Deshalb war alles eingebaut, was es an Raffinessen gab, aber nichts war in Ordnung: Die Maschine war eine einzige Summation von Fehlern, und das, obwohl in ihren Entwurf viel mehr Konstruktionsstunden gesteckt wurden als in vergleichbare Modelle.[28]

Beim Beginn der Flugerprobung konnte sich keiner das seltsame Flugverhalten der Maschine erklären. Als ich mich mit der Sache zu beschäftigen hatte, fiel mir als erstes auf, daß dem Entwurf die Glätte und Eleganz, die für Messerschmitt-Entwürfe sonst so prägend waren, fehlten. Ich begann, mit Jochen Puffert den Flügel zu vermessen. Das war gar nicht so einfach: Zunächst wollte man mich mit der Konstruktionszeichnung abspeisen, aber ich bestand darauf, das zu messen, was wirklich gebaut worden war. In einer kleinen Gewaltaktion bauten wir danach ein 80 Zentimeter tiefes Windkanalmodell des Flügelprofiles, und ich fuhr damit nach Göttingen in den Windkanal, um zu messen.

Es stellte sich schnell heraus, daß die Luftwiderstandswerte sehr seltsame Kurven ergaben. Ich maß Tag und Nacht; die neuesten Ergebnisse gab ich dann jeweils telefonisch nach Augsburg durch; geschlafen wurde im Windkanal. Schließlich kamen wir auf die Idee, ganz vorn am Flügel ein Nadierband aufzukleben, eine sogenannte Grenzschichtstörung. Sofort waren die seltsamen Effekte weg. Ich rief also wieder in Augsburg an und unterrichtete die Kollegen, daß ein Laminareffekt am Flügel auftrete.

Wieder in Augsburg, ergaben meine Rückfragen beim für den Profilentwurf zuständigen Projektingenieur, daß er bei der Ermittlung des Profils falsch gerechnet hatte.

Schomerus und wir waren uns aber darüber einig, daß wir den Konstrukteur nicht bei Messerschmitt verpfeifen wollten. Wir versuchten, das Profil durch Aufkleben von Keilen zu verbessern. Mit solchen Tricks haben wir dann schließlich das Versuchs-Flugzeug doch noch einigermaßen zum Fliegen gebracht.

Durch die ganzen Probleme mit der Me 210 hat Riclef Schomerus, mein Vorgesetzter, den ich menschlich und fachlich sehr schätzte, seine Reputation bei Willy Messerschmitt verloren. Als die Firma die Me 262 1944 nach Japan verkaufte, meldete sich Schomerus, um die Zeichnungen zu überbringen. Er fuhr mit dem U-Boot 1945 von Bergen aus, die Reise sollte wohl um Südafrika herum gehen. Vor der Küste wurde es bombardiert, und Schomerus kam ums Leben.

Trotz unserer Verbesserungen blieb die Me 210 ein Problemflugzeug. Hitler und das Oberkommando der Luftwaffe hatten wohl bei der Planung des Rußlandfeldzugs einkalkuliert, daß eine große Anzahl von Me 210 zur Verfügung stehen würde. Aber im Frühjahr 1941 war die Großserie immer noch nicht angelaufen.

Als sich zum Jahresende immer klarer zeigte, daß die Me 210 wohl nie ein vollwertiges Flugzeug werden würde, empfahl eine Kommission, die vom Reichsluftfahrtministerium eingesetzt wurde, den Bau der Me 210 einzustellen. Am 14. April 1942 wurde die endgültige Einstellung des Me-210-Programms offiziell bekanntgegeben. Für Messerschmitt bedeutete dies Millionenverluste, denn sowohl die Einzelteile als auch die Produktionsanlagen für eine Großserie waren bereits vorhanden.
Diese und andere Schwierigkeiten führten schließlich dazu, daß Willy Messerschmitt als Generaldirektor seiner Firma zurücktreten mußte. Seine Nachfolger Theo Croneiß und Fritz Seiler konnten dann das Reichsluftfahrtministerium und insbesondere den Generalluftzeugmeister Erhard Milch, der Messerschmitt seit langem skeptisch gegenüberstand, dazu überreden, die Produktion der Me 210 doch wieder aufzunehmen.
Man baute die Maschine schließlich mit vielen Verbesserungen und unter dem Namen Me 410. Sie wurde ein brauchbares Flugzeug. Im Jahr 1943 wurden im Werk Augsburg 457 Exemplare von diesem Typ gebaut – Ende 1943 begann der Lizenzbau bei Dornier.
Inzwischen hatte ich geheiratet. Meine Frau Annerose kannte ich schon aus der Schule. Durch einen seltsamen Zufall traf ich sie in Kassel wieder. Ich besuchte dort 1941 meinen Freund Fritz Brenning, der bei Fieseler arbeitete. Ich kam zu spät zum Bahnhof, so daß ich den Zug beinahe verpaßte. Ich rannte hinterher; aus den Augenwinkeln sah ich, daß außer mir auch noch eine Frau hinter dem Zug herrannte. Schließlich gelang es mir, auf den Zug aufzuspringen, ich riß die Tür auf und zog auch die Frau in den Zug. Als wir schließlich beide drin waren, sahen wir uns an und stellten fest, daß wir uns vom Schulweg kannten. Wir heirateten im Februar 1942 in Augsburg.

Mir bereitete die Arbeit in der Aerodynamik nach wie vor Vergnügen, und ich empfand es auch als abwechslungsreich, an allen möglichen Projekten mitzuwirken. Aber im Grunde wünschte ich mir, ein einziges Projekt von Anfang bis Ende durchzuziehen. So drängte ich nach zwei bis drei Jahren darauf, daß ich doch wirklich einmal ein Flugzeug projektieren und mich nicht nur mit Einzelproblemen herumschlagen wollte.

Die große Chance bot sich mir 1942: Ich sollte die gesamte Überarbeitung der in Großserie laufenden Me 109 übernehmen und zunächst eine Höhenjägerversion mit einem neuen Motor von Daimler-Benz projektieren.

Die Me 109 hatte bereits eine lange Geschichte hinter sich: Durch den Versailler Vertrag war es den Deutschen untersagt, nach dem Ersten Weltkrieg wieder eine eigene Luftwaffe aufzubauen. Dennoch gab es bereits in den dreißiger Jahren Bemühungen, Flugzeuge zu entwickeln, die als Jagdflugzeuge oder als Bomber geeignet waren. Zur Tarnung nannte man sie »Kurierflugzeuge« und »Verkehrsflugzeuge«.

So hatte beispielsweise Messerschmitt ein kleines, leichtes Flugzeug mit starken Motoren konstruiert, das sich durch hohe Leistung auszeichnete. Als im Jahr 1934 das Technische Amt des Reichsluftfahrtministeriums den Entwurf eines Ganzmetalljägers ausschrieb, lag Messerschmitt mit seinem Projekt sofort ganz vorn. Aus diesem Flugzeug entwickelte er schließlich das wohl erfolgreichste deutsche Jagdflugzeug des Zweiten Weltkriegs, die Me 109.

Als nun die amerikanischen Bomber und ihre Begleitjäger, die mit Abgasturboladern ausgerüstet waren, in immer größeren Höhen und sogar schon bei Tageslicht nach Deutschland einflogen, erhielt die Firma Messerschmitt vom Reichsluftfahrtministerium den Auftrag, eine Höhenjägerversion der Me 109 zu bauen, mit der man die amerikanischen Bomber erreichen konnte.[29]

1942 wurde ich Leiter dieser Projektgruppe. Zunächst begann ich, die nötigen Unterlagen aus dem Konstruktionsbüro zusammenzusuchen. Das war eine schwierige Angelegenheit, denn das Serienbetreuungsbüro der Me 109 war in Regensburg, und man konnte nur schwer verbindliche Auskünfte erhalten.

Schließlich holte ich mir einen beschädigten Rumpf und einen Flügel nach Augsburg und begann mit der konkreten Arbeit. Meine Mitarbeiter und ich entwarfen ein neues Rumpf-Mittelteil, verschoben den Flügel mit Flügelanschluß und Fahrwerksbeschlag nach außen und bauten eine entsprechende Attrappe. Als ich Professor Messerschmitt das Modell vorführte, war er zunächst sehr skeptisch und hatte eine Menge Einwände. Ich konnte jedoch alle entkräften, und so akzeptierte er die Ideen schließlich.

Es träfe sich gut, meinte er, daß sich für die darauffolgende Woche General-Ingenieur Eisenlohr, beim Luftfahrtministerium für die Triebwerkentwicklung zuständig, zum Besuch angesagt habe.

Am Tag des Besuchs wartete ich zusammen mit meinen drei Kollegen aus der Gruppe gespannt in meinem Büro. Endlich klingelte das Telefon. Voigt war dran und teilte lapidar mit, General Eisenlohr habe Messerschmitt darüber informiert, daß aus Kapazitätsgründen unser Höhenmotor DM 628 aus dem Programm gestrichen worden sei. Enttäuscht sahen wir vier uns an und gingen dann einsilbig in den Feierabend. Ein eigenartiges Gefühl: Etwas war gestorben, für das wir uns wochenlang intensiv engagiert hatten.

Es war das zweite Mal in der Geschichte der Me 109, daß ein für größere Höhen und zugleich für geringere Landegeschwindigkeiten ausgelegter Entwurf gestoppt wurde. Für einen Flugzeugträger gab es einen Entwurf, von dem zwei Prototypen zum Fliegen kamen, an denen wir dann die Druckkabinenprobleme studierten. Eine verloren wir durch Flügelflatterbruch, der Pilot Fritz Wendel kam mit dem Fallschirm herunter.

Ende 1942 kündigte Daimler-Benz für Ende 1943 einen neuen Motor an, der für die Me 109 geeignet war, den DB 605 D. Es war dies ein DB 601 mit dem Höhenlader des DB 603. Nach unseren Berechnungen sollte die Me 109 damit rund 1000 Meter höher fliegen als die Spitfire. Endlich ein brauchbarer Motor!

So entstand die Idee, die Me 109 noch einmal mitten in der Serie zu überarbeiten und den Jagdfliegern damit einen überlegenen Jäger in die Hand zu geben, mit dem sie die großen Bomber ebenso wie die Mustang und Lightning abwehren konnten. Dazu gehörte allerdings auch eine stärkere Bewaffnung mit 3-Zentimeter-Maschinenkanonen, die zwischen den Füßen des Piloten Platz finden sollten. Die maximale Geschwindigkeit mußte ebenfalls, da sie mit den Mustangs mithalten sollte, um 60 Kilometer pro Stunde gesteigert werden.

Eines Tages fragte mich Willy Messerschmitt, ob ich Lust hätte, die Me 109 dafür umzubauen. Ich würde dafür eine eigene Gruppe bekommen und selbständig arbeiten können. Gleichzeitig sollte ich nach Wiener Neustadt gehen, denn dort sei die größte Serienfabrikation, außerdem erhielte ich dort zusätzlich ein eigenes Konstruktionsbüro.

Neben den verlangten Verbesserungen sollte ich die Unterlagen der laufenden Me-109-Serie bereinigen. Sie hätten zu viele nur vorläufig kor-

rigierte Fehler in den Konstruktionszeichnungen. Außerdem gab es inzwischen so viele leicht unterschiedliche Baumuster der Me 109, daß immer wieder Probleme beim Austausch von Teilen und bei Reparaturen auftraten. So gab es damals zum Beispiel allein bei der Me 109 G insgesamt 16 Baureihen mit 82 verschiedenen Bauausführungen![30]
Da ich endlich die Chance sah, ein Projekt konsequent durchzuziehen, sagte ich zu. Heute weiß ich, daß es natürlich der totale Leichtsinn war, so etwas anzunehmen, zumal die ganze Aktion mitten im Krieg unter größtem Zeitdruck ablaufen mußte.
In meinem neuen Wirkungsfeld hatte ich rund zehn erfahrene Zeichner und Konstrukteure, alle anderen waren, bis auf einige allerdings sehr gute Ingenieure, angelernte oder in der Ausbildung befindliche Zeichner. Aber ich war selbständig in meinen Entscheidungen und konnte motivieren.
Als junger Ingenieur von 31 Jahren mit einem Einkommen von 700 Mark im Monat leitete ich nun eine Mannschaft von 140 Konstrukteuren, Zeichnern und Statikern, dazu Mechaniker im eigenen Versuchsbau. Schwierig, aber wir schafften es: Im Spätherbst 1943 hatten wir bereits einen Prototyp fertig, der so schnell war wie der Mustang, der damals schnellste Jäger der Gegner. Bedingung für die Serie war jedoch, daß der DB 605 D zur rechten Zeit geliefert werden konnte.
Wir haben fast die ganze Me 109 überarbeitet. Ich war, wie gesagt, in dieser Zeit praktisch auf mich allein gestellt, mußte alle Entscheidungen selbst treffen. Ich mußte Zeichnungen unterschreiben, Festigkeitsrechnungen abnehmen und vor allem dafür sorgen, daß die Massenproduktion trotz der Änderungen nicht ins Stocken kam. Um alle Einzelheiten hatte ich mich zu kümmern, sei es nun die Ölleitung, die Steuerung, der Sporn oder der neue Fahrwerksanschluß. Vor allem brachten wir alle äußeren Anbauten, die keinen Platz mehr im Rumpf fanden, durch eine neue Motorhaube und eine Aufdickung des Rumpfes zum Verschwinden. Dies allein brachte schon einen Geschwindigkeitsgewinn von fast 25 Kilometern pro Stunde.
Wir lebten in der freudigen Vorstellung, daß der Prototyp Me 109 K im September oder Oktober fliegen würde und die Serie Anfang des Jahres anlaufen würde.
Diese innere Ruhe wurde am Freitag, dem 13. August 1943, gründlich gestört. Um 13.00 gab es Fliegeralarm. Ich saß in meinem Arbeitszim-

mer. Als ich hinüber ins Büro schaute, war dort die halbe Mannschaft noch versammelt, man war im Zweifel, was tun. Mich packte dann doch die Unruhe, deshalb rief ich bei der Serieneinfliegerei im Hauptwerk an: »Was ist los?«
»Ludwig«, schrie dort der stellvertretende Chef ins Telefon, »hau ab, einige 20 bis 30 Bomber sind im Anflug! Die Werkstaffel ist schon längst in der Luft!«
»Und du, was tust du?« fragte ich ihn. Ich wußte, daß er einen Fuß in Gips hatte, deshalb bat ich ihn dringend: »Bitte geh auch du in die Schutzräume!«
Ich nahm meine Tasche, die beiden Sekretärinnen trieb ich raus und schrie laut in den Zeichensaal, alles solle abhauen in die Erdlöcher, die wir ausgehoben hatten: »Sie kommen wirklich!«
Alle liefen in Richtung Ausgang. Neben meinem Büro lag das Büro für den Triebwerkseinbau. Der zuständige Gruppenleiter »Ohm« Krüger war ein ruhiger Rostocker, unserer beider Verkehrssprache war das Plattdeutsche.
»Wenn schon wat passiert«, meinte er, »dann will ich wenigstens enen goden Rock anhabn«, und begann sich umzuziehen.
Man hörte nun schon die Flak schießen. Plötzlich ein Pfeifen, eine ganze Reihe von Bomben schlug ein. Bei einer der ersten Detonationen flog ich durch das ganze Büro. Wie von Geisterhand öffneten sich die Glastüren vor mir. Schließlich landete ich in einem Blech-Kleiderschrank.
Als plötzlich eine unheimliche Ruhe eintrat, fühlte ich, daß es mir warm am Hinterkopf herunterlief: Blut. Durch das verschwundene Dach des Zeichensaales konnte ich den strahlenden Himmel mit einigen typischen Bomberverbänden und Flakwolken sehen.
Sobald ich im Kopf wieder etwas klarer wurde, schaute ich mich im Gebäude um: Ich hatte großes Glück gehabt. Mein Leben verdanke ich nur der Tatsache, daß unmittelbar im Anschluß an mein Büro eine Toilette eingebaut war, die doppelte Wand blieb stehen und schützte mich. Ansonsten war der Raum ein einziger Schutthaufen. Als ich zurückging, fand ich dort, wo ich ihn nach unserem »Gespräch« verlassen hatte, Ohm Krüger auf dem Rücken mit verdrehten Beinen. Er blickte mit schreckgeweiteten Augen nach oben, wo ein riesiger Betonklotz an einem Armiereisen über ihm leicht hin und her schaukelte. Zusammen

mit einigen Mitarbeitern hob ich Krüger auf, Baumgartner nahm ihn auf die Schulter und trug ihn hinaus. Gleich darauf kam eine neue Bombenreihe. Die Erde bebte, der Betonklotz stürzte herab.

Die Bilanz des Bombenangriffs: Fünf Gruppen von B-17- und B-24-Bombern der 9. US-Luftflotte hatten über Wiener Neustadt fast 180 Tonnen Bomben abgeworfen. In unserem Werk gab es 185 Tote, 150 Schwerverletzte und 30 Vermißte. Die meisten starben in den Luftschutzräumen unter den Montagehallen. Die Decken dieser Räume, also die Arbeitsfußböden der Hallen, waren für Bombenschutzräume viel zu dünn gewesen. Werkhallen und Lagerhäuser waren großenteils zerstört. In meiner Mannschaft gab es drei Tote und zwei Schwerverletzte.

Wir versorgten unsere Verletzten am Nachmittag, dabei halfen uns französische Kriegsgefangene, die im Werk arbeiteten. Abends suchten wir dann bereits Ausweichquartiere im benachbarten Bad Fischau, wo viele von uns wohnten. Wir fanden tatsächlich geeignete Räume, und einige von uns fingen schon am Sonntag an, die Unterlagen und Bauvorrichtungen aus dem Schutt zu graben und den Umzug zu organisieren.

Unser Konstruktionsmodell der 109 G und auch die K-Attrappe waren völlig zerstört, die Büros bis auf die beiden danebenstehenden Holzbaracken ebenfalls. Rund 200 halbfertige Me 109 wurden in den Fabriken vernichtet.

Im Juli hatten wir dort noch 270 Me 109 hergestellt, aber wegen der Bombenangriffe konnten wir im August nur noch 184 Stück produzieren – erst im Oktober waren die schlimmsten Schäden repariert.

Auch weiterhin blieb das Werk in Wiener Neustadt das Ziel alliierter Luftangriffe. Nach und nach mußte die Produktion in Ausweichbetriebe verlagert werden. Am 2. November 1943 kam praktisch das Ende der Fertigungswerke I und II, die bei einem schweren Bombenangriff fast vollkommen zerstört wurden.

Noch schlimmer als die materiellen Zerstörungen war die Demoralisierung der dortigen Mitarbeiter. Ein unfähiger Betriebsführer, die häufige Abwesenheit der Führungskräfte in Wiener Neustadt sowie die ständigen Angriffe und darauffolgenden Reparaturarbeiten zermürbten die Nerven der Belegschaft.

Wegen meiner Arbeit an der Me 109 K mußte ich im Mai 1944 sogar vor ein Kriegsgericht. Bei dem Prozeß ging es um eine Verbesserung der Me 109. Die Messerschmitt AG hatte den Auftrag, die Me 109 umzubauen, »um den Einsatz der Flugzeuge, insbesondere der Jagd- und Zerstörermaschinen, in Höhen über acht Kilometer wirkungsvoller zu gestalten« (Zitat aus der Anklageschrift). Seit 1940 wurde bereits an dieser Weiterentwicklung gearbeitet, ich selbst war ab 1942 auch schon daran beteiligt.

Eine Möglichkeit war, hinter dem Pilotensitz einen zusätzlichen Tank einzubauen, der mit flüssigem Stickoxydul, Lachgas GM 1, gefüllt wurde. Dieses wurde dann in großen Höhen in den Motor eingespritzt. Dadurch konnte man den fehlenden Sauerstoff ersetzen, das Flugzeug konnte höher fliegen und rund 300 PS mehr leisten.

Grundsätzliche Untersuchungen hatten ergeben, daß dieses Verfahren praktikabel war. Die Meinung der Luftwaffe jedoch war sehr geteilt. Ein Problem war insbesondere, daß der schwere Zusatzbehälter nur im hinteren Teil des Flugzeugs Platz hatte und deshalb die Flugeigenschaften, solange er gefüllt war, stark verschlechterte. Nur ein geübter Pilot konnte ein Flugzeug mit einem vollen Zusatztank flugtechnisch beherrschen, denn der nach hinten verlagerte Schwerpunkt machte die Maschine instabil.

Trotzdem erwog man, das Verfahren einzusetzen, und mein Projektbüro in Wiener Neustadt hatte bereits 1943 die Unterlagen fertig. Musterbauten waren bereits in Rechlin in Erprobung.

Unser Büro arbeitete im Herbst 1943 mit Priorität an den Unterlagen für die neue, leistungsgesteigerte Serie 109 K. Die einzelnen Baugruppen waren auf den Tag terminiert, Kuriere standen in Wiener Neustadt und Bad Fischau, wo wir nach den beiden Bombenangriffen arbeiteten, bereit, um die Zeichungsunterlagen abzuholen. Stücklisten mit den benötigten Materialien hatten wir den Fertigungsstellen zumeist schon per Fernschreiben einige Wochen vorher übersandt.[31]

Zur gleichen Zeit hatten wir aber auch den Auftrag, den Motor 605 D von Daimler-Benz in die Me 109 K einzubauen. Dieser Motor hatte eine ebenso gute Höhenleistung wie der eben beschriebene GM-1-Einspritzmotor. Das Gesamtgewicht aber war geringer, und – was wichtig war – Stabilitätsprobleme traten nicht auf. Der Höhenlader für diesen Motor stammte aus dem Daimler-Benz-Motor 603. Bei einem Besuch bei Daimler-Benz, den ich zusammen mit Messerschmitt 1942 machte, kamen wir mit dem Chef der Technik, Professor Nallinger, auf die Idee, in den DB-601-Motor den größeren Lader des DB 603 einzubauen, um ihn für größere Höhen leistungsfähiger zu machen.

Nach Abwägung aller Vor- und Nachteile entschieden wir uns in Wiener Neustadt schließlich, vorrangig den 605 D einzubauen und den GM-1-Tank weiter mit Dringlichkeit zu bearbeiten. Denn Stickoxydul ist nicht ganz ungefährlich, und die Serienproduktion des 605 D lief schon an.

Mit Willy Messerschmitt und dem Betriebsleiter Rakan Kokothaki vereinbarte ich, daß wir den Einbau des GM-1-Tanks neben der K-Lösung bearbeiten wollten. Ich schickte einige meiner Leute über Weihnachten in Urlaub; dadurch wurden die Zeichnungen für die Serienproduktion des GM-1-Tanks etwas verspätet abgeliefert – und das galt als Sabotage. Erst später kam heraus, daß ich zu der entscheidenden Besprechung in Rechlin, bei der auch die endgültigen Termine festgesetzt wurden, versehentlich gar nicht eingeladen worden war.

Genau gesagt, handelte es sich um einen Verstoß gegen § 92a des Reichsstrafgesetzbuches, der lautet: »Nichterfüllung von Lieferungsverträgen. Wer während eines Krieges gegen das Reich oder bei drohender Kriegsgefahr einen Vertrag mit einer Behörde über Bedürfnisse der Kriegsmacht des Reiches oder seiner Bundesgenossen nicht oder in einer Weise erfüllt, die geeignet ist, den Zweck der Leistung zu vereiteln oder zu gefährden, wird mit Gefängnis nicht unter 1 Jahr bestraft.«

So kurios die ganze Sache war, sie blieb schließlich an mir und dem Hauptabteilungsleiter der Zentralabteilung für die Terminplanung in Augsburg, Johannes Bley, hängen. Ein psychologisches Lehrbeispiel einer unnötigen Eskalation: Irgend jemand hatte den Stein ins Rollen gebracht. Gegen uns wurde vor einem Kriegsgericht in Augsburg Klage erhoben, und ab Mitte Mai 1944 wurden wir mehrfach vernommen.

Nun wäre es an der Zeit gewesen, daß Professor Messerschmitt in den Prozeß eingegriffen und sich zu unseren Gunsten verwendet hätte. Wir machten firmeninterne Zuständigkeiten und Umwege sowie einen Weihnachtsurlaub der Belegschaft für die 14tägige Verzögerung der GM-1-Unterlagen verantwortlich. Mehrfach schrieb ich an Messerschmitt mit der Bitte um Entlastung – zunächst erfolglos.

Große Unterstützung erhielt ich hingegen von dem Leiter unseres Projektbüros, Woldemar Voigt. In einem Schreiben am 12. Juni 1944 an den Aufsichtsratsvorsitzenden Seiler drohte er sogar damit, aus Solidarität eine vorgesehene Beförderung nicht anzunehmen, denn »in einer

Zeit, in der man für einen verdienten, bisher persönlich rückhaltlos einsatzbereiten Mann beim ersten Fehler Bestrafung fordert, können Sie von keinem Menschen die Übernahme einer Verantwortung verlangen... Ich habe nicht vor, mich wegen jedes kleinen Fehlers vor das Kriegsgericht stellen zu lassen!«

Und in einem erläuternden Zusatzbrief schreibt er: »Die Verantwortung, die ein selbständig arbeitender Ingenieur auf sich nehmen muß, ist groß, heute im Krieg sogar sehr groß. Da wir als Menschen selbstverständlich immer wieder Fehler machen werden, stehen wir ständig mit einem Fuß im Gefängnis oder Konzentrationslager, wenn man uns jeden einzelnen Fehler gerichtlich vorrechnen will.«

Messerschmitt selbst ließ mich, wie gesagt, ziemlich hängen in der Sache. Erst am 13. Juni 1944 wurde der bekannte Berliner Rechtsanwalt Dr. Sack mit Bleys und meiner Verteidigung beauftragt. Sein taktisches Vorgehen in dieser Sache habe ich jedoch nie ganz begriffen.

Am 20. Juli 1944 sollte der Prozeß im Bürgermeisteramt in Oberammergau stattfinden. Zufällig am Tag des Attentats auf Hitler. Im Laufe des Nachmittags kam überraschend die Verfügung vom »Chef des Jägerstabes« Karl-Otto Saur, im Namen von Speer sei der Prozeß auszusetzen bis »nach Beendigung des Kriegszustandes«.

Der Grund war das »Interesse einer künftigen reibungslosen Zusammenarbeit zwischen dem Reichsministerium für Rüstung und Kriegsproduktion und der Industrie«.

Eine eigenartige Sache: Wenn ich alles so gemacht hätte, wie mir befohlen wurde, wäre mir nichts passiert, auch wenn es der größte Unsinn war. Aber weil ich etwas richtigmachte, hatte ich einen Befehl nicht ausgeführt. Selbständiges und verantwortungsvolles Handeln war nicht gefragt. Die Österreicher in meinem Betrieb hatten damals schon zu mir gesagt: »Paß auf, du kriegst noch den Maria-Theresia-Orden!« Dies war ein Orden, den man erhielt, wenn man mit einer Entscheidung gegen einen Befehl Erfolg hatte.

Die K-Serie lief jetzt, und es gab für mich praktisch nichts mehr zu tun, als den Nachbau zu überwachen. Ich versuchte deshalb, eine andere, interessantere Aufgabe zu erhalten.

Auf mein Drängen hin wurde ich schließlich im Januar 1944 nach Oberammergau zurückgeholt. Das Augsburger Werk war inzwischen ausgebombt worden, und man hatte die Entwicklungsabteilungen in die wunderschön gelegene Gebirgsjägerkaserne nach Oberammergau verlagert.

Ich sollte nun dort nach demselben Schema wie bei der Me 109 ein Entwicklungsbüro aufziehen für die Serienproduktion eines neuen, einmotorigen Düsenjägers, der P 1011. Sie war im Projektstadium, eine Attrappe in der Versuchswerkstatt, im Frühjahr 1945 sollte der Prototyp gebaut werden.

Mein Kollege Hügelschäffer war der Projektleiter. Aber von dem Augenblick an, da der erste Prototyp gebaut würde, sollte ich das Ganze übernehmen und die Serienentwicklung vorbereiten.

Ich hatte 1944 nach meiner Umsiedlung also zunächst Zeit für einige Sonderaufgaben. Im Januar 1945 z. B. rief Messerschmitt mich an und weihte mich in ein Projekt ein, das vom »Führer selbst vorgeschlagen« war. Wir sollten einen Bomber bauen, der zum Panamakanal fliegt, dort eine 1000-Kilogramm-Bombe abwirft und dann wieder zurückfliegt.

Ich erinnerte mich sofort an einen ähnlich absurden Führer-Vorschlag, den wir 1944 bearbeitet hatten: Es sollten damals zwei 25-Kilo-Bomben unter die Me 109 montiert werden, und das Flugzeug sollte durch Sondereinspritzung einen Kilometer höher fliegen als die britischen Spitfire. Solche Flugzeuge sollten dann jede Viertelstunde eine 25-Kilo-Bombe über London abwerfen, um die Engländer zu zermürben.

»Ja, ja«, sagte Messerschmitt, »Sie haben den Vorschlag damals schon mit einer sehr schnoddrigen Bemerkung quittiert.«

»Wissen Sie«, sagte ich, »ich habe in England Verwandte. Aber im Ernst, dieser Vorschlag ist doch wieder so verrückt. Ich werde mich aber mal an die Berechnung der Aerodynamik machen.«

Man muß sich das vorstellen, daß Hitler, der ja, wie man weiß, nicht dumm war, nun im Januar 1945 solch ein Projekt verlangt hat. Und Messerschmitt hat ihm nicht einmal widersprochen! Ich glaube, auf labile Menschen wie Messerschmitt hatte Hitler einen geradezu hypnotischen Einfluß. Umgekehrt blickte Hitler voll Bewunderung zu Messerschmitt auf.

Meine Frau Annerose war mit unserer Tochter in Schwerin bei meinen Eltern. Als ich im Februar 1945 meine Familie besuchte, wurde ich dort vom Probü angerufen, in Dessau finde ein Wettrechnen bezüglich des »Panama-Bombers« – so hieß er inzwischen – statt, an dem ich teilnehmen sollte. Es handelte sich um die mir bereits bekannte geheime Kommandosache: Die Zerstörung von Schleusentoren des Panamakanals könnte kriegsentscheidend werden. Dazu bräuchte man ein Flugzeug, das die 8000 Kilometer nach Panama mit einer 1000-Kilogramm-Bombe ohne Zwischenstop zurücklegen könne. Es wurde von Brest als Startplatz gesprochen.

Die Kollegen Konrad und Seifert in Oberammergau hatten einen Entwurf, den ich aerodynamisch und leistungsmäßig bei dem Wettbewerb vorstellen sollte.

Das funktionierte damals so: Mehrere Firmen wurden aufgefordert, Vorschläge einzureichen, und bei dem Treffen mußte man dann beweisen, daß die Unterlagen rechnerisch stimmten. Drei Konkurrenten waren diesmal dabei: Junkers, Horten und Messerschmitt.

Ich kannte solche Wettbewerbe schon, denn wir hatten kurz zuvor den Wettstreit um einen einmotorigen Jäger gewonnen gegen Focke-Wulf, Junkers und Heinkel. Nach einigen Umwegen trafen wir in einem Ruderhaus in Dessau zusammen, ich erhielt die Unterlagen meiner Firma, die ich leider nur zum Teil vorher gesehen hatte.

Die Pläne wurden auf den Tisch gelegt, und zusammen berechnete man die Widerstandswerte. Nach diesen Plänen war unser Flugzeug zwar das, das am weitesten kam, aber auch nicht die gewünschten 8000 Kilometer, sondern nur 4835. Zunächst hatten meine Kollegen bei Messerschmitt nämlich geglaubt, daß man 8000 Kilometer erreichen könne, aber das stellte sich schließlich als ein Annahmefehler bei der Reichweitenformel heraus. Ich empfand das als ganz schöne Blamage, und entsprechend feixten auch die Konkurrenten, als das Rechenbüro seine Ergebnisse ablieferte.

Die Rückreise war lang und schwierig, denn viele Eisenbahnknotenpunkte waren schon zerstört, und man mußte sie in langen Fußmärschen umgehen. So benötigte ich zweieinhalb Tage für die Strecke und kam schließlich Sonntag nach Mitternacht in Oberammergau an. Am nächsten Morgen gab ich das Schlußprotokoll über die Sitzung ab. Als ich im Projektbüro nach dem Original der Reichweitenrechnung suchte, fand ich die Aufzeichnungen, von Willy Messerschmitt eigenhändig berechnet. Ich bewahrte das Original noch lange Zeit auf, aber sprach Messerschmitt nie auf den Fehler an, denn die Verantwortung lag natürlich bei den Kollegen.

Ich fand die ganzen extremen Pläne, die man in Berlin hatte, um den Krieg doch noch zu gewinnen – nicht nur den Panama-Bomber – völlig unsinnig, teilweise absurd, und ich sagte das auch laut. Wie gefährlich das für mich hätte werden können, daran dachte ich nicht.

Später, im Entnazifizierungsverfahren, kam mir jedoch zugute, daß Kollegen sich daran noch erinnerten. Einer sagte sogar, er habe sich immer gewundert, daß »der Bölkow nicht im KZ gelandet sei, so wie der immer geredet habe«. Ich weiß nicht, warum die Nazis mir nichts getan haben, wahrscheinlich lag es daran, daß ich politisch kaum mit einflußreichen Leuten zu tun hatte oder daß ich einen ganz besonderen Schutz als »altes« Hitlerjugend-Mitglied genoß.

Trotz dieser kritischen Einstellung engagierte ich mich immer wieder voll und ganz bei der Aufgabe, möglichst viele und möglichst gute Flugzeuge zu bauen.

Das Ganze war wie ein riesiger weltweiter Wettbewerb der Ingenieure. Er beherrschte unsere Atmosphäre. Als 1942/43 die Materialschlacht des Krieges losging, war das für uns Flugzeugbauer ein intensiver Wettbewerb mit den Kollegen in England und vor allem mit denen in den USA. Abgeschossene englische und amerikanische Flugzeuge wurden gesammelt und nach Berlin gebracht. Dort hat man die Maschinen zerlegt, vermessen und untersucht. Mein späterer Mitarbeiter Kyrill von Gersdorf war damals in der entsprechenden Abteilung des RLM. Dadurch waren wir ständig auf dem Laufenden, wo in England und in den USA die Entwicklung hinging. Und wir zogen daraus Schlüsse, was wir zu tun hatten. Wir standen ständig unter dem Zwang, daß wir etwas Besseres als der Gegner machen mußten.

Oder es kamen Frontberichte, was an unseren Flugzeugen schlecht war: daß man bei unseren höheren Geschwindigkeiten keine engen Kurven fliegen konnte oder ähnliches.

Ich stand so unter Druck, daß ich praktisch keinen Urlaub mehr nahm. Ich kann mich nur an zwei Mal erinnern, ganz zu Anfang des Krieges, als ich noch zum Bergsteigen kam.

In jener Zeit hatte man gar keine Beziehung mehr zur individuellen, persönlichen Tragödie des einzelnen, der im Krieg sein Leben verlor. Obwohl ich selbst genügend Leute kannte, die abgeschossen wurden, die starben oder verletzt wurden, habe ich mir darüber eigentlich keine Gedanken gemacht. Man hatte ein völlig anderes Verhältnis zum Tod als heute. Dauernd hörte man von Freunden, die gefallen waren, das gehörte schon fast zum Alltagsleben.

Wir lebten schließlich damals in einer Welt, in der uns selbst täglich eine Bombe treffen konnte, immer im Angesicht des Todes. Anfangs war ich noch ganz sorglos. So stand ich beispielsweise 1943 in Berlin bei Fliegeralarm auf der Straße und sah zu, wie die Flak schoß und die Splitter pfeifend herunterkamen. Später wurde ich dann doch vorsichtiger und habe unter den gegebenen Umständen versucht, mich möglichst richtig zu verhalten.

So erinnere ich mich noch genau an eine Szene, bei der ich nur knapp mit dem Leben davonkam: Ich war mit dem Zug unterwegs in der Nähe von Donauwörth. Auf einmal hielt er an, und es hieß: »Fliegeralarm, alles raus!«

Ich kletterte mit den anderen Fahrgästen einen Steilhang hoch, und kaum waren wir ein Stück entfernt, kamen schon die amerikanischen Mustangs und beschossen den Zug. Als sie uns oben auf dem Hang sahen, kehrten sie zurück und schossen auch auf uns. Ich hatte keine andere Wahl, als mich hinter einen Misthaufen zu werfen. Als sie den beschossen, spritzte der Dreck auf. Danach machten sie kehrt und beschossen den Haufen von der anderen Seite, aber ich war inzwischen auch schon auf die andere Seite gesprungen.

Endlich ließen die Mustangs von uns ab, und wir konnten zum Zug zurückgehen. Die Lokomotive war vollständig zerstört. Drei Mitreisende sind bei diesem Angriff ums Leben gekommen: Sie wurden von ganz brutalen Geschossen getroffen, die sich im Körper von selbst zerlegten und schrecklichste Verletzungen hervorriefen.

Um mich von den schlimmen Vorkommnissen abzulenken, habe ich mich damals voll auf die Arbeit konzentriert und alles andere ziemlich abgeschaltet, was ich aus heutiger Sicht für falsch halte.

Bis zur »Alpenfestung« – »Wieder Herr im Haus – mit der Me 262«

Am Tag nach dem Bombenangriff auf das Werk in Wiener Neustadt waren wir am Samstag in der Augusthitze des Jahres 1943 gerade alle in unseren ehemaligen Arbeitsräumen mit dem Ausbuddeln und Bergen von Akten und Zeichnungen beschäftigt, als der Pförtner vom Werk I herüberkam und ausrichtete, ich möge zu einer Konferenz beim Betriebsführer kommen.
Mit meinem durchgebluteten Kopfverband – eine Rißwunde von der Landung im Kleiderschrank – schwang ich mich auf mein Fahrrad und fuhr ins Werk I.
Als ich ankam, hungrig und dreckig, herrschte im Vorzimmer großer Aufmarsch, Sektgläser und Platten mit belegten Broten wurden hineingetragen. Um mich ein wenig zu sammeln, aß ich erst einmal zwei herrliche Brote und trank zwei Gläser Champagner – so etwas kannten wir normalen Leute schon lange nicht mehr. Die drinnen würden schon auf mich warten.
Schließlich wurde ich hineingerufen und traf dort auf eine Runde standesgemäß gekleideter Herren, Gauleiter und ähnliches in Parteiuniform, und Luftwaffenoffiziere. Einer war mir auf Anhieb sympathisch; es war Oberst von Below, Luftwaffenadjutant des Führers.
Betriebsführer Steininger, ein ehemaliger Autohändler, bat mich zu berichten, wie es nach dem Bombenangriff bei uns aussehe. Ich beschrieb die Lage und schätzte 14 Tage Arbeitsausfall, bis wir uns in Bad Fischau wieder notdürftig eingerichtet haben würden.
Die Runde war besonders daran interessiert, ob im Anlauf der Me 109 K eine Verzögerung zu erwarten sei. Ich sagte, falls keine weiteren Ausfälle durch Bombenangriffe aufträten, sei kein wesentlicher Verzug zu erwarten, was die Bauunterlagen für die Me 109 K angehe. Leider sah es auf der Fertigungsseite viel schlechter aus, denn die Angriffe auf die

Produktion der Me 109 hatten gerade erst begonnen und wurden in den nächsten Monaten weiter fortgesetzt.

Die Anwesenden wollten nun ein Telegramm an den »Führer« schicken mit dem Inhalt, daß das Werk in Wiener Neustadt in acht Tagen wieder voll auf Produktion sei.

Dagegen wehrte ich mich sofort: »Das geht überhaupt nicht, es ist alles kaputt, Sie können das unmöglich so schnell wieder aufbauen.«

Bis dahin hatte ich Oberst von Below, der im Hintergrund saß, noch kaum weiter beachtet. Nun stand er auf und fragte mich erregt: »Wieso?«

Darauf ich: »Es ist einfach nicht möglich! Auch wenn Sie Tag und Nacht arbeiten lassen. Das Förderband ist total zerstört, die Flugzeuge auch, in die Hallen hat es an vielen Stellen eingeschlagen, alle möglichen Teile sind kaputt, es geht einfach nicht.«

Alle schauten betreten drein, die Ergebenheitsadresse war damit abgewehrt.

Der Luftangriff auf das Flugzeugwerk in Wiener Neustadt hatte nicht nur starke Zerstörungen von Gebäuden und Anlagen zur Folge, sondern forderte auch hohe Opfer unter der Belegschaft. Als besonders folgenschwer stellte sich heraus, daß der Werksleiter von Werk II, Ingenieur Bauer, der eigentliche Motor der ganzen Fabrik, in der Gießerei verschüttet worden war und dabei schwere Beinverletzungen und einen Nervenschock erlitten hatte. Er fehlte besonders beim Wiederaufbau, weil er einer der erfahrensten und psychologisch geschicktesten Führungspersönlichkeiten war.

Ein weiterer Grund, warum man die Produktion nicht sofort wiederaufnehmen konnte, lag in der »Umorganisation« des Material- und Lagerwesens.[32]

»Außerdem bin ich der Meinung, wenn wir das Werk wiederaufbauen, wäre es besser, wir würden dort gleich die neue Serie anlaufen lassen, und nicht die alte wiederaufnehmen«, schlug ich deshalb bei einer anschließenden Besprechung in Oberammergau vor.

Ein weiterer schwerer Angriff am 2. November 1943 bedeutete dann praktisch das Ende der beiden Werke in Wiener Neustadt. Es gelang allerdings nur teilweise, die Produktion in andere Werke zu verlagern, denn alles war sehr schlecht organisiert und vorbereitet.[33]

Nach vielen Aufregungen, Pannen und Zwischenlösungen stand

schließlich im Herbst 1944, als ich wieder in Oberammergau war, die Me 109 in den Versionen K4 und K6 bereit. Zu meiner großen Freude erwiesen sich die Maschinen trotz aller Widrigkeiten nun doch wieder der feindlichen Konkurrenz ebenbürtig. Sie konnten wirklich über 60 Kilometer pro Stunde schneller fliegen, verglichen mit der Leistung zu der Zeit (Beginn 1943), als ich die Projektleitung übernommen hatte. Wir hatten 3-Zentimeter-Waffen eingebaut und größere Reifen montiert, die voll im Flügel versenkbar waren. Wegen des höheren Spornes verringerten sich die Landeunfälle. Die Me 109 war wieder salonfähig geworden. Dekorierte Jagdflieger besuchten mich später in Oberammergau und bestätigten es. Auch Willy Messerschmitt war im Sommer 1943 bei uns in Wiener Neustadt vorbeigekommen. Er schaute viele Einzelheiten der Me-109-K-Konstruktionen an und äußerte sich anerkennend.

Als Chef der »Entwicklung« und der »Serie«, genannt Entwicklungsleiter 109, wuchs ich mehr und mehr in den engeren Kreis um Messerschmitt hinein. Die Leistung, die ich mit meiner Me-109-Mannschaft und vor allem in Zusammenarbeit mit den Verbindungsbüros im Jahr 1943 in den Serienwerken vollbracht hatte, brachte mir zunehmendes Vertrauen ein.

Für mich begann nach meiner Rückkehr ins Probü eine unruhige Zeit der »Sonderaufgaben«. Was vor allem Kraft kostete, war die Aufrechterhaltung unserer europaweiten Fertigung. Alle Augenblicke gab es Fertigungsausfälle durch die zunehmenden Bombenangriffe. Trotz fast völliger Zweifachfertigung aller Teile kam es laufend zu Engpässen. Die Mitarbeiter waren in zunehmendem Maße unterwegs, um Ersatzlösungen zu erfinden oder zu genehmigen. Für die Endmontage, die teilweise in Zelten stattfand, mußten die Teile immer zur rechten Zeit geliefert werden. Unsere Mitarbeiter spannten für die Ausweichteile der Serie oft sogar die Versuchswerkstätten der verschiedenen Werke ein.

Heute kann man sich kaum mehr vorstellen, wie es uns immer wieder gelang, zwischen 500 und 1000 fertige Flugzeuge im Monat abzuliefern. Im September 1944 brachten unsere Werke Antwerpen, Regensburg, Erla und Wiener Neustadt nahezu 2500 Flugzeuge des Typs 109 zur Abnahme. Dabei ist nicht zu vergessen, daß im damaligen Reich monatlich auch noch weit über 1000 Fw 190 von Focke-Wulf als Jagdflugzeuge abgeliefert wurden.

Am Nachmittag nach jener Besprechung, als ich mit dem Fahrrad aus Werk I von Wiener Neustadt in mein Quartier nach Bad Fischau fuhr, überholte mich Oberst von Below in seinem Dienstwagen. Ich packte die Gelegenheit beim Schopf, hielt ihn an und fragte ihn, ob er wüßte, wo die Unmengen von Bombern der Alliierten eigentlich herkämen.
»Ich hatte immer geglaubt«, meinte ich, »sie kämen aus Sizilien, aber seit heute weiß ich, daß sie in Wirklichkeit aus Derna in Nordafrika kommen!«
Er behauptete, er wisse es nicht.
Ich fragte weiter: »Wissen Sie denn, wie viele davon pro Monat gebaut werden?«
Er schätzte so einige hundert.
»Genau tausend. 550 Flying Fortresses und 450 Liberators.«
Er war entsetzt.
All diese Informationen hatte ich aus dem Bericht des Diplomingenieurs Peter Riedel, eines bekannten Segelfliegers, der in Amerika Gehilfe des Luftfahrt-Attachés gewesen war. Er hatte 1941 an den Präsidenten des Reichsverbandes der Luftfahrtindustrie einen geheimen Bericht über die amerikanischen Fertigungspläne für die Bomber geschickt, den ich über Fritz Seiler, unseren Aufsichtsratsvorsitzenden, in die Hand bekam. Nach seinen Angaben wurden damals schon in den USA an die 1000 Bomber-Flugzeuge pro Monat gebaut, teils bei Ford, teils bei Boeing. Schon lange bevor Amerika in den Krieg eintrat, wurden dort so hohe Stückzahlen erreicht.
Da von Below an dem Bericht sehr interessiert war, bat ich Werner Göttel, den Assistenten von Seiler, ihn mir noch einmal für von Below zu beschaffen. Eines Tages rief ich an, ich hätte die Unterlagen für Berlin – ich könne kommen.
Mit »Führerblitz«, einem Ausweis, der dazu berechtigte, vordringlich über alle militärischen Leitungsnetze Anschluß zu erhalten, telefonierte ich mit von Below, ein Termin wurde für Berlin vereinbart. In der nächsten Nacht kam ich nach Augsburg, um mit Göttel das Papier zu studieren. Es beschrieb sehr detailliert den geplanten und den begonnenen Aufbau einer Bomberflotte in den USA. Produktionsziel waren – wie gesagt – monatlich 1000 viermotorige Maschinen B-17 und B-24.
Wir schauten uns beide an und fragten uns, warum angesichts dieser

Zahlen bei uns immer noch dieses Zögern beim Ausbau der Jagdwaffen bestand.

Die Luftwaffenführung hatte es nämlich noch bis vor Monaten strikt abgelehnt, die Me 262 als Jagdflugzeug in großen Stückzahlen in Auftrag zu geben. Man wollte sie neuerdings als Bomber einsetzen und ignorierte damit die Tatsache, daß diese Maschine als Jagdwaffe, und nicht als Bomber konzipiert war.

Sollten etwa die Zahlen des Riedel-Berichts in Berlin nicht bekannt gewesen sein, oder sind sie gar wegen des Bomberfanatismus einiger militärischer Spitzen dem Führer verschwiegen worden? 1943 schwirrten außerdem immer wieder Gerüchte über Friedensgespräche durch das Land. Aber gerade dafür hätten wir doch unserer Ansicht nach Jäger gebraucht, um ein Patt in der Luft zu erreichen.

Am Abend stieg ich in den Schlafwagen nach Berlin und fuhr dort mit dem Taxi zur Voßstraße. Ich wurde bei der Pforte schon erwartet und nicht nach Waffen abgetastet. Von Below las den Riedel-Bericht mit wachsender Spannung. Über die monatlichen Produktionszahlen hatte er sich inzwischen bei der Abwehr erkundigt. Im Grunde war er entsetzt, daß eine so früh schon erkannte Bedrohung irgendwo versickert oder bewußt zurückgehalten worden war. Namen fielen keine. Es wurde über die Lage der Reichsverteidigung, Tag- und Nachtangriffe offen diskutiert. Immer wieder wurde die Notwendigkeit für eine starke Jagdabwehr betont, um aus einem Patt zu einem politischen Kompromiß zu kommen.

Auf ein wahrscheinliches »Zu spät« erhielt ich keine Antwort. Er würde das Material dem Führer vorlegen. Über Augsburg würde er versuchen, mich zu erreichen. Ich solle dann noch einmal nach Berlin kommen. Er machte beim Abschied einen sehr nachdenklichen Eindruck.

Nach einiger Zeit kam die Nachricht, daß ich wieder nach Berlin kommen sollte. In Augsburg beriet ich mich noch einmal mit Seiler und Göttel. Willy Messerschmitt war damals mit dem Umzug der Entwicklungsdirektion nach Oberammergau in die Gebirgsjägerkaserne beschäftigt. Wir fragten uns, ob nun wirklich etwas geschehen würde.

Wieder in Berlin. Oberst von Below empfing mich in der Reichskanzlei. Er berichtete sehr dienstlich: »Die ausgezeichneten Ausführungen von Herrn Riedel habe ich dem Führer vorgelegt, der sie mit großem Interesse gelesen hat. Es ist bedauerlich, daß diese Arbeit erst jetzt bis zu uns gelangt ist, und nicht schon vor zwei Jahren genutzt werden konnte.«

Dann schob er mir die erste Seite des Berichts herüber. Oben war ein Stempel, »dem Führer vorgelegt«, abgezeichnet von Hitler selbst. Ich fragte langsam: »Was nun? Ist das wirklich alles?« Still, sehr still kam dann ein »Ja«.
»Was ist mit dem grundsätzlichen Befehl der unterlassenen Meldung?«
»Lieber Bölkow, überlegen Sie einmal in dieser Sache, wo von unten anfangen und wo von oben aufhören.«
Ich war derart verstört, daß ich mich schnell verabschiedete.
»Grüßen Sie den Professor, der Führer hat großes Vertrauen zu ihm.«
Mit dem Nachtzug, verkrochen in eine leere Ecke, fuhr ich ohne Schlaf zurück.
Seiler fuhr an seinem Schreibtisch hoch, als ich von meinem Gespräch berichtete: »Habe ich mir gedacht.«
Namen fielen wie Göring, Milch, Himmler, Canaris. Wer könnte ein Interesse daran gehabt haben, die Nachricht zu unterdrücken? Wir saßen still und betrübt zusammen. Ich weiß noch, wie ich am Fenster von Seilers Zimmer stand und Göttel hinter mir immer vor sich hinmurmelte: »Nein, das kann doch nicht sein. Was sollen wir nun noch von unseren Mitarbeitern verlangen, bei so einer Starrheit der Spitze?«
Im letzten Kriegsjahr, insbesondere in den allerletzten Monaten, wurden die Zustände in der Luftfahrtindustrie immer gespenstischer. Die Mengen an Flugzeugen, die gebaut werden sollten, wurden immer größer, gleichzeitig sollten die Maschinen durch technische Maßnahmen immer noch weiter verbessert werden. Hätte man die Vorgaben einhalten können, das vorhandene Flugbenzin hätte dann nicht mehr ausgereicht, gar nicht zu reden von den fehlenden Piloten. Ja sogar von einer Wunderwaffe war die Rede. Und das alles bei ständig abnehmenden Ressourcen, unter immer größerem Zeitdruck und unter den Auswirkungen der Luftangriffe der Alliierten.
Einer der unangenehmsten und wohl auch skrupellosesten Funktionäre war Karl-Otto Saur, »Chef des Jägerstabs« und Vertreter von Albert Speer, dem Reichsminister für Rüstung und Kriegsproduktion. Unter ihm standen dem Jägerstab in der Luftfahrtindustrie alle Möglichkeiten offen, den Einsatz von Menschen, Maschinen und Material zu Rüstungszwecken anzuordnen, soweit noch vorhanden.
Anfang März 1945 war das Ende des Dritten Reiches abzusehen. Als ich wieder einmal mit Willy Messerschmitt und seinem damaligen Vor-

standschef Fritz Seiler unterwegs war, erhielten wir die Aufforderung, auf dem Rückweg über Nordhausen im Harz zu fahren. Dort wolle Karl-Otto Saur eine Besprechung abhalten und Messerschmitt dabei – haben. Wir übernachteten in Weimar im »Elefanten«.

In unserem VW Nr. 5, einem Geschenk von Porsche, Messerschmitts Dienstwagen, den ich chauffierte, kamen wir also am 14. März 1945 dort an, und Herr Saur hielt richtiggehend Hof: Er war Herr über ein riesiges KZ-ähnliches Lager, in dem Häftlinge in gestreiften Anzügen arbeiteten.

In dem Lager wurde die V 2 gebaut, jene fast 13 Tonnen schwere Rakete, die unter der Leitung von Walter Dornberger und Wernher von Braun entwickelt worden war.[34]

Ins Innere eines Berges bei Nordheim waren riesige Hallen und Gänge hineingebaut, dort befanden sich die Produktionshallen und die Lager für die fertigen Raketen, aber, wie wir sehen konnten, auch für Triebwerke der Me 262. In einem Querstollen war ein zweigeschossiger Bürotrakt mit einem großen Besprechungszimmer eingebaut. Dort befand sich auch das Büro dieses Herrn Saur.

Eine fast gespenstische Runde erwartete uns: Männer mit Luftwaffen-Uniformen, Generalstabs-Streifen, viele braune Uniformen, dazu einige Zivilisten. Alle in duckmäuserischer Haltung, sichtlich unter Druck vor dem großen Boß Saur.

Im Gespräch entwickelte dieser seine Ideen für eine weitere Stärkung der Rüstung für die »Endlösung«, wie er sagte, auch in bezug auf den »Panama-Bomber«.

Ich fand das unglaublich kurios und schrieb damals in mein Notizbuch: »Man stelle sich die Situation vor. Die Russen durchgebrochen, die Engländer und Amerikaner ebenfalls im Vormarsch. Und dann: Sauer verlangt für das Flugzeug mindestens eine Reichweite von 10 000 Kilometern. Die Grundfrage laute: U-Boote oder Flugzeuge? Eschenauer, General bei der sechsten Abteilung des Generalstabs, erwägt die Wirtschaftlichkeit angesichts der angespannten Rohstofflage. Endziel sei es, die Amerikaner in deren eigenem Land anzugreifen, um dort ihre Kräfte zu binden.«

Saur: »Zuerst müssen wir einen bedingten Erfolg mit der ja schon vorhandenen Ju 387 anstreben – es fliegen ja schon zwei bis drei Muster –, danach müssen wir in extreme Höhen und Reichweiten vorstoßen. Die

Jäger müssen als Endlösung (immer wieder tauchte dieses Wort auf) im Überschallbereich fliegen. Die Ideen von Horten, Lippisch und Lusser müssen realisiert werden. Und bei den Bombern hat zunächst die Ju 287 Vorrang, die ja schon fliegt.«
Ich sagte zu Herrn Saur: »Wo bitte sollen wir das machen? Wie sollen wir das schaffen?«
Darauf Eschenauer: »Nachdem wir die berechtigte Aussicht haben, in Kürze wieder Herr im eigenen Haus zu werden (im März 1945!), müssen wir auch unser langfristiges Bomberprogramm planen.«
Unter dem Tisch stieß ich Messerschmitt an. »Womit wollen Sie wieder Herr im eigenen Haus werden?« fragte ich Saur.
»Mit Ihrer Me 262«, meinte Saur.
»Für die fehlen uns aber viele Teile, und wir haben nicht mehr genug Maschinen davon«, gab ich zu bedenken. »Außerdem wird sie als Bomber benutzt, und nicht als Jagdflugzeug, wofür sie eigentlich gebaut ist!«
Als wir nach der Besprechung wieder im Auto saßen, sagte Seiler zu mir: »Da können Sie mal sehen, mein lieber Bölkow, mit welchem Niveau wir es in den höchsten Kreisen bei den Entscheidungen zu tun haben! Wirkliche Argumente sind kaum gefragt. Es geht um persönliches Machtstreben, Verfilzung und Byzantinismus.«
Er hatte recht: Die Me 262, der erste Düsenjäger der Welt, war zwar seit Ende 1942 erprobt und einsatzbereit, aber die politischen Entscheidungen rund um dieses Flugzeug waren geradezu tragisch und verhinderten – so glaubten damals viele Fachleute –, daß die deutsche Wehrmacht 1944 eine Luftkampfüberlegenheit zurückgewinnen konnte.
Die Piloten, die Gelegenheit hatten, die Me 262 zu fliegen, waren begeistert und befürworteten den Einsatz der Maschine als schnellen Jagdeinsitzer. Aber die offiziellen Stellen im Reichsluftfahrtministerium und in der Luftwaffe zeigten zunächst kaum Interesse an dem Flugzeug. Zwar wurde für das Jahr 1943 ein monatliches Lieferprogramm von 20 Stück vereinbart, aber diese Zahlen waren natürlich viel zu gering, um irgendeine spürbare Wirkung zu zeigen.
Die Luftfahrtindustrie hatte damals bereits eine beachtliche Kapazität, aber sie verzettelte sich durch den Bau vieler unterschiedlicher Typen.[35]
Nach monatelangen Querelen zwischen den Repräsentanten der Industrie und den Verantwortlichen im Luftfahrtministerium und im Jäger-

stab wurden schließlich ab März 1944 die ersten serienmäßig hergestellten Me 262 an die Truppe ausgeliefert. Der Bericht, den ich im September Herrn von Below gegeben hatte, zeigte offenbar überhaupt keine Wirkung.
Um zu schildern, wie optimistisch, ja fast schon naiv man damals, ein Jahr vor Kriegsende, die Lage beurteilte, will ich aus einem Bericht von Fritz Seiler zitieren. Er erinnerte sich im Sommer 1945:
»Bereits die ersten Einsätze der Me 262 durch ein Erprobungskommando der Luftwaffe im bayerischen Raum gegen feindliche Aufklärer und Fernjäger bewiesen die eindeutige Überlegenheit der Me 262 über jedes andere Flugzeug. Die erzielten Abschüsse, verbunden mit der moralischen Wirkung der Me 262, hatten zur Folge, daß wochenlang kein feindlicher Aufklärer mehr in diesem Raum auftrat. Diese Erfolge berechtigten zu der Annahme, daß der Strahljäger Me 262 bei Anwendung einer vernünftigen Taktik die Überlegenheit der Luftwaffe erneut in kurzer Zeit sicherstellen werde. ... Um so unfaßbarer war uns daher die Nachricht, daß der Führer den Einsatz der Me 262 als Schnellbomber befohlen hat.«
Diese Entscheidung Hitlers vom 23. Mai 1944 war tatsächlich völlig unverständlich, wenn man bedenkt, daß die Vorzüge der Me 262 eindeutig für ihren Einsatz als Jäger sprachen. Zwar konnte sie wie jedes Jagdflugzeug auch Bomben befördern, aber sie besaß keine geeigneten Zielvorrichtungen. So blieb ihre Wirkung als »Blitzbomber«, wie sie genannt wurde, sehr bescheiden. Alle, die sich dafür einsetzten, diesen unsinnigen Befehl rückgängig zu machen, zogen sich jedoch den Unwillen Hitlers zu und mußten klein beigeben.
So kamen nur wenige Exemplare dieses Flugzeugs zur Jagdwaffe, die allerdings großen Erfolg mit der Maschine hatte. Erst Anfang 1945 wurde ein weiterer Teil der Produktion für den Einsatz als Jäger freigegeben. Nun überstürzten sich die Ereignisse: Die Verantwortlichen sahen endlich ein, daß sie das Schwergewicht auf die Produktion der Me 262 legen mußten, und konzentrierten alle Kräfte auf diese Aufgabe. Überall waren die Produktionsanlagen versteckt. Sie waren zum Teil in Zelten untergebracht, zum Teil in Höhlen. Beispielsweise gab es damals eine Fabrik für die Endmontage der Me 262 nahe der Autobahn zwischen München und Stuttgart, in der Nähe von Leipheim bei Burgau. Dort wurden die Flugzeuge aus Tarnungsgründen mitten im Wald gefer-

Die Zeit bei Messerschmitt

Windkanalmodell der Me 262 von 1941 bei Messungen in einem Windkanal bei Göttingen. Später wurde die Triebwerksanordnung und die Pfeilung des Flügels geändert.

Strahljäger Messerschmitt Me 262 in der Serienausführung mit Bugrad und zwei Turbostrahltriebwerken Jumo 004

Besuch von Professor Willy Messerschmitt im Werk Wiener Neustadt, zusammen mit Rakan Kokothaki und Fritz Seiler (in der Mitte), ganz links: der Autor

Büro des Autors nach dem schweren Luftangriff auf das Werk Wiener Neustadt

Start eines Lastenseglers Me 321 im Troikaschlepp von drei Me 110

Beladung eines sechsmotorigen Großraumtransporters Me 323 mit einer Zugmaschine und einer 15 cm Feldhaubitze

Gebirgsjägerkaserne in Oberammergau, in die ab Ende 1943 nach und nach zahlreiche Messerschmitt-Entwicklungsabteilungen aus Augsburg verlagert wurden

Die zu etwa 80 Prozent fertige Messerschmitt P 1101 mit Heinkel He S 11-Triebwerksattrappe wurde Ende April 1945 von den US-Truppen vorgefunden und wenig später nach Amerika gebracht

tigt. Man kann noch heute die Schneisen im Wald sehen. Anfang 1945 standen dort rund 1000 Maschinen herum, alle zu fast 90 Prozent fertig. Aber bei allen fehlte noch irgendein Teil.

Die Flügel der Me 262 wurden in der Nähe von Stuttgart gebaut, in einem Autobahntunnel bei Leonberg, die Rümpfe bei Regensburg. Die vorgefertigten Teile transportierte man mit Lastwagen und Zügen nach Burgau, wo zwei Endmontagelinien aufgebaut waren. Als Flugplatz zum Starten für die fertigen Maschinen diente die nahegelegene Autobahn.

Die deutsche Flugzeugindustrie, die vorher auf rund 30 Betriebe konzentriert war, wurde 1944 auf über 700 Fertigungsstellen aufgeteilt. Für viele ist heute sicher unvorstellbar, welche Anstrengungen die Menschen damals in Deutschland unternahmen, um die Produktion durchzuhalten.

Ein Teil dieser Maßnahmen war der Einsatz von Zwangsarbeitern aus den Konzentrationslagern. Ich hatte damals Zutrittserlaubnis zu allen Planungs- und Produktionsstätten für Flugzeuge und bekam auf meinen Reisen hin und wieder solche KZs zu sehen, aber ich durchschaute die Hintergründe damals nicht richtig. Alles, was mit den Lagern zusammenhing, wurde als großes Geheimnis behandelt, und so blickte keiner recht durch. Die Firma Messerschmitt hatte damals rund 30 000 Mitarbeiter; die Firma Heinkel war größer, und Junkers war der größte Flugzeughersteller. In allen drei Betrieben gab es Arbeitskräfte aus Konzentrationslagern.

So hatte die Firma Messerschmitt zum Beispiel Lagerinsassen, die in der Fertigung beschäftigt waren. Es begann in den Augsburger Werken 2 und 4. Man baute dort Baracken, und die Leute arbeiteten in der Serienfertigung.

Wir wußten zwar von diesen Arbeitern und sahen sie ja auch. Persönlichen Kontakt aber hatten wir praktisch nie zu ihnen. Wir sprachen darüber, daß sie gut zu essen bekamen, denn sie mußten ja für die Arbeit kräftig sein. Einmal sprach ich mit dem Kantinenwirt, der mir erzählte, daß er für die Häftlinge die gleichen Marken erhielte wie für uns.

Wie naiv ich in bezug auf die Konzentrationslager war, zeigte sich auch bei einem Besuch im Messerschmitt-Werk bei Flossenbürg, in dem Flügelteile produziert wurden.

Dort gab es ein KZ, und die Leute arbeiteten im Granitsteinbruch. Bei einer Besichtigung der Me-109-Fertigung kam ich allerdings nicht ins Lager hinein, sondern wurde gleich vom Empfang in die Werksanlagen geführt.

Und dort machte ich einen Fehler: Da ich mich etwas genauer umsehen wollte, zog ich meine Jacke aus und hängte sie irgendwohin – das war aber strengstens verboten, denn einer der Lagerinsassen hätte sie ja nehmen können und wäre damit geflohen. Wegen dieser Kleinigkeit gab es eine ziemliche Auseinandersetzung mit einem kleinen Drei-Sterne-Aufseher.

Plötzlich sprach mich einer der Sträflinge an: »Tag, Bölkow!« Es war ein Ingenieur, der bei uns in Augsburg gearbeitet hatte. Wir konnten nur wenige Worte wechseln, denn sofort war ein Wachtposten da, der ihn fürchterlich zusammenstauchte. Als ich diesen fragte, was man dem Gefangenen denn zur Last lege, bekam ich zur Antwort, daß er ein »Volksfeind«, was immer damit gemeint sein mochte, sei. Wir durften nicht mehr weiter miteinander sprechen, aber ich gab ihm immerhin die Hand zum Abschied, was abermals Unwillen erregte.

Dies war eine der wenigen Gelegenheiten, bei denen ich Kontakt – wenn man das schon Kontakt nennen will – zu einem der Häftlinge hatte.

Als ich wieder nach Hause kam, fragte ich in seiner ehemaligen Abteilung herum, was er denn angestellt hatte. Aber niemand konnte sich seine Verhaftung erklären. Einer meinte sogar zu mir: »Der hatte bestimmt keine solche Kodderschnauze wie du!«

Ich wußte also, daß es Konzentrationslager gab, aber ich glaubte, dort seien in erster Linie Sträflinge untergebracht. Die einzelnen Häftlinge hatten unterschiedliche Abzeichen, zum Beispiel die Homosexuellen oder die Zigeuner, wieder andere Abzeichen kannte ich nicht. In Flossenbürg fragte ich einen Aufseher nach der Bedeutung dieser Abzeichen, aber er wollte es mir nicht erklären. So erhielt ich ein unzureichendes Bild von den KZs. Denn der Besuch in der Fabrik hatte mir den Eindruck vermittelt, den Häftlingen ginge es einigermaßen, und es gebe geordnete Arbeitsverhältnisse.

Auch in den Tunnels, zum Beispiel im Harz, in denen, wie schon erwähnt, 1945 Karl-Otto Saur, der Leiter des »Jägerstabs«, 100 Meter unter der Erde saß, sah ich Arbeiter, die KZ-Kleidung trugen. Heute wundere ich mich manchmal darüber, warum ich nie mit Willy Messer-

schmitt über die Lager gesprochen habe. Denn er war ja bei diesem Besuch dabeigewesen und hatte mindestens ebensoviel gesehen wie ich.
Heute kann ich mir nur an den Kopf fassen, warum ich damals nichts von den wahren Zuständen in den KZs mitbekommen habe. Entweder steckte ich unbewußt den Kopf in den Sand, oder ich habe mich so auf meine Arbeit konzentriert, daß ich darüber hinaus nichts hörte und sah. Allerdings machte ich mir 1944 nach Stauffenbergs Attentat schon Gedanken darüber, warum die Widerstandsbewegung angesichts der katastrophalen Zustände so wenig Zulauf hatte. Nach dem 20. Juli hatte Fritz Seiler einige Zeit im Gestapo-Hauptgefängnis in der Prinz-Albrecht-Straße in Berlin gesessen. Er sollte erst nach dem Zusammenbruch darüber sprechen.

Als ich von der Reise mit Messerschmitt und Seiler nach Nordhausen ins Werk zurückkehrte, überkam mich eine große Unlust, überhaupt noch irgend etwas zu tun. Ich erzählte meinen Kollegen von der Diskussion bei Saur, meinen engeren Bekannten auch von meinen politischen Eindrücken und Einschätzungen.
Ich glaubte damals längst nicht mehr daran, daß Deutschland diesen Krieg gewinnen könnte. Ganz im Gegenteil: Ich unterhielt mich mit meinen Kollegen damals schon darüber, wie viele Tage die Amerikaner wohl noch brauchten, bis sie in Oberammergau einträfen.
Wie so oft schon setzte man gegen Ende des Krieges stärker denn je darauf, daß eine Neuentwicklung die Rettung bringen sollte: Der Volksjäger He 162 war so eine Idee. Er sollte ein einmotoriges, kleines Jagdflugzeug aus Holz werden, das in die für das Frühjahr 1945 erwarteten Kämpfe eingreifen sollte. Über 1000 Flugzeuge mit trainierter Mannschaft sollten dann bereitstehen.
Da im Sommer 1944 praktisch kein Wettbewerb mehr möglich war, wurde ein Entwurf von Heinkel genommen, der schon länger vorlag. Alle anderen Firmen sollten mitarbeiten, was wir von der Aerodynamik auch taten, wenn auch widerstrebend. Die fliegerische Ausbildung für diesen Volksjäger hatte Generaloberst Keller übernommen.
Meine Kollegen und ich waren vom technischen Widersinn des Musters 162 – sowohl von der Leistungs- als auch von der Fertigungsseite her – überzeugt. Auch Willy Messerschmitt trat gegen das Projekt auf. Es half nichts, die Sache nahm ihren Gang.

Die Kollegen bei Heinkel leisteten keine schlechte Arbeit. Als Termin für die Fertigstellung war der 10. Dezember 1944 festgesetzt. Bei einer Vorführung stürzte die Me 162 wegen einer fehlerhaften Leimstelle an der Tragfläche ab. Der Testpilot, mein Studienkollege Peter, damals Chefeinflieger bei Heinkel, kam dabei ums leben. Danach habe ich für den Rest des Krieges die He 162 aus den Augen verloren.

Wenige Tage vor dem Ende, im April 1945, hatte ich Gelegenheit, Adolf Hitler einmal aus nächster Nähe zu erleben, und diese Begegnung ist mir noch heute als gespenstische Szene in Erinnerung.
Im VW fuhren Willy Messerschmitt und ich nach Berlin. Der Professor war zu einer Besprechung wegen der Me 262 in die Reichskanzlei in die Voßstraße befohlen worden. Auf seinen Wunsch hin begleitete ich ihn. Zunächst sollten wir uns mit dem Reichsinnenminister Heinrich Himmler unterhalten. Ein Posten führte uns durch Gärten, die teilweise von Bombentrichtern übersät waren, zu einem kleinen, ebenerdigen Bau. Man brachte uns in einen Raum, Himmler trat ein. Wir setzten uns an einen Tisch, Himmler an der Stirnseite, das Licht im Rücken, Willy Messerschmitt saß rechts, ich links von ihm.
»Herr Professor, ich möchte mit Ihnen besprechen, was Sie dem Führer nachher über die Sonderaktion Me 262 sagen werden«, begann Himmler.
Messerschmitt zögerte, denn diese Vorrede klang nach Erteilung einer Richtlinie. Ich warf ein, daß wir bisher über den Zweck des Besuchs beim »Führer« nicht informiert worden seien.
Himmler entwickelte uns daraufhin die Vorstellung von der »Alpenfestung«. Man wolle sich dort so lange halten, bis sich nach dem Aufeinandertreffen der USA und der UdSSR ein Zusammenstoß entwickeln würde. Dann gelte es, zusammen mit den Amerikanern die Russen zurückzudrängen.
Seine Frage: »Ist es möglich, in der Alpenfestung die Me 262 zu fertigen?« Wie er auf diese Idee gekommen war, ist mir bis heute nicht klar, vielleicht durch Saur.
Gemeinsam stellten Messerschmitt und ich die Schwierigkeiten dar, die sich aufgrund des Zeitdrucks bei allem positiven Einsatz ergeben würden. Himmler verwies seinerseits auf die Leistungen der Russen, als diese ihre Rüstungsindustrie in Gebiete hinter den Kaukasus verlagert

hatten. Ich versuchte, ihm den Unterschied zwischen den beiden Situationen klarzumachen. Er war sehr nüchtern und konnte gut zuhören.
Am Ende fragte er dann: »Sie halten es also für nicht mehr möglich, angesichts der eingetretenen Lage eine Verlagerung in die Alpen vorzunehmen? Selbst wenn es eine so harte und bewährte Kraft wie SS-Obergruppenführer Kammler in die Hand nähme?«
Mein Einwand war, auch Kammler könne nicht mehr das notwendige Material und die Fachleute durch die englischen und US-Frontlinien hindurchbringen.
Messerschmitt sprang mir zur Seite: »Bölkow ist sonst immer ein großer Optimist.«
Die Verabschiedung verlief sehr freundlich, und wir wurden durch den Garten zurück zur Reichskanzlei geleitet. Als wir uns dort meldeten, führte man uns durch die hohe Wandelhalle mit vielen Türen; sie war ja bekanntlich zwei Meter länger als der Spiegelsaal in Versailles.
Während Messerschmitt sein Gespräch mit Hitler führte, wurde es allmählich dunkel. Ich wartete in einem Nebenraum und unterhielt mich mit Heinz Lorenz, mit dem ich gemeinsam Abitur gemacht hatte und der seit längerer Zeit Vertreter des Reichspressechefs im Führerhauptquartier war. Außerdem war noch Ernst Kaltenbrunner dabei, der Nachfolger Reinhard Heydrichs in seiner Eigenschaft als Leiter der Reichssicherheitspolizei und des SD.
Zuerst hatte ich ein wenig Hemmungen, aber dann sagte ich in Plattdeutsch zu meinem ehemaligen Schul- und HJ-Kameraden: »Können wi hier fri snaken?«
Kaltenbrunner bekam es jedoch sinngemäß mit, und er meinte etwas zögernd, wir seien ja unter uns. Es ging um die Luftwaffe. Die Fehler von Dünkirchen, die Schlacht um England, über die Zersplitterung der Entwicklung bei neuen Techniken und die zu späte Einsicht, daß in erster Linie Jäger gebraucht würden. Ich berichtete von meinem Erschrecken 1943 über die schon seit 1940 unterbrochene Informationskette der deutschen Botschaft über die USA. Als Beispiel erinnerte ich an den Bericht von Hauptmann Riedel über den Aufbau der US-Bomberflotte.
»Wozu brauchen wir grundsätzliche Befehle, die in höheren Rängen dann doch nicht befolgt werden?« fragte ich. Weiter verwies ich auf die unglückliche Rolle Hermann Görings, dem praktisch die Luftwaffe nach der Schlacht um England aus den Händen geglitten war. Ich schilderte

die Situation von uns Ingenieuren, die in Tag- und Nachtarbeit ständig bessere Flugzeuge und Waffen als die Gegenseite entwickeln und bauen mußten. Gleichzeitig gab es von oben keine weitsichtige Planung, sondern nur Sprüche über Sprüche. Als Beispiel nannte ich die Entscheidung Milchs über die Luftversorgung Stalingrads. Er müsse mir doch zustimmen, in Rußland hätten doch beide, Göring und Milch, ihre Sprüche nicht überleben dürfen. Zumindest hätten sie doch ihre Posten verlieren müssen. So ging das querbeet mit der Geschichte der verpaßten Gelegenheiten unserer Luftwaffe.

Heinz Lorenz schien meine offene Kritik mit der Zeit unangenehm zu werden. Er versuchte mich des öfteren zu bremsen, vor allem bei Vorwürfen gegen den engeren Kreis um Hitler.

Schließlich erhielten wir die Nachricht, das Gespräch zwischen Hitler und Messerschmitt sei beendet. Kaltenbrunner verabschiedete sich. Lorenz und ich warteten in der dunklen Halle.

Eine hohe Tür ging auf, und der »Führer« kam heraus, zusammen mit Messerschmitt. Hitler in grauer Uniform mit Hakenkreuzarmbinde und Tellermütze, Messerschmitt wie üblich in Zivil, daneben der mir ja schon bekannte Nicolaus v. Below, Luftwaffenadjutant im Führerhauptquartier. Das erste, was mir in dem Licht, das aus der Tür drang, auffiel, waren Hitlers helle blaue Augen.

Eine unheimliche Szene: Die lange Halle – sie hatte keine Fenster mehr, Löcher in der Decke, durch die man die Suchscheinwerfer der Flak sehen konnte, deren Kegel den Himmel absuchten, auf dem Fußboden lagen große Betontrümmer, die von der Decke herabgefallen waren. Hitler leuchtete Messerschmitt mit seiner Taschenlampe, so daß dieser den Weg zwischen den Trümmern finden konnte.

Messerschmitt stellte mich kurz vor. Mir fiel auf, daß Hitler in einem Arm eine Art Schüttellähmung hatte. Angeblich litt er seit dem Bombenattentat in der Wolfsschanze darunter. Wir folgten den beiden: Nicolaus v. Below, Heinz Lorenz und ich. Ich, der ich in der Mitte ging, marschierte also genau hinter Hitler. So konnte ich hören, was er mit Messerschmitt sprach.

»Sagen Sie, lieber Herr Messerschmitt«, fragte er, »wie wird denn das nun nach dem Krieg? Werden die Verkehrsflugzeuge dann auch Düsentriebwerke haben?«

Messerschmitt antwortete ausweichend, man wisse das noch nicht so

genau, diese Triebwerke hätten noch einen zu hohen Verbrauch, wahrscheinlich werde man erst einmal Propellerflugzeuge einsetzen.
Als wir am Ende des Ganges ankamen, fragte Hitler Messerschmitt nach unserer persönlichen Sicherheit: »Es sind so viele gefährliche Leute unterwegs, sind Sie bewaffnet?«
Ich erwähnte meine 7,65er Browning, die ich immer in der Tasche hatte. Hitler hielt dies aber nicht für ausreichend und befahl, daß man in unseren Wagen, der in der Tiefgarage der Reichskanzlei stand, ein Sturmgewehr 43 legen sollte.
Zum Abschied ein langer Händedruck mit Hitler, dann fiel hinter ihm die Tür ins Schloß. Man brachte uns zurück ins Gästehaus. Ich fragte Messerschmitt nach dem Verlauf seines Gesprächs. Er erzählte, daß Kammler große Vollmachten erhalten solle. Ansonsten habe man sich über die Technik der Jagdflugzeuge, über Bomben und ähnliches unterhalten. Messerschmitt war sehr einsilbig.
Hitler hat in Willy Messerschmitt immer etwas Großes gesehen und umgekehrt wohl auch. Die hypnotische Begabung des »Führers« hat auf Messerschmitt enormen Eindruck gemacht. Auch ihm waren – wie er mir später bestätigte – jetzt zum ersten Mal dessen große, helle Augen aufgefallen.
Auch andere waren der Meinung, Hitler habe ganz klar hypnotische Fähigkeiten gehabt.
Robert Lusser war ein Kollege und begabter Flugzeugbauer, lange Jahre Konstruktionschef beim Sportflugzeugbau Klemm, dann Heinkel- und Messerschmitt-Projektbürochef. Er hatte mich 1939 noch eingestellt. Er war dann im Krieg wieder bei Heinkel und in den letzten Jahren bei Fieseler, wo er den ersten »Marschflugkörper«, die bekannte »Vergeltungswaffe« der V 1 entwickelte und produzierte. Nach dem Krieg ging er einige Jahre in die USA, bevor ich ihn später in den Entwicklungsring Süd zurückholte. Vor seiner Abreise in die USA traf ich ihn 1947/48 in Stuttgart. Er fragte mich nach Hitlers Augenfarbe.
Ich zögerte: »Hellblau, als ich ihn in Berlin 1945 aus der Nähe sah. Aber früher war sie anders«, und erzählte ihm vom Vorbeimarsch der SA in Nürnberg damals, herrliches Wetter. Stundenlang marschierten die Männer in Zwölferreihen durch die Stadt, Marschmusik, Gesang, ein Fahnenmeer. Alles war geschmückt, die Luft war erfüllt von »Heil«-Rufen, alles war in Hochstimmung, man war mit der Zeit völlig ein Teil

der Masse. Beim Vorbeimarsch hieß es dann »Augen rechts!«: Der Führer stand rechts in seinem Auto; wir fühlten uns alle von ihm angeschaut: Seine Augen erschienen mir groß und braun.
Auch meine erste Frau, die Hitler einmal persönlich gesehen und ihm die Hand gegeben hatte, behauptete immer, er habe große braune Augen gehabt.
Ein ähnliches Erlebnis, erzählte Lusser, habe er bei einem früheren Besuch Hitlers im Messerschmitt-Werk gehabt: Er, Lusser, stand als damaliger Leiter des Projektbüros neben der aufgebauten Attrappe der Me 110. Hitler kam zusammen mit Messerschmitt auf ihn zu und reichte ihm die Hand. Und Lusser erinnerte sich: Egal, wie die Ausgangsfarbe der Augen auch gewesen sein mochte, plötzlich waren sie riesengroß und braun, als seien sie während des Händedrucks gewachsen.
Lusser erinnerte dieses Phänomen an die Vorführung eines Hypnotiseurs, die er als Student in Stuttgart erlebt hatte. Überzeugt, daß er sich nicht dem Willen des Magiers unterordnen werde, meldete er sich als Versuchsperson. Während der Hypnotiseur mit ihm sprach, hatte er den Eindruck, dieser habe große, braune Augen, die immer noch wuchsen. Und einen ebensolchen Eindruck habe er anläßlich der Attrappen-Besichtigung der Me 110 bei Hitler auch gehabt.
Auch Messerschmitt, 1947 nach Hitlers Augenfarbe befragt, schwankte: »Früher braun, in der letzten Zeit hell.«
In Wirklichkeit hatte Hitler erwiesenermaßen blaue Augen.
Zurück zu Berlin: Am nächsten Morgen brachte man unseren aufgetankten VW vors Gästehaus, und wir brachen auf in Richtung Süden. Wir fuhren über Treuenbriezen, wo die Reichsverteidigung der Luftwaffe unter General Pelz, einem bekannten Kampfgeschwader-Kommandanten, lag. Ich kannte ihn schon von den ersten Fronteinsätzen der Me 210. Wir analysierten die Lage, insbesondere die unzureichende Luftkampfausbildung der Kampfflieger sowie die Einsatzmöglichkeiten der Me 262.
Um ein Uhr nachts, nachdem ich Messerschmitt an seinem Haus in Murnau abgesetzt hatte, war ich endlich wieder in Oberammergau.
Oberammergau wurde mehr und mehr zu einer Sammelstation für »Absetzer«. So kam eines Tages auch Wernher von Braun, der Schöpfer der ersten steuerbaren Rakete, der A 4, V 2 genannt, mit einer größeren Zahl von Mitarbeitern bei uns vorbei. Er trug einen Arm in Gips, als Folge

eines Unfalls, der kurz zuvor passierte. Ich unterhielt mich einen Abend lang mit ihm über mathematisch gestützte Operationsstudien, die bei uns durchgeführt wurden. Die Analysen hatten zum Teil ergeben, daß militärische Entscheidungen, die ganz an der Spitze getroffen worden waren, der bare Unsinn waren. Für ihn war diese Art der Betrachtung allerdings völlig neu. Er zog schließlich weiter nach Garmisch-Partenkirchen, wo er sich wenig später zusammen mit seiner Mannschaft den einmarschierenden Amerikanern stellte.
Es herrschte rege Besuchstätigkeit. Unvorstellbar, was sich da an Prominenten in Zivil und Uniform alles in Oberammergau traf. Abends sah man sich im Gasthaus »Post« oder im privaten Kreis bei Alois Lang, dem Christusdarsteller der letzten Passionsspiele.

Gegen Ende des Krieges wurde die Lage immer chaotischer und dadurch auch mein Leben immer hektischer. Ich mußte weitere Reisen nach Berlin unternehmen und Gespräche über die Zukunft der Me 262 mit dem Chef der Luftwaffe, General Kammhuber, führen. Wir trafen uns in der Gaststätte des Reichssportfeldes, wo er seine Kommandostelle hatte. Für mich war das Ganze eine Art Höflichkeitsbesuch, denn ich glaubte nicht mehr daran, daß man noch etwas retten könne. Die Luftverteidigungslage war in meinen Augen zu diesem Zeitpunkt praktisch hoffnungslos. Vor der Rückfahrt führte ich noch ein kurzes Gespräch mit v. Below und Heinz Lorenz, die sich bald darauf mit Hitlers Testament für Keitel bzw. Dönitz nach dem Westen absetzten. –
Am Montag, dem 23. April 1945, fuhr ich nach Landsberg, um durch Vermittlung von Messerschmitt ein Flugzeug für einen Flug nach Blankensee bei Lübeck zu erwischen. Angesichts der Situation, die sich immer weiter zuspitzte, wollte ich mich um meine Frau kümmern, die bei meinen Eltern in Schwerin lebte und kurz vor der Niederkunft unseres zweiten Kindes stand. Willy Messerschmitt, den ich um einen kurzen Urlaub gebeten hatte, zeigte volles Verständnis.
Den Fallschirm umgeschnallt, saß ich am Rollfeld und wartete auf den Abflug. Wir sollten nachts über das Gebiet der Tschechoslowakei fliegen. Der Start wurde dann aber wegen schlechten Wetters abgesagt, und ich konnte meine Familie vor Kriegsende nicht mehr sehen. Am 29. April 1945 kam unser Sohn auf die Welt.

Ich half dann in Oberammergau, Geheimunterlagen zu sammeln und in Blechkanister einzuschweißen. Ich erbot mich, beim Verstecken der Behälter mitzuhelfen. Den Verbleib wollte ich in verschlüsselten Unterlagen festhalten. Aber ich wurde nicht gebraucht, denn diese Frage war bereits von den Oberen geregelt worden: Eine Ladung wurde nachts im Oberammergauer Stollen eingemauert (am Morgen hatte es sich jedoch bereits herumgesprochen), eine zweite beim Vorstandsvorsitzenden der Firma, Fritz Seiler, in seinem Refugium in Wertach deponiert, allerdings unter den Augen eines neuen Hausmädchens aus Holland. Der Rest wurde von einem Fuhrunternehmen unter Aufsicht eines Vorstandsmitglieds mitgenommen.

Später kam es, wie es zu erwarten war: Nach dem Einmarsch der Amerikaner in Oberammergau erzählte denen sofort der Sohn des Konstruktionschefs Rethel, wo die Unterlagen versteckt waren. Ebenso in Wertach das Hausmädchen den Franzosen.

Eine weitere Reise führte mich dann noch zu den unterirdischen Fertigungsstätten in Kahla, Thüringen, wo neben anderem eine Linie für die Me 262 anlief. Die Fabrik machte einen hervorragenden Eindruck. Dann folgte noch ein kurzer Besuch in Neustadt-Waldnaab, wohin sich mein früheres Serienbüro Me 109 verzogen hatte. Dem Leiter Holzmann riet ich, seine Mitarbeiter möglichst früh genug vor einem möglichen Einmarsch der Alliierten nach Hause zu entlassen, was er auch tat.

In Augsburg traf ich Degenkolb und Overlach, denen ich von meiner Reise berichtete. Sie erklärten mir, daß ich ihnen ab sofort für die Technik der Me 262 zugeteilt wäre, also nun zum Stab des SS-Obergruppenführers Kammler gehörte. Mir kam das etwas komisch vor.

In der Woche nach dem 25. März 1945 nahm dieser Sonderstab Me 262 seine Arbeit auf. Degenkolb, berühmt geworden als Erfinder, Konstrukteur und Produktionsleiter der Einheitslokomotive, war der Sonderbeauftragte für die Fertigung der Me 262 und Generalbevollmächtigter für die Messerschmitt-Werke geworden. Er traf mit seinem Stab bei uns ein und brachte unter anderem auch eine Funkstation mit. Am 28. März begann er mit den ersten Sitzungen, die sich teilweise sehr lang hinzogen. So vermerkte ich am Sonntag, dem 1. April, in meinem Kalender, daß eine Sitzung mit Kammler von 18.30 Uhr bis zwei Uhr morgens gedauert hatte.

Degenkolb berichtete über all die Bunker, die die SS hauptsächlich in Österreich bauen ließ, in der »Alpenfestung«. Ich sollte ihn auf einer Reise begleiten und prüfen, ob sich die Räume für eine Fertigung der Me 262 eigneten.

So brachen wir zu einer gespenstischen Reise auf. Wir, also Degenkolb, sein Chauffeur und ich, fuhren mit Degenkolbs großem Tatra nach Tirol, durchs Inntal in Richtung Salzburg, nach Hallein. In einigen der Stollen wurde schon längere Zeit gearbeitet. BMW baute zum Beispiel in der Nähe von Salzburg den Regler des Sternmotors BMW 801, der mit Erfolg im Jäger Fw 190 eingesetzt wurde. Die Werkstätten waren gut eingerichtet. An anderen Orten, wo es von Zwangsarbeitern, zum Beispiel russischen Kriegsgefangenen, wimmelte, befanden sich die Höhlen erst im Rohbau. Trotzdem standen teilweise schon fertigmontierte Strahltriebwerke Jumo 004 für die Me 262 offen oder in Kisten verpackt herum.

Am Freitag, dem 27. April 1945, hörte ich morgens beim Frühstück die Nachricht, Reichsmarschall Göring habe sich vom Führer losgesagt und wolle im Süden, in der »Alpenfestung«, den Kampf fortsetzen. Hitler hatte sofort die Absetzung Görings verfügt und General Ritter von Greim zum Chef der Luftwaffe gemacht. Auf der Weiterfahrt wurde Degenkolb immer einsilbiger.

Beeindruckend waren die riesigen unterirdischen Steinbrüche der Zementwerke Hallein. In diesen Bunkern sollte die Endmontage der Me 262 installiert werden, damit die Flugzeuge dann mit einer Art Katapult direkt aus dem Berg heraus starten könnten, wenn sie fertig waren. Ich rechnete überschlägig nach, ob das wohl machbar sei, und kam zu dem Ergebnis: Es könnte gehen.

Wieder im Auto, äußerte ich meine ganze Skepsis über solche Projekte. Ich erhielt von Degenkolb die ruppige Antwort, ich solle mich gefälligst in Gegenwart anderer vorsichtiger ausdrücken.

Der Höhepunkt kam am nächsten Tag: Am späten Nachmittag besichtigten wir einen großen unterirdischen Komplex. Es handelte sich um eine Raffinerie, in der das blau eingefärbte Flugbenzin hoher Oktanzahl hergestellt wurde. Hohe Türme ragten in den Felshöhlen auf. In anderen Höhlen sollte der Düsenkraftstoff J 2 produziert werden. Ich fragte, wo man das Rohöl hernehme.

»Das ist nicht unsere Sorge«, war die Antwort. Ich darauf zu Degenkolb: »Aber doch wohl die Ihre als Mitglied des Jägerstabes?« Ich erhielt keine Antwort.

Später saßen wir beim Abendessen und beim Wein zusammen. Degenkolb telefonierte, wir hörten im Rundfunk die Abendnachrichten. Es ergab sich folgendes Bild der Lage: Die Amerikaner standen kurz vor den Werken in Oberammergau und marschierten in Richtung Garmisch-Partenkirchen. Der Tag der endgültigen Niederlage war jeden Moment zu erwarten.

Wir sprachen darüber, wie es so weit hatte kommen können. Dabei waren wir uns über eines einig: Die Führung hatte sich weit überschätzt und Fehler über Fehler gemacht. Sollte es wirklich je die Möglichkeit zu einer politischen Einigung gegeben haben, wie uns das immer wieder vorgespiegelt worden war? Diese Hoffnung hatte uns alle bei der Stange gehalten. Wir hatten immer gehofft, es werde vielleicht noch ein militärisches Patt mit der Aussicht auf Verhandlungen geben. Bis zu diesem Zeitpunkt mußte die Luftwaffe genügend Paroli bieten. Wir glaubten den windigsten Gerüchten, dachten nie an einen inneren Widerstand. Durch unsere intensive Arbeit hatten wir auch nach außen kaum Kontakt.[36]

Die Offenheit unserer Gesprächspartner, alles SS-Offiziere, verführte mich an jenem Aprilabend, meine Zurückhaltung aufzugeben. Vielleicht trug auch der Wein dazu bei. Die Gastgeber sprachen offen darüber, welches Schicksal sie erwarten würde. Soweit ich mich erinnern kann, schwankten sie zwischen zwei Extremen: Entweder wollten sie sich zusammen mit den Kriegsgefangenen umbringen oder diese ordnungsgemäß den Amerikanern übergeben und dann versuchen zu fliehen. Ein gutes Ende sah jedenfalls niemand voraus.

Am Morgen dann eine Überraschung: Als ich zum Frühstück gehen wollte, stand vor meiner Tür ein SS-Soldat mit Gewehr und teilte mir mit, ich solle auf dem Zimmer frühstücken, denn ich sei bis zu meiner Abreise unter Arrest.

Gegen Mittag kam Degenkolb vorbei: »Sie können auch jetzt noch nicht alles sagen, was Sie denken!« erklärte er mir. »Nehmen Sie sich ein Beispiel an mir: Ich habe kaum etwas gesagt, nur betont, daß ich mich wundere.« Später erfuhr ich, daß er schon Jahre vorher wegen Alkoholproblemen in Ungnade gefallen war.

Wir fuhren schließlich über Hallein und auf Umwegen wieder nach

Oberammergau zurück. Um ein Uhr nachts waren wir im Dorf. Als erstes erfuhren wir, daß die Amerikaner nicht mehr weit entfernt waren. Vor der Kirche und dem Gasthof standen Leute und diskutierten, ob man den Ort verteidigen solle oder nicht. Offiziere waren aber nicht zu sehen. Ich verabschiedete mich von Degenkolb, den ich nie wieder sah.

Endlich Frieden – Der Krieg ist zu Ende

Am Tag darauf, dem 28. April 1945, herrschte überall in Oberammergau große Betriebsamkeit. Im ganzen Dorf waren Wehrmachtsfahrzeuge, Soldaten und SS-Angehörige unterwegs. Vor der Kirche stand der Turmwirt in Feldwebel-Uniform. Er hatte Erholungsurlaub wegen einer Verwundung. Alle waren ratlos und fragten sich, was man angesichts des kurz bevorstehenden Einmarsches der US-Truppen tun solle. Irgendein Offizier meinte, man solle den Durchgang nach Ettal sperren, so daß die Amerikaner nicht bis dort und Garmisch durchkämen. Ich kam mit dem Turmwirt ins Gespräch und schlug ihm vor, den Soldaten, die fliehen wollten, doch die Einstiege in die Höhenwege zu zeigen, die er gut kannte. Dort oben könnten sie dann alles weitere abwarten.
Gegen Abend wurde es ruhig. Nachts waren von Unterammergau her Maschinengewehrsalven und vereinzelt Artilleriefeuer zu hören. Am nächsten Morgen blieben vorsichtshalber fast alle zu Hause, trotz schönsten Wetters. Ich setzte mich auf den Balkon meines Zimmers und konnte von dort aus beobachten, was weiter passierte.
Auf der Straße nach Unterammergau waren Fahrzeuggeräusche zu vernehmen. Plötzlich fielen von einem nahegelegenen Berg, dem Laber, einzelne Gewehrschüsse und MG-Salven, eine Aktion der dort versteckten Kameraden, wider alle Vernunft. Ein Vorauskommando der Amerikaner, das bereits im Dorf war, um die nähere Umgebung zu erkunden, nahm die Laberecke mit Flakartillerie unter Beschuß, und nach acht bis zehn Einschlägen von Flakgranaten oben am Berg herrschte Ruhe, es fiel kein Schuß mehr. Die Folge dieser unsinnigen Aktion waren ein Oberschenkel-Steckschuß bei einem Kollegen, der ebenfalls vom Balkon aus zugesehen hatte, und einige verwundete Soldaten, die Oberammergauer Bürger am Nachmittag aus den Bergen ins Krankenhaus herunterholten.
Der Krieg war hier in Oberammergau also nun zu Ende. Am späten

Nachmittag wagte ich es, zu einem vorsichtigen Erkundungsgang ins Dorf aufzubrechen. Zu meinem Erschrecken beobachtete ich, wie zwei Zivilisten vor mir von uniformierten Amerikanern angehalten wurden und ihre Armbanduhren hergeben mußten. Ich begriff sofort und zog hinter meinem Rücken meine Uhr aus und ließ sie in die weiten Hosenbeine meiner Knickerbocker rutschen.
Als die Soldaten mich ebenfalls anhielten und meine Uhr verlangten, waren sie sehr erstaunt, daß ich keine besaß: »No watch? Really?« »Sorry, really nothing!« beteuerte ich, bis die beiden lachend abzogen wie zwei zu groß geratene Buben. Das war also mein erster Kontakt zur Besatzungsmacht.
Im Dorf waren alle Straßen voll mit Jeeps und Sedans, auch Flakbatterien zogen durch. Die Soldaten waren überraschend freundlich, sie erwarteten lediglich, daß man sie zurückgrüßte, wenn sie grüßten. Sie klebten Anschläge an die Wände mit Verhaltensmaßregeln, abends führten sie einen Zapfenstreich ein, danach waren die Straßen leer.
Zwei Nächte später gab es plötzlich großen Lärm an der Gartentür. Inzwischen war es Pflicht, daß an jedem Haus eine Liste mit den Namen der Bewohner aushängen mußte. Aus der kalten Schneenacht kamen einige US-Soldaten hereingetrampelt und verlangten »Mr. Bölkow«. Sie wollten meine »rooms« sehen und fragten nach Geheimmaterial. Da ich ihnen erklärte, daß ich keines hatte, begannen sie, mein Zimmer zu durchsuchen. Sie stellten die ganze Bude auf den Kopf, fanden aber nichts anderes als drei Kameras: eine Retina, eine Rotax und eine Contax. Natürlich wurden sie beschlagnahmt, auf Nimmerwiedersehen. Als sie nichts Wichtiges fanden, wurden der Sergeant und seine zwei Leute immer ungemütlicher. Sie verhörten mich richtiggehend, denn sie wollten herausfinden, wo ich »secret material« des Werkes versteckt hätte. Irgend jemand hatte ihnen verraten, daß ich beim Einschweißen und Verstecken der Geheimunterlagen der Firma dabeigewesen war.
Als »leading engineer« bei Messerschmitt müsse ich doch wissen, wo die Unterlagen hingekommen seien, meinten die Soldaten. Als ich weiterhin verneinte, wurden sie wütend und trieben mich, der ich immer noch im Nachthemd herumstand, mit Schimpfworten und Stößen ihrer MP die Treppe hinunter und hinaus in den Garten. Da stand ich also barfuß im Neuschnee und mußte mir ihre Schimpftiraden anhören. Als

aber alles nichts nützte, ließen sie schließlich von mir ab und verschwanden mit den drei Kameras.

In den nächsten Tagan herrschte Ruhe. Im Radio hörten wir von Hitlers Selbstmord und von Kapitulationsverhandlungen. Erste Schritte zur Normalisierung zwischen den Besatzern und uns wurden gemacht. So bildeten sich allmählich schüchterne Handelsbeziehungen aus: Die Amerikaner schätzten vor allem Holzschnitzereien, wir hingegen wollten an ihre Verpflegung herankommen. Die besten Sachen ergatterten Mädchen aus unserer Belegschaft, die sehr schnell mehr oder weniger erotische Beziehungen zu US-Soldaten aufbauten. Die Dorfschönen waren dabei noch etwas zurückhaltender.

Nun kamen erste offizielle Besuche nach Oberammergau. Sie besichtigten unsere Werksanlagen und interessierten sich in erster Linie für den fast fertigen Prototyp P 1101. Es war ein Pfeilflügler, der später in den USA nachgebaut wurde und auch flog. Er wurde sozusagen zum Urahn einer langen Entwicklungsreihe amerikanischer Jagdflugzeuge.

Eines Tages kam ein Bote und forderte mich auf, ins Hotel Osterbichl zu kommen. Dort wartete ein Jeep mit Chauffeur, und zu meiner großen Überraschung saß auf dem Vordersitz unverkennbar der weltberühmte Flugpionier Charles Lindbergh in der Uniform eines Obersten. Jochen Puffert – er war auch geholt worden – und ich setzten uns auf den Rücksitz, und ab ging es ins Werk. Dort folgte ein langes Fachgespräch über die Me 262 und die P 1101. Dann kamen wir auf die Politik zu sprechen. »Der Aufbau Deutschlands nach 1933 hat mich außerordentlich beeindruckt«, meinte Lindbergh, »aber ich habe bis heute nicht begriffen, wie sich die Dinge dann so in die falsche Richtung entwickeln konnten. Haben Sie, die Sie im Land waren, nichts davon bemerkt? Solche Ungeheuerlichkeiten wie die Ermordung der Juden hat man doch nicht ohne weiteres geheimhalten können?«

Er erzählte von einer Rundreise, die er soeben gemacht und von den Zuständen, die er dabei in den Konzentrationslagern gesehen hatte. Ich hatte keinen Grund, dieses in Zweifel zu ziehen, und wurde immer deprimierter. Ich brachte kein Wort mehr heraus.

Lindbergh war dies nicht entgangen, und schließlich versuchte er, Jochen und mir wieder Mut zu machen: »Viele Nationen haben sich aus den Tiefpunkten ihrer Geschichte wieder hochgearbeitet. Und Sie als

Techniker können doch angesichts Ihrer großen Leistung im Krieg mit Vertrauen in die Zukunft blicken.«

Das Gespräch zog sich hin, bis wir wieder vor dem Hotel hielten. Wie würde er uns wohl verabschieden? Im Laufe des Nachmittags war ein recht persönlicher Kontakt zwischen uns entstanden, ja fast so etwas wie Sympathie. Andererseits war es den Amerikanern damals streng verboten, zu »fraternisieren«, also sich mit den Einheimischen einzulassen. In einer Broschüre mit schwarzem Umschlag war dies sogar schriftlich festgelegt, und die meisten, vor allem die Offiziere, richteten sich danach.

Der Jeep hielt. Eine Menge Soldaten standen herum und drehten die Köpfe zu uns. Wir kletterten aus dem Wagen, und Lindbergh kam auf uns zu und schüttelte uns zum Abschied die Hand. Mir fiel ob dieser großmütigen – verbotenen – Geste ein Stein vom Herzen. Sie hat übrigens auch dazu beigetragen, daß die innere Mauer, die zwischen den Besatzern und uns bestand, etwas abgebaut wurde.

In den Gebäuden, in denen vorher die Firma Messerschmitt untergebracht war – der offizielle Name damals hieß »Oberbayerische Forschungsanstalt« – und im Hotel Osterbichl installierte sich nun die »American Intelligence« mit einem »Interrogation Center«. Wir, die wir im Dorf lebten, wurden gefragt, ob wir zu Gesprächen mit alliierten Wissenschaftlern und Fachleuten bereit seien. Wir hatten dann die Wahl, ins Hotel zu ziehen oder weiterhin privat zu wohnen.

Ins Hotel wollte ich nicht, obwohl ich dort amerikanische Offiziersverpflegung bekommen hätte. Lieber blieb ich bei meinen kümmerlichen Lebensmittelmarken und konnte mich relativ frei und unbeobachtet bewegen. Man mußte sich lediglich verpflichten, zu bestimmten Zeiten für Gespräche abholbereit zu sein und das Dorf nicht zu verlassen. Ich tat letzteres zwar trotzdem, aber man konnte sowieso nicht weit weg – wo hätte man denn hingehen sollen?

Ich stand damals sehr stark unter dem Eindruck des totalen Zusammenbruchs. Plötzlich, nach der unbeschreiblichen Hektik der letzten Kriegsmonate, herrschte absolute Stille, war die Zeit praktisch stehengeblieben. Da hatten wir nun gearbeitet wie die Irren, und auf einmal war alles ruhig, nachts war wieder Licht in den Straßen! Jetzt konnte ich mich nicht mehr in die Arbeit stürzen, um zu vergessen und zu verdrängen. Auf einmal war ich nun gezwungen, nachzudenken und mit der Situation und mit meiner eigenen Rolle ins reine zu kommen.

Und außerdem führten uns die amerikanischen Offiziere, die die Auskunftsgespräche leiteten, immer wieder dahin, eine Erklärung für unser Verhalten zu finden.

Wie will man das, was man selbst nicht begreift, einem Amerikaner klarmachen? Die »Interrogatoren« waren größtenteils Persönlichkeiten von hohem Format, es waren Universitätsprofessoren und Entwicklungschefs von den großen Flugzeugwerken. Man hatte ihnen eine Uniform im Range eines Ehrenobersten angezogen.

Wir konnten immer nur sagen: »Wir wußten von nichts.« War es eine Flucht, daß man nichts gehört hatte, weil man nichts hören wollte?[37]

Nun kamen die Amerikaner und klärten uns mit dokumentarischen Unterlagen über die Vorgänge im Dritten Reich auf. Dafür gab es eigene PR-Offiziere. Sie gaben uns Literatur, zum Teil habe ich sie noch aufgehoben, beispielsweise ein Buch, »Der Führer«, das die Soldaten in den USA als Belehrung erhielten. In vielen Gesprächen brachten sie uns die Grundprinzipien des amerikanischen Freiheits- und Demokratiegedankens nahe.

Nun erfuhren wir zum erstenmal ganz offen, was alles gelaufen war, zum Beispiel in den Konzentrationslagern. Immer wieder kamen bei uns Zweifel auf, ob es denn wirklich wahr sein konnte, was wir da erfuhren. Die Amerikaner verteilten als Beweis für die Untaten dokumentarische Fotos in großen Mengen an die Bevölkerung. Ich war sehr traurig, als ich all das erfuhr. Erst der langsam aufkeimende Stolz auf unsere flugzeugtechnischen Leistungen half mir, darüber allmählich hinwegzukommen.

Einige Wochen lang mußte ich fast täglich ins Werk kommen und Fragen beantworten. Aus den USA waren kompetente Fachleute für den Flugzeugbau angereist wie Professor Millikan, Chefingenieur von Bell Aircraft-Corporation, und Robert E. Woods, aber auch – im Range eines Colonel – George S. Schairer, der Forschungsleiter von Boeing, mit dem ich jahrelang befreundet sein sollte und der später, im Jahr 1964, noch eine große Rolle in meinem Leben spielen sollte, als es um die Beteiligung von Boeing an der Bölkow GmbH ging. Er ließ sich die Geschichte des Pfeilflügels aus meiner Sicht noch einmal erzählen. Er hatte nämlich den Pfeilflügel erst kurz zuvor beim Besuch in der Forschungsanstalt in Braunschweig »entdeckt«.[38]

Die politische Einstellung George S. Schairers ähnelte der Lindberghs.

Er äußerte große Hochachtung vor der Aufbauleistung nach dem wirtschaftlichen Tief vor 1933. Um so unverständlicher war ihm der Expansionsdrang des Deutschen Reiches und später der Rassenwahn. Er erzählte mir, daß er alles um so unbegreiflicher fände, je mehr Deutsche er kennenlerne. Ihm war auch unverständlich, warum sich so wenig Widerstand in der Bevölkerung gegen die Regierung geregt habe.

Die Besuche im »Interrogation Center« wurden allmählich weniger. Von den Engländern erfuhr ich, daß sie in Göttingen in den Räumen der AVA ein Dokumentationszentrum über deutsche Luftfahrttechnik eingerichtet hatten. Sachverständige faßten dort den technischen Stand in Übersichtsberichten zusammen – eine noch heute gut zu lesende, interessante Bilanz unserer damaligen Arbeit.

Die Amerikaner waren sehr daran interessiert, uns Flugzeugbauer abzuwerben. Wir wurden zwar nicht gezwungen, in die USA zu gehen, aber doch in gewisser Weise unter Druck gesetzt. Soviel ich weiß, sind damals bei der ersten großen Aktion etwa 200 Personen der Aufforderung der Amerikaner gefolgt. Darunter war auch mein Chef aus dem Projektbüro, Woldemar Voigt, der zu Martin Marietta nach Boston ging. Als ich 1955 zum ersten Mal in die USA reiste, besuchte ich ihn und seine Familie.

Man versprach uns, wir würden nach Dayton/Ohio gebracht werden und dort nicht kaserniert, sondern zunächst in Baracken untergebracht, die Familien könnten nachkommen. Auch mir gegenüber brachten sie ihr Interesse zum Ausdruck und boten mir an, das Verfahren zur Übersiedlung einzuleiten.

Die Entscheidung, in einem zerstörten Deutschland zu bleiben oder nach Amerika zu gehen, war nicht einfach. Was erwartete mich hier? Nichts Erfreuliches: Eine in den Zentren völlig zerstörte Umwelt – in den Städten gab es nur noch Trümmer über Trümmer, dazwischen schmale Fußwege. Nicht zu reden von der geistigen und seelischen Erschöpfung, die alle ergriffen hatte nach der ungeheuren Anstrengung des Krieges, die dennoch völlig vergeudet gewesen war.

Ein Gefühl der Mitverantwortung, das ich aufgrund meiner frühen politischen Aktivitäten nicht abschütteln konnte, ließ mich jedoch nicht los. So wäre es mir wie eine Flucht erschienen, wenn ich mein Wissen und Können nun den USA zur Verfügung gestellt hätte, weit entfernt von den Ruinen meines eigenen Landes. Vorsichtig erklärte ich diese Einstellung den Offiziellen. Sie schauten etwas ungläubig, versuchten aber nicht, mich umzustimmen.

Einer gab mir zum Schluß die Hand und sagte: »I understand you.« Es war der Sohn eines jüdischen Emigranten.

In dieser Zeit stellte ich mir immer wieder die Frage, was ich eigentlich in erster Linie war. War ich Ingenieur, Deutscher oder einfach nur Flugzeugbauer?

Daß sich damals bei mir als Ingenieur echter Stolz regte auf meine technische Begabung, möchte ich nicht verhehlen. Wahrscheinlich habe ich diesem Stolz sehr gern nachgegeben, angesichts aller menschlichen und moralischen Enttäuschungen, die nach dem Krieg auf mich einstürmten. Schließlich hatte ich als alter Hitlerjunge die Verantwortung mitzutragen für die Dinge, die wir, die Deutschen, der Welt angetan hatten.

Aber welche technische Leistung unsere Gemeinschaft bis zum Zusammenbruch erbracht hatte, dämmerte mir erst jetzt in dieser plötzlichen, erzwungenen Pause nach dem Ende des Kriegs. Dazu trugen auch die Verhöroffiziere bei. Obwohl es sich teilweise um hervorragende Fachleute im Flugzeugbau handelte, kamen sie aus dem Staunen und aus der Überraschung über technische Details gar nicht mehr heraus, die sie trotz ihrer überlegenen Forschungsausstattung überhaupt noch nicht kannten. Es gab eine ganze Reihe von naturwissenschaftlichen Effekten, von denen sie keine Ahnung hatten. Und wir mit unseren kümmerlichen Versuchsanlagen waren um so viel weiter! Das gab mir in jenen Wochen mein Selbstvertrauen allmählich wieder zurück.

So ist zum Beispiel der berühmte Pfeilflügeleffekt in einem winzigen Windkanal von sieben mal elf Zentimetern Grundfläche entdeckt worden, während die Amerikaner keine Ahnung davon hatten! Noch aus Deutschland telegraphierte George S. Schairer nach Ohio, man solle an dem neuen Boeing-Modell die Flügel-Vorderkante um 28 oder 29 Grad zurückziehen. So wurde der Pfeilflügel also quasi per Telex nach Amerika expediert. Die Leute bei Boeing verstanden gar nicht, warum, aber da Schairer eine große Autorität besaß, führten sie seine Anweisung aus. Aufgrund dieser Verbesserung erhielten sie schließlich ihren nächsten großen Auftrag und bauten die B-47.

Bei solchen Erfahrungen schwoll uns richtiggehend die Brust voller Stolz darauf, was wir alles konnten und wußten. Trotz unserer vergleichsweise ärmlichen Mittel waren wir in der Lage gewesen, Flug-

zeuge zu bauen, die besser und schneller waren als die der Amerikaner. Der Krieg war in diesem Sinne auch eine Auseinandersetzung zwischen den Ingenieuren gewesen.
In die USA zu gehen und weiterhin Flugzeuge zu bauen war damals für mich eine große Versuchung. Ich glaube, ich wäre weich geworden, wenn ich nicht durch meine Kindheit und Jugend eine gewisse Bindung an das gefühlt hätte, was wir in den zwanziger und dreißiger Jahren versucht hatten aufzubauen, und von dem wir glaubten, daß es Deutschland sei. Andererseits schwebte ich in völliger Unsicherheit, ob ich im eigenen Land je wieder Arbeit finden würde.
Aber wir hatten im Krieg so viele gute Leute verloren. Gerade die, die intelligent, engagiert und verantwortungsbereit waren, traten ja als erste ins Offizierskorps ein und kamen somit an der Front auch als erste ums Leben. Ich fühlte die Verpflichtung, mitzuhelfen, daß diese Lücke gefüllt werden konnte. Meine Prognose hat sich bestätigt: Nach dem Krieg hat es uns schwer zu schaffen gemacht, daß fast eine ganze Generation begabter junger Leute fehlte.
Nach Abwägung aller Argumente war meine Antwort an die Amerikaner schließlich »nein«.
Heute weiß ich, es war richtig, nach dem Zusammenbruch wieder anzupacken. Wir haben ja das Unwahrscheinliche schließlich geschafft und alles in zehn, 15 Jahren wieder aufgebaut. Wenn man wirklich will, geht eben alles. Trotzdem: Damals hätte ich nie geglaubt, daß es so schnell wieder aufwärts gehen würde.

Eine ganz Menge Soldaten waren vor den Amerikanern in die Berge geflohen, darunter auch Angehörige der Waffen-SS. Dort, ganz weit oben, hielten sie sich versteckt. Sie wurden heimlich von der Bevölkerung versorgt. Auch wir Messerschmitt-Leute halfen ihnen, indem wir ab und zu eine Sekretärin mit Proviant hinaufschickten. Manche wurden ganz übermütig und machten sogar Feuer, aber die Amerikaner gingen – auch wenn sie etwas bemerkt haben sollten – nie dort hinauf. Zwar hatte jeder Amerikaner ein Sturmgewehr von der Luftwaffe und lief damit immer herum, aber sie waren vorsichtig, wenn sie nicht sogar Angst hatten.
Einen jungen Neger, der, sein Gewehr in der Hand, an der Ecke vor der Post stand, fragte ich einmal: »For what is that?«

»Oh, there is SS in the mountains«, antwortete er. Obwohl ich meinte: »There are no more soldiers«, blieb er skeptisch.

Im Haus gegenüber der Kirche im Zimmer Nummer 5 hatten wir heimlich eine Paßfälscherzentrale aufgemacht. Wir fertigten für die Leute Pässe und Entlassungspapiere an. Die Sekretärin brachte von ihren Touren die Soldatenausweise von denen mit, die fliehen wollten, und wir benutzten die alten Bilder. Glücklicherweise verfügten wir über einen großen Vorrat an Wehrpässen, die wir gefunden hatten, als eine Sanitätseinheit sich im Tal auflöste. Einer von uns war so schlau gewesen, diese Wehrpässe mitzunehmen, bevor der Regen sie verdorben hatte.

Zum Teil taugten die alten Bilder in den Ausweisen nichts mehr, so daß wir neue Fotos machen mußten. Wir trieben einen Fotografen auf, für den wir eine Kamera und Chemikalien zum Entwickeln im Betrieb besorgten. Damit bauten wir ein richtiggehendes Fotolabor auf.

Eines Tages Ende Juni gab mir mein amerikanischer Betreuer die neueste Ausgabe der Soldatenzeitung »Stars and Stripes« zu lesen, in der die endgültige Besatzungseinteilung für Deutschland abgedruckt war.

»Your home will become Russian, what about your wife and your children?« fragte er mich, denn er wußte, daß meine Familie in Schwerin lebte.

Ich bekam einen fürchterlichen Schreck, als ich den Artikel las, und fragte meinen Betreuer, ob er mir irgendwie helfen könne, daß ich meine Familie aus der sowjetischen Besatzungszone herausholen könne. Er war ausgesprochen hilfsbereit, gab mir Urlaub und verschaffte mir einen Passierschein nach »Schlutup near Kassel« (Schlutup liegt aber sehr weit von Kassel entfernt, nämlich bei Lübeck) und ein zweisprachiges Empfehlungsschreiben von der Seventh Army, in dem darum gebeten wurde, mich auf der Reise zu unterstützen.

Am 30. Juni 1945, meinem 33. Geburtstag, fuhr ich morgens um 5.30 Uhr mit einem LKW der US-Army, der Kriegsgefangene nach Augsburg brachte, ab. Gegen zehn Uhr waren wir dort. Ich ging zur Deutschen Bank, um mir etwas Geld zu beschaffen und stellte mein Gepäck bei Fritz Senig, einem ehemaligen Kollegen, unter, der in einem noch intakten Gebäude in der Altstadt wohnte. Danach suchte ich das Haus, in dem ich früher gewohnt hatte: Es war nur noch eine Ruine übrig. Nichts Brauchbares war mehr zu finden, auch der Keller war völlig ausgebrannt. Ich besuchte noch einige andere Kollegen, von denen ich mit großem Hallo empfangen wurde.

Am nächsten Morgen fuhr ich zusammen mit Fritz Senig auf dessen Fahrrad los: ich vorn auf dem Rahmen, mein Seesack auf dem Gepäckständer, er auf dem Sattel, den Rucksack umgeschnallt. Mit einiger Mühe erreichten wir die Autobahn, wo ich per Anhalter zunächst einmal nach Stuttgart weiterzukommen hoffte. Schließlich erwischte ich auch tatsächlich einen Laster, der mich mitnahm.

Es gelang mir, alle Kontrollen problemlos zu passieren. Immer wieder mußten wir die Autobahn verlassen, weil Brücken gesprengt waren. An manchen Stellen hatten jedoch die US-Pioniere geniale Improvisationen gebaut.

Kurz vor Stuttgart, schon im Neckartal, verließ ich den Lastwagen. Da es gar nicht so leicht war, von der amerikanisch in die französisch besetzte Zone zu wechseln (die Franzosen nahmen den Leuten vielfach an der Grenzsperre die Wehrpässe ab und steckten sie in ein Kriegsgefangenenlager), hatte man mir geraten, in Eßlingen, kurz vor der Grenze, auszusteigen und in die S-Bahn umzusteigen, weil diese ohne Kontrolle bis Stuttgart durchfuhr.

Nach einem längeren Fußmarsch klopfte ich abends bei einem am Weg liegenden Hof an und fragte den Bauern, ob ich bei ihm schlafen könne. Er redete nicht viel herum, gab mir eine Decke und wies mir einen Platz auf dem Sofa zu.

Bevor ich schlafen ging, saß ich noch mit ihm und seiner Familie zusammen und erzählte ihnen, was ich im Krieg alles erlebt hatte. Schließlich begannen sie Abendbrot zu essen. Das war zunächst nicht weiter schlimm, denn ich hatte ja auch etwas zu essen dabei, nämlich meine Marschverpflegung. Aber danach begannen sie, Schlagsahne zu essen, einen riesigen Topf voll. Heute würde man sich vor dem Fett beinahe schon ekeln, aber damals war das das höchste der Gefühle. Ich saß daneben und mußte mit langen Zähnen zuschauen. Und sie boten mir nicht einen einzigen Löffel voll an.

Nach einem Dankeschön für das Quartier machte ich mich am nächsten Morgen auf den Weg zum S-Bahnhof und stand eine halbe Stunde später auf dem Stuttgarter Hauptbahnhof. Mit der Straßenbahn fuhr ich nach Degerloch, wo ich von meiner Schwiegermutter mit Freuden aufgenommen wurde.

Anderntags brach ich in Richtung Norden auf mit nur noch meinem Rucksack als Gepäck. Zwei Tage brauchte ich, um bis Kassel zu kommen, wo die britische Zone begann. Auf einer unbewachten Nebenstrecke überschritt ich die Grenze. Weiter ging es auf Kohlenzügen über Bielefeld, Hannover und Hamburg. Ständig lebte ich in Angst, denn immer wieder holten Beamte der Bahnpolizei Schwarzfahrer aus den Waggons. In Harburg übernachtete ich in einem Privatquartier und suchte am nächsten Tag die Polizei auf. Im Zimmer 148 unterzog man mich erst einmal einem leichten Verhör. Die Beamten lachten sehr über die Angabe »Schlutup near Kassel« in meinem Passierschein. Schließlich erhielt ich einen Paß nach Lübeck, so daß ich jetzt endlich offiziell in einem Personenzug weiterfahren konnte. Das letzte Stück fuhr ich schließlich noch per Anhalter und kam gegen 21 Uhr in Lübeck an.

Zu Fuß machte ich mich am nächsten Morgen nach Schlutup auf den Weg, wo ich um zehn Uhr bei meinem Studienfreund Karl-Heinz Lange eintraf, dessen Eltern dort einen kleinen Fischverarbeitungbetrieb hatten. Mein erster Weg führte mich an die Grenze zur sowjetisch besetzten Zone, wo am Tag zuvor sowjetische Soldaten stationiert worden waren. Mit anderen Worten hieß das, daß ich für eine Fahrt nach Schwerin einige Tage zu spät dran war. Gerüchteweise erfuhr ich jedoch, daß die Engländer noch täglich einen Lazarettzug mit verwundeten deutschen Kriegsgefangenen aus Schwerin herausholten. Angeblich versteckten sich auch Zivilisten in diesen Zügen.

Da hatte ich eine Idee: Ich ging zu einer Bahntelefonstelle und fragte, ob das Bahntelefon nach Schwerin noch in Betrieb sei und ob ich es vielleicht einmal privat benutzen dürfe. Die Leute dort waren sehr entgegenkommend und ließen mich den Vater meines Freundes Karl-Heinz Kaiser in der Reichsbahndirektion anrufen. Ich bat ihn, meine Frau oder sonst jemanden aus meiner Familie ans Diensttelefon zu holen. Tatsächlich klappte es: Nach zwei Stunden hatte ich meine Frau an der Strippe, und wir verabredeten, daß sie mit dem Lazarettzug in der darauffolgenden Woche fahren solle. Den Trick mit dem Diensttelefon konnte ich in den nächsten Tagen noch ein paarmal anwenden, so daß ich wenigstens mit meiner Frau sprechen konnte.

Kaiser riet mir, das Gepäck einem Lokführer zu geben und es so vorauszuschicken. Ich holte die zwei Kisten mit dem Fahrrad von der Lokleitstelle nach Schlutup.

Am Freitag, dem vereinbarten Tag, stand ich auf dem Bahnhof und wartete auf meine Familie. Einige offensichtlich gesunde Personen verließen den Lazarettzug, aber von meiner Frau und den Kindern war nichts zu sehen. Schließlich hörte ich aber, wie der Schaffner den Bahnsteig entlanglief und laut meinen Namen rief. Er richtete mir aus, Annerose habe nicht fahren können, weil die Kinder überraschend hohes Fieber bekommen hätten und der Arzt unter diesen Umständen eine Reise untersagt habe.

Ich beschloß daraufhin, selbst nach Schwerin zu fahren, aber meine Frau und meine Eltern rieten mir dringend davon ab, weil die Behörden ohnehin schon nach mir und meinem Bruder Karl suchten. Einige Tage später funktionierte das Bahntelefon nicht mehr, mein Kontakt zu den Angehörigen war damit abgerissen.

Bei Langes, wo ich noch immer wohnte, versuchte ich mich ein wenig nützlich zu machen, indem ich Buchenholz für die Räucherkammer schlug und mich sonstwie betätigte.

Einige Tage später mußte ich wieder zurückkehren, denn mein Urlaub war um. Nachdem ich noch bei einem Schulfreund in Lübeck Station gemacht hatte, besorgte ich mir bei den englischen Besatzern einen Paß nach Oberammergau. Eine kleine Episode ist mir von diesem Besuch auf der Behörde noch gut in Erinnerung: Ein englischer Colonel wies auf einen ganzen Waschkorb von geöffneten Briefen und erzählte mir, es handle sich dabei ausschließlich um Denunziationsschreiben von Deutschen. »Von Hitlers Heldenvolk hätte ich so etwas nicht erwartet«, sagte er.

Ende Juli machte ich mich dann endgültig auf den Rückweg. In Göttingen besuchte ich noch Freunde aus der Aerodynamischen Versuchsanstalt. Mit Gefangenentransporten und Güterzügen erreichte ich schließlich wieder Stuttgart und fuhr anschließend über Augsburg zurück nach Oberammergau, wo ich am 1. August 1945 ankam. Leider war mein Zimmer inzwischen requiriert worden, und ich mußte mir eine neue Bleibe suchen, wo ich meine Sachen, die in Kisten verpackt worden waren, hervorholte. Ein Ordner mit Unterlagen über den »Panama-Bomber« fehlte allerdings.

Ich meldete mich im Interrogation Center zurück, wo man gerade eine Zusammenfassung des technischen Standes der Luftfahrtindustrie im Dritten Reich anfertigte.

Von dieser Reise brachte ich viele Entlassungspapiere mit Unterschriften von der 10. Armee mit, die wir in unserer Fälscherwerkstatt gut gebrauchen konnten. Man lernte damals das »Organisieren«.
Die gefälschten Entlassungsscheine und Ausweise druckten wir unter den Augen der Amerikaner im Verhörlager in der dortigen Druckerei. Das Spezialpapier, das wir benötigten, fanden wir in einer Druckerei in Garmisch. Der Druckereibesitzer schenkte es uns. Dann taten wir einen Holzschnitzer auf, der uns Faksimile-Stempel für die Unterschriften schnitzte. So fabrizierten wir schließlich ziemlich perfekte Entlassungspapiere, mit der »Unterschrift« eines Arztes, eines Kommandeurs, eines englischen natürlich.
Wir besorgten den Flüchtlingen auch Kleidung – zum Teil auf erpresserische Weise von ehemaligen Nazis, zum Teil recht bekannten. Der Grund, warum wir halfen, war eine Mischung aus Abenteuerlust und Sympathie für die Männer, zum Teil ganz junge Soldaten. Manche hatten noch ihre Knickerbocker an, die man eine Zeitlang als Uniform getragen hatte. Mit der von uns organisierten Kleidung gingen sie schließlich sogar am hellichten Nachmittag in Oberammergau auf die Straße.
Natürlich liefen diese illegalen Aktivitäten nur ganz heimlich und nebenbei. In der plötzlich so reichlichen Freizeit versuchte ich, etwas Nützliches zu tun, und so konstruierte ich eine Kamera für das Format 24 x 36, die zwei Rollfilme gleichzeitig aufnehmen konnte, einen schwarzweißen und einen Farbfilm. Mit Hilfe eines Schnellwechselsystems konnte man bei Bedarf zwischen den beiden Filmen hin- und herschalten. Immer wieder nämlich hatte ich mich geärgert, wenn ich in meiner Kamera einen Schwarzweiß-Film geladen hatte und plötzlich aus Motivgründen einen Farbfilm (der damals noch selten und teuer war) gebraucht hätte. Deshalb nahm ich auf Ausflüge oft zwei Kameras mit. Einmal, beim Klettern in den Alpen, wäre ich deswegen fast abgestürzt.
Das neue Verfahren meldete ich später zum Patent an. Überhaupt war dies eine Kamera mit allen Schikanen: mit halbautomatischem Belichtungsmesser, einem parallaxenfreien Entfernungsmesser, einer Tiefenschärfeanzeige. Wenn man bedenkt, daß es damals noch keine Mikroelektronik gab, war die Kamera fast schon so raffiniert wie heutige Geräte.[39]

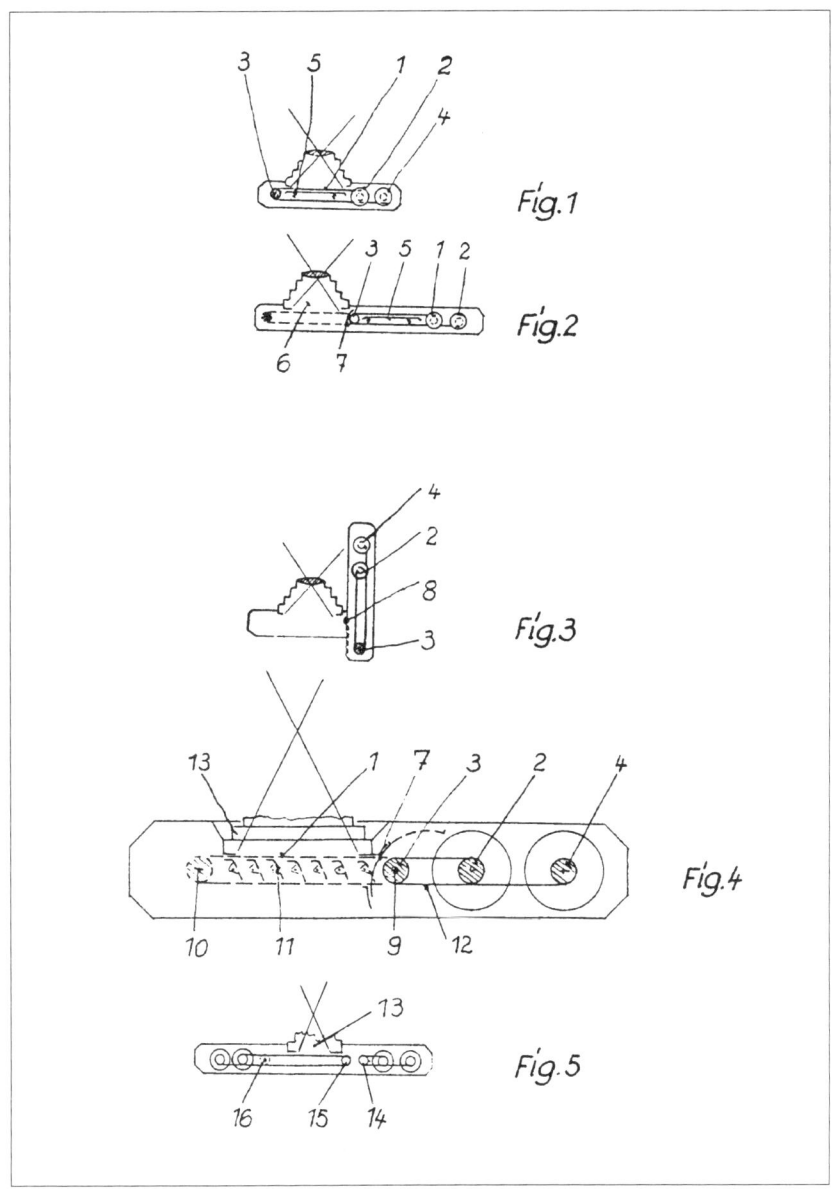

Skizze zur Patentanmeldung für eine »Zweifilm-Fotokamera«. Ein besonderer Mechanismus sollte die Möglichkeit bieten – ohne zeitraubenden Filmwechsel –, je nach Wunsch Aufnahmen auf Schwarzweiß- oder Farbfilm zu machen, wobei die Belichtungseinstellung automatisch der Filmempfindlichkeit angepaßt wurde.

Mein technischer Ehrgeiz kam auch in der Zeit im Verhörlager nicht zur Ruhe. So schlug ich meinem Vater damals aus der Ferne vor, eine Polstermöbelfabrik aufzumachen. So viel war kaputtgegangen, da würde der Bedarf sicherlich bald enorm steigen. Ich überlegte mir, wie man alles sehr billig herstellen könnte und zeichnete auch schon Skizzen dafür. Einem geflohenen Kriegsgefangenen, der sich nach Schwerin durchschlagen wollte, gab ich einen Brief mit diesen Überlegungen an meinen Vater mit. Aber leider wurde aus der ganzen Sache nichts.

Nach der Stunde Null – Hungerjahre und Neubeginn in Stuttgart

Die Monate Februar und März 1946 vergingen mit Konstruktionsarbeiten an meiner Kamera und Vorstellungsgesprächen bei Firmen. Immer wieder unternahm ich Reisen nach München, Augsburg, ab Juni dann auch nach Stuttgart, Hamburg und Lübeck, vor allem, um mich nach einer Arbeit umzusehen. Über einen Profi-Grenzgänger bekam ich in Lübeck im Oktober endlich Kontakt zu meiner Frau, die ja immer noch in Schwerin war. Es gelang, sie im November für eine Woche nach Lübeck zu holen. Bevor sie aber mit den Kindern in eine andere Zone übersiedeln wollte, sollte unser Sohn Ludwig mindestens ein Jahr alt sein, also nicht vor dem Frühjahr 1946.

In Lübeck erfuhr ich von der Handelskammer, daß die Firma Draeger, die insbesondere im Bereich der Tauch- und Atmungstechnik arbeitete, jemand für eine leitende Stelle in der technischen Abteilung suchte. Ich bewarb mich. Meine Gespräche mit den technischen und kaufmännischen Verantwortlichen verliefen recht vielversprechend. Da ich in Augsburg mit der Druckkabine für die Höhenjäger zu tun gehabt hatte, kannte ich mich mit Problemen, die die Firma bearbeitete, ein wenig aus.

Am Ende fand ein Gespräch mit einer Psychologin mittleren Alters statt. Bei ihr muß ich wohl keinen besonders guten Eindruck hinterlassen haben, denn Mitte Januar erhielt ich eine Absage.

Auch bei Kino-Baur, einer Tochterfirma von Bosch in Stuttgart, bewarb ich mich um die Stelle eines Konstrukteurs. Ich hatte allerdings nichts von meiner Kamera-Konstruktion erwähnt. Ein erstes Gespräch verlief erfreulich. Aber die Rücksprache mit dem Betriebsrat brachte mir einen Tiefschlag: »Der Nazi soll bis zum Ende der Entnazifizierung erst einmal weiterhin Schutt räumen«, richtete man mir aus.

Bei Zeiss-Ikon kam ich ebenfalls nicht unter, denn ich hatte mich empfehlen lassen, und ein von höherer Stelle geschickter Konstrukteur mit NS-Vergangenheit war nicht genehm.

Arbeit zu bekommen war eine der Grundvoraussetzungen, daß man damals überhaupt überleben konnte. Denn wenn man keine Arbeit hatte, bekam man auch keine Lebensmittelkarten und keine Wohnung. Umgekehrt aber erhielt man auch keine Karten und keine Arbeit, wenn man keine Wohnung hatte. Ich hatte Glück, daß ich zu meiner Schwiegermutter nach Stuttgart-Degerloch ziehen und so wenigstens eine Wohnung nachweisen konnte.

Im Zuge der Entnazifizierung mußte ich erst einmal gewöhnliche Arbeit verrichten. Auf dem Arbeitsamt ließ man mich einen Fragebogen ausfüllen, in dem ich auch kein Hehl aus meiner Vergangenheit machte. Und so fing ich am Montag, dem 29. April 1945, als Bauschlosser auf dem Bauhof der Firma Kübler AG in der Nähe des Stuttgarter Bahnhofs an.

Ich arbeitete dort in einer Kolonne von fünf Mann, und wir gruben aus den Ruinen des Bauhofs Geräte aus, vor allem Betonmischer, Aufzüge, Loren und Schienen, die bei den Bombanangriffen beschädigt und verschüttet worden waren. Anschließend versuchten wir, mit den einfachen Mitteln, die unsere Werkstatt bot, die Maschinen wieder funktionstüchtig zu machen. Beim Flicken der vielfach durchgerosteten Kipploren bewährten sich meine Erfahrungen im Schweißen dünner Bleche, die ich seinerzeit bei Heinkel gesammelt hatte. Selbst an Elektromotoren und Dieselaggregaten erprobten wir unsere Künste und freuten uns, wenn wir sie wieder zum Laufen brachten.

Wieder einmal mit meinen Händen zu arbeiten, wenn auch als einfacher Schlosser, war zwar anstrengend, aber es gefiel mir ganz gut. Schließlich hatte ich so etwas ja auch ursprünglich gelernt. Ich blieb ungefähr fünf Monate bei der Firma Kübler.

Der Chef meiner kleinen Gruppe war ein ehemaliger Turmdrehkranführer. Eines Tages fanden wir bei unseren Ausgrabungsarbeiten die Überreste eines solchen Ungetüms von Drehkran, und wir restaurierten ihn liebevoll in vielen Überstunden. Als kleine Anerkennung gab mir daraufhin unser Chef hin und wieder einen Teil seines reichlichen Mittagessens ab. Er wohnte auf einem Dorf in der Nähe.

Da ich mich ansonsten nur von den kargen Rationen ernähren mußte, die es auf Lebensmittelmarken gab, hatte ich damals sehr wenig zu essen. Ich kam morgens mit meinem kümmerlichen Brot und ein wenig Suppe an, während die Kollegen vom Dorf richtig ordentliches Essen dabeihatten, das ich hungrig beäugte. Aber keiner der Kollegen, die mit am Tisch saßen, kam je auf die Idee, mir vielleicht auch nur ein Stück Wurst abzugeben.

Irgendwie machte sich nach dem Krieg schlagartig ein großer Egoismus breit. Jeder versuchte, für sich selbst das Beste herauszuholen, und kümmerte sich nicht um die anderen. So arbeiteten wir Schlosser in der Gruppe zwar eng zusammen und waren auch gleich per Du; trotzdem hat mir nie einer etwas geschenkt.

Ähnlich wie bei dem Bauern auf meiner Anreise in Eßlingen war es mir völlig unverständlich, daß man zwar zusammensitzt und zusammen arbeitet, aber nichts abgibt, auch wenn man selbst Geselchtes ißt und der andere trocken Brot und Suppe. Kameradschaft war damals offenbar nicht mehr »in«. Jeder raffte nur für sich selbst.

Da mir niemand etwas abgab, ergriff ich – wie alle damals – jede Gelegenheit, um etwas Vernünftiges zum Essen zu bekommen. Ein kulinarischer Lichtblick bot sich mir beispielsweise, als ich eines Samstags einen Betonmischer reparieren mußte, der direkt vor einem Fleischerladen stand. Unsere Firma arbeitete dort. Plötzlich sah ich unseren Direktor aus dem Geschäft kommen, ein Paket unter dem Arm. Blitzschnell kam mir in den Sinn, daß auch wir, die Schlosser, für den Fleischer wichtig waren, nicht nur unser Direktor. Zu meinem Kollegen sagte ich augenzwinkernd: »Wir können die Maschine erst in Ordnung bringen, wenn wir etwas gegessen haben.«

Da er aber etwas dabeihatte, schickte er mich in den Laden. Ich ging hinein und schilderte dem Fleischer meinen schwächlichen Zustand, daß ich keine Lebensmittelmarken mehr hätte und daß ich in diesem Zustand kaum die Maschine fertigreparieren könnte. Er schnitt ein Stück Wurst ab, das er mir geben wollte. Ich aber, mutig geworden, erklärte ihm, ich müsse auch zu Hause etwas zu essen haben, damit ich am Montag weiterarbeiten könne. Er fragte mich: »Wieviel soll es denn sein?«

»So viel wie unser Direktor, der soeben herauskam. Hat der denn Marken abgegeben?« Widerstrebend wickelte er mir ein Paket ein und sagte, ich solle bloß abhauen.

Jetzt hatte ich Oberwasser: »Nein, ich komme nächsten Samstag wieder!« Auf diese Weise hatte ich wenigstens drei Wochen lang genug zu essen.

Die handwerkliche Arbeit machte mir zwar Spaß, aber sie füllte mich natürlich nicht aus. Ständig hatte ich neue Ideen. So ließ mir beispielsweise die Überlegung keine Ruhe, wie man die Unmengen von Schutt, die jetzt in den Städten herumlagen, sinnvoll zum Wiederaufbau verwenden könnte.
Ich hatte Glück. Ein Nachbar meiner Schwiegermutter, Herausgeber einer Bauzeitschrift, erzählte eines Tages von einer mittleren Baufirma, der Firma Bossert, in der Nähe, die sich mit neuen Baumethoden beschäftigen wolle. Ich stellte mich dort vor und konnte bei ihnen eintreten. Gewöhnliche Arbeit, aber im Büro. Ein tatkräftiger Bauingenieur war schon dort.
In mehreren Gesprächen – es ging immer wieder um den verwendbaren Teil des Bauschuttes zwischen uns, das heißt Fritz Leonhardt, damals schon ein bekannter Brückenbauer, und dem damaligen Nestor des deutschen Bauwesens, Professor Otto Graf von der Technischen Hochschule Stuttgart – entschlossen wir uns, den Schutt aufzubereiten, das heißt, in einem Steinbrecher zu zerkleinern, die Feinteile abzusieben und die übriggebliebenen grobkörnigen Teile zu einem mageren porösen Wandbeton zu verarbeiten.
Festigkeitsversuche im Institut von Professor Graf zeigten die Brauchbarkeit des »Baustoffes«, mit Leonhardt ging ich dann an die Baumethode und an die Konstruktion einer Schalung aus Drahtgittern. Mannshohe Schalungsplatten; Türen, Fenster und andere Aussparungen wurden in die Schalungen gestellt und gleich mit eingeschüttet. Auf der Schalung wurde eine sogenannte Montagedecke verlegt. Sie diente als Arbeitsbühne für den Betoniervorgang sowohl der Wände als auch mit hochwertigerem Beton der Decke. Wir schafften mit unserer Schüttbauweise ohne Hetze jede Woche ein Stockwerk.
Meine erste ganz eigene Bauingenieur-Entwicklung war für diese Bauweise eine Deckenkonstruktion, die aus Stahlleichtträgern bestand, zwischen die man vorgefertigte Hohlbausteine legte und das Ganze dann betonierte. Wegen der Hohlbausteine brauchte man viel weniger Material als beim massiven Bau. Außerdem war die Decke sofort begehbar, man mußte nicht erst warten, bis der Beton abgebunden hatte. Eine große Einsparung an Material und Zeit also.[40]
Als ich mit der Zeit immer genauere Vorstellungen hatte, wie man aus

Sportflugzeuge

Stuttgart-Degerloch, Meistersingerstr. 26. Hier war das Ingenieurbüro Bölkow mit anfangs drei Mitarbeitern untergebracht

Die erste »Nachkriegs-Klemm«, die am 4. September 1956 ihren Erstflug hatte, wurde in der Arbeitsgemeinschaft »Hanns Klemm-Flugzeugbau und Ingenieurbüro Bölkow« entwickelt und als Klemm Kl 107 B bzw. C in einer kleinen Serie gebaut

Linke Seite von oben nach unten:

Das viersitzige Reiseflugzeug Bölkow 207 war das erste Flugzeugmuster, das den Namen Bölkow trug

Ganzmetall-Zweisitzer Bölkow 208 »Junior«

Vom Kunststoff-Segelflugzeug »Phoebus« wurden 255 Exemplare im Werk Laupheim gebaut

Rechte Seite oben: Flugerprobung des GFK-Versuchsflugzeuges LFU 205 über dem Chiemsee

Rechte Seite unten: Von der zweisitzigen Bo 209 »Monsun« wurden bis zum Produktionsstopp nur 101 Exemplare gebaut

Der Autor mit Herbert Wolff bei der Firma Convair während einer Amerikareise

Das Sportflugzeugangebot auf der Luftfahrtschau 1968 in Hannover. Vorne links: LFU 205, dahinter: Bo 208 »Junior« mit Radverkleidung, ganz hinten: GFK-Hochleistungssegelflugzeug »Phoebus«, davor: Bo 208 in Standard-Version, rechts vorne: MHK 101, der Vorläufer der MBB Bo 209 »Monsun«

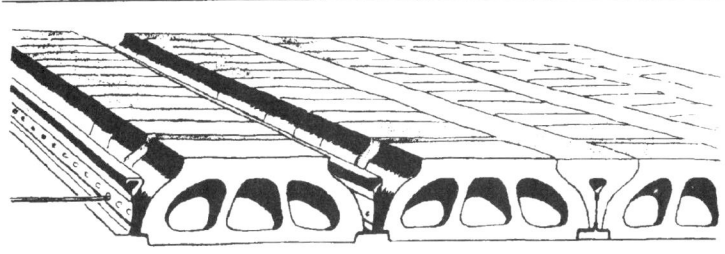

Prinzipskizze der 1948 patentierten »Decke«, bestehend aus Leichtmetall-Profilträgern und Hohlbetonsteinen. Nur die Zwischenräume wurden mit Beton ausgefüllt. Die so hergestellte Decke konnte sofort begangen werden.

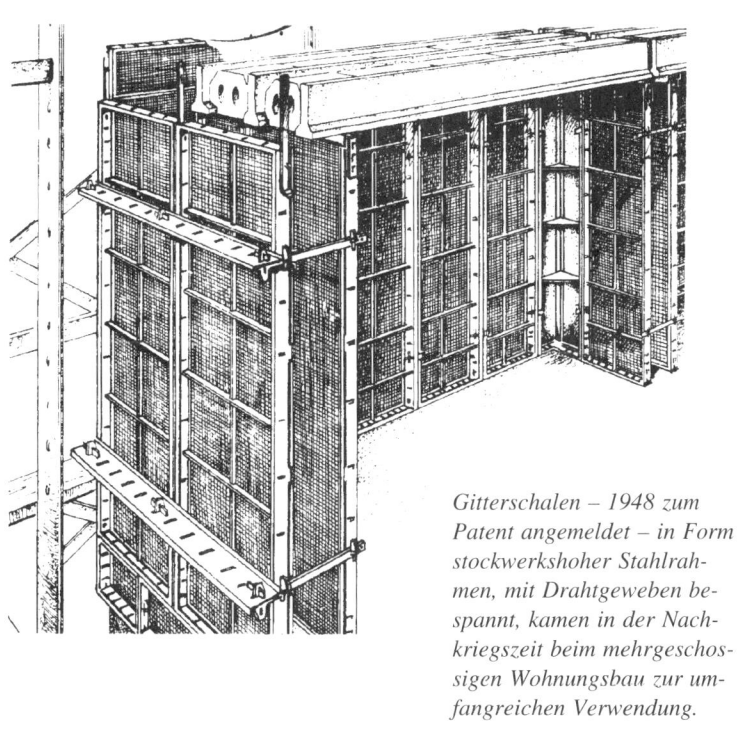

Gitterschalen – 1948 zum Patent angemeldet – in Form stockwerkshoher Stahlrahmen, mit Drahtgeweben bespannt, kamen in der Nachkriegszeit beim mehrgeschossigen Wohnungsbau zur umfangreichen Verwendung.

der Schüttbauweise ein ganzes System entwickeln konnte, erkannte ich, daß die Firma, bei der ich untergekommen war, nur begrenztes Interesse an solchen Neuheiten hatte. Ich beschloß deshalb, mich selbständig zu machen und ein eigenes Ingenieurbüro zu gründen, mit dem ich all das realisieren konnte, was mir vorschwebte.

Die Lizenzgebühren, die ich mittlerweile einnahm, machten mich finanziell ein wenig unabhängiger, so daß ich nun diesen Plan verwirklichen konnte.

Der Gedanke, einmal selbständiger Unternehmer zu werden, war mir im Grunde schon von meiner Mutter eingeimpft worden, die ja die Geschäfte meines Vaters in Schwerin sehr gut geführt hatte. Von ihr habe ich sicherlich ein Stück Unternehmergeist geerbt.

Am 1. Juni 1948 eröffnete ich in Stuttgart-Degerloch in der Wohnung meiner Schwiegermutter und zwei dazugemieteten Zimmern im Nachbarhaus ein Ingenieurbüro mit drei Mann, zwei Konstrukteuren und einem Statiker. Der Beginn war aber gleich denkbar schlecht: Mein Pech war, daß Ende des Monats die Währungsreform durchgeführt wurde, das heißt, die ersten Gehälter mußten gleich in D-Mark gezahlt werden, und das mit den 40 Mark »Kopfgeld«, die ich wie jeder bekommen hatte! Die ganze Familie mußte zusammenlegen, damit ich die Mitarbeiter bezahlen konnte.

Gottseidank hat mich die Firma Bossert weiterhin mit Aufträgen versorgt. Dadurch konnte mein Büro zunächst einmal überleben. Wir arbeiteten zügig weiter an der Vervollkommnung der bereits bekannten Bauverfahren.

Rund um die Grundidee entwickelte sich in den Jahren von 1948 bis 50 ein ganzes System von Entwicklungen. Jede Neuheit bedingte immer wieder die nächste.[41]

Damals wurde natürlich viel gebaut, Tausende von Wohnungen, und ich traf genau eine Marktlücke. Bauschutt war mehr als genug vorhanden, Häuser wurden überall gebraucht, also war es kein Wunder, daß wir hohe Umsätze machten. Unser Verfahren war mit der Zeit so optimiert, daß man damit wie erwartet pro Woche ein ganzes Stockwerk bauen konnte. Die Förderbänder ließ ich in Augsburg bei zwei alten Freunden aus den Messerschmitt-Zeiten, Böhler und Weber, produzieren, die Schalungen in München bei der Firma Schröder, die Stahldecken im Ruhrgebiet. Als in Stuttgart die Kapazität meines

Büros nicht mehr ausreichte, baute der frühere Leiter des Konstruktionsbüros bei Messerschmitt, Richard Bauer, ein zweites Büro in Augsburg auf.
Noch heute schaue ich mir manchmal die Häuser an, die damals nach meinem System gebaut wurden, wenn ich durch Stuttgart oder München fahre.[42]
Im Rückblick muß ich sagen, meine damalige, zunächst etwas emotionale Entscheidung, dazubleiben und nicht in die USA zu gehen, war die beste Entscheidung meines Lebens. Ich bin sicher, daß ich in Amerika nie das hätte aufbauen können, was ich hier schaffte.

Die ersten zwei Jahre nach Kriegsende waren rechte Hungerjahre, besonders für uns Stadtbewohner. Ich unternahm deshalb immer wieder Hamsterfahrten in die Stuttgarter Umgebung. Zwar besaßen wir in Degerloch bald kaum mehr etwas, das man gegen Lebensmittel hätte eintauschen können, aber ich bot den Leuten teilweise an, für sie zu arbeiten, zum Beispiel beim Aufbau ihrer Häuser zu helfen oder etwas zu reparieren. Allerdings besorgte ich mir manchmal auch illegal etwas zu Essen und war damit nicht allein: Manche der riesigen Kohlfelder in der Umgebung Stuttgarts sahen in der Zeit vor der Ernte etwas zerrupft aus, insbesondere an den Rändern, die an einen Wald angrenzten. Hier zahlte sich aus, daß man als Soldat gelernt hatte, unauffällig am Boden entlangzurobben. Kohl in Form von Sauerkraut gehört seit jener Zeit zu meinen Lieblingsspeisen.
Nach meiner endgültigen Umsiedlung nach Stuttgart im April 1946 klappte der Postverkehr in den westlichen Besatzungsgebieten so langsam wieder. Mit der sowjetisch besetzten Zone war es jedoch noch Glückssache. Im Frühjahr 1947 wollte ich versuchen, Frau und Kinder in den Westen zu holen.
Beim ersten Anlauf gelangte ich nur bis Bebra, wo ich in der Nähe »schwarz« über die Grenze wollte. Beim Übernachten in einer Rot-Kreuz-Baracke hatte ich plötzlich einen mir unerklärlichen Fieberanfall, die Temperatur stieg auf über 40 Grad. Der Arzt, der sich den Grund ebenfalls nicht erklären konnte, warnte vor den Anstrengungen des Grenzübertritts in der nächsten Nacht. Also ging's wieder zurück nach Stuttgart. Dort auf der Meldestelle – auf Rat der Leute in Bebra – meldete ich mich zur Tarnung polizeilich ab – Reiseziel Schwerin. In Stutt-

gart war man sehr entgegenkommend, ich erhielt alle Stempel, sogar von der Lebensmittelmarken-Stelle.

Eine Woche später wollte ich den zweiten Versuch unternehmen. Vorher, am Pfingstsonntag nachmittag, kam die Tochter von Professor Madelung – seine Frau war eine Schwester von Willy Messerschmitt – und richtete mir aus, ich möge doch in die Planck-Straße kommen. Onkel Willy sei heute morgen eingetroffen. Ich vergesse es nie: Als ich in das Wohnzimmer kam, saß mir Willy Messerschmitt direkt gegenüber und drehte sich mit einem bräunlichen Stück Papier eine Zigarette. Er kam aus einem US-Luftwaffen-Krankenhaus aus der Darmstädter Gegend. Ein US-Offizier, der von ihm gehört hatte, hatte ihn aus den berüchtigten Heilbronner Wiesen geholt, einem Notlager, das von heute auf morgen von den Amerikanern eingerichtet worden war, weil Kornwestheim überfüllt war. Eine Wiese ohne Gebäude und irgendwelchen Schutz! Viele Leute starben dort. Messerschmitt erzählte, er verdanke diesem Mann sein Leben.

Am 14. Juni also mein zweiter Versuch, nach Schwerin zu kommen. Eschwege, Bebra – dort als Ausreisender registriert –, nach dem Grenzübertritt in einen Zug, dann eine Nacht in dem ehemaligen KZ Buchenwald und ganz normal über Eisenach, Erfurt, Magdeburg um zwölf Uhr am Dienstag in Schwerin. Das war vielleicht eine Überraschung! Ich hatte mich ja nicht vorangemeldet. Nach zwei Tagen kam ein Mitglied der Wirtschaftsbehörde und diskutierte mit mir und meinem Vater, wie und wo ich im Rahmen seiner Arbeit mitarbeiten könne. Meine Vergangenheit sei egal, es gelte anzupacken. Wir schoben weitere Gespräche erst einmal hinaus.

Nun begann der Papierkrieg für die Rückfahrt mit der Familie. Wir besorgten uns polizeiliche Abmeldeformulare für Annerose und die Kinder. Die erste Zeile ließen wir frei. Meine Mutter ging damit auf die Polizei, holte alle Stempel und auch die Lebensmittelabmeldung. In die abgestempelten Formulare trug ich mich dann in die erste, freigebliebene Zeile ein: Ein überprüfter Angemeldeter meldet sich offiziell ab. Bevor wir abreisten, kam die Verwandtschaft noch unauffällig zu Besuch. Ein paar Tage später brachen wir mit Kinderwagen und viel Gepäck in aller Frühe auf. Es begann eine abenteuerliche Fahrt in Richtung Süden ins Grenzlager Olmütz, das wir nach drei Tagen erreichten. Dort wurden wir wieder einmal registriert. Am vierten Tag ging es wei-

ter Richtung Hof, wieder Registrierung, aber an meinem Geburtstag-Abend um 19 Uhr waren wir endlich alle glücklich in Stuttgart-Degerloch.
Das Ziel, zu dem ich auf den Tag genau ein Jahr vorher aus dem Interrogation-Camp in Oberammergau gestartet war, hatte ich nun mit Verspätung doch noch erreicht: Meine Familie war im Westen, und zwar für immer. Einer meiner Arbeitskollegen schenkte mir, als ich wieder im Bauhof erschien, eine Flasche weißen württembergischen Weins zur Begrüßung. Ich war völlig überrascht. Alle beglückwünschten mich.
1948 gelang es mir, gegenüber der Wohnung meiner Schwiegermutter ein zerstörtes Haus – die Besitzer waren vor dem Krieg nach England emigriert – zusammen mit meinem Klassenkameraden Hans Schütt, der im Ingenieurbüro als Sekretär arbeitete, wiederaufzubauen. Was wir beide nicht selbst machen konnten, also die Zimmererarbeiten, das Dach und die Installationen, erhielten wir zu guten Preisen von unseren Kollegen vom Bau.
Ende 1948 konnten wir einziehen. Im Dachgeschoß kam Schütt unter, im ersten Stock war das Ingenieurbüro, im Parterre wohnte die Familie. Im Keller bauten wir noch zwei Zimmer als Wohnung für unsere auswärtigen Mitarbeiter ein.

Die Art, wie meine Firma an die Dinge heranging, also nicht Einzelprobleme löste, sondern ein ganzes System von Problemlösungen entwickelte, machte sie schnell bekannt. So kamen immer wieder Leute auf mich zu und fragten, ob ich für bestimmte andere Probleme nicht auch Lösungen entwickeln könnte.
In Salzgitter erhielt ich beispielsweise einmal den Auftrag, eine Vorrichtung für das Zerschneiden von großen Schaumbetonwürfeln mittels Draht zu entwickeln. Bei dieser Arbeit lernte ich Gottfried Cremer, einen der Besitzer der Firma Cremer und Breuer, kennen. Sie stellte in Frechen bei Köln Steinzeugrohre für die Kanalisation her. Dies war eine Begegnung, die für mich sehr wichtig wurde, sowohl in fachlicher als auch in persönlicher Hinsicht. Wir sind heute noch befreundet.
Das erste Mal trafen wir uns auf der Hannover Messe 1949. Ich erinnere mich noch genau, wie wir mittags auf einer Bank vor dem Zelt einer Baumaschinenfabrik zusammen in der Sonne saßen. Herrn Cremer hat die Situation damals wohl ebenso beeindruckt. In einem Jubiläumsbuch

seiner Firma veröffentlichte er später eine Federzeichnung von dieser »Sitzung«.

Gottfried Cremer schilderte mir insbesondere drei Probleme, die bei der Fertigung der Tonrohre in seiner Fabrik auftraten: Erstens war die Arbeit dort körperlich sehr anstrengend unter schlechten Bedingungen. Zweitens litten die Arbeiter in seiner Firma sehr unter dem ständigen Stein- und Tonstaub, der bei der Arbeit auftrat, manche hatten schon mit Ende 20 eine Staublunge. Und drittens wollte Cremer vom Brennen der Rohre in Einzelkammern umstellen auf das kontinuierliche Brennen im Tunnelofen. Besonders dabei befürchtete er große technische Probleme. Cremer lud mich also ein, zeigte mir seine Fabrik und erklärte, er wolle sie automatisieren, um das Gesundheitsrisiko für die Arbeiter zu vermindern. Aus diesem Gespräch ergab sich für meine Firma der größte Auftrag, den sie je bekam, und ich machte äußerst nützliche Erfahrungen auf dem Gebiet der Fertigungsrationalisierung. Diese Erfahrungen kamen mir später in meinem eigenen Betrieb sehr zugute.

Während der vielfältigen und langen Gespräche lernte ich Gottfried Cremer als äußerst faszinierende Persönlichkeit kennen. Er schaffte es nicht nur, mich und meine Mannschaft für die Lösung seiner Probleme zu begeistern, sondern es gelang ihm auch, seine eigenen Mitarbeiter und die Familien-Mitinhaber von der Idee zu überzeugen. Das war um so schwieriger, als die Entwicklungskosten für das Projekt ständig stiegen.

Wie zieht man eine automatische Fertigung von Steinzeugrohren auf? Natürlich hatte ich noch wenig Erfahrung bei der Konzeption einer ganzen Fertigungsstraße, deshalb versuchte ich, das Problem dort anzupacken, wo das größte Problem lag.

Ich begann an der Stelle, wo die meiste Muskelkraft gebraucht wurde, mit meinen Rationalisierungsüberlegungen.

Aber sehr schnell stellte ich fest, daß es keineswegs damit getan war, sich auf eine Stelle zu beschränken. Mir wurde klar, daß ich viel früher im Produktionsprozeß der Rohre mit der Automatisierung ansetzen mußte. Das hört sich einfach an, war aber äußerst schwierig zu realisieren.

Ein noch sehr plastisches Rohr kam aus einer Strangpresse. Die beiden Enden wurden von Hand bearbeitet, das heißt Rillen eingedrückt und das Rohr auf einem Wagen zur Trockenkammer geschickt.

Wir bauten unter die Presse einen Automaten. Die noch plastischen Rohre hängten wir mittels einer Saugvorrichtung auf und tauchten sie in eine Glasurflüssigkeit. Hängend über eine Bahn landeten sie in der Trockenkammer und auf dem gleichen Wagen im Tunnelofen.
Alle Arbeitsgänge mußten im Takt aufeinander abgestimmt sein, damit der Produktionsprozeß nie ins Stocken kam.
Hinzu kam eine zweite Schwierigkeit: Das Ausgangsmaterial für die Rohre war nicht immer gleich. Die Zusammensetzung des Tons war immer wieder anders. Mal war er glitschig, mal trocken, und trotzdem mußte das Endprodukt immer gleich aussehen. Ich mußte mir also als nächstes überlegen, wie man die Tonaufbereitung automatisch steuern konnte. Das gelang nur, wenn man die gesamte technische Physik und Chemie mit all ihren Tricks und Kniffen anwandte.
Kompliziert wurde wegen der unterschiedlichen Zusammensetzung auch das Brennen im Tunnelofen. Ton verändert beim Abkühlen nach dem Brennen sein Gefüge, und wenn er Glimmer enthält, dehnt sich dieser aus. Das führte manchmal dazu, daß tagelang nur Scherben hinten aus dem Tunnel kamen. Die Konkurrenz erfuhr natürlich von den Problemen und verfolgte das Abenteuer, auf das sich Cremer da eingelassen hatte, mit Häme.
Schließlich gelang es uns aber, auch dieses Problem zu lösen, und zwar mit Hilfe der Idee von Cremer, eine Kühlstrecke einzubauen.
Eine der Hauptschwierigkeiten war die gesamte elektrische Steuerung, denn Elektronik gab es ja damals überhaupt noch nicht. So benötigten wir eine Menge Schaltschränke, außerdem mußten überall Sicherheitsschalter eingebaut werden. Die Tüftelei war zwar oft nervenaufreibend und schwierig, aber sie machte uns, vor allem unserem Verantwortlichen, Dr. Evers, großen Spaß. Ich schlief damals manchmal sogar nachts im Betrieb, bis alles automatisch funktionierte.
Nach und nach nahmen meine Mitarbeiter und ich uns jeden Fertigungsschritt vor, und am Schluß lief durch die gesamte Fabrik eine ununterbrochene Fertigungskette, bestehend aus Automaten. Sie war rund 40 Meter lang, daran schloß sich der 100 Meter lange Tunnelofen an.
Psychologisch interessant war übrigens, daß im Zuge der Automatisierung die Qualität des Endprodukts erheblich stieg, weil sich niemand mehr auf den Vordermann herausreden konnte.
Da der Bedarf an solchen Fertigungsanlagen Anfang der fünfziger Jahre

groß war, konnte ich mit solchen Aufträgen Gewinne machen. Zwei ehemalige Mitarbeiter von Messerschmitt, Böhler und Weber, hatten in Augsburg eine Schlosserei aufgemacht. Ich beauftragte sie mit dem Bau der Automaten, und so kamen auch diese beiden sehr gut ins Geschäft, bald erweiterten sie ihre Werkstatt und schafften ihrerseits neue Maschinen an.

In den darauffolgenden Jahren wurden mehr als zehn solcher Anlagen zur automatischen Fertigung von Steinzeugrohren gebaut, einige laufen in modernisierter Form noch heute.

Nach diesem äußerst erfolgreichen Einstieg hat meine Firma für Gott und die Welt Automaten und Werkzeuge konstruiert. Wir entwickelten beispielsweise chemische Reinigungsmaschinen für meine Freunde Weber und Böhler, eine automatische Papierschneidemaschine als Zusatz für Adressieranlagen, Putzmaschinen für Gipsputz, Einblatt-Windmotoren, Spezialbagger, Hydraulikschalter und vieles andere. Ich hatte schließlich 30 Mitarbeiter, zehn bei mir in Stuttgart, der Rest in Augsburg. Die meisten waren ehemalige Messerschmitt-Konstrukteure.

»Bölkow-Entwicklungen KG« – Von der Tonrohrfertigung zum Glasfaser-Kunststoff

Der Krieg war nun schon einige Zeit vorbei, die materielle Basis wieder halbwegs gesichert. Ich war inzwischen 40 Jahre alt und stellte mir die Frage, welchen beruflichen Weg ich einschlagen sollte. Durch die Nachkriegserfordernisse war ich ohne bestimmten Plan auf den verschiedensten Entwicklungsgebieten gelandet. Welchen Weg sollte ich weitergehen? Natürlich bildeten die vielen Aufgaben beim Wiederaufbau eine Herausforderung für mich als Ingenieur.

Ich war mir zwar darüber im klaren, daß mein Entwicklungsbüro besser war als viele andere. Es war nicht nur in der Lage, eine von außen gestellte Aufgabe zu lösen, sondern wir waren immer bestrebt, zusammen mit den Auftraggebern für dessen Probleme Lösungen zu suchen, für die es auf dem Markt noch keine Vorbilder gab. Dazu war es nötig, einen persönlichen Kontakt zum Kunden aufzubauen, denn dieser mußte nach und nach von unserem Können und von unserem ehrlichen Willen überzeugt werden. Schließlich gab es bei solch diffizilen Arbeiten immer wieder auch Risiken und Rückschläge. Dieses Vorgehen, das man heute »Marketing« nennen würde, dieses Werben um den Auftraggeber lernten wir damals perfekt.

Mein Grundsatz war immer, in der Zusammenarbeit mit dem Auftraggeber ein wirklich gutes Verhältnis aufzubauen. Ein Verhältnis, das schließlich dazu führte, daß wir auch ohne Auftrag Verbesserungsvorschläge für bestimmte Teilbereiche im Betrieb des Kunden machten. Wir hielten die Augen offen, entwickelten grobe Skizzen und zeigten die Vorschläge vorsichtig unseren Kunden. Meistens mit Erfolg!

Wir waren also unseren Auftraggebern gegenüber keine »Erfüllungsgehilfen« für eine von ihnen gestellte Aufgabe, sondern wir dachten mit ihnen gemeinsam über neue Produkte und Fertigungsmethoden nach.

Diese Eigenart, vom Auftragnehmer langsam auch zum Berater zu werden, kam uns später sehr zugute, als es darum ging, mit Aufträgen der öffentlichen Hand in Konkurrenz zu den großen, alten Namen der Luftfahrtindustrie zu treten. Gleichzeitig erregten wir damit natürlich Neid und Mißgunst bei den Firmen, die an den alten, überkommenen Strukturen klebten. Es soll sehr amüsante Protokolle geben von den Sitzungen, in denen im Bundesverband der Deutschen Luftfahrtindustrie (BDLI) 1956 über meinen Aufnahmeantrag beraten wurde.

Eine weitere Stärke meines Ingenieurbüros war unsere außerordentlich hohe technische Flexibilität. Immer wieder standen wir vor Problemen, für deren Bewältigung es keine Vorbilder gab und – was noch schwieriger war – auch keine Komponenten von Maschinen oder Steuerungselemente auf dem Markt vorhanden waren. Wir konnten keine großen Stückzahlen versprechen, deshalb wollte kaum eine Firma eine Entwicklung für uns machen. Da wir bestimmte Komponenten aber unbedingt brauchten, waren wir gezwungen, sie selbst zu entwickeln und zu bauen. Der Mut und auch die Fähigkeit, dies zu leisten, prägten auch später in den sechziger Jahren noch das Profil der Ottobrunner Mannschaft. Sie waren eine wesentliche Basis für den technischen und wirtschaftlichen Erfolg.

Daß es aber unter Umständen auch problematisch sein konnte, sich ganz auf Entwicklungsarbeiten zu beschränken und selbst keine Hardware zu bauen, erkannte ich spätestens bei einem etwas peinlichen Vorfall:

Eines Tages kam der technische Chef einer großen süddeutschen Maschinenfabrik zu mir und fragte, ob wir uns zutrauten, einen komplizierten Hydraulikschalter zu konstruieren. Das Problem bestand darin, daß der Schalter eine größere Anzahl zeitlich genau vorgeschriebener Folgefunktionen auslösen mußte. Das ist an und für sich, wenn die Logik einmal festliegt, im wesentlichen das Problem einer sauberen Werkstattarbeit. Es erschien uns also lösbar. Mein Büro übernahm den Auftrag. Wir konstruierten den Schalter in allen Einzelheiten und verwendeten besondere Sorgfalt auf die Toleranzfestlegung nach dem Rat einer Stuttgarter Spezialwerkstatt. Den Prototyp wollten die Auftraggeber nach unseren Zeichnungen selbst anfertigen.

Das Verhältnis mit deren Arbeitsebene war jedoch von Anfang an etwas spröde. Später erfuhr ich, daß es Ärger gegeben hatte, weil der Auftrag von einem Vorstandsmitglied unter Umgehung des Konstruktionsbüros an uns vergeben worden war. Dieser Weg hatte einige Herren brüskiert.

Nach ein paar Wochen wurden wir zum Probelauf eingeladen. Bevor ich zum Versuchsstand ging, bat ich um eine Kopie des mechanischen Prüfprotokolls, in dem die Einzelteile vor dem Zusammenbau dokumentiert waren. Es gab keines. Bei dem sehr komplizierten Aufbau der Querbohrungen für die Schaltschlitze usw. wunderte es mich dann nicht, daß der anschließende Probelauf völlig mißlang. Peinlich für uns, denn nun sah es so aus, als hätten wir eine fehlerhafte Konstruktion abgeliefert.

Evers, der in meinem Büro dafür verantwortlich war, schaute sich die Sache an, vertiefte sich dann in seine Zeichnungen und meinte: »Es muß irgend etwas falsch gebaut sein.«

Gegen den Widerspruch der Ingenieure nahmen wir daraufhin den Schalter mit, untersuchten ihn und entdeckten bald den Fehler. Innerhalb von zwei Tagen brachten wir ihn mit Hilfe einer Stuttgarter Spezialwerkstatt in Ordnung. Als wir den Schalter bei den Auftraggebern ablieferten, konnten wir ihn gleich in Betrieb nehmen. Eine peinliche Angelegenheit, denn keine Werkstatt läßt sich gern Fehler nachweisen.

Nach diesem Vorkommnis wurde mir klar, daß ich eine eigene Werkstatt brauchte, und damit wurde aus dem reinen Ingenieurbüro mehr und mehr ein Entwicklungsbetrieb.

Nach mehreren ähnlichen Fällen wurde diese Erkenntnis für mich ein wichtiger Schritt vom reinen Technik-Gestalten zur Unternehmertätigkeit. Zwar hatte ich Mitte der fünfziger Jahre noch keine Vorstellung davon, was aus unserem kleinen Häuflein von einigen hundert Mitarbeitern, die sich dann 1958 zum Teil ins ferne München aufmachten, einmal entstehen sollte, aber im nachhinein ist mir völlig klar, daß das Ingenieurbüro für mich eine entscheidende Zwischenstufe zum Unternehmer war.[43]

Allmählich wurde meine Firma auch im europäischen Ausland bekannt. Ich erhielt 1952 mehrere Einladungen nach London und Birmingham zu englischen Baugeräteherstellern. Bei diesen Besuchen war ich überrascht, zu sehen, daß diese Firmen bereits das System eines Baugerüstes realisiert hatten, das ich Jahre zuvor vergeblich deutschen Firmen angeboten hatte: Baugerüste aus Stahlrohr-Fertigteilen, die den Vorteil haben, daß man sie besonders schnell montieren und danach wiederverwenden kann. Heute sind solche Gerüste allgemein üblich, aber damals benutzte man bei uns noch Holzgerüste.

In Birmingham konnte ich diverse Lizenzen für unsere Förderbandsysteme verkaufen. Noch Jahre später, selbst als in unserer Firma in Stuttgart das System schon langsam auslief, überraschten mich die Engländer mit immer neuen Weiterentwicklungen und Verbesserungen. 1953/54 wollte Richard Bauer, der in Augsburg ein eigenes Ingenieursbüro geführt hatte und mit dem ich eng zusammenarbeitete, in seine Heimat Lübeck zurückkehren. Er eröffnete dort eine verhältnismäßig große chemische Reinigungsanstalt, wobei ihm seine Fachkenntnisse aus der Arbeit an den chemischen Reinigungsmaschinen für Böhler und Weber zugute kamen. Mit vielen selbstgebauten mechanischen Zusätzen konnte er die Arbeitsvorgänge so rationell gestalten, daß er und seine Familie sich wirtschaftlich sehr gut stellten. Ich arbeitete später auf dem Gebiet der Windrotoren und der Hubschrauberentwicklung noch oft mit ihm zusammen. Leider erlitt er im Jahr 1962 einen tödlichen Herzinfarkt. Er war neben Willy Messerschmitt der beste konstruktive Gestalter, den ich je erlebt habe.

Nach Bauers Übersiedlung in den Norden übernahm ich die Mitarbeiter seines Augsburger Ingenieurbüros als Angestellte. Seine Mannschaft arbeitete im wesentlichen für unsere bisherige Kundschaft, dadurch wurden in Stuttgart Kräfte frei, die sich mit der Entwicklung von Verteidigungsgerät beschäftigen konnten.

Einerseits der bereits 1957 geplante Umzug von Stuttgart nach München und unsere zunehmende Beschäftigung auf dem Verteidigungs- und Luftfahrtgebiet, andererseits der Wunsch meiner Freunde Böhler und Weber nach einem eigenen Konstruktionsbüro führten dann zu dem Entschluß, zu Beginn des Jahres 1958 meine Augsburger Filiale an sie abzutreten. Ihr Leiter Heinrich Führing kümmerte sich in den folgenden zwei Jahrzehnten mit großem Erfolg um die entwicklungstechnische Seite vor allem von chemischen Reinigungsanlagen.[44]

Fritz Walter, der langjährige Entwicklungschef von Klemm-Flugzeugbau in Böblingen, besuchte mich in dieser Zeit auf Veranlassung des Landesgewerbeamtes (LGA) Baden-Württemberg. Das LGA ist eine württembergische, damals schon über 100 Jahre alte, sehr erfolgreiche Einrichtung zur Förderung der Industrie des Landes. Regierungsrat Harry Hammler vom LGA wollte den Bau deutscher Sportflugzeuge wieder in Gang bringen. In seinem Auftrag brachte Fritz Walter im Frühjahr 1954 den Sohn von Hanns Klemm, den damaligen Leiter der

Vermögensverwaltung, Hanns-Jürgen Klemm, zu einem Gespräch mit. In unserem Gespräch versicherte er, die wirtschaftliche Voraussetzung sei die vorgesehene Wiedereinführung eines Zolls von 18 Prozent für die Einfuhr ausländischer Flugzeuge. Ich hielt dies sowieso für eine Selbstverständlichkeit. Aber um es gleich vorwegzunehmen: Der Fall trat später leider nicht ein. Eingeführt wurde der Zoll allerdings für Einzelteile, zum Beispiel Navigationsgeräte, Räder, Propeller, Motoren usw. Gerade das, was wir hier nicht kaufen konnten und deshalb importieren mußten, diese Teile waren nun noch zusätzlich zu verzollen. Auf der anderen Seite konnte man ganze Flugzeuge ohne Zollgebühren einführen. Eine herrliche wirtschaftliche Hilfe beim Wiederaufbau!

Trotzdem blieb ich am Thema Sportflugzeuge sehr interessiert. Hanns-Jürgen Klemm und Fritz Walter erarbeiteten eine Studie »Zur Förderung einer Gesellschaft für die Wiederaufnahme der Leichtflugzeugproduktion«. Mit Klemm unterzeichnete ich im Oktober 1954 einen Vertrag für den Bau der dreisitzigen Klemm 107, die im Krieg schon in Kleinserie hergestellt worden war. Ich ging davon aus, daß ein pausfähiger Zeichnungssatz, den der schwedische Vertreter von Klemm am Ende des Krieges in Sicherheit gebracht hatte, zur Verfügung stand. An dem Flugzeug gefiel mir vor allem die für Holz neuartige Schalenbauweise für Rumpf und Flügel. Ich versprach mir dadurch einen erheblichen Arbeitszeitgewinn in der Montage.

Wir als Bölkow KG hatten in dem Vertrag die Aufgabe übernommen, die Konstruktion auf den neuesten technischen Stand hin zu überarbeiten und Vorrichtungszeichnungen zu erstellen. Das Landesgewerbeamt Baden-Württemberg stellte Fördermittel in Höhe von zunächst 85 000 DM zur Verfügung.

Die »Überarbeitung« verlief jedoch keineswegs so, wie man sich das vorgestellt hatte. Die Qualität der Sepia-Pausen ließ zu wünschen übrig, die aerodynamischen Lastannahmen entsprachen nicht mehr dem aktuellen Stand. Fahrwerkszeichnungen waren überhaupt nicht mehr vorhanden. Einen Hersteller für Fahrwerke gab es aber noch nicht wieder. So mußten wir also selbst ein neues Fahrwerk entwerfen. Als Messerschmitt-Schüler wollte ich unbedingt ein freitragendes Einbein. An zwei Wochenenden saß ich selbst am Reißbrett und erarbeitete einen detaillierten Entwurf. Zu meiner späteren Verwunderung gelang er auf Anhieb. Glück muß man haben.

Im September 1956 flog der Prototyp, den wir bei Wolf Hirth in Nabern bauen ließen. Mit einem stärkeren Motor von 150 PS erhielt das Flugzeug im März 1957 die Musterzulassung als »Klemm 107 C«.

Das Flugzeug wurde überall sehr gelobt: »Eine Lady mit guten Manieren«, stand in den Zeitungen. Der Verkauf jedoch blieb hinter den Erwartungen zurück. Wir bauten lediglich 55 Flugzeuge, das letzte fand 1961 seinen Besitzer. Am 30. April 1959 wurde mehr oder minder freundschaftlich der Vertrag zwischen Klemm und mir aufgelöst. Marktuntersuchungen hatten gezeigt, daß für einen Dreisitzer mit wenig Gepäckraum ein größerer Markt weder in Deutschland noch im Ausland bestand. Die Zeiten eines deutschen Sportflugzeugmarktes wie vor dem Krieg waren vorüber. Wegen der wirtschaftsfeindlichen Zollbestimmungen drängten vor allem Zweithandflugzeuge aus den USA und staatlich geförderte Produktionen aus Frankreich zu Preisen auf den Markt, die im Inland einfach nicht realisierbar waren.

Beinahe wäre ich durch die Bemühungen von Fritz Walter und Hanns-Jürgen Klemm 1955 in Besitz von zwei größeren Flugzeughallen auf dem ehemaligen Fliegerhorst von Crailsheim gekommen. Es war daran gedacht, die Klemm 107 und später auch den Hubschrauber Bell 47 dort zu fabrizieren. Die Sache war aber für den damaligen Entwicklungsstand unseres Unternehmens noch etwas zu groß. Auch Vorgespräche über »Zulieferungen« für geplante Lizenzproduktionen der Do 27 und Fouga Magister fanden in einer nicht sehr freundlichen Atmosphäre mit Dornier und der Messerschmitt AG schnell ein Ende.

Außerdem hatte ich es auch gar nicht so eilig, die Fertigungskapazität auszuweiten, da sich meine Kontakte mit Wolf Hirth persönlich und sachlich gut entwickelten. Die Größe seines Werkes in Nabern reichte uns für die nächste Zukunft.

Den Markt insgesamt fand ich aber so interessant, daß ich es noch einmal mit einem »Holz«-Flugzeug moderner Konstruktion versuchen wollte. Erich Ufer entwarf und konstruierte mit Carl Bucher zusammen die Bölkow 207, viersitzig, in Gemischtbauweise. In diesem Flugzeug fand bereits sehr viel faserverstärkter Kunststoff Verwendung. 1960 stand der Prototyp in Nabern.

Im Werk in Laupheim wurde von 1961 bis 1966 eine Serie von fast 100 Flugzeugen hergestellt. Die Maschine wurde allseits gelobt. Den-

noch blieb das Mißtrauen gegenüber der Gemischtbauweise im Gegensatz zu Alublech. Der Absatz stockte.
Schließlich ging ich auf den Vorschlag eines Schweden ein, der in den USA den Prototyp einer Leichtmetallkonstruktion, die mir imponierte, gebaut hatte. Wir erwarben die Nachbaulizenz. Es handelte sich um einen sehr kleinen Zweisitzer, er war sehr beliebt. Aber trotzdem kam er letztlich über einen Anfangserfolg nicht hinaus: Wir bauten wiederum rund 200 Stück davon. Danach stellten wir die Serie ein. Bei den Herstellungskosten schlug immer noch die Zollbelastung der importierten Teile negativ zu Buche, und obendrein kam noch ein Bürokrat auf die Idee, für die aus dem Ausland gekauften Teile Sonderzulassungen zu verlangen.
Die schlechte wirtschaftliche Situation dieser Sparte bewog einige meiner Mitarbeiter zu einer engagierten privaten Initiative: Sie gründeten unter Führung von Hermann Mylius eine »Entwicklungsgemeinschaft Leichtflugzeuge« und konstruierten in ihrer Freizeit ein Leichtmetallflugzeug, das sie anschließend in einer Garage zusammenbauten. Im Dezember 1967 fand der Erstflug statt. Das zweisitzige Flugzeug hatte für den Straßentransport anklappbare Tragflächen, Baustoff Aluminium. Die Leitwerke waren von der Bo 208 Junior übernommen worden. Wir zeigten es 1968 auf unserem Firmenstand auf der Luftfahrtschau in Hannover. Das Interesse dort war so groß, daß wir das Flugzeug überarbeiteten und die Maschine 1970 auf der Luftfahrtschau als Bo 209 Monsun vorstellten. Mit Erfolg: Wir erhielten auf einen Schlag 57 noch auf der Messe unterschriebene Festbestellungen!
Der Verkaufserfolg dieses Flugzeugs war bei einer zunehmend begeisterten Kundschaft groß, der Erlös jedoch zu gering. Es gab deshalb später im Vorstand von MBB vor allem zwischen den Gesellschaftern größere Auseinandersetzungen.[45]
Eine Nebenlinie auf dem Sportflugzeugsektor war dann noch das Abenteuer mit den ersten Glasfaser-Kunststoffkonstruktionen der Welt, unseren Segelflugzeugen. Und so kam es dazu: Die Herren Hipp und Hammer vom Landesgewerbeamt Stuttgart kamen 1955 und fragten mich nach meiner Meinung zu Glasfaserkonstruktionen als Primärbauteile für den Flugzeugbau. Ich zeigte ihnen den kleinen Flügel der Panzerabwehrrakete COBRA, der bereits ganz aus Glasfasern bestand, und verwies dann noch auf unsere Werkstattarbeiten in Nabern an den großen

Windrotorflügeln von Professor Ulrich Hütter. Diese bestanden im wesentlichen aus Glasfaserbündeln, die man in flüssigen Kunststoff tauchte, formte und danach härtete. Die beiden Herren waren auf der Suche nach einer Werkstatt, die den Bau einer Segelflugzeugkonstruktion übernehmen könnte.

Ich schaute mir daraufhin Probestücke von Oberflächenproben und Festigkeitsbruchstücken an, die Wolf Hirth in seiner Werkstatt in Nabern hatte bauen lassen, und war sehr beeindruckt. Die Herren des LGA sagten eine finanzielle Förderung von 35 000 DM zu. Eppler und Nägele, die als Studenten der TH Stuttgart das Projekt mit der Bezeichnung Fs 24 initiiert hatten, traten bei der Bölkow KG als Mitarbeiter ein. Der erste Phönix – so wurde das Flugzeug genannt – gebaut bei Wolf Hirth und in unseren damals noch von ihm gepachteten Räumen in Nabern, flog 1957. Von diesem Typ wurden acht Flugzeuge gebaut, mit denen Haase und Lindner eine Reihe von Wettbewerben gewannen und Weltrekorde erflogen. Der Markt reagierte sehr zögerlich. Es herrschte noch großes Mißtrauen gegenüber der Faser-Kunstoff-Kombination. Wir waren wohl der Zeit zu weit voraus.

Bei den Kosten störte uns der hohe Stundenaufwand bei der Bearbeitung des neuen Werkstoffs. Zusammen mit den Konstrukteuren gingen wir an Vereinfachungen. Wiederum baute die »Original«-Mannschaft mit Hilfe der Werkstatt in Laupheim ein Segelflugzeug »Phoebus«. Es war im Grunde ein in vielen Punkten vereinfachter und verbesserter Phönix mit einem größeren Kabinenraum sowie einer schnelleren Montage – drei Mann in drei Minuten. Wir bauten und verkauften davon insgesamt 265 Stück.[46]

Unsere damaligen Erfahrungen, die wir übrigens, da ein Patentschutz nicht möglich war, weltweit zur Verfügung stellten, haben praktisch eine Revolution ausgelöst. Selbst motorgetriebene Hochleistungsflugzeuge bestehen heute zum Teil schon aus Faserverbundwerkstoffen, auch Kampfflugzeuge im Überschallbereich. Die Höhen- und Seitenleitwerke des Airbus sind ebenso aus diesem Material wie die Start-Booster der Ariane 5. Kohlefasern in einer keramischen Matrix sind heute die idealen Werkstoffe für den Hochtemperaturbereich bis zu 2000 Grad. Und der Vater all dieser Dinge ist der »Phönix« und seine Schöpfer.

Ein weiteres Experiment war ein vollständig aus Kunststoff bestehendes Motorflugzeug, die LFU 205, die von einer Arbeitsgemeinschaft

der Firmen Bölkow GmbH, Pützer KG, Bonn, und Rhein-Flugzeugbau GmbH, Krefeld, gebaut wurde. Rumpf und Tragflächen wurden in der sogenannten Schlauchbauweise hergestellt. Die Schalen bestanden aus einer Außenhaut, dahinter wurden Glasfaserschläuche eingezogen. Beides wurde in Formen gelegt, in die Schläuche Luft gepreßt und das Ganze in den Härteofen gebracht. Das Ergebnis war eine in ihrer Güte nicht erwartete Oberfläche und Festigkeit. Dieser Prototyp wird noch heute bei der DLR in Braunschweig geflogen.
So nebenbei entstanden als »Abfallprodukt« der erste Glasfaserski der Welt, dazu Tennisschläger, Eispickel und vieles andere.
Diese Geschichte zeigt, daß eine Gruppe begeisterter und idealistischer Techniker durch ihre schöpferische Arbeit den Fortschritt schneller in Gang setzen kann als ein herkömmlicher Firmenapparat, bei dem es vorsichtig Schritt für Schritt geht, immer mit der Angst vor dem finanziellen Risiko. Zu meinem größten Bedauern war unsere Firma später ab einer bestimmten Größe nicht mehr die geeignete Heimat für die wirtschaftliche Unterstützung derartiger Entwicklungen.

Die Gefahr aus dem Osten – Neue Anfänge der Wehrtechnik

Im Jahr 1951 hielt ich in Düsseldorf einen Vortrag über »Konstruierte Werkstoffe«. Es handelte sich dabei um etwas damals sehr Modernes, nämlich um das, was man heute »Verbundwerkstoffe« nennt. Also kein homogenes Material, sondern Schichtstoffe, die gezielt so aufgebaut waren, daß sie bestimmten Druck-, Zug-, Schub- oder Knickspannungen standhalten konnten.

Ich besaß aus meiner Zeit im Flugzeugbau auf diesem Gebiet Kenntnisse, denn dort herrscht das eherne Gebot, Gewicht zu sparen, was mit solch spezifischen Werkstoffkombinationen gut möglich ist. In meinem Vortrag sprach ich auch über etwas, was den meisten Zuhörern völlig neu war, nämlich »Sandwichschalen«, also zwei dünne tragende Materialschichten aus Sperrholz oder Blech, zwischen die als Schubträger eine Stützmasse verfüllt wurde, die dafür sorgte, daß die Form stabil blieb.

Nach der Diskussion kam ich mit einem Zuhörer, Rakow, ins Gespräch. Er stellte sich mir als der Leiter der Sparte Baumaschinen im Verein Deutscher Maschinenbauanstalten in Frankfurt vor. Er kannte meine Neuentwicklungen zur Beschleunigung der Baustellenarbeit, die ich in Stuttgart erarbeitet hatte. Da er an dem Thema sehr interessiert war, verabredeten wir, daß ich ihm darüber einen Beitrag für eine Fachzeitschrift schreiben solle.

Im Laufe unseres Gesprächs ergab es sich, daß er von seinem Studium des Flugzeugbaus erzählte und von seiner Arbeit als Gehilfe des Luftwaffenattachés der deutschen Botschaft in Bern während der letzten Kriegsjahre. Schließlich fragte er mich, ob ich die Zeitschrift »Interavia-Luftpost« kenne, die ein gewisser Erich Heimann in der Schweiz herausgebracht habe. Ich bejahte, denn bei Messerschmitt hatte ich das sehr informative Blatt regelmäßig gelesen. Später, als die große Luftfahrtzeitschrift »Interavia« daraus geworden war, hatte ich es nicht mehr

INTERAVIA

SOCIÉTÉ ANONYME D'ÉDITIONS — AÉRONAUTIQUES INTERNATIONALES

INTERNATIONALE LUFTFAHRT-KORRESPONDENZ, GENF – SCHWEIZ
CITÉ 20, GENF   —   TELEPHON 54.233 & 54.234   —   DRAHTANSCHRIFT: "INTERAVIA-GENF"

Geschäftsstellen: INTERAVIA DEUTSCHLAND, Berlin W. 62, Kleiststrasse 14, Tel. 25 86 51 – INTERAVIA ITALIEN, Roma, Viale di Villa Massimo 39, Tel. 82.374 – INTERAVIA FRANKREICH, Gesellschaftssitz Genf 11 – INTERAVIA U.S.A., Hollywood (Cal.), 1743 North Courtney Ave. – INTERAVIA GROSSBRITANNIEN, London, S.W.1, 109, Jermin Street, Tel. Whitehall 8863.

No. 750
13.2.1941.

LUFTSCHRAUBENENTWICKLUNG FUER HOECHSTGESCHWINDIGKEITEN

Die Leistungssteigerungen der Triebwerke während der letzten 10 Jahre haben den Flugzeugbauer in die Lage versetzt, besonders hinsichtlich der Geschwindigkeit Erfolge zu erzielen, die für verschiedene Teilgebiete vollständig neue Verhältnisse schufen. Die vorausschauende Forderung, dass Rekordleistungen innerhalb fünf Jahren zu Durchschnittsleistungen werden müssen, wurde nicht nur eingehalten, sondern zum Teil sogar übertroffen. Heute sind Geschwindigkeitsleistungen von Jagdflugzeugen von 550 bis 620 km/h durchaus normal und durch weitere Steigerung der Triebwerksleistung unter gleichbleibendem Leistungsgewicht wird man in nicht allzu ferner Zeit die "aerodynamische Mauer", jene Grenze erreicht haben, an der sich die Zusammendrückbarkeit der Luft nicht mehr vernachlässigen lässt. Der Flugzeugkonstrukteur hat heute Triebwerke von 1200 bis 2000 PS zu seiner Verfügung, deren Leistungsgewichte nur wenig über 0,5 kg/PS liegen. Die Stirnfläche neuer flüssigkeitsgekühlter Flugmotoren liegt unter 1 m^2 – hat also schon fast die Grenze erreicht, die beim Einsitzerflugzeug als Mindestrumpfquerschnitt notwendig ist. Mit der Leistungserhöhung der Triebwerke allein wäre aber die Geschwindigkeitssteigerung der letzten Jahre unmöglich gewesen; Hand in Hand damit erfolgte eine Erhöhung der aerodynamischen Güte um das drei- bis vierfache.

Der Luftschraubenbau hat an dieser Entwicklung mitgearbeitet: Vor der Verwendung von Höhenmotoren und bis zum Bau von Hochleistungsflugzeugen genügte die einfache, feste Luftschraube, die befriedigende Wirkungsgrade über den ganzen Arbeitsbereich von Abflug bis Schnellflug lieferte. Schon bald aber zeigte sich die Unzulänglichkeit der festen Schraube, die infolge Erhöhung der Fluggeschwindigkeiten und Flächenbelastungen nicht mehr gleichzeitig einen guten Schnellflugwirkungsgrad und einen genügenden Startschub abgeben konnte. Wegen der rasch anwachsenden Fortschrittsgrade und der notwendigen Begrenzung der Spitzengeschwindigkeit ergab sich die Forderung nach grosser Schnellflugsteigung, die im Gegensatz steht zur kleinen Startsteigung; kleine Startsteigung ist notwendig, um im Gebiet nicht abgerissener Strömungen zu arbeiten. Infolge der Begrenzung der Umfangsgeschwindigkeiten stiegen mit der Fluggeschwindigkeit auch die Steigungsverhältnisse derart, dass mit der festen Luftschraube bald kein befriedigender Start mehr möglich war. Die Verstelluftschraube brachte durch bessere Ausnützung des Motors beim Start einen bedeutenden Schubgewinn, der sich auch auf Steigleistung und Schnellflug günstig auswirkte. In ihrer

Erscheint zweimal wöchentlich in 4 Sprachen.   —   Abdruck und Verwertung von Text und Bildern nur mit Genehmigung der Herausgeber.

Der Herausgeber der in Genf erscheinenden »Interavia«, Erich Heimann, stellte u. a. die Verbindung zwischen der Firma Oerlikon und dem Autor her.

weiter verfolgt, denn das Kapitel »Luftfahrt« war nach dem Krieg für mich abgeschlossen.

Einige Zeit später meldete sich Rakow wieder bei mir und versuchte, mich dafür zu gewinnen, mit Heimann, also jenem Zeitschriften-Herausgeber, Kontakt aufzunehmen. Mein erster Gedanke war, daß Heimann mich wohl zu geschichtlichen Einzelheiten befragen wolle, aber man klärte mich auf, es gehe sehr wohl um technische Dinge.

Schließlich besuchte mich Heimann in Stuttgart. Er erzählte mir aus seinem Leben: Er sei Berliner, Jude, im Ersten Weltkrieg Offizier in einem Ulanenregiment gewesen, von Beruf sei er nun Journalist mit einem sehr ausgeprägten Interesse an der Luftfahrt. Deshalb habe er sich 1928 entschlossen, einen internationalen Nachrichtendienst herauszugeben – mit Sitz im neutralen Genf.

Nachdem er noch ausführlich über die herrlichen zwanziger Jahre in Berlin geschwärmt hatte, kam er endlich auf sein eigentliches Anliegen zu sprechen. Die europäische Luftfahrt brauche in Zukunft wieder deutsche Beteiligung. Schließlich gebe es ja auch Verhandlungen über eine Beteiligung der Deutschen an der EVG (Europäische Verteidigungsgemeinschaft), und das heiße nichts anderes, als daß Deutschland sich auch an der militärischen Verteidigung Europas im Rahmen gemeinschaftlicher Streitkräfte beteiligen sollte. Seiner Ansicht nach müsse in einem solchen Fall die deutsche Industrie an den Rüstungsaufträgen beteiligt werden. Ohne deutsche Ingenieure gehe es in Zukunft nicht.

Als ich meine Zweifel daran äußerte, meinte er: »Kommen Sie doch als mein Gast auf den Aerosalon 1953 nach Paris! Dort können Sie sich überzeugen, daß man mittlerweile technisch über den Stand von 1945 kaum hinausgekommen ist.«

Seiner Einladung nach Paris zum Luftfahrtsalon folgte ich nicht, aber dafür fuhr ich im darauffolgenden Jahr nach England auf die Luftfahrtschau in Farnborough. Ich schaute mir die Neuentwicklungen an und stellte sehr schnell fest, daß das, was die Engländer und Franzosen 1954 als große Neuigkeit vorzeigten, uns deutschen Flugzeugbauern schon 1945 bekannt war. Die Engländer verwendeten zum Beispiel immer noch nicht die Schalenkonstruktionen. Sie bauten damals die »Comet«, das erste Passagier-Düsenflugzeug der Welt. Der Entwurf hatte in der Form der Flügel und in der Anordnung der Triebwerke eine nicht zu verkennende Ähnlichkeit mit unserem »Panama-Bomber«, der P 1106

aus Oberammergau. Gerade als ich unter der Tragfläche der Comet stand, sprach mich jemand an: Bishop, einer der englischen »Offiziere« aus dem Verhörlager in Oberammergau, wo er ja auch den P 1106 kennengelernt hatte. Ich unterhielt mich eine Weile mit ihm und kritisierte auch ein wenig an der Comet herum: »Wenn etwas bricht, dann an dieser Stelle«, sagte ich und deutete auf eine Stelle zwischen Außenflügel und Fahrwerk.
Er starrte mich entgeistert an: »Genau hier ist es auch gebrochen«, sagte er, wobei er den ersten katastrophalen Absturz der Comet meinte. Weitere ähnliche Katastrophen führten schließlich dazu, daß die Comet aus dem Verkehr gezogen wurde.
Mit stolzgeschwellter Brust kehrte ich zurück und war fest davon überzeugt, daß meine ehemaligen Kollegen und ich auf dem Gebiet des Flugzeugbaus ausgesprochen gut gewesen waren. Als Erich Heimann mich dann wieder einmal besuchte, war er aber gar nicht so scharf auf den Bau eines neuen Flugzeugs, sondern er meinte, wichtig sei etwas ganz anderes.
Nach und nach entwickelte er mir seine Vorstellung von der zukünftigen militärischen Lage: Zwischen den Großmächten werde sich bestimmt bald ein Gleichgewicht des Schreckens einstellen, was die Atomwaffen betreffe. In der konventionellen Rüstung hingegen würden die Russen dann eine katastrophale Überlegenheit auf dem Gebiet der gepanzerten Fahrzeuge aufweisen. Erste Anzeichen dafür gebe es bereits. Somit entstehe die Gefahr, daß der Westen wegen dieser gefährlichen Überlegenheit den Einsatz atomarer Waffen doch in Betracht ziehen müßte. Die Gefahr aus dem Osten sei auf dem Gebiet konventioneller Waffen jedenfalls äußerst bedrohlich.
In dieser Beziehung teilte ich seine Meinung. Auch ich hielt die Bedrohung durch den Kommunismus unter Stalin für sehr real; und selbst heute glaube ich noch, daß die östliche Machtsphäre Europa geschluckt hätte, hätte man ihr nur die Gelegenheit dazu gegeben. Um das zu verhindern, mußte man im Bereich der militärischen Verteidigung etwas entgegenzusetzen haben.
Was sei also zu tun? Man müsse, so Heimann, sich auf dem Gebiet der Panzerabwehr engagieren. Und ich mit meinem kleinen Ingenieurbüro sei dafür geradezu prädestiniert.
»Warum interessieren Sie sich nicht dafür?« fragte er mich. »Sie haben

doch viel Erfahrung sowohl bei elektrischer als auch mechanisch gesteuerter Automatisierung! Dazu haben Sie ein schlagkräftiges Team von ehemaligen Flugzeugfachleuten, das man sehr schnell auch noch weiter ausbauen könnte. Ihre Mannschaft ist praktisch die einzige größere Luftfahrt-Entwicklungskapazität in der Bundesrepublik! Und es gibt schließlich so etwas wie eine Pflicht der Gemeinschaft gegenüber!«
Mit dieser Argumentation gab er mir einen Denkanstoß. Hinzu kam, daß er mit seinen Überlegungen meinen Ehrgeiz geweckt hatte. Ich wußte, es ging nicht darum, einfach irgendeine einzelne Waffe zu bauen, sondern man mußte das gesamte Rüstungsgeflecht durchleuchten und eine möglichst intelligente Lösung zur Abwehr der gegnerischen Überlegenheit finden.
Vor allem, so erklärte er, sei auf dem Gebiet der Panzerabwehr mit Hilfe von Lenkwaffen einiges zu leisten.
Gegen die Vorstellung, selbst aktiv zu werden, wehrte ich mich jedoch mit Händen und Füßen.
»Erstens«, so sagte ich, »muß da erst jemand aus dem Ausland kommen und das bezahlen, und zweitens will ich mit Flugzeugen und Waffen nichts mehr zu tun haben.«
Heimann ließ aber nicht locker. Eines Tages kam er zusammen mit Wolf Hirth und Horst von Salomon, zwei berühmten Fliegern, und versuchte mich umzustimmen.
Heimanns beschwörende Überredungsversuche verstimmten mich zunächst, denn mit Waffen hatte ich nun wirklich nichts mehr im Sinn. Aber trotzdem hatte er mich mit seinen Gedanken infiziert. Ich begann nun wieder, Luftfahrt-Fachzeitschriften zu lesen. Mit meinem Bekannten Horst von Salomon, der früher begeisterter Flieger gewesen war, sprach ich hin und wieder über das Thema. Mein Interesse wurde größer.
Nach dem Zweiten Weltkrieg war es den Deutschen streng verboten, sich auf dem Gebiet der Fliegerei oder des Flugzeugbaus zu betätigen. Zur Zeit des Koreakrieges wurde dieses absolute Verbot 1951 ein wenig gelockert: Der Bau von Segelflugzeugen und damit auch der Segelflug wurden wieder erlaubt. Eines Sonntags packte ich meine Familie in unseren grünen Volkswagen, und wir fuhren zusammen nach Nabern bei Kirchheim, wo der wiedergegründete Fliegerclub begonnen hatte, in einer alten Halle Segelflugzeuge zu bauen.

Sofort umfing mich wieder der alte Zauber. In der Werkstatt roch es nach Leim, Sperrholz und Spannlack wie in früheren Zeiten. Die Flugzeuge starteten auf einem Wiesenweg mit Hilfe einer notdürftig zusammengebastelten Schleppwinde.
Ob durch Zufall oder nicht, im Laufe des Nachmittags kam Wolf Hirth, der seinen Betrieb in der Nähe hatte, in die Halle. Auf einem kleinen Rundgang meinte er plötzlich nebenbei: »Ich habe eine zweisitzige Gö 4 aus den Kriegswirren gerettet. Hast du nicht Lust, einmal mit mir zu fliegen?«
Wer hätte an meiner Stelle wohl widerstehen können? Die Schleppwinde brachte uns hoch genug, daß wir zu den Hängen entlang der Teck hinübersegeln konnten. Dort fanden wir dann einige Thermikschläuche, in denen wir uns hochschraubten. Eine magische halbe Stunde. Ich genoß sie, und schon war die alte Krankheit wieder da: Fliegen.
Hirth arbeitete mit allen Mitteln, um mich wieder in den Bann der Fliegerei zu ziehen. Er warf plötzlich den Steuerknüppel weg und sagte: »Flieg du«, aber ich weigerte mich und fiel auf seinen Scherz nicht herein.
»Du hast doch in der Brusttasche noch einen zweiten Knüppel«, sagte ich, »also nimm doch den.«
Wir waren nur in etwa 400 Meter Höhe, zwei Trudelbewegungen hätten also genügt, um abzustürzen. Und plötzlich rutschte das Flugzeug ein wenig seitlich weg. Hirth bekam daraufhin einen solchen Schreck, daß er sofort wieder das Steuer übernahm.
Die Erinnerung an den Flug ließ mich so schnell nicht wieder los.
Auch von einer anderen Seite wurde ich bedrängt: Theodor Benecke, damals Mitarbeiter bei einer Behörde mit dem umständlichen Namen »Außenabteilung Koblenz des Beauftragten des Bundeskanzlers für die mit der Vermehrung der Alliierten Truppen zusammenhängenden Fragen«, der späteren »Dienststelle Blank«, nahm mit mir Kontakt auf.
Benecke, der früher im Luftfahrtministerium gearbeitet hatte, lud mich zum Abendessen nach Bad Liebenzell ein, wo seine Frau gerade zur Kur weilte. Im Krieg hatte ich einmal mit ihm Kontakt gehabt, als ich ihm die Entwicklung einer Bombe angeboten hatte, die ihr Ziel – im damaligen Fall ein Schiff – selbst sucht. Wir hatten dazu bereits Experimente gemacht, das System war sehr einfach und funktionierte auch. Aber aus dem Projekt wurde damals nichts.

Wir trafen uns also am 8. November 1953 in einem Restaurant in Bad Liebenzell, und Benecke hatte noch einen alten Bekannten mitgebracht, Günther Schöner, der jetzt im deutsch-französischen Institut St. Louis arbeitete. Er kannte sich insbesondere in den französischen Entwicklungen gut aus. So saßen wir also den ganzen Abend bei gutem Essen und Wein zusammen, kramten in alten Erinnerungen und stellten Überlegungen an für zukünftige Verteidigungsstrategien. Jener Abend hat mich mehr beeinflußt, als ich zunächst zugeben wollte.

Weitere Versuchungen kamen nun hinzu. Im Frühjahr besuchte mich mein früherer Studienkollege Peter Nauschütz, der zusammen mit seiner Lebensgefährtin Annelise Mehne gerade auf Urlaubsreise war. Die beiden kamen aus Syrien, wo er zusammen mit einer Gruppe von Ingenieuren an einer – ich hörte und staunte – ferngesteuerten Panzerabwehrrakete arbeitete. Sofort begann zwischen Peter Nauschütz und mir die Fachsimpelei. Die von ihnen entwickelte Rakete sollte einen Flüssigkeitsantrieb bekommen. Ich versuchte, ihm klarzumachen, daß ein beschußsicherer Feststofftreibsatz doch wesentlich günstiger sei. Das gab er zu und erzählte, daß sie sowieso im darauffolgenden Jahr nach Deutschland zurückkehren wollten. Wir blieben zunächst lose in Verbindung.

Damit hatte ich plötzlich wieder Kontakt zu einer Mannschaft, die sich mit ähnlichen Dingen schon beschäftigt hatte: Chemiker und Triebwerks-Spezialisten. Dazu kam Nauschütz als erfahrener Aerodynamiker.

In Deutschland begannen damals die ersten außenpolitischen Verhandlungen Adenauers über einen Beitritt zur EVG oder einem anderen Bündnis. Für die deutsche Nachkriegspolitik war dies ein bedeutender Schritt, hieß es doch nichts anderes, als daß die junge Bundesrepublik damit eine Fahrkarte zur Gleichberechtigung mit den anderen westlichen Nationen in der Hand hielt. So zeigte sich, daß die reale Bedrohung aus dem Osten für uns im Grunde ein Glücksfall war: Sie zwang die Amerikaner, uns nicht übermäßig zu bestrafen, sondern dafür zu sorgen, daß wir wieder auf die Beine kamen, um als Puffer gegen den Ostblock zu funktionieren.

Bald begann man auch, in Bonn die »Dienststelle Blank« aufzubauen, also einen Vorläufer des späteren Verteidigungsministeriums. Die Politiker streckten vorsichtig ihre Fühler aus. Wir »Ehemaligen« begannen, untereinander Kontakte zu knüpfen und uns über Luftfahrts- und Rüstungsfragen zu unterhalten.

Mich persönlich interessierte, beeinflußt von der Heimannschen Logik, zunächst ausschließlich das Thema »Panzerabwehr«. Ich sammelte Unterlagen über die unterschiedlichsten Ideen zu gesteuerten Flugkörpern in den letzten Kriegsjahren. Irgendwie fühlte ich die innere Verpflichtung, gegen die drohende konventionelle militärische Übermacht des Ostens etwas zu unternehmen.

Langsam habe ich mich schließlich richtiggehend dazu verleiten lassen, in die Wehrtechnik einzusteigen. Irgendwie hat mich da die Vergangenheit eingeholt. Im Grunde hing mein Herz vielleicht doch nach wie vor an der Fliegerei.

Aber im Rückblick bereue ich es nicht. Insbesondere das, was ich später über die sowjetischen Reaktionen auf unsere Waffensysteme gehört habe, hat mir nachträglich recht gegeben.

Durch Gespräche mit Friedensforschern erfuhr ich, daß die Sowjetunion in den 80er Jahren tatsächlich aufgrund unserer Waffenentwicklungen sich auf dem Gebiet der Panzerabwehr zu einer völligen Umgestaltung ihrer Angriffstheorien gezwungen sah. Wir hatten Glück, daß wir mit unseren Ideen vorausgedacht hatten.

Ich erzählte – wie schon erwähnt – Benecke von Heimanns Vorschlägen, und auch er war mit mir einer Meinung, daß man auf dem Gebiet der Panzerabwehr etwas tun müsse. Die Franzosen waren zwar auch dran, aber deren Entwicklung war sehr teuer. Ich schlug vor, eine möglichst billige Panzerabwehrwaffe aus Kunststoffteilen zu entwickeln, die preiswert und leicht sein könnte. Wozu teure Materialien verwenden?

Ich informierte Erich Heimann ein wenig später von meinem Entschluß. Gleichzeitig schilderte ich ihm aber auch die Probleme: Wir hatten ja nach dem Krieg keine Raketenantriebe mehr, auch keine Explosivstoffe. In Deutschland gab es so etwas nicht mehr. Daraufhin lud er mich nach Zürich ein. Dort brachte er mich mit Emil Georg Bührle zusammen, dem Präsidenten der Firma Oerlikon-Bührle.

Bührle hatte nach dem Ersten Weltkrieg in Magdeburg reich geheiratet und dabei ein Aktienpaket einer Fabrik in Oerlikon bei Zürich bekommen. Er übernahm eine kleine Firma und machte aus ihr die Waffenfabrik Oerlikon. Nach dem Zweiten Weltkrieg holte er sich hervorragende deutsche Konstrukteure, zum Beispiel von Rheinmetall.

Abends saßen wir im »Storchen« zusammen, und Heimann erklärte Bührle unsere Pläne. Ein Wort gab das andere, und schließlich erklärte sich der Schweizer Unternehmer bereit, die Antriebe für unsere Panzerabwehrraketen zu bauen, wenn wir die Zeichnungen lieferten. Auch Gefechtsköpfe wollten sie bauen. Unsere Mannschaft sollte die Flugkörper sowie die gesamte Steuerung und Fernsteuerung entwickeln.
Staatlicherseits gab es damals noch kein Geld für solche Pläne, es haperte also bei uns immer mit der Finanzierung. Da nimmt es sich aus heutiger Sicht wie ein Glücksfall aus, daß ich im Jahr 1954 den Hamburger Finanzier Wolfgang Essen kennenlernte. Und das kam so:
Peter Nauschütz war im Sommer 1954 in Kassel von dem Unternehmer Albert Kalkert angesprochen worden, der seinerseits von Wolfgang Essen um Rat gefragt worden war. Er, Essen, interessiere sich für die Einführung von Hubschraubern und sei bereits mit der amerikanischen Firma Bell in Kontakt. Nun suche er einen deutschen Fachmann, der den Lizenzbau des Modells Bell 47 organisieren und überwachen könne. Kalkert empfahl dem Unternehmer, sich an mich zu wenden, da er wußte, daß ich zusammen mit Richard Bauer an Einblatt-Rotoren für Windmotoren und Hubschrauber getüftelt hatte.
Wir trafen uns also, und ich war an seinem Angebot sehr interessiert. Gleichzeitig erzählte ich ihm von meinen verteidigungstechnischen Plänen. Er fand meine Überlegungen sehr wichtig und schien bereit, sie zu unterstützen.
Neben den Plänen zur Panzerabwehr vom Boden aus begannen wir nun auch schon, ein wenig über die Möglichkeit der Abwehr aus der Luft nachzudenken. Ein tieffliegender Hubschrauber, der mit Raketen bestückt ist, die ihr Ziel selbst suchen, ist zum Beispiel eine außerordentlich wirksame Waffe gegen Panzerangriffe. Man konnte das in jüngster Zeit noch in Afghanistan sehen.
Was ich allerdings nicht wußte, war, wie weit man in den USA mit der Hubschrauberentwicklung war. Damit ich endlich erfuhr, was in Amerika gespielt wurde, lud mich Essen bei einem Gespräch in seinem Düsseldorfer Büro spontan ein, ihn auf einer für Februar 1955 geplanten Amerika-Reise zu begleiten. Er wollte eine Lizenz von Bell für den Bau von Hubschraubern erwerben. Bei dieser Gelegenheit könne ich, so meinte Essen, gleichzeitig noch andere Luftfahrtunternehmen kennenlernen und alte Bekannte besuchen.

Er buchte also Plätze auf dem Luxusdampfer Liberté, der von den Franzosen umgebauten Europa, die den Krieg überstanden hatte. Plötzlich fiel mir ein, daß ich ja gar keinen Smoking besaß, auf dem Schiff aber bestimmt einen brauchen würde. Es blieb mir nichts anderes übrig, als meine Frau in Stuttgart anzurufen und sie zu bitten, schnellstens einen Smoking anfertigen zu lassen. Auf der Rückfahrt nahm ich den Smoking ohne Anprobe mit und fuhr gleich weiter über Paris nach Le Havre, wo ich mich einschiffte. An Bord traf ich Herrn und Frau Essen wieder sowie Herbert Quandt mit seiner Frau, der mit Essen geschäftlich in Verbindung stand.

Auf dem Schiff herrschte eine Atmosphäre des Luxus, die mich damals sehr beeindruckte. Üppigste Mahlzeiten und feinste Weine, eine echte Schlemmerei. Pro Vier-Personen-Tisch ein Kellner, für drei oder vier Tische ein Oberkellner. An Bord gab es ein Schwimmbad, außerdem Geschäfte, Friseur, Kino und diverse Bars.

Viele Stunden lang führten wir drei – Essen, Quandt und ich – Gespräche über die Möglichkeiten, eine neue Luftfahrtindustrie in Deutschland aufzubauen. Begeistert wälzten wir Pläne. Herbert Quandt hatte außerdem großes Interesse, die IWK-Industrie-Werke Karlsruhe wiederzubeleben, die ihm und seinem Bruder gehörten und im Krieg hauptsächlich Munition gefertigt hatten.

Nach der Ankunft in New York trennten wir uns, weil ich zunächst allein weiterfahren sollte. Siegfried Hörner, ein früherer Messerschmitt-Kollege, der nun im Schiffbau arbeitete, hatte für mich eine Rundreise organisiert.

Sie führte mich als erstes über Philadelphia nach Baltimore, wo ich Woldemar Voigt wieder traf, meinen früheren Chef bei Messerschmitt. Er hatte nach der Zeit im Verhörlager in Oberammergau ein Angebot der Firma Martin angenommen. Das Unternehmen suchte damals nach neuen Produktbereichen, Voigt kümmerte sich um die einzelnen Programmideen. Später schloß sich Martin mit einem großen Baukonzern zusammen und wurde so zur Firma Martin-Marietta, heute einem der größten Waffenproduzenten der USA. In den sechziger Jahren kam es zu einer Zusammenarbeit zwischen Martin-Marietta und uns beim Entwurf einer wiederverwendbaren Großrakete, mit der man unter anderem radioaktive Abfälle ins Weltall schießen wollte. Aber eigenartig, die eingefahrenen Wege wurden nie verlassen. Seit die NASA sich für

Wegwerf-Raketen entschieden hatte, wagte niemand mehr, wiederverwendbare Raketen ernsthaft vorzuschlagen.

Mit seiner Familie bewohnte Woldemar Voigt ein schönes Haus, an dem er, als ich ihn besuchte, immer noch selbst herumbastelte. Er machte insgesamt einen zufriedenen Eindruck. Wir hielten danach noch jahrelang Kontakt. Voigt besuchte mich einige Male in Stuttgart und München, aber auf meine Frage hin, ob er nicht wieder ganz nach Deutschland zurückkehren wolle, verneinte er. Er habe den Anschluß an die jüngere Generation verloren.

Meine nächste Zwischenstation war das Office of Naval Research (ONR) in Washington. Ich war sehr erstaunt, als ich sah, daß dessen Büros in zweistöckigen Behelfsbauten aus dem Ersten Weltkrieg untergebracht waren. Über dem Eingang prangte die Inschrift: »Nothing is as permanent as preliminary buildings« – Nichts ist so beständig wie vorläufige Unterkünfte.

Bei der Navy wollte ich mich nach einem Forschungsflugzeug erkundigen, das ich in meinen Jahren im Projektbüro bei Messerschmitt entwickelt hatte. Es handelte sich um eine Me 109, bei der wir zur Erhöhung des Auftriebes beim Landen Luft über die Landeklappen und Querruder ausbliesen. Nach dem Abschluß der Ausblas-Messungen war schließlich von der französischen Firma Coudron ein Prototyp gebaut worden. Nach dem Krieg hatte man ihn – wie ich hörte – nach Amerika gebracht und dort erfolgreich erprobt. Der zuständige Sachbearbeiter, Sohn russischer Emigranten, der in Dresden studiert hatte, hatte zwei Erprobungsberichte für mich vorbereitet, in denen technische Einzelheiten vorkamen, die ich Jahre zuvor entwickelt hatte. Er wollte mir die Berichte als Geschenk und Souvenir geben. In letzter Sekunde war er aber noch gestoppt worden: Die Berichte seien geheim und dürften nicht an mich herausgegeben werden. Zwölf Jahre später nun kam ich in den Genuß, diese Papiere lesen zu dürfen. Die Ergebnisse waren so gut, wie wir sie damals berechnet hatten.

Von Washington aus flog ich nach Dayton, Ohio, wo sich in Wright Field ein Forschungs- und Erprobungszentrum der US-Luftwaffe befand. Dort besuchte ich Rüdiger Kosin, einen früheren Kollegen, der das Projektbüro der Firma Arado im Krieg mit großem Erfolg geleitet hatte. Außerdem traf ich dort Peter Schwebs, den ich von meiner Hochschul-Kameradschaft kannte. Er arbeitete auf dem Gebiet des Operation Research.

Die nächste Station meiner Reise war die Firma North American in Columbus, Ohio. Dort wurden die Sabre und der Überschalljäger F-100 gebaut. Ich war offizieller Gast des Firmenpräsidenten Kindelberger. Dort erfuhr ich nicht viel, denn man zeigte mir nur offizielle Beuteberichte, in denen auch nicht mehr stand, als ich ohnehin schon wußte. Die Ingenieure von North American waren allerdings sehr neugierig darauf, von mir zu erfahren, wie ich das gute Profil 009 E-4 entwickelt hatte, das sie von der Me 262 kannten. Sie wollten genau die mathematische Herleitung hören. Als ich ihnen den mathematisch sehr dürftigen Hintergrund schilderte, verließen die zwei extra hinzugezogenen Mathematiker enttäuscht das Feld.[47]

Schließlich flog ich zum eigentlichen Zweck der Reise, nämlich der Information über die aktuelle Hubschrauberentwicklung, nach Fort Worth, Texas, wo ich mich wieder mit Wolfgang Essen traf. Dort lernte ich Graf Hardenberg kennen, der eine Vertretung und Wartung für Bell-Hubschrauber in Deutschland errichten wollte.

Wir fuhren zusammen zur Firma Bell-Helicopter, Wolfgang Essen und Graf Hardenberg führten dort ihre Wirtschaftsverhandlungen. Sie standen in Konkurrenz zu der italienischen Firma Augusta. Ein harter Mitbewerber, da er die damals führende europäische Motorradfabrik besaß und bekannt guten Einfluß auf die italienischen Ministerien hatte. Tatsächlich entschloß sich Bell dann auch, ihre Lizenz an die Italiener zu vergeben.

Inzwischen unterhielt ich mich mit den Entwicklungsleuten. Der Chef der Entwicklungsabteilung gab mir ein regelrechtes Privatissimum über Hubschraubertechnik und insbesondere über das Rotorsystem von Bell. Ich erzählte ihm auch von dem Einblattrotor, mit dem wir seit Jahren experimentierten. Er zeigte sich sehr interessiert.

Immer wieder stellte ich fest, daß die amerikanischen Kollegen sehr aufgeschlossen waren und daß man sich auf der Arbeitsebene auch sehr gut über Details unterhalten konnte.

Ich hatte das Glück, daß zufällig gerade die Erprobung eines neuen Typs begann. Bei Start und Landung standen die Triebwerke mit den Rotoren an den Enden der Flügel der Maschine senkrecht nach oben. Beim Übergang in den Horizontalflug sollten sie dann langsam in Flugrichtung gekippt werden. Eine Art Senkrechtstarter also. Dieses Vorhaben erreichte jedoch erst Ende der achtziger Jahre in Zusammenarbeit

mit Boeing seine Einsatzreife. Es benötigte also mehr als 30 Jahre Entwicklungszeit.[48]
Dieses Problem eines Kipprotors, der vom Hubflug in den Vorwärtsflug nach vorne umkippt, hat später eine Zeitlang zu einer Mißstimmung zwischen mir und Messerschmitt geführt. In seiner extremsten Konsequenz wollte er einen von einem Strahltriebwerk angetriebenen Rotor zum Heben nehmen, dann auf Vorwärtsflug umkippen und schließlich den »Propeller« zusammenfalten und mit dem Strahlantrieb allein fliegen. Eine tolle Idee, aber weder finanziell noch technisch zu absehbaren Kosten zu realisieren. Ob er es je ganz eingesehen hat, weiß ich nicht. Bis heute fliegen nur Prototypen.
Bei langen Flügen über die texanische Ebene freundete ich mich allmählich mit dem Chefkonstrukteur ein wenig an. Während wir über die für mich völlig neuartige Landschaft mit ihren Ölbohrtürmen und Rinderherden dahinschwebten, führten wir intensive Gespräche über technische Fragen. Auch später riß diese Verbindung nicht ab. Er besuchte mich immer wieder in Ottobrunn, flog auch den dort entwickelten Hubschrauber Bo 105 und gab uns manchen guten Rat.
Von Texas ging es dann zu Bell Aircraft nach Detroit, wo ich bei General Dornberger wohnte. Er war vor und während des Krieges der eigentliche Organisator der Raketenentwicklung bei der deutschen Wehrmacht gewesen. Unter seiner schirmenden Hand konnte Wernher von Braun in Peenemünde seine ferngesteuerte Rakete A 4, auch V 2 genannt, entwickeln und bauen. Nun war er Berater bei Bell Aircraft und engagierte sich daneben insbesondere für den Bau von steuerbaren Großraketen. Ähnlich wie Wernher von Braun reiste er landauf, landab und hielt Vorträge über die Wichtigkeit der Raumfahrt. Er vertrat die Ansicht, daß die Russen in der Raketentechnik wesentlich weiter seien als die Amerikaner, da sie Pläne und Fachleute von Peenemünde bei Kriegsende übernommen hatten. Wie man dann später beim Flug des Sputnik 1957 sah, hatte Dornberger recht mit seiner Ansicht. Für ihn und Wernher von Braun lohnte sich die Mühe: Die beiden hatten letztlich mit ihrer PR-Aktion Erfolg. Die USA starteten ihr Apollo-Programm zur bemannten Landung auf dem Mond.
Natürlich absolvierte ich auch ein touristisches Programm und schaute mir die Niagara-Fälle ausführlich an. Gleichzeitig knüpfte ich aber auch Kontakte zu einer Gruppe, die im wesentlichen aus Deutschen bestand

Die nächste Station meiner Reise war die Firma North American in Columbus, Ohio. Dort wurden die Sabre und der Überschalljäger F-100 gebaut. Ich war offizieller Gast des Firmenpräsidenten Kindelberger. Dort erfuhr ich nicht viel, denn man zeigte mir nur offizielle Beuteberichte, in denen auch nicht mehr stand, als ich ohnehin schon wußte. Die Ingenieure von North American waren allerdings sehr neugierig darauf, von mir zu erfahren, wie ich das gute Profil 009 E-4 entwickelt hatte, das sie von der Me 262 kannten. Sie wollten genau die mathematische Herleitung hören. Als ich ihnen den mathematisch sehr dürftigen Hintergrund schilderte, verließen die zwei extra hinzugezogenen Mathematiker enttäuscht das Feld.[47]
Schließlich flog ich zum eigentlichen Zweck der Reise, nämlich der Information über die aktuelle Hubschrauberentwicklung, nach Fort Worth, Texas, wo ich mich wieder mit Wolfgang Essen traf. Dort lernte ich Graf Hardenberg kennen, der eine Vertretung und Wartung für Bell-Hubschrauber in Deutschland errichten wollte.
Wir fuhren zusammen zur Firma Bell-Helicopter, Wolfgang Essen und Graf Hardenberg führten dort ihre Wirtschaftsverhandlungen. Sie standen in Konkurrenz zu der italienischen Firma Augusta. Ein harter Mitbewerber, da er die damals führende europäische Motorradfabrik besaß und bekannt guten Einfluß auf die italienischen Ministerien hatte. Tatsächlich entschloß sich Bell dann auch, ihre Lizenz an die Italiener zu vergeben.
Inzwischen unterhielt ich mich mit den Entwicklungsleuten. Der Chef der Entwicklungsabteilung gab mir ein regelrechtes Privatissimum über Hubschraubertechnik und insbesondere über das Rotorsystem von Bell. Ich erzählte ihm auch von dem Einblattrotor, mit dem wir seit Jahren experimentierten. Er zeigte sich sehr interessiert.
Immer wieder stellte ich fest, daß die amerikanischen Kollegen sehr aufgeschlossen waren und daß man sich auf der Arbeitsebene auch sehr gut über Details unterhalten konnte.
Ich hatte das Glück, daß zufällig gerade die Erprobung eines neuen Typs begann. Bei Start und Landung standen die Triebwerke mit den Rotoren an den Enden der Flügel der Maschine senkrecht nach oben. Beim Übergang in den Horizontalflug sollten sie dann langsam in Flugrichtung gekippt werden. Eine Art Senkrechtstarter also. Dieses Vorhaben erreichte jedoch erst Ende der achtziger Jahre in Zusammenarbeit

mit Boeing seine Einsatzreife. Es benötigte also mehr als 30 Jahre Entwicklungszeit.[48]
Dieses Problem eines Kipprotors, der vom Hubflug in den Vorwärtsflug nach vorne umkippt, hat später eine Zeitlang zu einer Mißstimmung zwischen mir und Messerschmitt geführt. In seiner extremsten Konsequenz wollte er einen von einem Strahltriebwerk angetriebenen Rotor zum Heben nehmen, dann auf Vorwärtsflug umkippen und schließlich den »Propeller« zusammenfalten und mit dem Strahlantrieb allein fliegen. Eine tolle Idee, aber weder finanziell noch technisch zu absehbaren Kosten zu realisieren. Ob er es je ganz eingesehen hat, weiß ich nicht. Bis heute fliegen nur Prototypen.
Bei langen Flügen über die texanische Ebene freundete ich mich allmählich mit dem Chefkonstrukteur ein wenig an. Während wir über die für mich völlig neuartige Landschaft mit ihren Ölbohrtürmen und Rinderherden dahinschwebten, führten wir intensive Gespräche über technische Fragen. Auch später riß diese Verbindung nicht ab. Er besuchte mich immer wieder in Ottobrunn, flog auch den dort entwickelten Hubschrauber Bo 105 und gab uns manchen guten Rat.
Von Texas ging es dann zu Bell Aircraft nach Detroit, wo ich bei General Dornberger wohnte. Er war vor und während des Krieges der eigentliche Organisator der Raketenentwicklung bei der deutschen Wehrmacht gewesen. Unter seiner schirmenden Hand konnte Wernher von Braun in Peenemünde seine ferngesteuerte Rakete A 4, auch V 2 genannt, entwickeln und bauen. Nun war er Berater bei Bell Aircraft und engagierte sich daneben insbesondere für den Bau von steuerbaren Großraketen. Ähnlich wie Wernher von Braun reiste er landauf, landab und hielt Vorträge über die Wichtigkeit der Raumfahrt. Er vertrat die Ansicht, daß die Russen in der Raketentechnik wesentlich weiter seien als die Amerikaner, da sie Pläne und Fachleute von Peenemünde bei Kriegsende übernommen hatten. Wie man dann später beim Flug des Sputnik 1957 sah, hatte Dornberger recht mit seiner Ansicht. Für ihn und Wernher von Braun lohnte sich die Mühe: Die beiden hatten letztlich mit ihrer PR-Aktion Erfolg. Die USA starteten ihr Apollo-Programm zur bemannten Landung auf dem Mond.
Natürlich absolvierte ich auch ein touristisches Programm und schaute mir die Niagara-Fälle ausführlich an. Gleichzeitig knüpfte ich aber auch Kontakte zu einer Gruppe, die im wesentlichen aus Deutschen bestand

und sich mit Raketentriebwerken auf Salpetersäure-Basis beschäftigte. Diese Fachleute haben uns auch später immer wieder wertvolle Ratschläge geben können.

Am Ende der Reise traf ich mich wieder mit Wolfgang Essen und seiner Frau, und zwar in Miami. Wir überlegten gemeinsam, welche Schlüsse nun zu ziehen waren. Da Essen den Zuschlag für die Hubschrauber-Lizenz von Bell nicht bekommen hatte, gab es praktisch nur die Alternative, eine eigene Helicopter-Entwicklung aufzuziehen, in Konkurrenz zu Augusta. Ein echtes Abenteuer, an dem sich Wolfgang Essen meiner Meinung nach nicht beteiligen sollte. Ich rechnete überschlagsmäßig aus, was eine solche Firma an Investitionskosten benötigen würde. Dabei ging ich davon aus, daß man irgendwo eine leerstehende Fertigungsstätte der früheren Luftfahrtindustrie günstig erwerben könne, womöglich mit angeschlossenem Flugplatz. Ich hielt es für die beste Lösung, wenn ein kleines Büro wie meines eine solche Sache anpackt, um die Kosten anfangs so niedrig wie irgend möglich zu halten. Wolfgang Essen wollte mich dabei unterstützen.

Nun blieb ich noch einige Tage in Miami Beach zur Entspannung und beobachtete mit großem Interesse den dort bereits sehr ausgeprägten Massentourismus, der in Europa so kurz nach dem Krieg in dieser Form noch kaum zu finden war.

Auf dem Rückweg besuchte ich in New York auf Wunsch von Essen den Emigranten Goldschmid, der 1929 den DANAT-Bank-Skandal und damit die 29er Weltwirtschaftskrise ausgelöst hatte. Es war ein langes und ausführliches Gespräch über die Zeit, die 26 Jahre zurücklag, mit einem damals mächtigen Bankpräsidenten, geboren in Elze bei Hannover.

»Blut geleckt« –
Die COBRA-Story

Ausgesprochen optimistisch kam ich von dieser Reise zurück. Wenn ich einige der früheren Kollegen finden würde und wir nur intensiv daran arbeiten könnten, müßte es doch möglich sein, die Amerikaner einzuholen.

Nun hatte ich also »Blut geleckt«, mein Interesse für die Luftfahrt war wieder geweckt. So reizte es mich, 1955 nach Paris zu fahren, um dort in Le Bourget den Aerosalon zu besuchen. Ich nahm mehrere Mitarbeiter mit, und wir fuhren in zwei Autos los. Jeder kümmerte sich dort um sein Spezialgebiet. Als wir unsere Erkenntnisse am Ende auswerteten, zeigte sich, daß sich mein Eindruck aus Farnborough vom Jahr zuvor bestätigte: Es gab praktisch kaum etwas entscheidend Neues zu sehen.

Im gleichen Jahr war Peter Nauschütz mit seinen Kollegen aus Syrien zurückgekommen. Ihre dortigen Verträge waren abgelaufen. Angesichts der Schwierigkeiten einer derartigen Arbeit in einem unterentwickelten Land wollte keine Seite verlängern. Für mich war das ein Glücksfall: Ich engagierte ihn sofort.

Allerdings wurde es dann plötzlich schwieriger als gedacht, Wolfgang Essen zu größeren Investitionen in unsere Arbeit zu überreden. In den USA hatte er immer sehr großzügig geklungen, aber jetzt, wo es konkret ans Zahlen ging, gestalteten sich die Verhandlungen mit ihm schwierig. Wir hatten vereinbart, daß er und ich je zur Hälfte Teilhaber der Firma sein sollten. Er würde eine Million Mark investieren, ich hingegen meine Kreativität und mein Know-how.

Von 1956 bis 1958 brachte er nach und nach die vereinbarte Summe von einer Million Mark auf, einen Betrag, der heute im Gegensatz zu damals fast lächerlich erscheint. Er hatte sein Geld in unserer Firma übrigens gut angelegt: 1964, als er auf Wunsch der Firma Boeing ausschied, erhielt er aufgrund der damals durchgeführten Bewertung acht Millionen Mark zurück. Eine gute Verzinsung!

Die COBRA-Story

In mehreren Stockwerken eines Flughafengebäudes in Stuttgart-Echterdingen konnte sich die Bölkow-Entwicklungen KG ab Januar 1955 nach und nach ausbreiten

Besuch von Dr. Fischer vom Bundesverteidigungsministerium. Rechts: Günter Kuhlo und Peter Neuschütz

Der tragbare Panzerabwehr-Flugkörper COBRA hatte eine nach unten gekröpfte Düse des Start-Raketentriebwerkes. Die Kommandoübertragung erfolgte über einen sich beim Flug abspulenden zweiadrigen Kupferdraht

Das Lenkübungsgerät zum COBRA-Waffensystem mit Kommandogeber diente zur Ausbildung der Flugkörper-Schützen

Das kleinste geländegängige Fahrzeug der Bundeswehr, der LKW 0,25 t, konnte in einer speziellen Halterung sechs COBRA-Flugkörper transportieren

Besuch beim Schrobenhausener Team. Links neben dem Autor: Rolf Siebert, rechts: Franz Rudolf Thomank, Erika Bücherl und Rudolf Steuer

Der Entwicklungsleiter Thomanek betrachtet den Durchschuß einer Hohlladung durch einen dicken Stahlblock

Bei der Luftfahrschau 1966 in Hannover wurde ein aufgeschnittener zwei Meter langer Stahlplattenstapel gezeigt, der von einer Hohlladung perforiert worden war

Mit Essens Zusage wagten wir uns an die Aufgabe heran, eine leichte Panzerabwehrrakete zu entwickeln, die von Infanteristen im Geländeeinsatz getragen werden konnte. Die Reichweite wurde von uns aufgrund von Geländeanalysen und statistischen Sichtverhältnissen in verschiedenen möglichen Einsatzräumen auf 2000 Meter begrenzt, das Gewicht der Waffe auf 15 und das des Lenkapparats auf maximal zwei Kilogramm.

Die Konstruktion gelang. Oerlikon erhielt von uns sehr schnell die zwei Feststoffraketenzeichnungen, die Hüllen zuerst noch in Stahl, später haben wir dann in Schrobenhausen diese in Leichtmetall mit einem Gewichtsgewinn von einem Kilogramm geändert. Wir entwarfen und bauten den Flugkörper als »Wegwerfwaffe«. Auf einem steifen, gewickelten Papprohr wurde ein Glasfaserflügel mit einem Styroporfüllstoff als Kern geklebt. Übrigens die ersten volltragenden Glasfaserflügel der Welt.[49]

Wirtschaftliche Basis war ein Konsortialvertrag zwischen den Firmen Oerlikon und Contraves, einer hundertprozentigen Tochter von Oerlikon für Elektronik, hochwertiger Radar- und Steuerungstechnik, sowie dem Ingenieurbüro Bölkow und Wolfgang Essen. Aus den Anfangsbuchstaben entstand dann auch der Name des Waffensystems: »COBRA« aus [C]ontraves, [O]erlikon, [B]ölkow und [Ra]kete.

Es war einerseits ein Problem, wie sich später herausstellte, aber im Grunde unser Glück für die spätere Entwicklung der Firma, daß damals keinerlei Zulieferindustrie vorhanden war. Wir waren also gezwungen, vieles selbst zu entwickeln. Wo wir auch vorsprachen und Partner für die Fertigung suchten, gab es nur Ablehnungen.

Wir begannen also, die meisten Teile selbst zu bauen: Rumpf, Flügel und die Steuerung mit dem Kreisel – mit rund 40 Mark Herstellungskosten übrigens der billigste Kreisel, den die Welt je gesehen hat.[50] Eine deutsche Firma hatte uns zuvor ein Angebot gemacht, einen Kreisel für 750 DM pro Stück zu bauen, jedoch nur bei einer garantierten Abnahme von 10 000 im Jahr. Solch ein Preis war natürlich für uns indiskutabel. Die Kreiselproduktion wurde übrigens jahrelang ein echter Renner: Wir haben später über 2000 Kurzzeitkreisel pro Monat in den Reinräumen des Werkes Nabern in verschiedenen Ausführungen gebaut. Der Antrieb war allerdings in der Zwischenzeit von Zugschnur auf Pulver umgestellt worden.

Auch Übungsgeräte zur Simulation des Steuervorgangs auf einem Fernsehschirm mit Hilfe eines Knüppelsteuergeräts wurden von uns entwickelt – man bedenke, daß es moderne Computer, Monitore und Joysticks damals noch nicht gab! Mit unserem Prototyp zogen wir dann durch Süddeutschlands Fernsehindustrie und suchten einen Lizenznehmer, der die Geräte bauen wollte. Wiederum kein Interesse. Ja, wenn wir die Anlaufinvestitionen bezahlen würden!
So ging es quer durch die ganze Technik des Geräts. Unsere Entwicklungsmannschaft lernte dabei außerordentlich viel und wurde technisch sehr vielseitig.
Aus einer anfänglichen Zwangslage entstand die Fähigkeit, ganze Systeme mit allen Einzelheiten zu entwickeln. Im Grunde stammt aus jener Zeit der qualitative Nukleus zu dem späteren Entwicklungszentrum Ottobrunn. Leider hat Bonn später teilweise erfolgreich versucht, zum Beispiel unsere Potenz auf elektronischem Gebiet zu beschränken – die Aufträge gingen dann aus fadenscheinigen Gründen an andere Firmen, angeblich weil bei Siemens oder Telefunken die Übertragung in den zivilen Bereich leichter durchzuführen sei. Am Anfang, als wir Partner suchten, hatten Siemens und andere aber keinerlei Interesse gezeigt, Teile der COBRA zu bauen, obwohl das von ihren Fertigungskapazitäten her ein Leichtes gewesen wäre. Aber man wollte sich nach dem Krieg die Hände nicht mehr »schmutzig« machen. »Nie wieder Waffen, wir verkaufen lieber Bügeleisen.«
1955 war das Jahr der ersten Erprobung. Wir bauten in Stuttgart und in Nabern, wo wir vorerst einen Betriebsteil von Wolf Hirth mieteten, die Flugkörper zusammen, verpackten sie in Kisten und deklarierten sie als Flugzeugmodelle, was ja sogar der Wahrheit entsprach. An der Schweizer Grenze war der Zoll bereits von Oerlikon unterrichtet. Die Kisten wurden gewogen, numeriert und durchgelassen.
In Oerlikon gingen wir in die Werkstatt und bauten die Raketenantriebe ein, wobei der Schwerpunkt mittels einer in Stuttgart gebauten Spezialwaage justiert wurde. Anstelle eines Sprengkopfes war dabei ein Dummy aufmontiert, damit das Gewicht stimmte.
Unser Testgelände war ein Schießplatz im Gebirge, den die Firma Oerlikon gepachtet hatte. Er lag hinter dem Kloster Einsiedel und hieß Ochsenboden. Dort probierten wir die Raketen aus. Die ersten paar funktio-

nierten nicht, aber allmählich haben wir dann Schritt für Schritt die Fehler beseitigt.

Unsere Versuchsmannschaft wurde langsam immer vollständiger. Beste fachliche Voraussetzungen boten ehemalige Kraftfahrzeugmeister sowie erfahrene Radiobastler, später übernahm ein aus dem Krieg erfahrener Flugkörperingenieur von Rheinmetall, Erich Prier, die Erprobungs-Leitung.

1955, wir steckten mitten in den Flugversuchen für die COBRA in der Schweiz, erreichte uns aus Bonn der Wunsch, wir möchten doch den wichtigsten deutschen Entwickler für Panzerabwehr-Hohlladungen des letzten Krieges, Diplomingenieur Franz Thomanek, eine Zeitlang die Möglichkeit einer Mitarbeit geben. Eigentlich hatten wir gar keinen Bedarf, da die für die COBRA vorgesehene Hohlladung laut unseren Abmachungen mit Oerlikon zu dessen Lieferumfang gehörte.

Ich stellte Thomanek, der in der Zwischenzeit Hohlblocksteine fabriziert hatte, trotzdem ein, denn ich nahm an, daß dadurch für uns Aufträge von Bonn hereinkommen würden. Es war eine gute Entscheidung: Franz Thomanek war ein hochbegabter, kreativer Ingenieur. Er galt in Deutschland sozusagen als Vater der Panzerabwehr-Hohlladung. Dabei handelt es sich um Sprengkörper, die durch einen Hohlraum im Inneren, der in geeigneter Weise geformt und ausgekleidet ist, eine erheblich höhere Wirkung erzielen als massive Sprengkörper. Thomanek hatte sich seit den dreißiger Jahren mit diesem Phänomen beschäftigt und entsprechende Hohlladungs-Munition entwickelt. Da unsere Panzerabwehrwaffen möglichst leichte Gefechtsköpfe erforderten, war es sinnvoll, dafür hochgenaue, komplex aufgebaute Hohlladungen mit hoher Leistung zu entwickeln.

Als sich Thomanek 1955 bei mir vorstellte, unterhielten wir uns lange miteinander. Unsere Hauptthemen waren die Panzerzerstörung und die Tieffliegerabwehr. Dabei fragten wir uns: Wozu muß man zum Beispiel bei der Panzerabwehr das ganze Objekt zerstören, im Grunde reicht es doch aus, den Panzer bewegungsunfähig zu machen? Zur Abwehr eines Panzerangriffs genügt schon die Zerstörung eines Kettengliedes bei jedem Panzer. Später nannte man so etwas »mobility kill«, und es ist zu erreichen mit relativ kleinen Ladungen, die man nach einer Zufälligkeitsverteilung über das gegnerische Gebiet streut. Wir berechneten auch die Wahrscheinlichkeiten eines solchen Treffers.

Eine andere Frage war: Was passiert, wenn man von oben kleine Hohlladungen statistisch streut, wie das heute der Tornado macht? Derartige Ladungen können die Panzer von oben her durchschlagen, weil dessen Decke meist nur zwei bis drei Zentimeter dick ist. Nach unseren Berechnungen und auch Versuchen machen 60 bis 70 Prozent der gestreuten Ladungen einen Panzer, wenn sie ihn treffen, bewegungsunfähig.[51]
Man kann damit zum Beispiel ganze Flugplätze unbrauchbar machen, nicht indem man Löcher in die Rollbahn sprengt, sondern indem man mit Hohlladungen durch die Rollbahndecke schießt und durch diese Einschußbahnen kleine Sprenggranaten nachschießt, die dann die Rollbahn leicht anheben. Einfache Sprenglöcher in der Rollbahn kann man ja relativ leicht wieder beseitigen. Man muß nur die hochgerissenen Trümmer beseitigen, füllt dann Steine und Kunststoff in die Löcher und planiert das Ganze. Innerhalb von zwei Stunden ist die Rollbahn wieder glatt. Wenn man aber die Rollbahn nicht durchlöchert, sondern anhebt, kann man sie nicht so leicht wieder instandsetzen.
Diese Überlegungen machten uns klar, wie stark sich die Wirkungsart unterschiedlichster Waffen auf die Lösung des Gesamtsystems auswirkt. Die Idee des Systemdenkens hat sich auch später in zivilen Fragen immer wieder bewährt.
Während wir die Umsiedlung nach Ottobrunn vorbereiteten, tauchte die Frage auf, ob Thomanek bei uns bleiben sollte und wenn ja, wo wir einen Entwicklungs- und Versuchsplatz für seine Arbeit finden könnten. Tatsächlich wollte ich auf seine Mitarbeit nicht mehr verzichten, und so war aus einer anfänglichen Gefälligkeit gegenüber Bonn wie von selbst ein echter Gewinn für unsere Entwicklungsmannschaft geworden. Thomanek fand schließlich das abgeschlossene Gelände einer Sprengstoffsäurefabrik aus dem Zweiten Weltkrieg im Hagenauer Forst bei Schrobenhausen, auf dem mehrere leere Gebäude standen. Der Eigentümer, die Industrie-Verwaltungs-Gesellschaft (IVG), vermietete uns das Gelände zunächst, Jahre später kauften wir es. Für Thomaneks Aufgaben ein idealer Platz. 1958 eröffnete er – zunächst nur mit einer Sekretärin und einem Mitarbeiter, sein Werk. Später arbeiteten dort 700 Leute, und es gehörte zu den Spitzenwerken auf dem Gebiet der Hohlladungen in der Welt.
Es wurde ein Zentrum für die Detonationsforschung für die Entwicklung vor Hohlladungen und anderen Wirkkörpern sowie bald auch für

die Produktion solcher Ladungen. Außerdem richteten wir dort unsere Serienfertigung für die Aluminium-Feststofftriebwerke der COBRA ein, später auch für Wirkladungen bis hin zum großen Kormoran-Gefechtskopf. Auch die Endmontage der Flugkörper von der COBRA bis zur großen Kormoran fand hier statt.

Mich faszinierten auf physikalischem Gebiet die Forschungsarbeiten, die Thomanek mit Manfred Held zur Analyse der Vorgänge des Hohlladungseffektes durchführte. Dabei verwendeten sie selbstkonstruierte Röntgenblitzanlagen, mit denen sie die Sprengkörper während der Detonation »durchleuchteten« und fotografierten.[52]

Mit Hilfe dieser Erkenntnisse gelang es uns, kleine Wirkkörper als abwerfbare Streukörper von nur vier Zentimetern Durchmesser zu entwickeln, die 25 Zentimeter dicken Hochleistungsstahl durchbohren konnten. Andererseits nahm aber auch unser Wissen über Gegenmittel gegen diese Waffen zu: Schließlich mußten wir Maßnahmen erfinden, um unsere eigenen Panzer zu schützen, falls im Lauf der Zeit ein eventueller Angreifer unsere Tricks ebenfalls anwenden würde. Dieser Fall trat tatsächlich sehr schnell ein.

Damit die Hohlladung ihre optimale Wirkung entfalten kann, ist es wichtig, daß der in ihrem Inneren entstehende »Stachel« aus flüssigem Kupfertropfen immer auf die gleiche Stelle des ausweichenden gegnerischen Materials trifft und sich dort hindurchbohrt. Stört man diesen Stachel, der aus vielen kleinen Kupfertropfen besteht, lenkt man ihn also ein wenig ab, versprüht er seine Wirkung. Um dies zu erreichen, gibt es viele Mittel. Das wirksamste ist eine kleine Sprengladung auf der Oberfläche des Panzers, den man schützen will. Ungefähr 1968/70 entwickelten wir als zweckmäßige Lösung eine Schicht empfindlichen Sprengstoffes zwischen den äußeren Blechplatten des Panzers – wie ein Sandwich –, eine Konstruktion von insgesamt etwa zehn Millimetern Gesamtdicke. In Vorführungen konnten wir damit die Abwehr von Hohlladungen sehr erfolgreich demonstrieren.

Jede Waffe erfordert neue Gegenmaßnahmen. Diese verlangen erneut eine Antwort, und so schaukelt sich oft die Technik auf. Da wir davon ausgehen mußten, daß auch ein eventueller Gegner auf die Idee der Doppelpanzerung verfallen würde, entwickelten wir nun die Gegenmaßnahme zur Gegenmaßnahme: Schon Anfang der siebziger Jahre konnten wir zeigen, daß man mit einer Vorausladung an der Spitze des Geschosses diese doppelte Platte dazu bringt, durch Zündung ihres Sprengstoffes sich selbst abzuräumen und so den Weg für die nachfolgende Hohlladung freizugeben.

All dies waren naturgemäß Geheimpatente, die wir intensiv unter Verschluß halten mußten. Unser Vorschlag, zur Abwehr von Hohlladungen

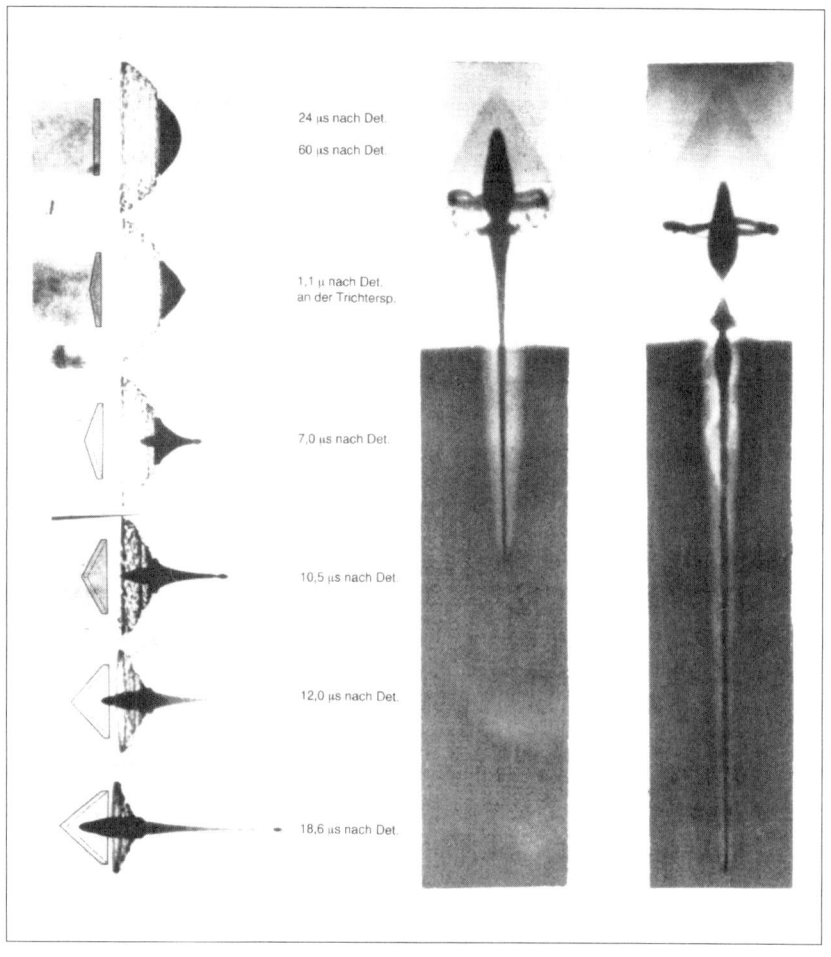

Mittels Röntgenblitzaufnahmen ist es möglich, die sehr schnellen Vorgänge bei der Auslösung einer Hohlladung sichtbar zu machen. Das linke Bild zeigt die Ausbildung des Stachels in wenigen Millisekunden nach der Detonation. Das rechte Bild läßt das Eindringen des aus flüssigen Kupfertropfen bestehenden Stachels mit Bildung eines Lochkanales erkennen.

einzelne Platten von außen auf die Panzer aufzuhängen, stieß in Bonn jedoch auf Ablehnung mit der Begründung, daß man damit den Panzer einem zweiten Treffer schutzlos ausliefern würde. Mein Vorschlag, erst einmal zu untersuchen, wie oft ein Panzer im Gefecht erfahrungsgemäß mehrfach an gleicher Stelle getroffen werde, wurde gar nicht erst aufgegriffen. Ein bißchen übernahm man von unserem Wissen um die Physik der Hohlladung allerdings später doch noch: Die Stirnplatten des Schützenpanzers Leo II wurden nach unseren damaligen Vorschlägen gestaltet. Wir haben sogar eine Lizenzgebühr dafür erhalten.

Auf irgendeinem Wege haben die Israelis von der Sache erfahren. Sie wußten ja über Treffer im Gefecht vor allem seit dem Jom-Kippur-Krieg 1967 besser Bescheid als die Hardthöhe. Und sie bauten den von uns entwickelten Schutz; im Libanon-Feldzug 1983 hat er sich hervorragend bewährt. Bei dieser Gelegenheit fielen einige so ausgerüstete israelische Panzer der anderen Seite und damit den anwesenden Russen in die Hände. Die Folge war, daß die russische Armee ihre Angriffspanzer in unglaublich kurzer Zeit mit unserem Hohlladungsschutz nachrüstete. Die Patentschriften konnte man damals schon seit längerer Zeit kaufen, der Geheimschutz war unverständlicherweise von Bonn aufgehoben worden. Die Patente waren »unclassified«, wie es neudeutsch so schön heißt.

Die von uns später gebauten Panzerabwehrwaffen MILAN und HOT mußten aufgrund dieser gegnerischen Nachrüstung in ihrer Wirksamkeit erheblich verbessert werden. Wir mußten also 15 Jahre später dort wieder ansetzen, wo wir Anfang der siebziger Jahre hatten aufhören müssen.

Insgesamt lernte ich aus diesen Arbeiten, daß im konventionellen Bereich die Verteidigung mit weniger Aufwand rationell und wirksam zu gestalten ist als der Angriff, vorausgesetzt, man glaubt nicht an eine Automatik und gesteht dem Menschen eine aktive Rolle zu. Beim Duell Panzer gegen Wirkungsladungen ist jedoch meines Erachtens die Hohlladung, wenn man sie richtig auslegt, im Rahmen des Gesamtsystems überlegen.

Franz Thomanek verließ erst in den siebziger Jahren Schrobenhausen, er lehrte dann Detonationsphysik, nahm schließlich eine Dozentenstelle in Vancouver, Kanada, an und siedelte um. Als er an Krebs starb, wurde er in Schrobenhausen begraben. Dieser Ort war dem Österreicher in

30 Jahren erfolgreicher Arbeit wohl zur zweiten Heimat geworden. Für mich war Franz Thomanek einer der phantasievollsten und angenehmsten Mitarbeiter. In Schrobenhausen nannte man ihn respektvoll »Kaiser Franz«.

Ich und meine Mitarbeiter haben viel von ihm für die Gestaltung von Verteidigungssystemen gelernt. Das Zusammenspiel der verschiedenen Komponenten wie Taktik, Technik und Wirtschaftlichkeit in einem mathematischen Modell zu erfassen, gelingt nur bei engster Zusammenarbeit einer Mannschaft, wie wir sie damals hatten. Ein einzelner hat normalerweise in seiner biologischen Beschränktheit gar nicht die Möglichkeit, alles gleichzeitig zu erfassen. Um das zu begreifen, hilft keine Theorie weiter, man muß es erleben. Wir hatten das Glück.

Zurück zur COBRA. Nach der zweiten Ochsenboden-Kampagne, ab Produktionsnummer 20, fingen die Geräte an, »steuerbar« zu werden. Mich ärgerten jedoch die vielen Fehlversuche, die bei der Erprobung nötig wurden, und der dadurch entstandene Schrott. Fast immer waren wir darauf angewiesen, zu raten, was jeweils der Grund des Versagens war. Ich wollte aber Tatsachen und exakte Meßergebnisse und mich nicht auf Vermutungen verlassen. Deshalb erdachten wir eine Möglichkeit, wie man die Vorgänge an Bord des Flugkörpers während der Steuerphase registrieren und zum Boden übermitteln könne. So entwickelten wir unsere eigene Telemetrie. Über den Steuerungsdraht empfingen wir sozusagen nach rückwärts Meßwerte über die Vorgänge an Bord.

Wer aber sollte uns die Telemetrieanlagen bauen? Eine Anfrage bei Telefunken in Ulm wurde als erstes mit der Gegenfrage beantwortet, wieviel Stück wir benötigten. Unsere Antwort »ungefähr fünf im Monat« beendete die Sache abrupt. Schließlich begannen wir wieder einmal selbst, auch die Telemetrie zu bauen. Es sollte später eine große Abteilung in Ottobrunn werden, die sowohl für die Europarakete Ariane als auch für das Kampfflugzeug Tornado die telemetrischen Einrichtungen entwickelte – mit Hunderten von Meßwerten, die übertragen wurden.

Bei späteren Entwicklungen zeigte sich, welch großen Wert die Telemetrie hatte. Wir waren beim Panzerabwehr-Flugkörper P 115 schließlich so weit, daß wir schon nach vier Flügen bei der Erprobung der Neuentwicklung so viel wußten wie vier Jahre zuvor nach ungefähr 200 Fehlversuchen.

Im Lauf des Jahres 1955 kamen dann auch die ersten Beamten der im

Aufbau befindlichen technischen Abteilungen des späteren Verteidigungsministeriums aus Koblenz und Bonn zu uns auf den Schießplatz in der Schweiz. Wir begannen mit Verhandlungen in Bonn.
Inzwischen fielen natürlich laufend Kosten an. Aus den Einkünften meines weiterhin voll arbeitenden Ingenieurbüros waren sie nicht zu erbringen. Wolfgang Essen, der immer mehr Geld lockermachte, ohne in naher Zukunft Gewinne zu sehen, wurde langsam unruhig. Auf meine Bitte um einen kaufmännischen Mitarbeiter brachte er mich in Verbindung mit Richard Schreiber, der in München in der Plastikindustrie arbeitete. Er trat später in unsere Firma ein und hat sich vor allem, was die Verbindung zu Bonn angeht, große Verdienste erworben.
Vorerst galt es aber, die Haftung von Wolfgang Essen zu beschränken. Wir gründeten deshalb 1955 gemeinsam eine Kommanditgesellschaft, die Bölkow Entwicklungen KG. Essen war Kommanditist, ich vollhaftender Komplementär. Peter Nauschütz wurde technischer Prokurist. Essen hat dann, wie schon gesagt, seine Einlage schrittweise bis 1957 auf nicht ganz eine Million erhöht. Für Bonn war die Kommanditgesellschaft ein beliebterer Vertragspartner als das Ingenieurbüro Bölkow (IBB). Warum, konnte ich nie ermitteln.
Schließlich, nachdem wir bereits erhebliche Vorleistungen erbracht hatten – es waren immerhin schon rund 1000 Raketen gebaut, vorgeführt und damit gezeigt, daß das System gut war –, gelang es Ende des Jahres 1956, mit dem Bundesministerium für Verteidigung einen Vertrag über die Lieferung der ersten 2000 COBRAs abzuschließen. Damit war ich zunächst aus dem Schneider: Ich konnte viele Schulden aus der Vergangenheit bezahlen.
Wir erhielten dann als nächsten Schritt um die Jahreswende 1955/56 den ersten Entwicklungsauftrag, den das Verteidigungsministerium der Bundesrepublik Deutschland nach seiner Errichtung vergab. Nr. 1/55, eine Voruntersuchung für die Bekämpfung von Tieffliegern, der Auftragswert DM 100 000,–, unsere P 250, die später mit der Nord Aviation zum Flugabwehrsystem »Roland« führte.
Kaum war der Auftrag erteilt, flatterte mir ein Mahnschreiben von General Vorwald aus Koblenz auf den Tisch. Der entscheidende Satz – wohl nicht ganz ohne Mitwirkung der »Konkurrenz« entstanden: »Ich... weise schon jetzt darauf hin, daß ich Entwicklungsaufträge nur

solchen Firmen geben kann, die ein leistungsfähiges Entwicklungsbüro und einen entsprechenden Produktionsbetrieb gleichzeitig besitzen.«

Eine lustige Situation für uns. Wir hatten auf unser eigenes Risiko ein leistungsfähiges Entwicklungsbüro aufgebaut, die Konkurrenz hatte aber in der Zeit auch noch keine leistungsfähigen Fertigungswerkstätten. Die großen alten Flugzeugfirmen aus der Zeit vor dem Zweiten Weltkrieg verhandelten damals gerade wegen hoher Kredite der Kreditanstalt für Wiederaufbau (KFW), um damit solche Fertigungswerkstätten zu errichten. Aber trotz allen Ärgers, immerhin hatten wir nun unseren ersten Entwicklungsauftrag. Er stärkte unser Selbstvertrauen.

Etwas enttäuscht war ich dann aber, als ein Investitionskredit abgelehnt wurde, über den ich in Stuttgart mit dem Landesgewerbeamt verhandelte, um mich in Nabern anzusiedeln.[53]

Fritz Walter, früher im Vorstand der Firma Klemm, versuchte der mißlichen Situation ein Ende zu bereiten, indem er alle Parteien an einen Tisch brachte. Er tat dies einerseits aus eigener Überzeugung, andererseits als Regierungsberater in Württemberg. Sein Plan sah so aus, daß die Südfirmen Heinkel, Messerschmitt und Dornier gemeinsam mit mir ein größeres Entwicklungsbüro gründen und ihre Fertigungsstätten in eine gemeinsame Gesellschaft einbringen sollten. Walter hoffte, daß daraus ein starkes, international konkurrenzfähiges Unternehmen aufgebaut werden könne.

Ich selbst brachte nach meinen ersten Gesprächen mit Dr. Weinhard in Paris auf dem Aero-Salon 1957 dann noch die Firma SIAT-WMD ins Gespräch. Von diesem »Neuling« wollten die anderen Beteiligten jedoch überhaupt nichts wissen.

Anfang Dezember 1957 kam es dann zu einem von Fritz Walter arrangierten Treffen in Heinkels Wohnung in Stuttgart. Es ging im großen und ganzen sehr friedlich und damit auch nichtssagend zu. Die einzige überraschende Nachricht kam von mir: Ich kündigte an, daß ich unseren Entwicklungsbetrieb im nächsten Jahr nach München – genauer gesagt nach Ottobrunn – verlegen würde.

Später führten Gespräche in München zur Gründung des Entwicklungsrings Süd, aber dazu später mehr. Zunächst war mein Problem immer noch: Um die bestellten 2000 Raketen herstellen zu können, brauchte ich dringend eine Fertigungsstätte. Jedoch mein Versuch, das nun einigermaßen fertig entwickelte Produkt in Lizenzfertigung zu vergeben,

mißlang wie bereits früher schon der gleiche Versuch bei den Einzelkomponenten. Trotz aller Hilfen des Ministeriums biß niemand an.
Die Entwicklungsabteilung des Ministeriums unter Leitung von Albert Wahl gab sich alle Mühe, ich selbst fuhr mit der COBRA durch die ganze Bundesrepublik – kein Betrieb interessierte sich für die Fertigung. Eine Rakete aus gewickelten Papprohren mit angeklebten Flügeln, ein wenig Elektronik und aufgewickelten Steuerdrähten war ihnen allen unheimlich.
1957 kam der damalige Verteidigungsminister Strauß nach Stuttgart und sprach mit mir über das Problem: »Wo wollen Sie die Raketen denn bauen lassen?«
Ich antwortete: »Ich finde einfach niemand, der dazu bereit wäre!«
Einer der Begleiter von Strauß hörte meine Klage, und er meinte: »Warum bauen Sie die Raketen denn nicht selbst? Sie haben doch schon eine große Halle in Nabern gemietet?«
Und so haben wir dann die Produktion in Nabern begonnen. Ein schwieriger Entschluß angesichts unseres geringen Eigenkapitals. Erst mietete, später übernahm ich von Wolf Hirth das Werk in Nabern bis auf eine kleine Halle, in der sein Reparaturbetrieb vorerst weiterlief. Im Grunde genommen waren es anfangs nur ein paar alte Scheunen, die ich mit waghalsigsten Finanzierungsmanövern übernehmen konnte. Alles nur auf Pump.
Aber so hat der Aufstieg meiner Firma schließlich begonnen. nach und nach wurde der Betrieb immer größer, und bald arbeiteten 2000 Leute bei uns.
Zunächst hatten wir die Triebwerke für die COBRA noch aus der Schweiz bezogen. Bei unseren Bemühungen, Gewicht einzusparen, beschlossen wir, dies auch bei den Raketentriebwerken zu tun. Schließlich hatten wir ja ein System geplant, bei dem zwei Raketen von einem ansonsten noch mit einer Maschinenpistole bewaffneten Soldaten im Gefecht getragen werden sollten. Ebenso sollte das Steuerungsgerät zusammen mit einer weiteren Rakete von einem Mann getragen werden. Insgesamt bildeten also fünf Raketen und das Steuerungsgerät eine Einheit, die von drei Mann transportiert werden konnte.
Unsere Anforderungen an das Gewicht konnten oder wollten die Mitarbeiter von Oerlikon aber nicht erfüllen, so daß wir schließlich begannen, auch noch die Triebwerke selbst zu bauen, und zwar aus Gründen der

Gewichtsersparnis mit einem Aluminium- anstelle eines Stahlgehäuses. Dies war nicht einfach, denn Aluminium kann sehr hohe Temperaturen nur für ganz kurze Zeit aushalten. Das Pulver für die Antriebe bezogen wir aus Italien von Bombrini Parodi Delfino (BPD), was aber nicht ganz ungefährlich war. Wir transportierten anfangs während der Versuche die Brandsätze nachts im Schlafwagengepäck über die Grenze. Den Bau der Triebwerke nahmen wir dann 1959 in Schrobenhausen auf.

Auch was die Art des Abschusses betraf, haben wir eine Menge neuer Ideen realisiert: So sprangen unsere Flugkörper mit einer schräg nach unten ausblasenden Startrakete vom Boden hoch, mit einer kleinen Verzögerung zündete dann das Marschtriebwerk. Wir setzten uns meist am Samstag zusammen und berieten über neue Ideen. Gerade dieses ständige Ringen um Lösungen hat unsere Mannschaft sehr zusammengeschweißt.

Aus einer Zeitungsnotiz hatte ich zum Beispiel einmal erfahren, daß es in England einen neuartigen Kunststoff geben sollte, der für unsere Zwecke – zur Isolierung der Raketen-Aluminiumgehäuse gegen die hohen Brenntemperaturen – günstig erschien. Wir schafften es schließlich, bei der nächsten Samstagssitzung einen telefonischen Kontakt mit der Firma herzustellen, die das Material produzierte. Wir legten unser Geld zusammen, und Dreyer, unser Triebwerksentwicklungsleiter, flog am Sonntag-Morgen nach London und holte eine Probe ab.

Im Rahmen der Arbeit an COBRA bauten wir gute Beziehungen zu Israel auf. Adenauer und sein Verteidigungsminister Strauß hatten den Israelis 5000 COBRAS geschenkt. Deshalb mußten wir sie anlernen, und dazu mußten sie uns besuchen. Aber wie sollten wir das tarnen? Eines Tages beschloß ich einfach, sie als Nigerianer zu bezeichnen. Sie kamen nach Nabern, und wir führten dort die Schulung durch. Einer meiner Mitarbeiter war darüber sehr erstaunt: »Wir haben doch noch nie COBRAS nach Nigeria geliefert?«

Bei den Israelis kannte ich bald die halbe Regierung. Wenn wir sowjetische Panzer zum Testen unserer Panzerabwehrwaffen brauchten, nahmen wir Kontakt über den Militärattaché auf.

Nach dem Sechs-Tage-Krieg 1967 schickten wir ein paar Leute nach Israel, die nachsehen sollten, welche Waffen die Sowjets hatten. Die Russen hatten ja mehr als tausend Panzer an die Araber geliefert, und die Israelis hatten einige hundert davon erbeutet. Sie standen damals in

der Wüste herum. Wir suchten einen aus, der noch fahren konnte, legten unsere Mine davor, einer startete den Panzer, sprang raus, und wir beobachteten, was mit dem Panzer passierte, als er auf die Mine fuhr.
Zusammen mit den Israelis haben wir viel entwickelt, zum Beispiel Verbesserungen von Hohlladungen. Wir packten eine Kiste davon in unseren Privatjet und flogen nach Israel. In der Sinaiwüste schossen wir die Sprengköpfe auf erbeutete sowjetische Panzer, machten unsere Spreng- und Schießversuche. Wo sonst sollte ich denn hingehen, um unsere Waffen an russischen Panzern zu erproben? Natürlich zu den Israelis. Ich brauchte für die Erprobung russische Panzer, zumindest Panzerruinen. So haben wir damals unsere Gefechtsköpfe erprobt. Als Gegenleistung haben wir natürlich unsere Zeichnungen dort vergessen.
Das COBRA-System hat uns gezwungen, viel zu lernen. Für mich und meine Mitarbeiter kamen zwangsläufig ganz neue Aspekte ins Spiel. Es kam nicht nur darauf an, das gesamte System zu durchdenken, sondern wir mußten uns nun auch um Fragen wie Ersatzteilbeschaffung, Logistik, Zuverlässigkeit und Überwachung der Lagerung kümmern. Wenn man solche Raketen ein paar Jahre lagert, muß man sie ja inzwischen immer wieder neu erproben und auf ihre Zuverlässigkeit testen. Außerdem erfordert die Einführung eines neuen Waffensystems bei der Bundeswehr Prüfvorschriften, Wiederholungsprüfungen mit genau festgelegter Statistik, Richtlinien für Wartung und Lagerung, Prüfgeräte, Schulungsgeräte wie Steuerungssimulation und Lehrmaterial.
Damals entstand bei uns der Begriff des »Waffensystems«. Bei der COBRA handelte es sich noch um eine relativ einfache Waffe. Wir konnten an ihr so viel lernen, daß wir dann bei den späteren Waffensystemen wie MILAN, HOT usw. genügend Erfahrungen hatten. Insbesondere in Konkurrenz zu den Franzosen hat uns das später sehr geholfen.
Während ich anfangs noch fleißig selbst mitkonstruierte, begann ich Mitte der fünfziger Jahre, mich mehr und mehr darauf zu konzentrieren, die Gesamtsysteme zu durchdenken und zu entwerfen und die Mitarbeiter zu motivieren. Meine Tätigkeit zu jener Zeit bestand eigentlich in erster Linie darin, stets neue Aufgabenstellungen zu suchen. Ich versuchte immer, die Dinge als Teile eines Gesamtsystems zu sehen und mich nicht in Einzelheiten zu verzetteln.
Später wurde ich oft gefragt, ob ich es nicht irgendwann bereut habe,

gerade in die Waffenbranche eingestiegen zu sein. Ich habe darauf immer geantwortet: nein. Die Idee, daß wir in der konventionellen Verteidigung stark sein mußten, um einen Atomkrieg zwischen den Großmächten zu verhindern, hat meine ganze Arbeit bestimmt. Und ich bin sicher, daß ich mit unserer Arbeit einen wichtigen Beitrag zur Sicherung des Friedens geleistet habe. Denn über eines waren sich die Sowjets – sie haben unsere Arbeit immer sehr genau beobachtet – völlig im klaren: Gegen eine Bundeswehr, die über die COBRA, die MILAN und die HOT verfügt, ist eine Invasion kein Spaziergang mehr.

Von Stuttgart nach Ottobrunn –
Der »Entwicklungsring Süd«, Arge »EWR«

Ende der fünfziger Jahre beschäftigten wir bereits an die 2000 Mitarbeiter. Es wäre unverantwortlich gewesen, wenn wir uns nur auf ein einziges Produkt, die COBRA, verlassen hätten. Die Größe des Betriebes erforderte inzwischen zur Sicherung einigermaßen stabiler Beschäftigung über die COBRA mit allen ihren Systemteilen hinaus eine Reihe zusätzlicher Produkte. Um dabei verwandte Technologien auszunutzen, entwickelten, erprobten und fabrizierten wir Stereoanlagen, Diktiergeräte, Heizkörper. Den Vertrieb übernahmen Fachfirmen und der Versandhandel.

Fast alle Geräte, die wir produzierten, erlitten das gleiche Schicksal. Zuerst kam die Neuheit gut an. Nach ein bis zwei Jahren, kaum daß unsere Entwicklungskosten eingespielt waren, verbesserte die Konkurrenz ihre Produkte auf unseren Stand und setzte sich dann durch ihre erprobten Absatzorganisationen gegen uns durch. Das war zwar ärgerlich, aber für uns waren dies keine Schwerpunktsprodukte, die eine ganze Mannschaft Tag und Nacht beschäftigt hätten. So schliefen die »Nebenprodukte« nach anfänglichen Erfolgen immer wieder ein. Es fehlten die »Marktnähe« und ein guter Vertrieb.

Ähnlich erging es uns mit unserem Meßsystem 2000, das wir im Rahmen der Telemetrie unserer Flugkörper entwickelt hatten. In bezug auf seine Meßfrequenz und seine Vielfältigkeit füllte es eine Marktlücke. Die Industrie hatte das schnell erkannt, und wir erzielten mit dem System gute Markterfolge. Da unsere Priorität bei den Flugkörpersystemen lag, die wir mit zunehmendem Erfolg in immer größeren Stückzahlen herstellten, hatten wir bei diesem Telemetrieteil bald zunehmend Lieferschwierigkeiten.

Als ich deshalb ein Angebot zu Koproduktion und Lizenzvergabe von Siemens erhielt, stimmte ich erleichtert zu. Die Folge war wieder einmal: Zuerst nahmen die Produktionszahlen zu. Sobald aber unser Partner Zeit hatte, entwickelte er die Geräte weiter und brauchte uns nicht mehr. Alle Kenner dieser Industriesparte lächelten: »Wir haben euch ja gewarnt!«

Da das Verteidigungsministerium anfangs nur über relativ bescheidene Haushaltsmittel verfügte, aber dennoch großzügig, wenn auch langwierig, mit uns über Aufträge verhandelte, mußten wir die Entwicklungsarbeiten meist vorfinanzieren. So war die Finanzdecke unserer Firma im allgemeinen recht dünn. Eine wirkliche Liquiditätskrise entstand aber erst 1963.

Wir hatten damals ungesicherte Bankkredite von über 60 Millionen Mark. Ein großer Auftrag über 5000 COBRAs samt dazugehörigen Systemanlagen für die Bundeswehr war erteilt, aber die für die Bezahlung nötigen Papiere waren schon seit Monaten im Verteidigungsministerium in Umlauf, ohne daß das Geld freigegeben wurde. Die von uns gelieferten Geräte hingegen waren, welch ein bürokratischer Hohn, zum Teil schon abgenommen und als unscharfe Munition bei Übungsschießen verschossen worden.

Eines Tages rief mein Prokurist Richard Schreiber an, er sei in der Stadt bei der Dresdner Bank. Deren Filialleiter Haeusgen habe ihm soeben eröffnet, daß er unseren Kredit von 30 Millionen »kurzfristig« kündigen müsse. Er sei diesbezüglich von Frankfurt angewiesen worden. Die Bank wolle sich in der Luftfahrt auf ein oder zwei größere Unternehmen konzentrieren. Dabei waren der Frankfurter Zentrale natürlich alte Firmen wie Weserflug (später VFW) oder Messerschmitt mit risikolosen Lizenzfabrikationen lieber.

Ich war wie erstarrt und bat Schreiber, er solle sich mit Herrn Haeusgen für ein Uhr wieder verabreden. Er erhielte dann von mir Nachricht.

Was sollte ich tun? Wo sollte ich plötzlich einen neuen Kredit über 30 Millionen hernehmen? Die Gedanken wirbelten mir durch den Kopf. Wer steckte wohl hinter diesem Coup der Dresdner Bank? Wer wollte uns fertigmachen?

Innerhalb weniger Minuten hatte ich mir einen Plan zurechtgelegt: Ich rief Hans Christoph Freiherr von Tucher an, den Sprecher der Bayerischen Vereinsbank, bei der schon ein ungesicherter Kredit von 33 Millionen auf unseren Namen lief, und bat um einen sofortigen Termin.

Dann sprang ich ins Auto und fuhr zur Vereinsbank. Dort schilderte ich Baron Tucher unsere Lage. Er, ein rundlicher, sehr bayerischer Herr mit

hellgrauem Schnauzbart, hörte sich die Sache an und schüttelte immer wieder den Kopf. Zur Untermauerung meiner Ausführungen zeigte ich ihm den Auftrag des Verteidigungsministeriums und die Protokolle der bereits abgenommenen, gelieferten Flugkörper. Dann ließ er sich mit der entsprechenden Stelle in Bonn, dem Abteilungsleiter Knieper, verbinden. Dieser bestätigte meine Darlegung.
»Weiß Haeusgen dies?« fragte Baron Tucher, als ich meine Ausführungen zu Ende gebracht hatte.
»Ja.«
Er räusperte sich: »So kann man mit jungen Betrieben nicht umgehen.«
Er rief seinen Sekretär, von Reuß, und ließ sich ein Scheckbuch bringen. Gleichzeitig mußte ich im Vorzimmer von Haeusgens anrufen, wo inzwischen Schreiber saß und wartete. Man konnte über die Straße hinüber fast dort ins Zimmer sehen. Baron Tucher bat mich, nach dem Stand unseres Kreditkontos zu fragen. Er schrieb dann einen Scheck über diese Summe aus und ließ ihn sofort zu Richard Schreiber hinüberbringen.
Die Firma war gerettet. Ich atmete auf. Gleichzeitig wurde mir aber bewußt, was das bedeutete: Ich stand nun bei der Bayerischen Vereinsbank mit 63 Millionen Mark in der Kreide. Alles war ein reiner Personenkredit, noch ohne zedierfähige Sicherheiten.
Die Woche darauf flog ich mit Baron Tucher nach Bonn auf die Hardthöhe zu Abteilungsleiter Knieper. Dieser sicherte die Beschleunigung des Papierkrieges zu. Ich selbst war immer noch ganz erschüttert vom Vertrauen von Tuchers. 63 Millionen Mark persönlicher Kredit als voll haftender Komplementär der Firma mit inzwischen über 3000 Mitarbeitern!
Diesen Mitarbeitern ist noch heute für ihr Aushalten zu danken. Gehälter zahlten wir in jenen Wochen ratenweise. Gläubiger ließ ich von einem Spezialbüro, geleitet von Ilse Schulz unter Richard Schreiber, immer wieder hinhalten. Trotz der Probleme genossen wir offenbar allseits großes Vertrauen. Dies war es wohl auch, was unsere Mannschaft zusammenschweißte.
Mir war immer noch nicht klar, was hinter der Kreditkündigung steckte. Ich stellte Nachforschungen an, und so gab es einige Vermutungen, die zu Neidern führten. Von Tucher bat mich jedoch, nicht mehr weiter herumzuhören. Ich solle die ganze Sache positiv nehmen und an die Zukunft denken. Er sollte für mich in den folgenden Jahren zunehmend zu

einem Vertrauten werden, der mich sowohl menschlich als auch banktechnisch wie finanziell immer wieder ganz hervorragend beraten hat.

Rund zehn Jahre nach Ende des Krieges regte sich allmählich wieder etwas in der deutschen Luftfahrtindustrie. Nach wie vor gab es die klassischen Flugzeugbaufirmen: Heinkel, Dornier, Messerschmitt, VFW und die Hamburger Flugzeugbau HFB. Ich persönlich hatte die alten Kontakte nicht mehr gepflegt, weil ich gar keine Flugzeuge mehr bauen wollte.

Als im Frühjahr 1957 die Flughafenverwaltung Stuttgart meinem Entwicklungsbüro wegen Eigenbedarfs den Mietvertrag kündigte, wurde ein Umzug unvermeidlich.

Eines Tages kam mir ein Prospekt in die Hand, in dem ehemalige Rüstungsbetriebe aufgezeichnet waren, für die Mieter gesucht wurden: Wolfratshausen, Schrobenhausen – beide schaute sich mein Mitarbeiter Franz Thomanek an –, Peter Nauschütz und ich besuchten Ottobrunn bei München. Es bestand aus einem Gelände mit Ruinen und einigen Gebäuden. Im Grundbuch stand, daß es vom Reich in Anspruch genommen werden könne gemäß dem Reichs-Leistungs-Gesetz. Die Amerikaner hatten dieses Gesetz nicht aufgehoben, weil sie damit die Möglichkeit behielten, über bestimmte Gelände jederzeit zu verfügen. Das Baurecht lag somit beim Bundesfinanzministerium.

Das Gelände in Ottobrunn erschien mir für unseren Entwicklungsbetrieb gut geeignet, und so endete die Suche nach einem neuen Standort schließlich mit der Entscheidung, dorthin umzuziehen.

Die Zeit des bayerischen SPD-Ministerpräsidenten Högner war damals vorbei, auch die Spielbanken-Affäre. Nun war in Bayern die CSU an der Regierung, deren Zustimmung brauchten wir aber nicht. Unser Entschluß wurde allerdings sehr begrüßt.

Im Grunde zogen wir auch deshalb von Stuttgart weg, weil das Land Baden-Württemberg sich nicht sehr entgegenkommend gezeigt hatte. Später, als wir Tausende von Mitarbeitern beschäftigten, hat die dortige Landesregierung mir gegenüber bedauert, daß man uns nicht gehalten hatte.

Am 28. November 1958 fuhr in Stuttgart der letzte Möbelwagen nach Ottobrunn ab. Dort war der offizielle Arbeitsbeginn drei Tage später, am 1. Dezember 1958.

Noch in Stuttgart war mein Entwicklungsbüro vom Verteidigungsministerium damit beauftragt worden, Vorstudien zu einem senkrechtstartenden, unbemannten Lenkwaffenträger zu entwerfen. Die Grundidee kam aus Frankreich von dem früheren Raketentriebwerksentwickler bei BMW, Graf Zborowski.[54]

Bei unserem Entwurf bestand der Antrieb aus einer Kombination von Turbostrahltriebwerk und Staustrahltriebwerk für die höheren Geschwindigkeiten (Überschall). Es war ein Flugzeug, das wie eine Rakete auf dem Schwanz steht, senkrecht hochsteigt und ebenso wieder landet. Wir arbeiteten die Idee aus und schickten sie ans Ministerium. Ich erhielt daraufhin die Antwort, das System werde abgelehnt, gleichzeitig aber erhielt ich die Einladung, es doch noch einmal in einem größeren Kreis im Ministerium zu diskutieren.

Messerschmitt und Heinkel beschäftigten sich mit bemannten Senkrechtstartern. Siegfried Günter von der Firma Heinkel schlug deshalb ein Flugzeug mit zwei Flügelpaaren vor, an deren Enden schwenkbare Triebwerke für Start und Horizontalflug angebracht waren.

Hans Hornung von Messerschmitt erdachte einen Entwurf, bei dem sich alle Triebwerke im Rumpf befanden. Zum Senkrechtstart wurde der Schub im Schwerpunkt erzeugt, danach für den Vorwärtsflug der Strahl durch Umlenken nach hinten geführt.

Ich fand es äußerst belebend, bei diesen Planspielen unbefangen mitzudiskutieren. Das »dicke« Ende kam jedoch bald.

Für Ende des Jahres 1958 wurde eine große Sitzung zur Diskussion der zukünftigen Verteidigungsstrategie beim Inspektor der Luftwaffe in Bonn angesetzt. Im Dezember fand diese sogenannte »Interzeptor-Besprechung« mit Verteidigungsminister Franz Josef Strauß, den Generalen Kammhuber und Panitzki sowie dem Abteilungsleiter Technik des Verteidigungsministeriums, Theodor Benecke, und Firmenvertretern statt. Ich versuchte, mich davor zu drücken unter dem Hinweis, daß ja unsere Studie eines unbemannten Lenkwaffenträgers kein Thema der Luftwaffe mehr sei. Mir wurde aber bedeutet, man erwarte meine Anwesenheit.

In großer Runde – ungefähr 25 Teilnehmer waren erschienen – wurde dann vorgetragen. Das Thema: Wie könnte man sich ein Kampfflugzeug, dessen Flugleistungen dem späteren Starfighter F-104 entsprachen, als Senkrechtstarter vorstellen?

Ich wurde gebeten, über unsere von den anderen Firmen sehr kritisch betrachtete »Lenkwaffenträger« zu berichten. So trug ich mein Konzept vor. Alle fanden es sehr eindrucksvoll, aber der Vorschlag war ja schon abgelehnt worden.

Siegfried Günter trug den Heinkel-Entwurf vor, der vier schwenkbare Triebwerke vorsah und eine Entwicklungszeit von zwei bis drei Jahren schätzte.

Danach kam Willy Messerschmitt an die Reihe. Sein Konzept war noch komplizierter. Er stellte sich vor, daß vier Triebwerke im Rumpf ihren Schub nach unten, senkrecht unter dem Schwerpunkt, und dann mit Umlenkblechen nach hinten konzentrieren sollten. Er schätzte ebenfalls eine Entwicklungszeit von zwei Jahren.

Als alle fertig waren, kam die von mir schon lange erwartete kritische Frage nach den Kosten. Messerschmitt antwortete zuerst: »Mit einer kleinen Mannschaft wie damals bei der Entwicklung der Me 109 benötigen wir für zwei Prototypen ungefähr 25 Millionen Mark.«

Bei dieser sensationell niedrigen Schätzung blieb mir fast die Spucke weg. Ich konnte nur den Kopf schütteln. Aus meinen ganzen industriellen Erfahrungen und aus allem, was ich aus den USA über die dort entwickelten Senkrechtstarter wußte, konnte ich mir sagen, daß man schon sehr geschickt sein mußte, um zwei Prototypen für den zehnfachen Betrag zu bauen und zum Fliegen zu bringen.

Getuschel am Tisch des Vorsitzenden, Kopfschütteln, Nachfrage – jedoch Messerschmitt blieb bei seiner Aussage und wirkte schon etwas gereizt.

Strauß beriet sich nun kurz mit Theodor Benecke und meinte dann, ein Betrag von 25 Millionen erscheine ihm etwas niedrig. Er würde gerne wissen, was der Herr zu Messerschmitts Rechten – das war ich – dazu sage. »Was würden denn Sie verlangen?« fragte er mich dann ganz direkt.

Ich wollte zuerst nicht so recht mit der Sprache heraus und wandte mich direkt an meinen Nachbarn, Professor Messerschmitt. Dies ließ Strauß aber nicht zu. Er bat mich höflichst, direkt zu antworten. Vorsichtig trug ich die Schätzung vor, auf die meine Mannschaft gekommen war: »Mindestens 250 Millionen.«

Messerschmitt ging hoch: »Immer haben Sie so viel Geld verlangt!« Ich darauf: »Aber ich hatte damit auch immer recht! Es wurde letztlich immer mindestens so teuer, wie ich es vorhergesagt hatte.«

Daraufhin wurde es still im Saal. Messerschmitt versuchte, zu protestieren. Kammhuber wiederholte, welche Vorstellung die Luftwaffe in bezug auf Senkrechtstart und -landung hatte. Schließlich bat er die Vertreter der Industrie und einen kleinen Kreis seiner Beamten in sein Dienstzimmer.

Dort entwickelte Theodor Benecke die Vorstellungen des technischen Amtes zur Durchführung der Aufgabe. Unsere drei Firmen sollten eine Arbeitsgemeinschaft mit Hauptsitz in München gründen. Endmontage und Einflug könnten in Manching bei Ingolstadt stattfinden, wo auch die Erprobungsstelle der Luftwaffe aufgebaut würde und Messerschmitt sowieso schon sein Montagewerk habe.

Kammhuber wünschte, daß ich, der ich als einziger die nötige Erfahrung in Elektronik hatte, mitarbeiten solle. Zunächst war ich noch versucht, nein zu sagen.

Strauß darauf: »Sie glauben doch nicht etwa, daß ich diesen beiden Herren die Verantwortung für das Senkrechtstarter-Projekt allein überlasse? Schließlich verfügt vor allem Ihre Firma dank unserer Aufträge über moderne Technik und über Regelungs-Erfahrungen, die für ein solches Projekt nötig sind.«

Strauß hatte dies nämlich bei einem Werksbesuch in unserer Firma gesehen, unter anderem auch die elektronischen Simulatoren. Sein Fazit: »Sie gehen mit in die Arbeitsgemeinschaft.«

Auch Theodor Benecke meinte: »Sie können gar nicht anders, denn immerhin haben Sie größere Aufträge von uns erhalten.«

Ich mußte also mitmachen. Schließlich war ich auf Strauß und Benecke angewiesen, denn ihr Ministerium verfügte über das Geld, das ich für die Entwicklung von Flugkörpern dringend brauchte.

»Ich sehe aus Ihrem Zögern, daß Sie zustimmen«, meinte Strauß.

Eigentlich etwas unverschämt. Ich glaube, Benecke hat ihm das eingeflüstert. Er war es auch, der dann drängte: »Sagen Sie einfach ja.«

Es entwickelte sich ein heftiger Wortwechsel. Messerschmitt protestierte. Er könne sich so eine Aufgabe nur mit einer kleinen Mannschaft unter seiner direkten Führung vorstellen. Ich empfand seinen Ton als ziemlich verletzend. Strauß versuchte, auf seine bildhafte Art ziemlich laut zu argumentieren.

Allmählich beruhigte sich Messerschmitt wieder, wurde fast schüchtern. Er wußte, daß er den Entwicklungsteil seiner Firma schließen mußte, wenn der Auftrag nicht kam. Ich hingegen konnte bei all den Gesprächen locker – bis auf die Zusage zur Teilnahme – danebensitzen und mir das anschauen, denn ich war nicht gefährdet.

Nach weiteren Verhandlungen wurde schließlich im Februar 1959 die Arbeitsgemeinschaft Entwicklungsring Süd, »Arge EWR«, gegründet. Beteiligt waren zu je einem Drittel die Bölkow-Entwicklungen KG, die Ernst Heinkel Flugzeugbau GmbH und die Messerschmitt AG. Räume fanden wir in der nach dem Krieg noch nicht wieder voll belegten Bibliothek des Deutschen Museums. Mit ungefähr 50 Mann begann die Arbeit.

Zunächst wurde ein Ausschuß damit beauftragt, die beiden Firmenentwürfe von Heinkel und Messerschmitt kritisch zu untersuchen. Glücklicherweise war es uns gelungen, für die technische Leitung dieses Gremiums als allseits anerkannten Fachmann Robert Lusser zu gewinnen, der wieder aus den USA zurückgekehrt war.[55]

Als nächstes ließen wir einige Schwebeprüfstände bauen. Obwohl es zunächst viele psychologische Widerstände zu überwinden galt, entstand mit der Zeit eine ausgezeichnete Mannschaft, die sich mit Hingabe der technischen Herausforderung widmete. Die wesentlichen Techniker waren Otto-Ernst Pabst, Siegfried Günter, Karl Schwärzler und Gero Madelung. Die Mitarbeiter setzten sich aus der Mannschaft der drei Stammfirmen zusammen, wobei meine Firma trotz unseres bescheidenen Beginns nach und nach die Mehrheit von fast 50 Prozent stellte.

Das Flugzeug VJ 101 wurde dann auch wirklich entwickelt und gebaut – es war damals eine Spitzenleistung und das einzige Überschallflugzeug der Welt, das senkrecht starten konnte.

Ich selbst hatte allerdings die Idee eines Senkrechtstarters sehr bald wieder aufgegeben. Allein die Infrastruktur für ein solches Flugzeug ist bei näherer Betrachtung sehr kompliziert, man müßte an so vielen Stellen Tankmöglichkeiten, Munitionsdepots und Ersatzteillager einrichten, daß allein das schon unerträglich aufwendig würde.

In der Zwischenzeit wurde auch der Luftwaffe klar, daß sie nie die nötige Logistik für ein solches Flugzeug bereitstellen konnte und daß sie es deshalb bald nicht mehr haben wollte. Das war natürlich eine Krise für das ganze, inzwischen auf über 1000 Mann angewachsene Team.

In den nächsten Jahren fand sich ganz unerwartet zusätzlich eine hochinteressante und sehr verantwortungsvolle Aufgabe für die EWR-Mannschaft. Sie übernahm 1961 den Auftrag des Verteidigungsministeriums für die Betreuung des Waffensystems F-104G, des »Starfighters«, das 1961 in der Bundeswehr eingeführt wurde.

Das Problem bei diesem Flugzeug war zunächst, daß die ersten 90 Stück von der Firma Lockheed oft nicht in bester Qualität geliefert worden waren. Später erhielt der EWR dann zusätzlich den Auftrag zur Unterlagenbetreuung für die Serienfertigung von rund 900 Flugzeugen, die in Europa in zwei Arbeitsgemeinschaften in Großserie hergestellt wurden. Auch diese Unterlagen entsprachen weder den vertraglich zugesicherten Leistungen noch qualitativ dem Stand der Technik in den 60er Jahren.[56]

Um die hohen Absturzziffern zu reduzieren, übernahm der EWR schließlich die Verantwortung sowohl in technisch-logistischer als auch später in konstruktiver Hinsicht. Unsere Mannschaft übernahm so die »Design-Responsibility«, also die Verantwortung für alle Konstruktionsänderungen zusammen mit den Vorschriften der Dokumentation, den Handbüchern, den Zeichnungssätzen, der Qualitätssicherung, einschließlich Zulassung und Flugsicherheit sowie den Ersatzteildienst für das ganze Waffensystem. Glücklicherweise führte unsere Aufbauarbeit zusammen mit einem sehr intensivierten Training der Luftwaffe, angeordnet von ihrem Inspekteur General Steinhoff, zu einer erheblichen Verminderung der Ausfälle.

Wegen der wirklich negativ überraschenden Qualität der »abgenommenen« ersten 90 Flugzeuge sowie des dürftigen Entwicklungsstandes der Unterlagen waren wir gezwungen, uns intensiv und schnell in die Probleme der F-104G einzuarbeiten. Dies war eine Lektion, die sich später auszahlte.

Im Laufe des Jahres 1964 kam es dann zu Meinungsverschiedenheiten im Entwicklungsring. Günter und Schwärzler sowie Professor Thalau von Heinkel wollten, daß der EWR sich an einem Wettbewerb für senkrechtstartende Verkehrsflugzeuge beteiligen solle. Sie holten ihre alten Entwürfe mit den zwei Flügeln und den je zwei mal zwei schwenkbaren Triebwerken an ihren Enden wieder heraus. Eine Anordnung, die nach Meinung der Ottobrunner Flugdynamiker Probleme in der Stabilität bei einem Triebwerksausfall hätte. Wir konnten uns nicht einigen. Heinkel schied deshalb beim EWR zum 1. Februar 1965 aus und trat den Vereinigten Flugtechnischen Werken in Bremen (VFW) bei. Ein Schritt, der – von heute aus gesehen – mehrere wichtige Jahre Verlust für unsere deutsche Position im europäischen Konzert der Luft- und Raumfahrt bedeutete.

Wir waren nun also mit Messerschmitt allein. Das Verhältnis im EWR betrug damals 50 zu 50, aber von den Mitarbeiterzahlen her eher 60 zu 40, was sich später sogar auf fast 70 Prozent aus unserer Firma erhöhte.

Eine Lebensversicherung über 8 Millionen – Zusammenarbeit mit den Amerikanern

Anfang der 60er Jahre war es für eine kleine Firma wie die unsere nötig, einen starken Partner zu bekommen, um politisch und wirtschaftlich an Gewicht zu gewinnen. Die Firma unserer Wahl war – hoch gegriffen – Boeing in Seattle. Aber auch wenn das Ziel verwegen anmutete, eine so bedeutende Weltfirma – im Flugzeugbau die Nummer Eins in der Welt – zu einer Beteiligung an unserer Mini-Firma zu bewegen, versuchen konnte man es ja einmal.
So wandte ich mich an meinen Teilhaber Wolfgang Essen als internationalen Finanzmakler und bat ihn, einen Kontakt mit der Rockefeller-Organisation herzustellen.
Rockefeller hatte zuvor – wie wir wußten – bereits die Ehe zwischen Vertol und Boeing gestiftet. Boeing hatte ins Hubschraubergeschäft einsteigen wollen, und der beste Weg dafür war gewesen, eine bereits existierende Firma zu übernehmen. Man hatte dann die Firma Vertol gekauft.
Über die Rockefeller-Verbindung begannen 1961 erste Gespräche über die Beteiligung der Amerikaner an unserer Firma. Zunächst machte ich mit dem Leiter unserer Auslandsbeziehungen, Franz Forster-Steinberg, einen Besuch in New York im Rockefeller Tower, dann in Philadelphia bei Vertol und anschließend in Seattle bei Boeing. Wir schauten uns die Fabriken an, besuchten die führenden Persönlichkeiten und stellten unsere neuen Entwicklungen sowie Programme vor.
Bei dieser Reise stellten wir fest, daß das Management der besuchten Firmen über uns recht gut orientiert war, man nahm sich auch Zeit und fragte uns sehr detailliert aus. Außerdem traf ich bei Boeing einige alte Bekannte wieder:
In Philadelphia arbeitete ein ehemaliger Österreicher, Friedrich List von Doblhoff. Ich kannte ihn aus meiner Me-109-Zeit in Wiener Neustadt.[57] Von Doblhoff wurde später Leiter des Boeing-Büros in München, er

vertrat Boeing ab 1968 im Aufsichtsrat unserer Firma und übersiedelte wieder ganz nach Europa.
In Seattle traf ich auch einen »Colonel« aus dem Oberammergauer Interrogation Camp wieder, George S. Schairer, den Mann, der damals von Braunschweig aus den Pfeilflügel per Telex in die USA übermittelte. Er war Forschungsleiter bei Boeing.
Weitere wichtige Gesprächspartner in Seattle waren Boeing-Präsident Bill Allen, ein kerniger Rechtsanwalt aus Montana, der aus seinen geringen Sympathien für den weichen Osten der USA kein Hehl machte. Sein Vertreter war Ted Wilson, der in Washington, wie ich später feststellte, sehr angesehen war. Finanzchef war Jim Prince, der bei langen Gesprächen immer die Augen schloß, aber nicht schlief, sondern besonders intensiv zuhörte. Er wurde ein guter Freund unseres Hauses.
Gegenbesuche in Ottobrunn, Nabern und Donauwörth schlossen sich an. Das Interesse von Boeing nahm zu. Eine finanzielle Beteiligung wurde in Aussicht genommen und eine Bewertung unserer Firma durchgeführt.
Mitten in den Verhandlungen wurden wir 1962 durch Bonn gestoppt. Den Vertretern des Verteidigungsministeriums war natürlich klar, daß die mühsam aufgebaute Balance, die damals in Deutschland zwischen den Luftfahrtfirmen herrschte, durch einen Einstieg von Boeing mit einem Schlag zerstört worden wäre. Man sah erhebliche Schwierigkeiten im Firmengleichgewicht innerhalb der Bundesrepublik. Man befürchtete, daß neben dem ohnehin bestehenden Übergewicht unseres Hauses im Flugkörpersektor nun Unruhe in den Flugzeugbau kommen könnte.
Natürlich wurden diese Bedenken durch unsere Konkurrenz geschürt. Durch die nicht unerheblichen Gewinne aus der Lizenzfertigung hatte sie es gar nicht nötig, sich etwas Neues einfallen zu lassen, und warnte vor einer solchen Stärkung von Bölkow durch eine Boeing-Beteiligung. Unsere Kontakte zu Boeing durch Besuche und Gedankenaustausch hielten aber an. Nach eineinhalb Jahren wich der Bonner Widerstand, wir starteten einen zweiten Anlauf.
Er begann 1963/64, in einer interessanten Zeit. Wir wurden auch von Douglas und von McDonell umworben, und der Präsident von Northrop sprach uns auf eine Beteiligung an. Ich machte daraufhin einen Besuch an der amerikanischen Westküste.

Im Sommer 1964 hatten wir ungefähre Klarheit über eine Beteiligung von Boeing. Die letzte Entscheidung auf US-Seite sollte bei einem Besuch von Ted Wilson und dem Boeing-Entwicklungsleiter in Ottobrunn fallen. Die beiden wollten nach der britischen Luftfahrtshow in Farnborough im September kommen. Ich traf die Boeing-Gruppe bereits vorher eines Abends in London. Wilson erschien mir sehr skeptisch.
Damals war die Zufahrt zu den Parkplätzen in Ottobrunn noch nicht ausgebaut – man mußte sich über eine winzige, ungeteerte Straße, die von Schlaglöchern wimmelte, quälen. Mitarbeiter innerhalb der Führungsmannschaft meinten, wir sollten die Straße etwas »besuchsfähiger« machen: Ich wollte jedoch nicht, was auch gut war. Denn offenbar hatte der Straßenzustand keine negative Auswirkung auf die Begeisterung der Amerikaner für unser Unternehmen. Ihre Entscheidung fiel für uns.
Die Schlußverhandlungen fanden an einem langen Abend bei mir zu Hause statt. Das Ergebnis: Boeing beteiligte sich ab 1. Januar 1965 mit einem Betrag von acht Millionen Mark zu einem Drittel an unserer in eine GmbH umgewandelten Firma. Dazu kam noch ein zinsloses Darlehen von vier Millionen Mark. Sie stimmten, wie übrigens nach einigem Zögern auch Bonn, einer Beteiligung von Nord Aviation, unserem französischen Entwicklungspartner auf dem Flugkörpersektor, zu. Dafür schied Wolfgang Essen als Teilhaber gegen eine Ablöse von 8 Millionen Mark aus der Firma aus.
1965 waren wir also plötzlich nicht mehr die kleine Entwicklungsfirma, sondern wir stellten nun einen politischen Faktor dar.[58]
Der Einstieg von Boeing hatte damals weit über die finanzielle und technologische Beteiligung hinaus große Konsequenzen. Er hatte vor allem weitgehende psychologische Bedeutung. Denn mit diesem Zusammenschluß war meine junge, noch im Aufbau begriffene Firma die Nummer eins in Deutschland. Mit der Boeing-Beteiligung kamen außerdem wenige Wochen später bereits die Franzosen. Sie waren ziemlich beunruhigt, als sie feststellten, daß die Amerikaner sich bei mir engagiert hatten. Denen war sofort klar, daß sich hier ein Kristallisationspunkt gebildet hatte für die neue deutsche Luft- und Raumfahrtindustrie, die sich in den darauffolgenden Jahren wie ein Phönix aus der Asche erheben sollte. Und so setzten sie Druck dahinter, sich an diesen Aktivitäten zu beteiligen.

Boeing schloß damals übrigens eine Lebensversicherung über »gigantische« acht Millionen Mark für mich ab. Ich muß im Rückblick sagen, daß mein persönliches Verhältnis, ebenso wie das meiner führenden Mitarbeiter, zu den Amerikanern, stets ganz hervorragend war. Wenn sie etwas anpackten, taten sie es gründlich.

Auch Bonn wurde schließlich klar, daß hier eine so starke Ansammlung von Know-how geschaffen worden war, daß es danach keine Schwierigkeiten mehr machte. Wir waren auf einmal die erste Adresse im Luftfahrtbereich in Deutschland.

Die Amerikaner gaben uns Management-Systeme, aber auch ein paar sehr gute Leute. Wir lernten von ihnen quality control und quality assurance, also Qualitätskontrolle und -sicherung. Das war bei uns in Deutschland damals noch kaum bekannt.[59]

Was mich immer wieder überraschte bei den Amerikanern, war ihre große technologische Offenheit. Sie zeigten uns eigentlich alles. Sie schickten ganze Container voll mit Forschungsberichten zu den gemeinsamen Arbeiten im EWR. Aber sie erfuhren auch einiges von uns: Dinge wie unsere Panzerabwehr oder gar die Tiefflieger-Abwehr waren für sie damals völlig neu.

Ich wage zu behaupten, daß sich ohne die Beteiligung der Amerikaner an meiner Firma die gesamte Luftfahrt-Industrie in Europa völlig anders entwickelt hätte. MBB ist so zu einem Kondensationskern für die noch junge Luftfahrtindustrie in Europa geworden. Es war ein strategisch äußerst wichtiger Schritt.

Heute brauchen wir die Amerikaner militärisch nicht mehr, vielleicht nicht einmal mehr wirtschaftlich. Heute haben wir eher ein Problem mit Japan, ebenso wie die Amerikaner. Damals war das anders. Es gab zwar sehr starke antideutsche Ressentiments in den USA, was so kurz nach dem Zweiten Weltkrieg nicht verwunderte, aber diese Kräfte wurden weitgehend neutralisiert durch die Angst der Amerikaner vor dem Kommunismus, genauer gesagt vor dem Einmarsch der Sowjets in Westeuropa. Man durfte gegen die Bundesrepublik gewisse Dinge nicht sagen, weil sie ein wichtiger Eckpfeiler im Gebäude der NATO war, als Puffer gegen die Sowjetmacht.

Seit die Bedrohung aus dem Osten verschwunden ist, erstarken deshalb in zunehmendem Maße auch die antideutschen Kräfte in den USA. Jetzt muß man ja keine Rücksichten mehr nehmen.

Als Boeing in den 70er Jahren aus meiner Firma wieder ausstieg, wollte ich, daß sie mir ihren Anteil verkauften. Aber sie gaben, angeblich auf Betreiben des Bonner Wirtschaftsministeriums, ihren Anteil an Siemens. Man wollte wohl nicht, daß ich zu große Macht in der Firma besäße, gar über 50 Prozent der Anteile hielte.
Mit den Amerikanern bin ich immer sehr gut ausgekommen; die Zusammenarbeit mit den einzelnen Personen war sehr angenehm. Aber die Geschäftspolitik als Ganzes war bei den Amerikanern meist sehr egoistisch.
Bei der Entwicklung von Rüstungsgütern standen wir stets in Konkurrenz mit den Firmen in den USA. Wenn es ums Geschäft ging, waren diese knallhart. Aber wir ließen uns auch nichts gefallen, sonst wären wir nie dazu gekommen, Flugkörper, Hubschrauber und Militärflugzeuge zu entwickeln. Dann hätten immer die Amerikaner die Nase vorn gehabt. Sie waren ja fest davon überzeugt, daß sie die bessere Lösung hatten. Dein eigenes Produkt war angeblich immer schlechter, du konntest es wegwerfen, wollten sie uns weismachen.
Die USA sahen die Entwicklung von Waffen auch als technologische Herausforderung. Diese Einstellung macht einen großen Unterschied zu uns aus: Wenn hier junge Leute im Rahmen der konventionellen Rüstung Waffen entwickelten, dann war das – zumindest bis zur Ost-West-Entspannung – immer eine Arbeit zur Verhinderung eines Krieges. Ich habe mit meinen Mitarbeitern über diese Auffassung oft diskutiert. Wir waren der Ansicht: Es soll nie einer auf die Idee kommen, einfach bei uns einmarschieren zu können. Deshalb fand ich es auch immer ganz gut, wenn das mit der Geheimhaltung nicht so ganz klappte. »Sollen die Russen doch ruhig wissen, daß wir uns verteidigen können«, war immer mein Argument. Sie sollten über unsere Waffen Bescheid wissen, allerdings nicht über die Details.

1959 hatte ich zusammen mit Messerschmitt und Heinkel den Entwicklungsring Süd gegründet, der sich zunächst in der Hauptsache mit der Entwicklung eines senkrechtstartenden Kampfflugzeugs befaßte. Als die ersten beiden Prototypen flogen, wurde das Projekt jedoch eingestellt.
Wir überlegten intensiv, wie wir die Mannschaft des Entwicklungsrings Süd einsetzen sollten. Als ich eines Tages mit meinem Mitarbeiter Franz

Forster-Steinberg nach Seattle zu Boeing flog, sprachen wir unterwegs darüber, ob man nicht die alte Idee des variablen Pfeilflügels wieder aufgreifen sollte.

Wir wußten, daß Boeing, meiner Meinung nach ungerechterweise, bei einem amerikanischen Bomber-Wettbewerb um die F-111 gegen General Dynamics verloren hatte. Deshalb hatten wir eine gute Ausgangsposition für diese Idee, die wir den Amerikanern vortragen wollten, denn dort saß ein frustriertes Team.

Nach unserer Ankunft erklärten uns die Boeing-Leute ihre ganzen bisherigen Versuche und Ergebnisse der Windkanal-Messungen über den Pfeilflügel. Relativ schnell einigten wir uns auf eine Zusammenarbeit, die danach auch von der Hardthöhe begrüßt wurde.

Wir begannen damit, eine Studie für einen modernen, tieffliegenden Schwenkflügel-Jagdbomber auszuarbeiten, der obendrein noch senkrecht starten könnte. Die Arbeiten wurden in München in den Räumen und mit der Mannschaft des EWR durchgeführt. Die Boeing-Mannschaft bestand aus hervorragenden Fachleuten, die sehr kooperativ waren. Im Grunde brachte für unsere Ingenieure diese offene Zusammenarbeit in Verbindung mit der Einsicht in die US-Literatur die letzte Schulung auf den US-Standard.

Nachdem die Studie beendet war, gingen wir in die System-Definitions-Phase, die wiederum von Bonn und Washington gemeinsam finanziert wurde.

Inzwischen kamen jedoch Washington Bedenken. Man stellte fest, daß man nach der F-111 ein solch offensives Flugzeug eigentlich gar nicht mehr brauchte. In den USA mit seinen großen Flächen ist auch ein Senkrechtstarter längst nicht so nötig wie in Europa. Und schließlich: Wozu bräuchte Deutschland ein so offensives System wie dieses Flugzeug, mit dem man auch Flugplätze und gegnerische Stellungen angreifen konnte, das also nicht nur der Luftabwehr und damit der Verteidigung diente?

Aus diesen Gründen ließ das Interesse der Amerikaner allmählich nach. Wie sollten sie da wieder aussteigen? Es gelang ihnen mit folgender Konstruktion: Für die Definitionsphase sollte nicht Boeing automatisch den Auftrag erhalten, sondern es sollte einen Wettbewerb zwischen den US-Firmen geben. Bei dieser Ausschreibung siegte die Firma Republic-Fairchild.

Das war unter anderem der Todesstoß für das gesamte Projekt, denn Fairchild hatte keine Erfahrung mit dem geplanten Flugzeugtyp. Sie hatten zwar schon vor längerer Zeit einen Jagdbomber, die F-105, gebaut, aber für das neue Vorhaben waren sie nicht so gut geeignet. Somit war klar, daß die Amerikaner das gesamte Projekt sterben lassen wollten.

Nun wurden also alle Boeing-Leute bei uns gegen Fairchild-Leute ausgetauscht. Die waren sicherlich zum Teil ebenfalls sehr gut, aber gerade auf diesem speziellen Sektor nicht sehr erfahren.

Nach etwa eineinhalb Jahren war dann klar: Die USA wollten das Projekt einstellen. Ich versuchte damals noch, die Verantwortlichen im Pentagon umzustimmen, aber es nutzte alles nichts. Aus. Ende.

Wir wußten jedoch, daß England und Frankreich zusammen ein Tieffliegerprojekt mit Namen TSR 5 betrieben, sich dabei aber ziemlich zerstritten hatten. Jeder der beiden Partner hatte die nationale Projektführung beansprucht, außerdem hatte es Streit über Kosten und Arbeitsaufteilung gegeben.

Warum sollten wir uns da nicht einmischen und einmal mit den Engländern zusammenarbeiten? Ich fuhr also mit Franz Forster-Steinberg zu Allen Greenwood und Frederic Page von der British Aircraft Corporation (BAC), um erst einmal vorzufühlen. Greenwood besuchte mich dann auch in Ottobrunn, und wir wälzten Pläne für ein offensives System, das bereits den gegnerischen Nachschub ausschalten konnte und nicht erst später die Abwehr in der Luft übernahm, und das dazu, weil tieffliegend, nicht so leicht ausgeschaltet werden konnte.

Aus dieser Initiative sollte schließlich das später beschriebene europäische Mehrzweckkampfflugzeug (MRCA) Tornado entstehen. Bundeskanzler Helmut Schmidt nannte es später einmal »das größte internationale Projekt seit Jesus Christus«.

»Wer ist schon Bölkow?« – Zusammenarbeit mit den Franzosen

Das Jahr 1956 verlief ohne große Ereignisse. Ich war in meinem Entwicklungsbüro voll eingedeckt mit Maschinenbauaufträgen, gleichzeitig waren wir beschäftigt mit der Erprobung der Panzerabwehr in der Schweiz, mit der Neukonstruktion der Klemm 107 und in Augsburg mit dem Bau von Windmotoren sowie mit Auftragsentwicklungen für chemische Reinigungsanlagen. Geld kam hauptsächlich durch die Konstruktionsaufträge herein. Für die Klemm 107 hatten wir einen Zuschuß vom Landesgewerbeamt Baden-Württemberg erhalten, und für unsere Panzerabwehr-Aktivitäten kam zum Teil Wolfgang Essen auf.

Auch die Außenbeziehungen blieben im bereits eingespielten Rahmen. Im März fand der Erstflug einer COBRA in der Schweiz statt. Die Zusammenarbeit mit Oerlikon verlief zuverlässig. Contraves und Oerlikon trugen die Kosten für das Triebwerk, den Gefechtskopf und die Versuche, wir die für die Flugkörper, ihre Steuerung und für ein Übungsgerät. Obwohl mehrfach Beamte des Bundesministeriums für Verteidigung bei der Erprobung zusahen, war von dort vor 1957 kein Auftrag für die Panzerabwehr zu erhalten.

Nicht nur aus diesem Grund war ich von Anfang an der Meinung, man sollte größere Projekte nicht allein auf nationaler Basis machen.

Im Jahre 1957 begann ich deshalb, eine Zusammenarbeit mit Frankreich anzustreben. Am 18. Januar besuchte ich die Motorenfirma SNECMA (Societé Nationale d'Etudes et de Construction des Moteurs d'Aviation) in Villarouche und die SEPR (Societé d'Etudes de la Propulsion par Réaction) am selben Ort. Die SNECMA stand damals gerade vor dem Erstflug eines senkrecht auf seiner Düse stehenden Strahltriebwerks, »ATAR volant« genannt. Bei der SEPR besichtigte ich vor allem die Raketenprüfstände.

Die Entwicklungsleitung der SNECMA lag in den Händen des früheren Strahltriebwerkschefs von BMW, dem Vater des BMW-0003-Trieb-

Hubschrauber

Im Sommer 1963 wurde die Entwicklung des vier- bis fünfsitzigen zweimotorigen Mehrzweckhubschraubers Bo 105 mit gelenklosem Rotor »System Bölkow« beschlossen. Der bereitzustellende Entwicklungskostenanteil der Firma betrug 3 Mio DM

Der gelenklose Rotor »System Bölkow«, der seit 1967 – im Prinzip unverändert – gebaut wird, ist durch einen vierarmigen Titan-Rotorkopf mit wartungsfreien Zugelementen und elastischen Rotorblättern aus glasfaserverstärktem Kunststoff (Epoxid) mit Kauschenanschlüssen gekennzeichnet

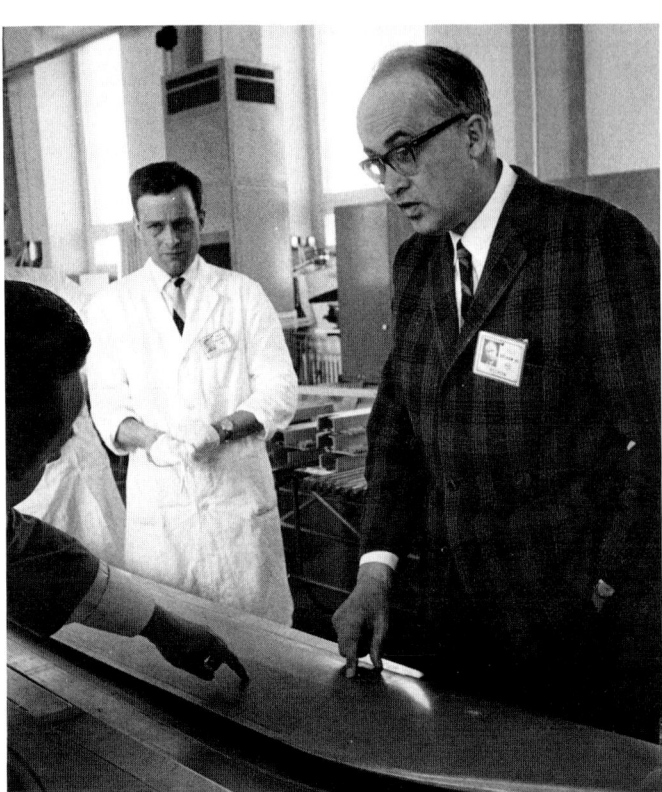

Die ersten heiß gehärteten GFK-Rotorblätter entstanden 1965 in der Kunststoff-Werkstatt in Ottobrunn

Schwerlast-Versuchsrotor mit Niederdruck-Reaktionsantrieb »System Heidelberg« auf dem Prüfstand in Ottobrunn-West

An einer Bo 105-Rumpfattrappe wurde im Juni 1964 den Vertretern des Bundesverteidigungsministeriums, in der Mitte Dr. Fischer, die Möglichkeiten der militärischen Verwendung erläutert

General Johannes Steinhoff, der Vorsitzende des NATO-Militärausschusses, stattete MBB im Sommer 1972 einen Besuch ab (unten rechts)

Der Autor vor einem Flug mit einem Bo 105-Hubschrauber. Links: Testpilot Seeger (unten)

Die Bayerische Polizei übernahm im Oktober 1970 ihren ersten Bo 105-Polizeihubschrauber

Vor der englischen Nordseeküste werden Bo 105-Hubschrauber zur Versorgung von weit draußen im Meer stehenden Leuchttürmen eingesetzt

Am 29. September konnte der erste Bo 105-Rettungshubschrauber dem ADAC übergeben werden. Von links: Franz Stadler (Präsident des ADAC), Georg Leber (Bundesverkehrsminister), Alfons Goppel (Bayerischer Ministerpräsident) und Bruno Merk (Bayerischer Innenminister)

werks, das wir auch in der Me 262 ausprobierten und das im Krieg endgültig in der Arado 234 zum Einsatz kam.
In der Firma arbeiteten auch Kyrill von Gersdorff und Anneliese Mehne, die spätere Frau Nauschütz, die für unsere deutsch-französische Kooperation von großer Bedeutung wurden.
Einige Wochen später, am 10. April 1957, machte ich zusammen mit Peter Nauschütz und in Übereinstimmung mit dem Verteidigungsministerium einen Besuch bei der SNCAN (Societé Nationale de Constructions Aeronautiques du Nord) im Süden von Paris. Wir trugen unsere Ideen über die Möglichkeiten der Weiterentwicklung der Panzerabwehr und der Tieffliegerabwehr vor. Paul Mazer, Präsident der SNCAN, und Colonel Emile Stauff, der Chef der Abteilung Flugkörper und Zielflugzeuge, schilderten uns ihre Pläne. Ich erzählte, was wir entwickelten, und Mazer stellte seinerseits dar, was sie gerade bauten.
Er war wohl ganz angetan von unseren Ideen, aber schließlich meinte er: »Wer ist schon Bölkow?« Damals waren wir ja noch eine kleine Firma, der Zusammenschluß mit Boeing erfolgte erst viel später.
Ich erklärte ihm, daß ich in Deutschland der einzige Auftragnehmer des Verteidigungsministeriums auf dem Flugkörpersektor sei, was damals noch stimmte.
Stauff war Absolvent der Ecole Polytechnique, von Geburt Elsässer. Darin lag später eine gewisse Schwierigkeit, denn er vertrat immer eine Nuance stärker als seine Kollegen den französischen Standpunkt.
Auf der Hardthöhe in Bonn berichtete ich anschließend über diese Gespräche. Dabei hatte ich den Eindruck, daß die ewig zögernde Haltung des Ministeriums gegenüber unseren Entwicklungen durch eine Zusamenarbeit mit den Franzosen aus ihrer Unsicherheit herausgelöst werden könnte.
Im April und Mai 1957 wurde diese Frage dann sehr intensiv in Bonn diskutiert. Die Meinungen schwankten. Man war ja im Flugzeugbau bei der Noratlas und Fouga Magister bereits Lizenznehmer, und nun sollte man sich auch noch auf »gemeinsame Entwicklungen« einlassen? Es ist zu bedenken, daß die deutsch-französische Aussöhnung erst 1963, auf Betreiben von De Gaulle und Adenauer, offiziell wurde. Wir auf dem Verteidigungssektor waren allerdings schon viel früher davon überzeugt, daß eine Zusammenarbeit für beide Seiten nützlich sei.
Allein wollte sich wiederum das deutsche Verteidigungsministerium

aber auch nicht in größerem Umfang in der Panzerabwehr engagieren. Es herrschte völlige Unsicherheit. Immerhin war wenigstens Theodor Benecke, der zuständige Mann, der Meinung, daß irgendwo ein Anfang gemacht werden müsse. Er sagte zu, uns mit seinem Mitarbeiter Albert Wahl während des Aerosalons 1957 in Paris bei einem Besuch bei Nord Aviation zu begleiten.

Dieser Kontakt hatte zwei Folgen:

Als wir in der Zentrale von SNCAN die große Freitreppe über einen blauen Teppich hinaufgingen, kam in diesem Augenblick Bernhard Weinhardt von Siebel/ATG Donauwörth mit Anhang die Treppe herunter. Sie hatten wegen der Lizenzfertigung des Transporters Noratlas für den Flugzeugbau Nord GmbH[60] verhandelt. Wir lernten uns bei dieser Begegnung kennen. Es begann eine schöpferische Freundschaft auf Jahrzehnte.

Die zweite Überraschung erlebte ich dann bei den Verhandlungen mit dem Vorstand der SNCAN. Während des Gesprächs über eine mögliche Zusammenarbeit kam General Mazer in Anwesenheit von Benecke und Wahl auf die Größenordnung der beiden Firmen zu sprechen.

Benecke antworte: »Das Kapital zwischen Ihrer Firma und der Bölkow KG verhält sich zwar wie zehn zu eins, aber ich spreche für den Minister, wenn ich sage, daß wir voll hinter der Bölkow KG stehen. Sie ist die Firma unseres Vertrauens.«

Dieses Plädoyer für meine Firma hat Peter Nauschütz und mich mehr beeindruckt als die Leute von der Nord Aviation. Am Abend auf der Gartenparty des französischen Verteidigungsministers hatte sich der Ausspruch Beneckes bei den zahlreichen Deutschen wie auch bei den Franzosen schon herumgesprochen.

Bei diesem Fest im Garten des Palais der Mutter Napoleons, in dem heute der deutsche Botschafter residiert, vertiefte sich die Bekanntschaft mit Bernhard Weinhardt vom Vormittag. Als Techniker und früherer Jagdflugzeugbauer konnte ich ihm bei seinen Gesprächen mit leitenden Mitarbeitern von Dassault über eine mögliche Lizenz der Mirage für die deutsche Luftwaffenausrüstung assistieren.

Weinhardt stellte mich dann auch seiner Frau vor. Ich erinnere mich noch heute daran, wie er sagte: »Bölkow stammt aus dem Land, wo die Bären noch frei herumliefen, als wir im Süden schon Dome bauten.«

Er selbst kam aus Pforzheim. Auch er vertrat schon früh die Meinung, daß der Trend in der Luftfahrtindustrie Europas zu großen, übernationalen Firmen gehen müsse.

Er schlug mir eine Verbindung zwischen unseren beiden Firmen vor. Er habe in Donauwörth bei der Siebel/ATG und der Waggonfabrik eine hervorragende Fertigung, aber keine Entwicklung. Bei mir sei es doch genau umgekehrt. Wir begannen über eine Zusammenarbeit nachzudenken. Meinen zwei Jahre danach beginnenden Einstieg in Donauwörth hatte ich später nie zu bereuen.

An jenem Abend führte ich auch das Gespräch mit General Mazer vom Vormittag weiter. Er war trotz seiner am Morgen geäußerten Skepsis aufgeschlossener als seine Mitarbeiter.

Wir trafen uns im Juli wieder in Paris und unterschrieben ein »Premier Projet de Protocole d'Accord« über gemeinsame zukünftige Flugkörper-Entwicklungen.

So begann also unsere deutsch-französische Zusammenarbeit. Es blieb zunächst bei dem Papier. Die Franzosen hatten für die Panzerabwehr ihre SS 10, wir die COBRA.

Zunächst dachte ich vor allem an eine Zusammenlegung der Tieffliegerabwehrsysteme. Seit dem Februar 1956 hatten wir ja einen offiziellen Forschungsauftrag vom Bundesverteidigungsministerium, übrigens den ersten, den das Ministerium erteilt hat. Eine Erweiterung des Auftrags verzögerte sich jedoch immer wieder. Wir erhielten hin und wieder kleinere Beträge, um unsere Tieffliegervorschläge weiter zu untersuchen. Diese Arbeiten übernahm bei uns 1958 Julius Henrici, der im Krieg bei Henschel unter Leitung von Herbert Wagner für das Flugabwehrsystem HS 117 verantwortlich gewesen war.

Um die Förderung einer zielgerichteten Entwicklung bei der Bekämpfung von Tieffliegern voranzubringen, regte ich die Idee einer gemeinsamen europäischen Studie an. Eine Gruppe aus mehreren Firmen[61] erhielt 1959 einen Studienauftrag. Im Juli 1961 reichten wir als Ergebnis eine Arbeit ein, die ich auch heute noch für ganz hervorragend halte.

Eine Reaktion von seiten des deutschen Ministeriums ließ auf sich warten. Die Beamten standen – wie ich später erfuhr – unter dem Zwang eines Auftrags an die USA. Dort hatte man sich nämlich auf ein gemeinsames Projekt »Mauler« = Morgenstern festgelegt, das von deutscher Seite mit 700 Millionen Dollar gefördert wurde. Ein Abbruch dieser Entwicklung hätte für das Ministerium Ärger mit dem Rechnungshof zur Folge gehabt. Später erfolgte er dann doch aufgrund vorauszusehender technischer Probleme.

Wir waren mit unserer erwähnten Studie viel zu früh fertig. So mußte man uns hinhalten, um auf das Ergebnis der amerikanischen Entwicklung warten zu können. Wir erhielten immer noch kleinere Aufträge und konnten sogar einige Flugversuche mit unserer P 101 in Frankreich an der Atlantikküste durchführen.

Die Briten und Franzosen arbeiteten an ihren Projektideen weiter. Allerdings sehr viel intensiver als wir, verfügten sie doch für diese Aufgaben auch über mehr Mittel.

Die Jahre 1963 und 1964 brachten dann auf dem Flugkörpersektor den Durchbruch in der gleichberechtigten Zusammenarbeit mit Frankreich. Der deutsch-französische Freundschaftsvertrag vom Januar 1963 war der Ausgangspunkt. Ich verwies auf unser Protocole d'Accord vom Juli 1957 mit General Mazer und drang in Bonn zunächst auf den Anfang einer gemeinsamen Entwicklung eines Nachfolgemodells für die COBRA und die beiden französischen Lösungen SS 10 und ENTAC. Wir hatten inzwischen eine P 115 fliegen, die Franzosen eine MILAN.

Um unser weiteres Vorgehen abzustimmen, vereinbarte ich mit Emile Stauff das Treffen einer Gruppe Ottobrunner unter meiner Leitung und einer von ihm geführten aus der SNCN. Beide Teams legten bei der Arbeitstagung in Schrobenhausen offen ihre Grundsatzkonzepte für einen Nachfolger auf dem Gebiet der Panzerabwehr für kurze Entfernungen vor.

Die Regierungen schlossen einen Vertrag für die gemeinsame Entwicklung. Die Anforderungen waren sehr »MILAN-gerecht« formuliert. Die deutschen Beamten waren damals noch sehr schüchtern.

Man entschied sich schließlich für die französische Lösung. Ausschlaggebend dafür war für die Franzosen, daß sie die Forderung erfüllte, das Gerät müsse von der Schulter aus abgeschossen werden können (»doit être époulé«). Hier spielen sicherlich die Kolonialkriegs-Mentalität unserer Nachbarn und Erfahrungen aus Indochina und Algerien eine Rolle. Unsere Lösung war bis dahin von einem Sprungstart aus der am Boden liegenden Transportkiste ausgegangen.

Man kann sich vorstellen, daß die Verhandlungen nicht ganz einfach verliefen. Ich wollte auf jeden Fall endlich einen politischen Durchbruch, zumal wir uns inzwischen auch menschlich mit den verschiedenen französischen Kollegen nähergekommen waren. Am 12. September 1962 waren wir dann endlich soweit und unterschrieben eine Grundsatzvereinbarung zur gemeinsamen Entwicklung der Waffensysteme MILAN, HOT und Roland.[62] Am 12. April 1963 konnte endlich das entsprechende Regierungsabkommen zur MILAN-Entwicklung geschlossen werden.

Ähnlich kompliziert verliefen dann die Verhandlungen über HOT, einer ferngelenkten Panzerabwehrwaffe im hohen Unterschallbereich mit einer Reichweite von 4500 Metern.

Das Schwierigste stand uns aber noch bei der Tieffliegerabwehr bevor. Die Franzosen waren über die technischen Schwierigkeiten des amerikanischen Projekts (Mauler) ebenso gut informiert wie Bonn. Einiges aus unserer Technik wußten sie außerdem aus den Flugversuchen und den Messungen, die wir an der Atlantikküste in der französischen Versuchsbasis durchgeführt hatten.

Im Oktober 1964 war endlich das US-Projekt abgebrochen worden. Nun stand man bei der Einigung auf ein deutsch-französisches Konzept plötzlich unter Zeitdruck. Wir hatten versprochen, für das System Abschußanlage, Raketennachschub aus dem Magazin, Ortung des zu bekämpfenden Objektes und Lenkung des Flugkörpers eine Lösung anzubieten, die von einer Selbstfahrlafette aus durchzuführen war. Die Zeit drängte.

Um keine Zeit zu verlieren, traf ich mich an einem Sonntagvormittag allein mit Stauff auf dem Flughafen Le Bourget. Beide steckten wir unsere Forderungen etwas zurück. Schließlich einigten wir uns, Finanzen und Technik im Verhältnis 50:50 aufzuteilen.

Als ich aus Paris zurückkam, erwartete ich deshalb Kritik von meinen Mitarbeitern und den Mitauftragnehmern. Zu meiner großen Überraschung erntete ich aber volle Zustimmung. Hauptsache, so hieß es, sei, daß es nach so vielen Jahren des Verhandelns endlich in die Entwicklung gehe. Alle empfanden die Einigung als Erlösung. So taten wir uns mit den Franzosen unter dem Dach der Euromissile zusammen.

Natürlich muß man davon ausgehen, daß ein Projekt, das von zwei Ländern in Gemeinschaftsarbeit entwickelt wird, teurer ist, als wenn es von einem Land allein getragen wird. Der Unterschied beträgt wegen der ganzen Reibungs- und Kommunikationsverluste vielleicht 30 Prozent.

In der Zusammenarbeit mit den Franzosen haben wir es immer so gehalten, daß bei Beginn der Komponentenentwicklung der Partner, der ein bestimmtes Teil übernahm, 80 Prozent des Geldes dafür erhielt, der andere Partner 20 Prozent für den Fall, daß er auch gute Ideen dazu hatte und diese erproben wollte. Es ist allerdings immer wieder passiert, daß wir mit unseren 20 Prozent besser waren als unsere Kollegen mit ihren 80. Wir haben zum Beispiel das Triebwerk der MILAN entwickelt, mit 20 Prozent, und es war besser als das der anderen Seite mit 80 Prozent.

Bei den Franzosen steht immer »La grande nation« im Vordergrund. Wenn man sich aber erst einmal an die französische Einstellung gewöhnt hat und weiß, wie man mit ihr umzugehen hat – nämlich freundlich lächelnd, aber hart –, dann funktioniert die Zusammenarbeit sehr gut.

Im Umgang mit unseren westlichen Nachbarn ist es sehr wichtig, daß man ihre Sprache kann. Deshalb haben wir unsere Mitarbeiter intensiv in Fremdsprachen geschult. Die meisten sprachen französisch, englisch sowieso. So konnte also jeder, der etwas zu sagen hatte, seine Technik in englisch-französisch-deutsch vortragen. Größtenteils ist das auch heute noch der Fall. Der Airbus allerdings wird heute ganz auf englisch abgewickelt. Das war vor allem wegen der internationalen Käufer nötig. Mir wurde sehr bald klar, daß der wesentliche Unterschied zwischen unseren beiden Ländern im Verhältnis der Industrie zu den Ministerien besteht.

In Frankreich besteht seit dem Zweiten Weltkrieg eine sehr enge Zusammenarbeit zwischen den Führungsetagen der Industrie und denen der Ministerien, vor allem auf dem Gebiet der Rüstung. Beide Seiten rekrutieren sich in der Hauptsache aus Absolventen der traditionsreichen technischen Eliteschulen, die zum Teil sehr nationalistisch ausgerichtet sind. Da gibt es die Ecole Nationale Polytechnique, die Ecole des Inspecteurs de Finance, die Ecole Nationale d'Administration und andere. Sie und ihre nachgeordneten Aufbau-Schulen wie zum Beispiel die Ecole des Mines oder die Ecole Aéronautique stellen fast die gesamte Führungsmannschaft des Landes.

Man muß sich das einmal vorstellen: Bei der Ecole Nationale Technique gehen jährlich bis zu 6000 Bewerbungen ein. Die Bewerber haben sich meist schon durch mehrsemestrige Studien, zum Beispiel auf der Sorbonne, auf die Aufnahmeprüfung, den »Grand Concours«, vorbereitet.

Nur 250 erhalten die Studienzulassung und, falls das Studium mit Erfolg abgeschlossen wird, eine Lebensstellung im Militärcorps. Man kann aber auch die Ausbildungskosten zurückzahlen und einen Beruf frei wählen.
Es liegt auf der Hand, daß bei einem so gnadenlosen Wettbewerb die Absolventen dieser Schulen ihre Entscheidungen sehr einheitlich auf das Wohl der Republik ausrichten. Ich schätze, daß die Deutschen die kreativeren Ingenieure haben; die besser ausgebildeten jedoch haben die Franzosen. Mitterand und vor allem Delors und Fabius sind gute Beispiele. Sie sind bestimmt die schlechteren Europäer, aber die besseren Beamten. Übrigens eine Elite, auf deren Mentalität wir uns bei den Vorbereitungen auf die deutsch-französische und europäische Zusammenarbeit mit der Zeit gut einstellen konnten.
Besonders auffällig zeigte sich die Orientierung auf rein französische Interessen beim Gerangel um Arbeitsanteile. Unsere Partner beanspruchten immer wieder Anteile von Sektoren, auf denen sie bis dahin technisch im Rückstand waren. Als wir beispielsweise damit begannen, mit glasfaserverstärkten Kunststoffen zu arbeiten, erstritten sich die Franzosen das Abschußrohr der MILAN. Es war von uns konzipiert und entwickelt worden als gewickeltes Rohr aus Kunststoffharz und Glasfaser.
Ebenso lief es beim Startmotor der MILAN. Im Prinzip war es den Franzosen ganz gleich, wie hoch die Kosten lagen. Lieber zahlten sie am Anfang zusätzlich aus Eigenmitteln drauf – die Hauptsache war für sie, eine mögliche Autarkie in der Technologie aufrechtzuerhalten. Diese Tendenz setzte sich über all die Jahre bis in die Gegenwart fort. Von französischer Seite aus ist dies natürlich voll zu verstehen.
Bei uns in Deutschland lief das immer ganz anders. Unsere Entscheidungsstellen waren oft bei ihrer Blauäugigkeit für eine entsprechende Taktik nicht zu gewinnen. Das erschwerte die Verhandlungen mitunter sehr. Während die Gegenseite sich vorher bereits zwischen Verwaltung und Auftragnehmer sehr gut abgestimmt hatte, mußten wir immer nach zwei Seiten taktieren und auch noch unser eigenes Ministerium überzeugen. Auch war bei den Entscheidungen der Franzosen nicht wie bei uns die dauernde Rücksichtnahme auf den großen Bruder USA im Hintergrund präsent.
Für unsere Firmenentwicklung war vor allem auf dem Flugkörpersektor

die Zusammenarbeit mit Frankreich ein besonders stabilisierender Faktor. Dennoch schlich sich manchmal ein bitterer Tropfen ein, beispielsweise bei der folgenden Geschichte:
Für die Bekämpfung größerer Schiffe vom Flugzeug aus hatte die deutsche Luftwaffe die ferngelenkte AS 30 (Luft-Boden 30) von der Nord Aviation gekauft. Als Vorbereitung für eine automatische Eigenlenkung des Flugkörpers war bei Compagnie de Télégraphie Sans Fil (CSF) ein Suchkopf in Auftrag gegeben worden. Als ich davon hörte, griffen wir dieses Thema auf und machten durch unseren Projektleiter Werner Schnäbele einen Vorschlag für einen automatisch flach über das Wasser fliegenden, sich nicht drehenden Flugkörper, einen sogenannten Wellenreiter.
Unter dem Namen Kormoran wurde er ein großer Erfolg. Frankreich beteiligte sich nicht an der Entwicklung. Wir benutzten viele Teile der AS 30, zum Beispiel das Triebwerk. Einen sehr effektiven Gefechtskopf entwickelten wir selbst in Schrobenhausen. Als es aber darum ging, die Waffe bei der deutschen Marine von Schiff zu Schiff einzuführen, war plötzlich Sand im Getriebe. Wir machten den Vorschlag, die Kormoran mit einem etwas stärkeren Starttriebwerk auch von einem Schiff, Schnellboot oder von Land aus zu starten, also nicht nur, wie bisher vorgesehen, von einem Flugzeug aus.
Diese Idee fand zwar Anklang, aber zu meiner Überraschung erhielten wir trotzdem keinen Entwicklungsauftrag. Die Marine hatte nämlich schon seit längerem Verhandlungen mit unseren Partnern in Frankreich geführt, die sich erfreut zur Lieferung eines solchen Flugkörpers bereiterklärt hatten. Leider erzählten uns die »Freunde« in Paris davon nichts. Aus diesem französischen Projekt entstand die »Exocet«. Was mich an der ganzen Sache störte, war einerseits das Verhalten von Bonn und andererseits, daß Nord Aviation uns nicht einmal als Zulieferer heranzog, wie wir es umgekehrt bei der Kormoran getan hatten.
Die Angelegenheit wurde sehr viel später in einem etwas peinlichen Gespräch zwischen dem damaligen Präsidenten der Nord Aviation, General Crepin, Emile Stauff und mir ausgetragen und klargestellt. Ich konnte bei diesem Gespräch unsere Angebotszeichnung an Bonn vorlegen. Sie war erheblich älter als die spätere französische, die an Bonn gegangen war. Sie ähnelten sich beide aber so außerordentlich, daß Crepin die unsere für die seiner Firma hielt.

Von heute aus gesehen, war es vielleicht gut, daß die Sache so ausging. Meine Firma wäre sonst voll in den Falklandkrieg hineingezogen worden. Die Franzosen hatten ja die Exocet ins Ausland verkauft, zum Beispiel nach Argentinien und in den Irak. Eine Exocet versenkte bekanntlich einen englischen Kreuzer.

Die mit der Panzer- und der Tieffliegerabwehr-Entwicklung beginnende Zusammenarbeit mit Frankreich war die Basis für unsere Erkenntnis, daß es in Zukunft möglich ist, über die Grenzen hinweg zu kooperieren.

Bo 105 »System Bölkow« – Hubschrauber- und Magnetschwebetechnik

Immer wieder – vom Ingenieurbüro Bölkow Anfang der 50er Jahre bis zur MBB in den siebziger Jahren – gingen aus meiner Firma technische Entwicklungen hervor, die so neuartig und revolutionär waren, daß ihre Vermarktung zunächst ausgesprochen schwierig war. Erst nach und nach erwies sich die Überlegenheit der von uns entwickelten Systeme, so etwa des glasfaserverstärkten Kunststoff-Rotors für Hubschrauber. Andere neue Technologien konnten sich bis heute in Deutschland nicht durchsetzen, wie etwa die Magnetschwebebahn. Zu den Gründen später mehr.
Die Beschäftigung mit Drehflügeln im Ingenieurbüro Bölkow begann schon Anfang der 50er Jahre. Richard Bauer, der unsere Augsburger Niederlassung leitete, hatte sich schon lange mit Einblatt-Windmotoren beschäftigt und auch kleinere Serien davon in alle Welt verkauft. Etwa um 1955 kam er auf die Idee, das gleiche Prinzip für Hubschrauber zu verwenden, und schlug einen Einblatthubschrauber vor.
Nach zunächst vergeblichen Versuchen, einen Förderer für einen Prototyp zu finden, fand 1956 schließlich ein einsitziges Gerät Zustimmung im Verteidigungsministerium und im Landesgewerbeamt in Stuttgart, das eine finanzielle Unterstützung zusagte. Der zuständige Referent in Bonn, Regierungsrat Tilenius, übrigens ein Studienkollege von mir, kam dann aber eines Tages mit der an sich richtigen Idee an, einen kleinen, ferngesteuerten Hubschrauber als Träger für eine Fernsehkamera zu bauen. Hans Derschmidt, der im November 1954 in unser Büro gekommen war, entwarf ein entsprechendes Gerät. Bonn zeigte zunächst größtes Interesse, aber dann wurde der Entwurf zwischen den verschiedenen Seiten zerredet. Zu einem Auftrag dafür kam es nicht.
Ein einsitziger Kleinhubschrauber mit einem Blatt, die Bo 103, wurde hingegen im September 1961 von dem Projektingenieur Emil Weiland zum Fliegen gebracht. Was ich besonders bemerkenswert fand, war die

Tatsache, daß wir bei der Firma Hänle ein glasfaserverstärktes Kunststoffblatt hatten bauen lassen, welches das früher vorgesehene Rotorblatt aus Holz ersetzte. Versuche mit dem neuen Material auf dem Biege- und Torsionsprüfstand ergaben eine außerordentlich hohe Wechselfestigkeit. Aus unseren Erfahrungen mit den Windrotoren hatten wir bereits vermutet, daß glasfaserverstärkte Kunststoffe für Hubschrauberblätter sehr gut geeignet sind. Und wir hatten im Umgang mit diesem Werkstoff auch schon Erfahrungen gesammelt, denn die Flügel der COBRA-Raketen bestanden ebenfalls aus Glasfasermaterial.

Das neu entwickelte Blatt wurde dann auch für den »Heli-Trainer« verwendet, ein bodengebundenes Lehr- und Übungsgerät für Hubschrauberpiloten. Wir entwickelten es nach einer Idee des früheren Testpiloten Ludwig Hofmann. Dieses Gerät, von dem später an die 20 Stück verkauft wurden, war zum Teil bis in die 70er Jahre in Betrieb. Es setzte sich aber trotz seiner erwiesenen Wirtschaftlichkeit nicht durch. Der Hauptgrund für das geringe Interesse am Heli-Trainer war wohl die Abneigung fast aller Hubschrauber-Lehrer, neben dem Schüler lange auf einem Bodengerät zu sitzen, statt mit ihm am Doppelsteuer eines Hubschraubers zu fliegen. Schade. Das Gerät paßte nicht ins damalige Ausbildungs-, sprich Prämiensystem der Fluglehrer. Trotzdem: Mehrere Flugschüler waren durch die Vorschulung mit dem Trainer in der Lage, nach weniger als zwei Stunden am Doppelsteuer erste Soloflüge auf dem Hubschrauber auszuführen.

Zurück zu unserer Neuentwicklung eines Glasfaser-Kunststoff-Blattes. Die guten Erfahrungen mit den elastischen und Festigkeits-Eigenschaften der Blätter beim Heli-Trainer und beim Einmannhubschrauber führten zu der Idee, diese Elastizität als Gelenkersatz zu nutzen. Denn schon seit Anfang der sechziger Jahre lief in Fachkreisen die Suche nach einfachen Rotorkopflösungen für Hubschrauber. Hatte doch ein üblicher Dreiblattrotorkopf rund 400 Einzelteile, ein faltbarer Fünf- oder Sechsblattrotor mehr als 1000 Einzelteile. Der Grund: Früher waren die Rotorblätter bei einem Hubschrauber extrem kompliziert aufgehängt, es gab eine ganze Serie von Gelenken, um die Beweglichkeit zu gewährleisten.

Wir stellten nun fest, daß bei dem elastischen Glasfaser-Kunststoff-Material, das wir verwendeten, diese Vielzahl von Gelenken gar nicht mehr nötig war. Nach dem gelungenen Experiment mit dem durchgehenden

Rotorblatt des Bo-103-Hubschraubers lag es nahe, darüber nachzudenken, wie man die Gelenke durch die elastische Verformung von Blättern aus dafür geeigneten Werkstoffen ersetzen könnte. Diese Überlegungen führten uns beinahe zwangsläufig dazu, die Eigenschaften des von uns entwickelten Rotorblattes mit einem entsprechenden Rotorkopf zu kombinieren.

Bei einem Abendgespräch zwischen dem Leiter unserer »Hubschrauberei«, Kyrill von Gersdorff, und einigen leitenden Mitarbeitern entstanden Ideen zur Anwendung. Vorgeschlagen wurde ein vier- bis fünfsitziger Mehrzweckhubschrauber mit zwei Wellenleistungs-Turbotriebwerken, einem gelenklosen Rotor mit GFK-Blättern und einem großen Heckraum mit Hecktüren für zwei Krankentragen.

Aus diesen Überlegungen ist dann die berühmte Bo 105 mit ihrem gelenklosen Rotor »System Bölkow« entstanden, das erfolgreichste Fluggerät in Deutschland nach dem Krieg. Dieser Hubschrauber hat sich bis heute unwahrscheinlich gut bewährt. Die Glasfaserkunststoffblätter hatten nach mehreren Jahren der Entwicklung und Erprobung den Erfolg, daß eine sonst übliche Betriebsstundenlimitierung bei Rotorblättern für sie aufgehoben wurde. Früher mußte man normalerweise nach 100 bis 200 Stunden neue Blätter montieren. Viele Bo-105-Blätter haben jedoch inzwischen weit mehr als 10 000 Betriebsstunden, was vor unserer Entwicklung von allen Fachleuten für unmöglich gehalten wurde.[63]

Der Erstflug der Bo 105 fand am 16. Februar 1967 in Ottobrunn statt. 1972 zeigte unser Chefpilot Siegfried Hoffmann auf der Luftfahrtschau in Hannover ihre extremen Eigenschaften durch die ersten sicheren Loopings, die ein Hubschrauber je vorführte.

Da man mit dem stabilen System wie mit keinem bisher üblichen Gerät auch bei stürmischem Wetter fliegen und Landungen an exponierten Stellen vornehmen kann, bot sich die Bo 105 unter anderem als Rettungshubschrauber an. Die erste verkaufte Maschine ging deshalb im November 1970 an den ADAC, der damit seinen Luftrettungsdienst aufnahm. Kurt Pfleiderer hatte den Präsidenten des ADAC, Franz Stadler, von der Güte unseres Geräts überzeugen können. Es ist mir heute noch eine Genugtuung, daß dieser erste Bo-105-Hubschrauber vielen Verletzten das Leben retten konnte. Die Idee des Rettungshubschraubers lief danach von München aus um den Globus.

Verglichen mit der hervorragenden Entwicklung war aber nun der Vertrieb unserer Hubschrauber – wie im Grunde der Vertrieb im gesamten Unternehmen – die schwächere Seite. Bei den Hubschraubern stießen wir dabei in einen Markt vor, der vor allem von der militärischen Seite her und durch »nützliche Abgaben« innerhalb fester, netzartiger Verknüpfungen in »bewährten« Händen lag.

Bei uns in Ottobrunn trat mit den Bemühungen, den Absatz zu steigern (zumindestens für mich bemerkbar), das Fehlen einer genügend starken Persönlichkeit auf der Vertriebsseite merkbar zu Tage. Mir ist es ehrlich gesagt bis zum Schluß nicht gelungen, einen guten Vertriebsleiter für die Vielfalt unserer Produkte zu finden. Gesellschafterinteressen, politische Verbindungen, die von Bayern bis in Schwellen- und Entwicklungsländer reichten, und Eifersüchteleien bremsten vielfach den Erfolg unserer Erzeugnisse, der von der Produktgüte her hätte möglich sein müssen.

So lief also der Verkauf der Bo 105 zunächst nur unter Schwierigkeiten an: Bereits gegen Ende der sechziger Jahre hatte sich herauskristallisiert, daß wir mit der Bo 105 ein hervorragendes Projekt kurz vor der Zulassung hatten. Die Pilotenaussagen sprachen für ihre Überlegenheit.[64] Wir stießen in Deutschland zuerst gegen eine Wand – eine Wand von Vertretern und ihren Kunden, sowohl im zivilen Bereich, bei den Länderbehörden, zum Beispiel bei der Polizei wie auch bei der Bundeswehr. Gewohnheit stand gegen »Neues«. Eingefahrene Beziehungen zwischen Verkäufern, oft ehemalige Fliegerkollegen, und Kunden, mögliche Dienstreisen ins Ausland für die Beamten, all das konnten wir nicht bieten.

Der Durchbruch kam dann, wie gesagt, mit dem ersten echt verkauften Rettungshubschrauber an den ADAC. Die bayerische Polizei und andere schlossen sich allmählich an. Ich selbst sprach bei Ministerpräsidenten und Innenministern vor. Dort hatte ich in den Gesprächen immer wieder den Eindruck, als wollten sie sagen: »Warum müßt ihr nun noch kommen und uns vor die Aufgabe stellen, uns neu zu entscheiden; wir sind doch mit der Konkurrenz zufrieden, warum die zusätzliche Arbeit? Wozu?«

Langsam, ganz langsam, dämmerte mir der Unterschied zum Beispiel zu Italien und Frankreich. Dieser Markt ist zumindest in seiner ersten Phase ein Regierungsmarkt, eine Regierungsaufgabe. Das sah bei uns völlig anders aus, denn die Bo 105 war nicht als Antwort auf eine militärische Aufgabenstellung entstanden. Außerdem war es auf höherer politischer Ebene viel »beliebter«, im befreundeten Ausland als Käufer, und nicht als Konkurrent aufzutreten.

Die besonderen Eigenschaften der Bo 105 und die teilweise aufsehenerregenden Vorführungen durch unseren Chefpiloten Siegfried Hoffmann brachten uns ganz allmählich Kunden aus bestimmten Marktlücken: Rettungshubschrauber in der Bundesrepublik und in den USA, Hubschrauber zur Bohrinsel-Versorgung und für Inspektionsdienste unter schlechten Wetterverhältnissen, Hubschrauber mit Sandsturmtauglichkeit.

Bei der Bundeswehr wuchs das Interesse vor allem durch die fliegerisch größeren Möglichkeiten, sich dem Gelände anzupassen, sich zu tarnen und so Überraschungseffekte zu nutzen. Die Bückeburger Hubschrauber-Erprobungsstaffel der Heeresflieger kaufte schließlich eine kleinere Einheit. Die guten Erfahrungen dieser Versuchsstaffel führten dann zum Kauf von 250 Verbindungs- und 250 Panzerbekämpfungseinheiten mit unserer deutsch-französischen drahtgesteuerten Panzerabwehrwaffe HOT. Diese 500 Flugeinheiten bildeten auf einige Jahre hinaus die Basis der sonstigen Verkäufe von jährlich ungefähr 60 bis 100 Stück an viele Kunden in aller Welt.[65]

Fast 1200 Exemplare der Bo 105 fliegen heute noch in aller Welt, rund 60 Prozent für nichtmilitärische Aufgaben. Aber unsere Hubschrauber wurden auch für militärische Zwecke weiterentwickelt, zum Beispiel zur Panzerabwehr. So bauten wir eine Version für die Panzerbekämpfung auf größere Entfernung (bis zu 4000 Meter), die mit unserer ferngesteuerten HOT ausgerüstet wurde. In meinen Augen war dies eine friedenserhaltende Maßnahme, was heute durch die inzwischen bekanntgewordene Literatur auch bestätigt wird.[66]

Während der Serienvorbereitung des Bo-105-Hubschraubers stellten wir in Ottobrunn Überlegungen zu einer Vergrößerung der Hubschrauber-Familie an. Marktanalysen zeigten Absatzmöglichkeiten für einen acht- bis zehnsitzigen Mehrzweckhubschrauber. Andererseits zeigte sich bei der Flugerprobung der Bo 105, daß der Rotor noch Reserven hatte. Eine Abflugmasse von drei Tonnen war möglich.

Im Herbst 1974 sprachen wir mit den Firmen Vertol und Kawasaki, um deren Meinungen zu erkunden. Dabei brachten wir unsere Projektstudie der Bo 107 in die Diskussion. Leider beschloß Vertol 1975, sich ganz

auf einen US-Wettbewerb in Utah zu konzentrieren, woraufhin wir Anfang 1976 allein mit Kawasaki und mit einer in Ottobrunn arbeitenden Mannschaft das Konzept eines solchen Mehrzweckhubschraubers BK 117 in Angriff nahmen.
Es war ein hervorragender Entwurf mit einer Schwachstelle: Hätten wir uns damals entschlossen, drei Sitzplätze mehr einzubauen, wäre die BK 117 weltweit zu einem Mehrzweckschlager geworden. Aber wir scheuten die Mehrkosten. Unser sachverständiger Aufsichtsrat sah ja immer genau auf die Kosten, und die Bo 105 war damals noch kein finanzieller Erfolg. So machte die BK 117 nur zäh und langsam ihren Weg als Rettungshubschrauber mit zwei Liegen und zwei Begleitpersonen. Geordert wurde sie vor allem in den USA, als Luxushubschrauber mit einer gesonderten 4-Personen-Kabine und für viele andere Zwecke. Bis heute sind ungefähr 300 Exemplare ausgeliefert.
Ein Bild bleibt mir immer in Erinnerung: Während der Konstruktionszeit der BK 117 war eine größere Gruppe japanischer Konstrukteure in Ottobrunn im Unternehmensbereich Hubschrauber tätig. Es gab ein ständiges Raunen über ihre Pünktlichkeit, ihren Eifer und ihre Konzentrationsfähigkeit. Ältere Mitarbeiter meinten, das sei wie bei uns in den sechziger Jahren.
In den achtziger Jahren gelang schließlich die Vollendung der Idee eines völlig gelenkfreien mehrblättrigen Rotorkopfes, in dem auch die Anstellwinkelverstellung durch die elastische Verdrehung des Rotorschaftes vorgenommen wurde. Aus diesem und anderen Fortschritten entstand die Bo 108. Leider verließ dann der Chef der Technik, von Tein, die Hubschrauberei. Er landete über die Raumfahrt als Technikchef in Toulouse beim Airbus.
Zur Hubschraubergeschichte bei der Bölkow GmbH gehören auch zwei Entwicklungen, die zwar nicht zur Serie führten, aber technisch erwähnenswert sind: der Hochgeschwindigkeitsrotor von Hans Derschmidt[67] und Götz Heidelbergs Arbeiten am Niederdruck-Reaktionsrotor.[68]
Zu den Besuchern der letzteren Versuchsanlage zählte eines Tages auch der erste Raumfahrer des Westens: John Glenn. Als er mit mir nach der Besichtigung die Leiter vom Rotorturm herunterkam, wurde er von Ottobrunner Schülern mit der Bitte um Autogramme überfallen. Einer gab ihm zwei Karten. Als er fragte: »Why two?«, antwortete der Schüler: »I need two Glenns for one Uwe Seeler.«

Als ich ihm erklärte, wer Uwe Seeler sei, unterschrieb er lachend die beiden Autogrammkarten.
Götz Heidelberg fand übrigens durch seine vielen Besuche in unserer Waggonfabrik, bei denen er das Kleben des Rotorblattes überwachte, Interesse an der Verkehrstechnik und baute dann später unsere Magnetschwebetechnik auf.
Die entwicklungstechnischen Anregungen und Erfolge des Technikums für faserverstärkte Kunststoffe bei MBB strahlten in alle Bereiche aus:
– In die Raumfahrt: Wir bauten mit einer Kohlefaserkonstruktion als erste die leichtesten zusammenklappbaren Solarzellen-Konstruktionen der Welt, dazu Antennen und leichte Hochdruckbehälter;
– Die Grundlagen für die Seiten- und später für die Höhenleitwerke der Airbusreihe wurden hier erarbeitet;
– Bauteile für Kampfflugzeuge, Tornadoteile bis hin zu Rumpf und Flügeln des Eurofighter 2000, des früheren Jäger 90.
Insgesamt gesehen hatte die Arbeit an den Hubschraubern erhebliche positive Auswirkungen auf das gesamte Unternehmen. Das Wissen um die übergreifenden Zusammenhänge ging jedoch nach meinem Ausstieg leider stetig verloren, je schneller und je mehr man Personen mit sogenannten Management-Erfahrungen suchte und einsetzte. Anders ist auch der wirtschaftliche Niedergang der Hubschrauberseite nach der Übernahme von MBB durch die DASA nicht zu erklären. Man kann die Hubschrauberabteilung mit ihren großen technischen Erfolgen nicht isoliert betrachten und sie mit Aérospatiale, das sich ebenfalls auf einem Schrumpfkurs befindet, zusammenspannen, vor allem dann nicht, wenn man personell nicht darauf vorbereitet ist.
Wenn ich in meinem Haus an der spanischen Küste gegenüber Tanger am Atlantik Urlaub mache, habe ich fast täglich die Freude, eine oder mehrere Bo 105 der Guardia Civil fliegen zu sehen. Eine Freude, allerdings gemischt mit etwas Wehmut.

Eine andere technische Neuerung entwickelten wir für den Verkehrssektor: die Magnetschwebetechnik. Erste Ideen dazu begannen Mitte der sechziger Jahre.
Im Laufe des Jahres 1965 wurde mir aus den Zahlen unserer Waggon- und Maschinenbau AG in Donauwörth klar, daß wir hier eine Änderung unserer Produktpalette anstreben mußten. Die von den Konkurrenten

Von der VJ 101 zur Tornado

Die entscheidende Sitzung, die im Februar 1959 zur Gründung des Entwicklungsringes Süd (EWR) führte, fand am 7. Dezember 1957 in Stuttgart statt. Von links: Willy Messerschmitt, der Autor, Georg Madelung, Ernst Heinkel, Alfred Klein

Der erste Schwebeflug der VJ 101 C-X1 fand am 10. April 1963 statt, der erste aerodynamische Flug im August und die erste volle Transition am 8. Oktober 1963

Nach der Freiflugvorführung des VJ 101-Schwebegestelles im Juni 1972 in Manching. Von links: Willy Messerschmitt, General Josef Kammhuber, Theodor Benecke, Franz Josef Strauß und der Autor

In deutsch-amerikanischer Zusammenarbeit (Republic Aviation und EWR) wurde 1967 das Projekt eines senkrechtstartenden Kampfflugzeuges mit variabler Flügelgeometrie unter der Bezeichnung AVS (Advanced V/STOL Tactical Fighter Weapon System) bearbeitet (rechte Seite oben)

Der Erstflug des ersten Prototypes des Mehrzweckkampfflugzeuges MRCA fand am 14. August 1974 in Manching statt (rechte Seite unten)

Einige Zeit nach Unterzeichnung des Gesellschaftsvertrages kam der Präsident der Boeing Company, William Allen, nach Ottobrunn. Von links: Hans-Otto Riedel, Martin Müller, Mr. Allen, der Autor und Kuno Dreyer (1967)

Ein zentrales Bauteil von MBB war der Tornado-Flügelkasten aus Titanlegierung mit den großen Lagern für die verstellbaren Flügel

Das MRCA-Kampfflugzeug Tornado fliegt bei allen deutschen Jabo-Geschwadern sowie in Verbänden der britischen und italienischen Luftstreitkräfte

angebotenen Serienpreise für Personenwaggons lagen zumeist unter denen der Donauwörther. Bei den Schnellzügen in Leichtbauweise (Aluminium) wurde zwar zumeist nach Zeichnungen von uns gebaut, eine Lizenzgebühr jedoch nach den Verträgen mit der Bundesbahn nicht gezahlt. Die Entwicklungsaufträge reichten finanziell selten für den Entwurf und zeigten bei Vollkostenrechnung eine zunehmende Unterdeckung. Die früher in größerem Maße üblichen Erstaufträge im Anschluß an die Erprobung wurden unter massivem Druck der Konkurrenz immer weniger.

Es mußte also etwas geschehen: Entweder mußten wir die Sparte ganz aufgeben oder ein Produkt entwickeln, das sich durch seine technische Qualität von selbst auf dem Markt behaupten würde. Letzteres wurde unser Ziel; wir wollten uns auf Züge für hohe Geschwindigkeiten konzentrieren.

Mit dem Vorsitzenden von der WMD/SIAT, Friedrich Drechsler, kam ich überein, eine Arbeitsgruppe »Neue Verkehrssysteme« zu bilden. 1966 begann diese unter Leitung von Götz Heidelberg mit Überlegungen und Analysen zur Fahrtechnik bei hohen Geschwindigkeiten im Schienenverkehr. Zunächst suchten wir nach neuen Techniken für geführte (Schienen-)Fahrzeuge. Wir sprachen über Luftkissen, gesteuerte Einzelräder und getrennte Seitenführung sowie elektromagnetische Abstoßung und Anziehung für ein schwebendes Tragen; insbesondere das letzte Thema interessierte uns in zunehmendem Maße.

Ich erinnerte mich, daß ich während meiner Zeit bei Messerschmitt in der aerodynamischen Versuchsanstalt Göttingen (AVA) des öfteren Diskussionen über die Idee eines »freifliegenden« Modells, aufgehängt auf einem elektromagnetisch schwebenden und ebenso angetriebenen Schlitten, gehört hatte. Ich erkundigte mich jetzt, 20 Jahre später, nach dem Sachbearbeiter von damals, Hermann Kemper. Er lebte noch bei Bremen. Götz Heidelberg fuhr zu ihm. Er erfuhr, daß Kemper sich schon seit 1922 mit dem Problem befaßt hatte.

Nun begannen wir mit Versuchen zum elektromagnetischen Schweben und Vortrieb sowie deren Regelung. Theorie und Praxis liefen in den Labors von Eveline Gottzein, Leiterin der Regelungsabteilung, gut an.

Langsam begannen wir nun auch, uns Gedanken über den Vorteil der möglichen neuen Technik in einem Verkehrssystem zu machen. Dieter Strese stellte eine systemanalytische Gruppe zusammen. Die dort erarbeiteten ersten Überlegungen zeigten, daß eine schnelle Magnetschwebebahn in folgendem kombinierten System Erfolg haben könnte: Lastwagen sollten auf regional begrenztem Raum Güter sammeln und verteilen, und ein irgendwie geartetes Huckepacksystem mit sehr hoher Geschwindigkeit sollte diese Lastwagen dann über die großen Strecken zwischen den Städten transportieren.

Mit diesen ersten Ideen in der Tasche suchten wir nun Verbündete. Wir fanden die Baufirma Strabag Bau AG, wo sich Professor Bäsler mit Studien zu einer Großschienenbahn befaßte. Gemeinsam beschlossen wir, die Bundesbahn für eine Studie zu gewinnen. Es gelang. Das Verkehrsministerium regte an, eine GmbH zu gründen. Im August 1968 taten sich die Deutsche Bundesbahn, die Strabag und MBB zu je einem Drittel zur »Hochleistungsschnellbahn Studiengesellschaft mbH (HSB)« zusammen.[69]

Wir werteten Tausende von Frachtscheinen des Güterfernverkehrs aus und erhielten so für die Systemanalyse einen Überblick über die Güterströme, soweit sie damals mit LKW bewältigt wurden. Aufgrund unseres Forschungsvertrages waren wir gehalten, für die Zunahme des Güterverkehrs anhand einer Schätzung des Basler Prognos-Instituts jährlich 4,5 Prozent anzunehmen.

Dieter Strese und seine Mitarbeiter erstellten nun mit ihren Computerdaten ein konkretes Szenario für eine Kombination von Flächenverkehr per LKW und Langstreckentransport durch Huckepack. Als erste Strecke ermittelten sie die von uns »C-Linie« genannte Verbindung Hamburg–Bremen–Bielefeld–Dortmund–Köln–Frankfurt–Mannheim–Stuttgart–München. Ein eigenes Streckennetz sollte dafür gebaut werden, an dessen Haltepunkten das Zubringen der Güter und deren Abtransport und Verteilung mittels LKW ablaufen könnte.

Eine Kosten-Nutzen-Betrachtung ergab als besonders günstige Streckengeschwindigkeit für das Huckepacksystem Werte zwischen 300 und 400 Kilometern pro Stunde. Da das System bei zunehmendem Güterverkehr bis weit ins nächste Jahrhundert ausgelegt werden sollte, schlugen wir vor, 400 Kilometer pro Stunde zu wählen. Der Schwerpunkt der Überlegungen lag naturgemäß im Bereich des Güterverkehrs, wobei auch Personen und PKW als mögliche »Mitreisende« eingeplant waren. Dies war aber keine systembestimmende Größe. Für den reinen Personenverkehr mit Hilfe von Magnetschwebetechnik wird sich wegen der

Streckenlängen wohl kaum ein wirtschaftliches System finden lassen. Wir gingen damals von der erwarteten, inzwischen ja eingetretenen totalen Verstopfung der Straßen und Autobahnen aus und rechneten damit, daß diese düstere Prognose ein Antrieb für den Bau eines derartigen Systems sein könnte.

Mit optimistischen Erwartungen begannen wir 1970 mit der Entwicklung eines Prinzipfahrzeues im Auftrag des Bundesministeriums für Bildung und Wissenschaft unter Zustimmung des Bundesverkehrsministeriums. Im Februar 1971 schwebte das Gefährt, und im April 1971 bestand es seine erste Fahrt auf unserer 660 Meter langen Versuchsstrecke in Ottobrunn. Am 6. Mai konnten wir die Magnetschwebebahn den Ministern Georg Leber (Verkehr) und Hans Leussink (Wissenschaft) vorführen. Noch im Oktober desselben Jahres stellte die Konkurrenz, die Firma Krauss-Maffei, ebenfalls ein Magnet-Schwebefahrzeug vor, den Transrapid 02.

Die Begeisterung bei der Bundesbahn für die neue Technik war – wie vielfach vorausgesagt – gering bis null. Die meisten maßgeblichen Personen dort waren aufgewachsen und persönlich aufgestiegen mit dem Rad-Schiene-System und sahen in der vorgeschlagenen neuen Technik eine Lösung, die nicht aus ihren Kreisen kam, einen Eindringling, der nicht in ihre Welt paßte. Etwas Unheimliches, für das sie verantwortlich gemacht worden wären, obwohl sie doch noch innerhalb der Bauzeit oder kurz nach deren Beendigung in ihre Pensionsruhe zu gehen beabsichtigten. Und für die, die bisher ohne Risiko gelebt hatten, gab es keine Garantie, daß die Magnetschwebetechnik unbedingt gut gehen mußte.

Treiber für neue Ideen waren sie nie und wollten sie auch auf keinen Fall werden.

Die Ministerien, vor allem das Wissenschaftsministerium, drängten auf Zusammenschluß der interessierten Industrie. Zu Krauss-Maffei und uns stieß schließlich noch ein dritte Gruppe, Thyssen-Henschel. Einige Mitarbeiter aus Konstruktion und Regelung wechselten dorthin, vor allem der von mir sehr geschätzte Berater Prof. Herbert Weh.[70]

Wir machten dann noch in Manching neben der Start- und Landebahn des Flugplatzes einen Versuch mit einer digitalen Schwebe- und Führungsregelung unter starkem Seitenwindeinfluß bei Geschwindigkeiten von über 400 Kilometern pro Stunde. Um die zur Beschleunigung nötige Strecke abzukürzen, schoben wir den Magnetschlitten mit einer Wasserdampf-Rakete auf eine Geschwindigkeit von mehr als 430 Kilometern pro Stunde an. Hier sieht man wieder einmal den Vorteil unserer Vielseitigkeit in Ottobrunn.

Das Tempo der Entwicklung wurde gebremst durch die Verlegung der zunächst im Donauried geplanten Versuchsstrecke ins Emsland. Vogelschützer und sonstige »Naturverbände« hatten die Regierenden in Bayern bedrängt und dies erreicht. Das Schielen auf Wahlergebnisse bestimmt ja sehr oft langfristige Entscheidungen, was – bei aller Zustimmung zu unserer Staatsform – mitunter ein Nachteil ist.

MBB zog sich nach meinem Ausscheiden aus dem Projekt stark zurück, man wollte weiterhin eine 100prozentige Förderung. Eine meiner Ansicht nach kurzsichtige Auffassung bei der in den folgenden Jahren florierenden Wirtschaftslage von MBB.

Die Errichtung der Versuchsanlage im Emsland und der Bau des Versuchsfahrzeuges sowie die Erprobung zogen sich dann über Jahre zäh dahin. Aus einem Guß war alles nicht mehr. Viele »Neue«, aber auch viele »Aufsteiger« brachten nun ihre Meinungen ein. Es fehlte an einer Führungspersönlichkeit, die auch Mut zur Verantwortung auf finanziellem Gebiet aufgebracht hätte. So ging es nicht so voran, wie es bei einem solchen Schritt notwendig gewesen wäre, gegen den viele Ängstliche und Konservative – innerlich unsicher – eingestellt waren. Schließlich war das ursprüngliche Konzept so weit verwässert worden, daß man im Versuch bei einem Personenzug mit hohen Geschwindigkeiten landete.[71]

Die Magnetschwebetechnik in der schließlich entwickelten Form hat mit großer Mühe einen fahrtechnisch hohen Erprobungsstand erreicht. Ob die Magnetschwebetechnik für Personenverkehr nach dem Bau des TGV in Frankreich, dem ICE in Deutschland und mit dem Pendolino für den Personenverkehr in Mitteleuropa noch einen Sinn macht, ist zu bezweifeln. Die große Chance, mit ihrer Hilfe den immer noch zunehmenden Güterverkehr in den Griff zu bekommen, ist wohl endgültig vertan.

Meine späte Lehre: Eine solche Revolution – und das wäre die Einführung eines neuen Verkehrssystems gewesen – kann man nicht neben vielen anderen Aufgaben machen. Sie hätte ein ganzes Leben erfordert.

HUBSCHRAUBER- UND MAGNETSCHWEBETECHNIK

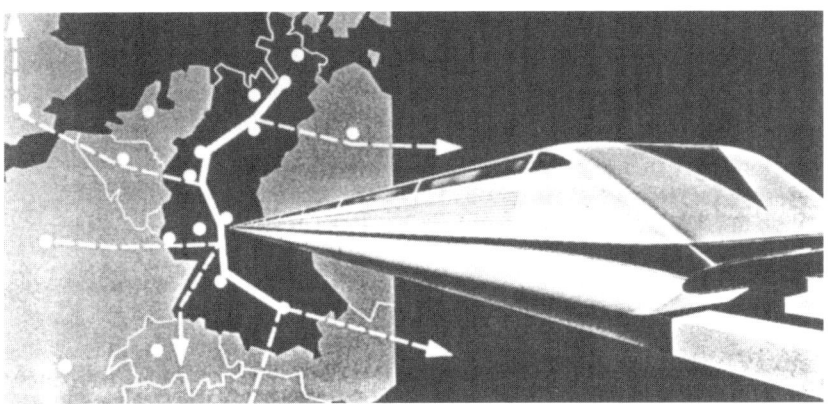

In der HSB-Studie von 1968/72 der Hochleistungsschnellbahn AG (MBB, Strabag und Deutsche Bundesbahn) wurden die Grundlagen zur Planung der zukünftigen Schnellverkehrssysteme und -strecken ausgearbeitet. Daraus abgeleitet wurde der heutige Intercity-Express (ICE) der Bundesbahn und die Versuchsfahrzeuge der Magnetschwebetechnik (Transrapid). Die Grundidee war die Verlagerung des Güterverkehrs auf die Schiene, d. h. der Transport von LKW's auf schnellen Magnetschwebefahrzeugen mit breiter Spur.

NKF – »Neues deutsches Kampfflugzeug« – Fusion mit Messerschmitt

Keine der Fusionen, die in den sechziger Jahren nacheinander zustande kamen, war als großes Unternehmensziel von langer Hand geplant. Sie entstanden immer erst aus der Situation heraus, jeweils Stück für Stück, aus praktischen Erwägungen. Wir waren dann am Schluß immer die Tüchtigeren und mußten deshalb immer die anderen Firmen aufnehmen.

Die Zusammenarbeit im Entwicklungsring Süd sowie die Dominanz unserer Mannschaft auf dem Entwicklungssektor innerhalb der Flugzeugbranche sorgte bereits Ende der fünfziger Jahre laufend für Unruhe und forderte weise Ratschläge von Banken und Konkurrenten heraus. Gute Ratschläge wie »Entwickler müssen auch fertigen können« und ähnliches mehr. Nun hatten wir allmählich auch eigene Fertigungsstätten in Nabern und zum »Blechbiegen« die Waggon- und Maschinenfabrik Donauwörth erworben und ausgebaut.

Trotzdem waren unsere immer wieder auftretenden Liquiditätsprobleme, die vor allem auf die bürokratischen Langzeit-Unterschriften-Sammlungen im Verteidigungsministerium zurückzuführen waren, allseits bekannt, und sie waren für die Bonner unbequem.

Um die Situation zu entschärfen und eine pragmatische Lösung zu finden, wurde der Vorsitzende der Industrieverwaltungsgesellschaft, Herbert Köppel, beauftragt, eine Fusion zwischen Messerschmitt, Heinkel und Bölkow, also den drei Gesellschaftern des Entwicklungsrings Süd, zu versuchen.

Die Verhandlungen ließen sich zunächst gut an. Zwischen Heinkel und mir war es am einfachsten, große Bewertungsfragen gab es bei uns nicht.

Mit den Gesellschaftern der Messerschmitt AG hingegen gab es Schwierigkeiten. Einerseits war die Familie damals – man befand sich noch in der seit dem Konkurs 1957 laufenden Sanierungsperiode nach dem Krieg – nur zu 49 Prozent Eigentümer. Weitere 49 Prozent hielt als Zwischenaktionär das Land Bayern, und es machte seine Zustimmung zu einer Fusion damals von der der Familie abhängig. Zu unser aller Überraschung und Bedauern konnte sich die Familie Messerschmitt jedoch zu keiner Zustimmung durchringen.

Eine feierliche Schlußsitzung war bereits angesetzt; sie sollte am 22. November 1963 abends in der Kantine des kleinen Messerschmitt-Werks München, Tölzer Straße 7 – heute Siemensgelände – stattfinden. Ich hatte wegen dieser Sitzung sogar auf eine Teilnahme an der feierlichen Eröffnungsvorstellung der Münchner Oper mit meiner Familie verzichtet. Mitten ins Essen hinein platzte dann die telefonische Nachricht, die Familie Messerschmitt stimme nicht zu. Wir waren alle wie betäubt und trösteten uns mit dem bereitgestellten Champagner. Noch aus einem anderen Grund sollte dies ein schicksalsschwerer Abend werden: Kurz nach acht Uhr wurde die Nachricht von der Ermordung John F. Kennedys bekannt.

Als am nächsten Vormittag Herbert Köppel zu mir in mein Büro in Ottobrunn kam, um das weitere Vorgehen zu besprechen, wußte er noch gar nichts von den neuesten negativen Entwicklungen. Als ich ihm das traurige Ergebnis berichtete, blieb er stumm und ließ sich dann mit dem Geschäftsführer der Messerschmitt AG verbinden, um sich Gewißheit zu verschaffen. Ich sehe noch heute vor mir, wie sein Gesicht bei diesem Gespräch mit der Zeit immer röter und röter anlief. Er konnte es kaum glauben. Persönlich hat er diesen Schlag nie überwunden.

In den nächsten vier Jahren ereignete sich jedoch auf der Gesellschafterseite der Messerschmitt AG Entscheidendes: Die Messerschmitt AG war 1957 konkursreif gewesen. Unter starkem Druck von seiten der bayerischen Regierung wurde sie saniert. 49 Prozent der Gelder kamen von der bayerischen Landesanstalt für Aufbaufinanzierung (LFA). Zwei Prozent hielt der Bund, den Rest die Familie Messerschmitt. Die Sanierung war damals die Voraussetzung für den Nachbau-Serienauftrag für die F-104.

Mitte der sechziger Jahre, als die Firma wieder gesund war, sollte sie reprivatisiert werden. Inzwischen hatte man gutes Geld verdient.

Nun gab es aber die Klausel, daß von den 49 Prozent, die die Landesanstalt für Aufbaufinanzierung für das Land Bayern hielt, 25,1 Prozent bei einer Rückübertragung dem Land Bayern verbleiben, auf den anderen Teil hatte die Familie Messerschmitt das Vorkaufsrecht.

Als ich davon erfuhr, kam mir die Idee, durch unsere Tochterfirma, die Waggon- und Maschinenfabrik Donauwörth (WMD), bei der Reprivatisierung von Messerschmitt diese 25,1 Prozent vom Land Bayern zu erwerben. Die andere Hälfte wollte Messerschmitt zurückkaufen. In einer Blitzaktion unter Führung des Aufsichtsratsvorsitzenden der WMD, Odilo Burckhardt, und ihrem Geschäftsführer Bernhard Weinhardt gelang der Coup. Durch ihn waren wir plötzlich an der Firma unseres Mitgesellschafters im EWR, der Messerschmitt AG, beteiligt.

Das Ganze war erledigt, das Geld überwiesen. Eines Tages, einige Zeit später, traf ich Ritter von Srbik zufällig bei einem Empfang. Ganz freundlich sagte er zu mir: »Sie sind ja ein richtiger Filou!«

Ich darauf: »Wie meinen Sie denn das?«

»Na, Sie haben doch über Ihre Donauwörther Firma die 25,1 Prozent von unserer Firma gekauft!«

Ich jedoch stellte mich dumm: »Wissen Sie, so genau schauen wir unseren Töchtern auch nicht auf die Finger! Aber wenn der Weinhardt das gemacht hat, finde ich das recht gut.«

Schließlich fand die nächste Gesellschafterversammlung im berühmten Augsburger Hotel »Drei Mohren« statt, und ich vertrat unsere Tochterfirma WMD. Sie können sich vorstellen, wie mir zumute war, als ich plötzlich Miteigentümer der Firma war, in die ich 30 Jahre zuvor als Anfänger eingetreten war. Für die Familie war das eine Ungeheuerlichkeit. Willy Messerschmitt persönlich jedoch verhielt sich übrigens völlig natürlich und normal.

Die Mitarbeiter von Messerschmitt waren von meinem Engagement begeistert. Ich hatte ja eine Sperrminorität, gegen mich ging also nicht viel. Es fing schon an bei der Gewinnverteilung. Plötzlich wollten die Messerschmitts keine Dividende mehr zahlen. Ich war sprachlos: »Wieso denn diese neue Taktik? Bisher habt ihr doch immer viel zuviel Gewinn verteilt!«

Beim Abendessen saßen Messerschmitt, die Baronin Raulino, seine Frau, und ich am selben Tisch – eine gewagte Konstellation. Alle anderen amüsierten sich darüber. Die Baronin Raulino, von ziemlich kleiner Statur, mit roten Haaren, war eine wirklich dominierende Persönlichkeit. Sie stammte aus einer mittelständischen Firma in Bamberg, die 1932 in Konkurs ging. Fritz Seiler sanierte sie damals.

Meine Beteiligung bei Messerschmitt war ein Hebel, mit dem ich die Gespräche über eine Zusammenarbeit wieder in Gang bringen konnte. Außerdem gab es inzwischen eine nichtöffentliche Studie, die belegte, daß die Messerschmitt AG nach dem Auslaufen der Verträge über die F-104 keine Aufträge mehr hätte. Die Betreuung des F-104-Nachfolgemusters, der F-4, war bis damals nicht vergeben, und es bestand die Gefahr, daß dieser Auftrag an VFW in Bremen gehen würde.[72]

1967 wurden Gespräche über eine Fusion wiederaufgenommen. Eine 15prozentige Budgetkürzung des Entwicklungsetats in der Verteidigung hatte diese Überlegungen unumgänglich gemacht. Es lag auf der Hand, daß eine gemeinsame Firma beider Münchner Entwicklungsmannschaften (also der Bölkow GmbH und des Entwicklungsrings) bedeutend wirtschaftlicher arbeiten könnte, angefangen von den Investitionen bis hin zum Einsatz von Spezialisten. Ich hörte immer wieder meinen Begriff vom »kritischen Minimum« gewisser Fachabteilungen, den ich Jahre zuvor dem Ministerium gegenüber selbst geprägt hatte. Außerdem gebe es bei der modernen Technik und Elektronik viel produktübergreifende Facharbeit, die sich in einer gemeinsamen Firma besser bewältigen lasse. Mit solchen Argumenten wollte man uns eine Fusion leichtermachen. Im Grunde konnten wir von Ottobrunn dieser Auffassung nichts entgegensetzen, wir vertraten sie ja seit langem.

Gegenüber dem ersten Anlauf von 1963 hatte sich in unserer Firma jedoch einiges geändert, was meinen Gesprächspartnern spätestens bei den Wertvergleichsrechnungen unangenehm auffiel.

Die Bewertungsfragen waren äußerst schwierig. Immer, wenn es zum Schwur kam, war meine Firma angeblich plötzlich nichts mehr wert. Die alten Flugzeugfirmen hatten immer Plus gemacht, weil sie Serien gebaut hatten, und wir hatten in Serie nur die COBRA. Außerdem war ich mit den Gewinnen immer sehr investiv umgegangen. Herr Essen und ich, wir waren ja bis 1965 die Eigentümer je zur Hälfte und brauchten beide kein Geld. Herr Essen war sowieso wohlhabend genug, und mir reichte das, was ich als Gehalt verdiente. So steckte ich den gesamten Gewinn der Firma immer in deren Entwicklung. Dadurch hatten wir zwar großes Know-How, aber wenige Immobilien.

Vom Jahresbeginn 1967 an wurden die Gespräche zwischen Messerschmitt und uns, aber auch den Vereinigten Flugtechnischen Werken VFW von seiten des Verteidigungs- und des Wirtschaftsministeriums sehr stark forciert. Praktisch liefen aber zielbewußt nur die Gespräche zwischen den Vorständen der VFW und der Bölkow GmbH. Ein gemeinsames Programm unter dem Titel »Zehn Jahre Programm Wehrtechnik Luft« wurde von uns und VFW in Ottobrunn ausgearbeitet.

Die Bewertung der Anlagen, die erwarteten Umsätze, selbst organisatorische und personelle Fragen, all dies war endlich im Sommer 1967 zwischen unseren Vorständen, das heißt, zwischen Bölkow GmbH und VFW, einvernehmlich vorgeklärt. Schließlich waren wir so weit, daß wir auf Wunsch des Staatssekretärs der Verteidigung gemeinsam die Entwicklungsverträge abzeichneten.

Was konnte da noch passieren, meinten wir, die Vorstände, vor der verabredeten Schlußsitzung der Firmenvorstände am 9. August 1967 in Stuttgart.

Alles! Die Verhandlungsführer waren Baron Tucher von der Bayerischen Vereinsbank, unser damaliger Aufsichtsratsvorsitzender, ferner der Aufsichtsratsvorsitzende von VFW, Arno Seeger, damals hauptberuflich Finanzdirektor der sich in Nöten befindlichen Firma Krupp. Die Zustimmung unserer Gremien lag vor und war bekannt. Seeger war sehr zurückhaltend bei den Verhandlungen und trug folgendes vor: Auf der am Tag zuvor abgehaltenen Gesellschafterversammlung von VFW – die wesentlichen Gesellschafter von VFW waren damals Krupp und United Aircrafts, USA – sei beschlossen worden, daß die Gesellschafter einer Fusion unter den ausgehandelten Bedingungen nur zustimmen würden, wenn er, Arno Seeger, den Vorsitz der Geschäftsführung übernähme. Die Gesellschafter könnten sich angeblich nicht vorstellen, daß ein so großes Volumen an Investitionen und Umsatz von einem Entwicklungsingenieur wie Bölkow geleitet werden könne.

Tucher wurde blaß, Schweigen. Schließlich begann er ganz ruhig mit Seeger zu sprechen: »Herr Seeger, Sie wissen, wie hoch der Kredit ist, den ich als Sprecher der Bayerischen Vereinsbank Ihnen als Krupp-Finanzdirektor eingeräumt habe? Ich tat dies nur, weil er durch Betriebsvermögen voll gedeckt war.«

Seeger wurde unsicher und sagte: »Ja.«

»Nun möchte ich«, fuhr Baron Tucher fort, »auf die Sicherheit des Entwicklungsingenieurs Bölkow kommen, der in meinen Kreisen für ein sehr erfolgreichen Unternehmer gehalten wird. Er hat bei meiner Bank einen persönlichen Kredit von fast 63 Millionen ohne jede Sicherheit. Ich schlage vor, bei der mitgeteilten Endgültigkeit der Beschlüsse der Gremien von VFW schließen wir die Sitzung.«

Wir verbreiteten nichts in der Öffentlichkeit. Mit Zustimmung von Tuchers und auf Wunsch der Ministerien verhandelten die Geschäftsleitungen weiter. Diese Runde fand dann aber mit einer »Mitteilung des VFW-Aufsichtsrates an die Presse« am 27. September 1967 abrupt ihr Ende. Sie verkündete den einstimmigen Beschluß, die Verhandlungen seien gescheitert.

Bedauerlicherweise war in München niemand vorher unterrichtet worden. Von Tucher und ich erfuhren es durch die Presse. Tucher konnte die Nachricht zuerst kaum glauben; so einen Affront hatten wir Herrn Seeger selbst nach den Stuttgarter Erlebnissen nicht zugetraut.

Der zweite Schlag folgte ein Jahr später. Krupp erhielt für seine Sanierung eine neue Firmenspitze, Vogelsang wurde Vorsitzender. Eines seiner Themen war die VFW. Er bat Sepp Hort, der uns in Bonn vertrat, zu sich, ließ sich dessen Darstellung des Verlaufes geben und veranlaßte eine intensive Wiederaufnahme der Fusionsverhandlungen.

Wir brachten in die Verhandlungen ein neues Zahlenwerk ein, nämlich eine Beteiligungsquote für den Fall, daß sich die Messerschmitt-Seite ebenfalls noch zu einem Beitritt entschließen würde. Dies waren wir den langsam wieder anlaufenden Gesprächen zwischen Messerschmitt und uns schuldig.

Die Bölkow GmbH und die VFW GmbH waren sich sehr schnell über Programm, Quotenfrage, Firmensitz und Vorstandsbesetzung einig. Erwartungsfroh flogen Baron Tucher und ich nach Bonn zu einem abschließenden Gespräch mit Abendessen im Hotel Königshof.

Nach der Suppe brachte Vogelsang, der von seinem neuen Geschäftsführer begleitet wurde, das Gespräch sehr schnell auf sein Problem: Er und die anderen Aufsichtsratsmitglieder könnten den sehr guten Vorschlägen der beiden Vorstände nur zustimmen, wenn Herr Knieper den Vorsitz der fusionierten Firma erhielte. Knieper, bisher Staatssekretär im Kanzleramt, war kurz vorher als Vorsitzender von VFW berufen worden.

Das war es also. Wir, von Tucher und ich, reagierten friedlicher als seinerzeit in Stuttgart, da wir beide Knieper gut kannten und als Mensch und Beamten schätzten, und begannen zu verhandeln. Vogelsang ging jedoch auf keinen Vorschlag zu einer Diskussion der Frage ein. Knieper selbst schwieg etwas betreten. Ich führte aus, daß ich es mir bei der völligen Unerfahrenheit des Herrn Knieper in der Führung eines Industriebetriebes bei aller Freundschaft nicht vorstellen könne, daß er diese Firma leite. Ich sei allenfalls zu dem Zugeständnis einer Sprecherrolle nach außen für ihn bereit. Da Vogelsang auch dies ablehnte, gingen wir zum Hauptgang über und trennten uns schließlich ohne weitere Worte über das Thema freundlichst, aber innerlich sehr sauer.

Das persönliche Verhältnis zwischen unserem Vorstand und dem von VFW blieb trotz dieser nie ganz geklärten beiden Vorfälle zum Vorteil der Sache gut.

Die VFW gingen später mit der holländischen Flugzeugfirma Fokker eine Fusion ein und firmierte von 1968 bis 1980 als VFW-Fokker. Eine nicht sehr glücklich verlaufene Ehe.

1968 drängte in zunehmendem Maße das Verteidigungsministerium und auch der Freistaat Bayern auf eine Fusion von Messerschmitt und Bölkow zu einer gemeinsamen Firma. Für die Verhandlungen einigten wir uns auf einen Moderator, den Präsidenten der Bayerischen Landesanstalt für Aufbaufinanzierung, Hans Peter. Er kannte die Messerschmitt AG sehr gut, da die 49prozentige Beteiligung des bayerischen Staates nach der Sanierung im Jahr 1957 bei ihm geparkt war.

Der negative Ausgang unserer Gespräche mit VFW war dem Verteidigungsministerium natürlich bekannt. Irgendwie wollte man jetzt endlich in der Fusionsfrage weiterkommen. Eine Gelegenheit ergab sich bei der Vergabe für die Entwicklungsarbeiten für das NKF.

Das Kürzel stand für »Neues deutsches Kampfflugzeug«. Bevor sich die Luftwaffe auf ein beabsichtigtes internationales Projekt einlassen wollte, schrieb sie zur Definition der deutschen Vorstellungen zunächst einen nationalen Wettbewerb aus.

Die Art, wie das Vorhaben im Entwicklungsring angepackt wurde, gefiel mir von Anfang an nicht recht. Alles war von ziemlicher Einbildung und Arroganz getragen. Man hatte nun ja die Erfahrungen aus der Zusammenarbeit mit den USA. Sollten wir den Auftrag erhalten, war ich fest entschlossen, die Mitarbeiter etwas zu dämpfen.

Aber dazu kam es zunächst nicht. Bei der Präsentation der Ergebnisse vor einem großen Kreis von Technikern, Beamten und Soldaten in Bonn trug Rolf Ricius aus Bremen die Entwürfe der Vereinigten Flugtechnischen Werke VFW weit gefälliger und werbender vor als Gero Madelung die unseren für den EWR. Offiziell hieß es: gleichwertige Ergebnisse. Dies war natürlich ein großer Erfolg für die kleinere, nicht so trainierte Mannschaft von VFW.

Anfang März erhielt ich die Kopie eines Vertragsentwurfes vom 7. März 1968 für die Entwicklung des NKF-Projektes. Sein Inhalt: Hauptauftragnehmer für das neue Projekt sollte VFW sein; wir, das heißt der Entwicklungsring Süd, würden mit Unteraufträgen für Teilaufgaben beauftragt. Zuerst dachte ich an einen Jux, den man sich mit uns erlauben wollte. Aber leider war die Sache bitter ernst.

Ich fuhr nach Bonn. Dort versuchte ich, die zuständige Abteilung im Verteidigungsministerium davon zu überzeugen, daß die zwei im EWR zusammenarbeitenden Firmen auf Grund ihrer Erfahrung und der Kooperation mit den US-Firmen die weitaus besseren Voraussetzungen für die Lösung dieser Aufgabe hätten als die bedeutend kleinere Mannschaft in Bremen. Während der Verhandlungen entstand dann im Ministerium die Idee, den Auftrag unter der Bedingung an den Entwicklungsring Süd zu vergeben, daß bis 1. November 1968 Bölkow und Messerschmitt zu fusionieren hätten.

Mit diesem Konzept fuhr ich nach Hause und zeigte es Messerschmitt. Er meinte, das sei Erpressung. Ich sagte: »Wieso? Wenn Sie nicht fusionieren wollen, dann lösen wir eben den Entwicklungsring auf. Sie machen dann weiter die Betreuung der F 104, und ich nehme meine Männer. Wir haben großen Bedarf an Ingenieuren. Ich gebe sofort den Auftrag für ein neues großes Gebäude in Ottobrunn.«

Messerschmitt war sehr erbost. Am nächsten Morgen wurde dann aber doch auf beiden Seiten beschlossen, daß man wieder Fusionsgespräche beginnen wolle.

Wir begannen erneut intensiv zu verhandeln. Auf unserer Seite waren vor allem Hans-Otto Riedel und Sepp Hort beteiligt, auf der anderen Seite vornehmlich Hans Heinrich von Srbik für Messerschmitt und Walther Strohmeyer für die Familie.

Dem Ausgang der Verhandlungen sah ich mit großer Gelassenheit entgegen, denn die Mitarbeiter meiner Firma im EWR hätten schrittweise in die Bölkow GmbH eingegliedert werden können. Den EWR ohne Hauptauftrag weiterzuführen wäre nicht sinnvoll gewesen.

Bei der Messerschmitt AG begann nun erst einmal eine interne Fami-

lienauseinandersetzung. Willy Messerschmitt war sehr eindeutig für eine Zusammenlegung mit uns, die Familie wollte eigentlich nicht.
Bei Betrachtung der Zahlen über die wirtschaftliche Situation von Messerschmitt – ich hatte als Gesellschafter ja Einblick in die Geschäftsunterlagen der Firma – war mir damals völlig klar, daß der Betrieb ohne eine Fusion über kurz oder lang zugrundegehen würde. Die F-104-Verträge liefen aus, die Entwicklungsmannschaft war im Entwicklungsring Süd engagiert, den personell unsere Firma dominierte.
Als Kompromiß gliederte man schließlich die Teile der AG, die wichtig für die technische und wirtschaftliche Zusammenlegung waren, aus der AG aus und übertrug sie in die FUS (Flugzeugunion Süd GmbH), eine hundertprozentige Tochter der AG. Alleingesellschafter der Tochter wurde Willy Messerschmitt. Er schied damit aus der AG aus, die im wesentlichen den Grundbesitz behielt.
Die ganzen Streitereien waren mir sehr unangenehm. Als Vertreter von 25 Prozent der Aktien saß ich natürlich im Orchester-Sessel bei dieser Auseinandersetzung.
Als das Zahlenwerk für die Fusion endlich fertig war, hieß es: 66,6 Prozent Bölkow GmbH und 33,3 Prozent FUS, also Willy Messerschmitt. Diese Aufteilung war eine große Enttäuschung für ihn. Er lehnte ab. Unsere Mehrheit war ihm peinlich, was zu verstehen war.
Durch die Initiative von Hans Peter wurde dann eine neue Lösung vorgeschlagen: die LFA trat in die neue Firma ein und übernahm 25 Prozent. So ergab sich eine Verteilung in Form von 25 Prozent LFA, 25 Prozent Messerschmitt und 50 Prozent Bölkow GmbH. Das Viertel der LFA konnte nach einer bestimmten Zeitspanne von beiden Gesellschaftern im Verhältnis 2 : 1 zum Einstandspreis von der LFA zurückerworben werden. Endlich stimmte Messerschmitt zu.
Mit dieser Konstruktion im Rücken gingen wir dann am 11. Juni 1968 vor die Presse. Die notarielle Unterzeichnung war auf den 31. Oktober 1968 in Gegenwart des Bayerischen Ministerpräsidenten Goppel vorgesehen.
An jenem Tag ereignete sich der letzte Akt dieses Fusionstheaters, der nur noch als Farce bezeichnet werden kann. Die Gäste saßen schon in unserem damaligen Repräsentationssaal, dem »Kupfersaal«, und warteten auf das Erscheinen des Ministerpräsidenten Goppel. Die Verträge lagen auf dem Tisch. Im Nebenraum verhandelten Hort und der Leiter

unserer Rechtsabteilung, Füchtenbusch, immer noch mit Walter Strohmeyer und dessem Anwalt.
Füchtenbusch erschien plötzlich aufgeregt bei mir: »Sie müssen sofort rauskommen, die andere Seite hat beschlossen, nicht zu unterschreiben, wenn wir nicht die Anwaltskosten der internen Auseinandersetzung zwischen der Familie und Professor Messerschmitt tragen.«
Wir schauten uns nur an, ich biß die Zähne zusammen und sagte ja.
Kaum war ich wieder im Saal, kam schon wieder Füchtenbusch an, diesmal zusammen mit Sepp Hort. »Noch eine Forderung! Wir sollten auch die Kosten für die Fusionsverhandlungen des Anwalts der FUS, also im Grunde der Messerschmitt AG, zahlen, sonst ebenfalls keine Unterschrift.«
Ministerpräsident Goppel betrat gerade den Saal. Ich konnte nicht mehr ausweichen, es gab keine Zeit mehr für Verhandlungen.
Man holte den Leiter der betreffenden Kanzlei, Rechtsanwalt Nörr, der im Saal saß. Er konnte es selbst zunächst kaum glauben, sah meine Verzweiflung und meinte dann: »Was da passiert, ist schlimm, und deshalb sichere ich für unsere Kanzlei zu, daß wir für das neue Unternehmen Leistungen in der Höhe dieser Gebühren für Sie erbringen, aber nicht berechnen werden.«
Ein großzügiges Angebot, denn es handelte sich in diesem Fall um einen Betrag von fast 300 000 Mark.
Ziemlich bedrückt unterschrieb ich das Fusionsabkommen. Kein Gefühl der Freude kam auf. Die Pressestimmen waren positiv bis auf eine, die einen älteren Satz von mir zitierte: »... wir brauchen in Zukunft zwei oder drei europäische Gesellschaften unter Einschluß englischer, französischer, deutscher und italienischer Firmen, sowie noch irgendwie auch die Holländer und die Belgier.«
Die formale Fusion war jedoch nur der erste Schritt. Nun ging es darum, die Mannschaft von insgesamt 12 300 Mitarbeitern neu zu strukturieren. Das Schwierigste war natürlich, sich von einer Reihe von Geschäftsführern zu trennen. Auf einmal hatte ich 23 Direktoren. Was sollte ich mit denen nur anfangen?
Ich ließ einen nach dem anderen zu mir kommen und fragte jeden: »Was machen Sie, welche Ideen haben Sie?«, und ich machte sie mit dem Gedanken vertraut, daß wir das Direktorium auflösen wollten.
Anschließend lag ich mit einer schweren Hepatitis-Infektion sechs Wo-

chen lang im Krankenhaus. Vom Bett aus versuchte ich, so viel wie möglich zu arbeiten, die Post zu erledigen und Besuche zu empfangen. Unter anderem, gerade an Silvester, kam Boldt, Geschäftsführer und Direktor. Er wußte, daß wir uns von ihm trennen wollten. Mehrfach erzählte er mir, was er alles gemacht hatte und daß er immer in äußerst verantwortlicher Stellung tätig gewesen sei: Seit seinem Hochschulexamen habe er nie mehr eine Anordnung von oben bekommen. Als er mir diese Geschichte zum wiederholten Mal erzählte, wurde es mir zu dumm. Wir gerieten in Streit, und er kündigte sofort und fristlos. Was konnte mir Besseres passieren? Über Telefon organisierte ich trotz Silvester noch jemand, der einen offiziellen Firmenbrief schrieb: »Hiermit bestätigen wir Ihnen die heute mit Herrn Bölkow getroffene Abmachung.« Die zuständigen Herren unterschrieben am selben Tag, und der Brief wurde noch vor Mitternacht überbracht.

So wurde ich einen weiteren Direktor los, wie ich glaubte, ohne Abfindung und ohne Ansprüche. Später hat ihm die Firma aber doch noch hinter meinem Rücken 30 000 Mark Abfindung bezahlt. Leider kam ich viel zu spät dahinter.

Wir erweiterten das Unternehmen organisatorisch durch den Ausbau der Zahl der Unternehmensbereiche. In den Vorstand kam als Vertreter der Familie Messerschmitt der Kaufmann Walther Strohmeyer. Hans-Otto Riedel, der die Verhandlungen für mich geführt hatte, war leider aus gesundheitlichen Gründen einige Zeit vorher ausgeschieden. Als Produktionschef holte ich Friedrich Drechsler aus der Geschäftsführung von Donauwörth in unsere Reihen.

Mein persönliches Verhältnis zu Willy Messerschmitt war manchmal gespannt, aber im Grunde immer sehr gut.

Eines Abends einige Zeit später lud er mich einmal ins »Vier Jahreszeiten« zum Essen ein. Dort eröffnete er mir, daß er daran denke, sein Testament zu machen. Er wolle eine Stiftung gründen. Und da sehe er in mir seinen Nachfolger, der in der Lage sei, sein geistiges Erbe anzutreten. Ich solle den Vorsitz der Stiftung übernehmen.

Ich sprach mit Madelung darüber, der den Vorschlag wunderbar fand. Zu einem runden Geburtstag von Messerschmitt zahlte meine Firma 200 000 Mark in die noch leere Stiftungskasse ein.

Ein halbes Jahr lang wurden Pläne geschmiedet und Satzungen entworfen, bis eines Tages Herr von Srbik auftauchte. Ihm hat offenbar überhaupt nicht gepaßt, daß er bei der Sache außen vor bleiben sollte. Schließlich hatte er sich immer als der große Diener und treue Freund Messerschmitts gesehen, was er – ehrlich gesagt – auch war.

Als dann die endgültige Satzung der Stiftung verteilt wurde, war ich plötzlich nur noch der Mann, der über die Verwendung der Gelder mitverfügen sollte, aber nicht mehr der Vorsitzende der Stiftung. Dieser war Herr von Srbik. Daraufhin hatte ich auch keine Lust mehr, bei der Sache mitzumachen. Herr Madelung hat meinen Platz eingenommen. Er ist ein Sohn von Willy Messerschmitts Schwester, ein sehr begabter Wissenschaftler und kreativer Konstrukteur.

Messerschmitt-Bölkow-Blohm (MBB) – Fusion mit den Hamburger Flugzeugwerken

Durch die Fusion zwischen Bölkow und Messerschmitt 1968 war die Lage in der Bundesrepublik zwar etwas übersichtlicher geworden, aber die Unruhe in der Luftfahrtindustrie hielt dennoch weiter an.
So besuchten mich eines Tages die Herren Diepen und Klappwyk aus dem Vorstand von Fokker, um über einen Zusammenschluß unserer beiden Firmen zu sprechen. Es war ein sehr offenes Gespräch. Sie schilderten ihre Verhandlungen mit den Vereinigten Flugtechnischen Werken VFW in Bremen und zitierten mehrfach ein VFW-Papier, das über deren wirtschaftliche Aussichten Auskunft gab, mir allerdings gefährlich optimistisch erschien. Diepen versicherte mir jedoch, daß ihm diese Daten durch Herrn Vogelsang als Aufsichtsratsvorsitzendem und ebenso von ministerieller Seite bestätigt worden seien. Tage später rief mich Diepen an und sagte, daß sie sich für VFW entschlossen hätten. Leider hätten wir uns zu spät kennengelernt. Er bedankte sich für das Gespräch.
Durch Herrn Rudorf von der Dresdner Bank wurden dann Gespräche zwischen mir und der Hamburger Flugzeugbau GmbH (HFB) angeregt. Zunächst wehrte ich mich noch: »Wir haben die Messerschmitt-Fusion noch gar nicht so richtig verdaut.« Aber bald regten sich in Bonn bayerische Vorstellungen von Macht durch Größe. Hans Peter, der Präsident der Bayerischen Landesanstalt für Aufbaufinanzierung, und Sepp Hort begannen mich zu überreden, die Firma zu erweitern. Der Grund war in der Tat stichhaltig: HFB würde sonst mit VFW-Fokker zusammengehen, dies bedeute dann vor allem in Bonn eine starke Konkurrenz für uns.
Die Flugzeugwerke waren vor dem letzten Krieg als Teil der Schiffswerft Blohm und Voß gegründet und von der Familie Blohm geführt worden. Sie hatten während des Krieges einen eigenwilligen, aber brillanten Konstrukteur mit Namen Richard Voigt. Man hat allerdings dort

fast ausschließlich Flugboote gebaut. Auf einer Insel in Finkenwerder war der Firmensitz, davor die Elbe, die mit einer Ausbuchtung als Wasserflughafen diente.

Später wurden die Schiffswerft und der Flugzeugbau getrennt. Der eine Bruder erhielt die Schiffswerft, der andere den Flugzeugbau. Der Sohn des letzteren, Werner Blohm, ein Bauingenieur, war lange Zeit zuständig für die Bauten. Nach dem Tod seines Vaters trat er in die Geschäftsführung ein.

Die Verhandlungen in Hamburg, denen ich schließlich zustimmte, führten von unserer Seite vor allem Sepp Hort und Johannes Broschwitz. Die Eigentümerfamilie Blohm benahm sich anfangs sehr von oben herab.

HFB hatte nach dem Wiederaufbau durch die Serienfertigung der Noratlas und der Transall jahrelang sehr gut verdient. Beide Aufträge liefen nun aber aus. Ein Geschäftsreiseflugzeug, ein zweimotoriger Jet HFB 320, »Hansa-Jet«, war entwickelt und sollte in Serie gehen. Ich fuhr zusammen mit Broschwitz nach Hamburg, um die Firma zu besichtigen und zu bewerten. Man legte uns Kalkulationen vor von der HFB 320, und alles sah sehr günstig aus. So wurde das auch ins Protokoll aufgenommen. Die vorgelegten Broschüren, in denen alles dargestellt war, ließen wir aber da, weil angeblich noch kleine Änderungen daran vorgenommen werden sollten. Sie blieben dann auf immer verschwunden.

Trotzdem, die Fusion wurde von allen Seiten gewünscht. Zuletzt wurde es dann bei den Verhandlungen noch sehr spannend, da den Blohms ein Beteiligungsangebot des Nachbarn aus Bremen vorlag, was ich leider nicht nachgeprüft hatte. Trotzdem entschied sich die Familie Blohm für uns.

Der Fusionsbeschluß fiel am 14. Mai 1969 kurz vor Mitternacht. In der Nacht der Entscheidung kamen Gesellschafter an, die Bargeld haben wollten. Hort rief mich an, ich sollte kaufen, er habe bereits mit der Bayerischen Vereinsbank verhandelt, sie würden mir das nötige Geld leihen. Später könne ich die Anteile ja bei weiteren Gesellschaftern wieder veräußern.

Das neu entstandene Unternehmen – also Messerschmitt-Bölkow-Blohm MBB – war nun eine Firma mit 20 000 Mitarbeitern und fast einer Milliarde Jahresumsatz. Werner Blohm wurde stellvertreter

Geschäftsführungsvorsitzender und zugleich Leiter des Unternehmensbereichs Hamburg.

Da wir eine Vorausgenehmigung von unseren Aufsichtsgremien hatten, stieg ich am nächsten Morgen in unseren Reise-Hansa-Jet und landete auf unserem nun eigenen Flugplatz in Hamburg-Finkenwerder. Bei der anschließenden Versammlung der Leitenden gewann ich einige schnell für mich, indem ich auch auf plattdeutsch antworten konnte.

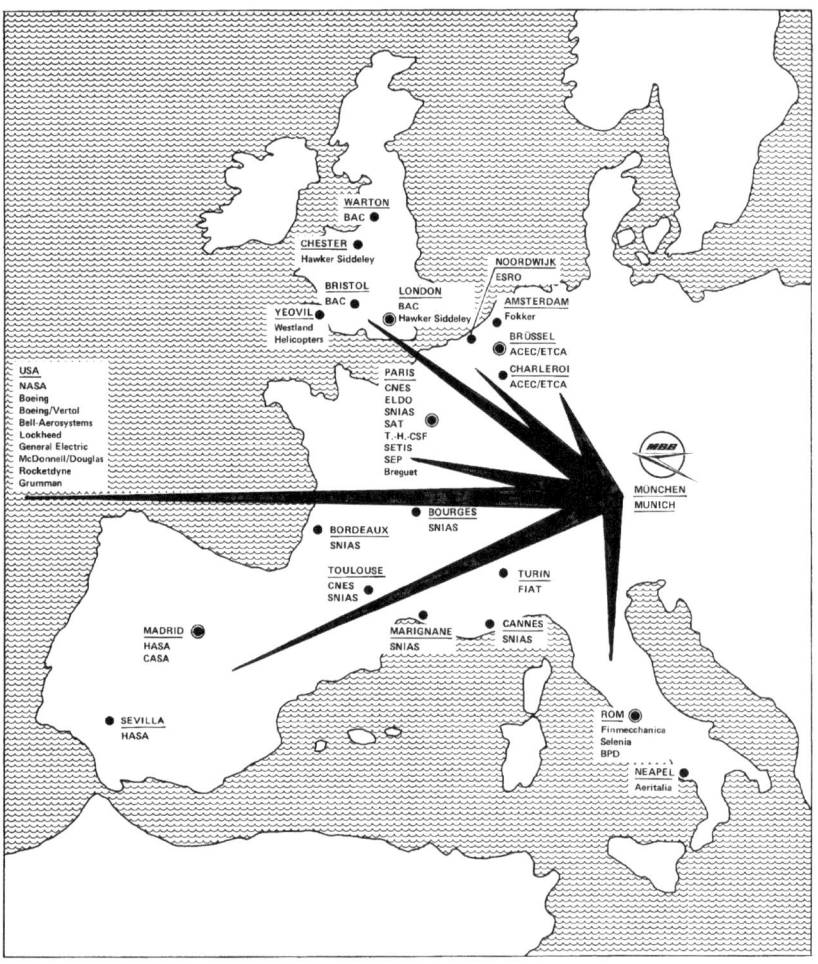

Bereits 1971 waren die internationalen Verbindungen der Messerschmitt-Bölkow-Blohm GmbH schon recht umfangreich.

Erst später, als alles schon lief, sahen Broschwitz und ich, daß wir Blohms Firma viel zu hoch bewertet hatten. Wir waren einfach übervorteilt worden, indem man uns korrigierte Zahlen vorgelegt hatte. Vor allem bemerkten wir zu spät, daß uns die Angleichung der Altersversorgung an unsere Ottobrunner Regelung ungefähr 40 Millionen Mark kostete. Es war ähnlich wie vorher bei der Fusion mit Messerschmitt, wo wir auf diese Weise 20 Millionen draufzahlten.

Das wäre noch zu verschmerzen gewesen. Aber hinzu kam noch, daß man uns vorgerechnet hatte, man könne aus der HFB-320-Fertigung und -Vertrieb Gewinn machen. Das stimmte nicht. Letztlich natürlich ein Versehen von Broschwitz und mir.

Nach zwei bis drei Jahren wurde mir klar: Die Verhältnisse bei HFB bedurften dringend einer Änderung. Ein Anlaß bot sich dann. Man hatte dort begonnen, Flugzeugsitze zu entwickeln und zu bauen. Im Grunde war die Idee gut, es waren Sitze für die Boeing 737 und 724 und für den Airbus. Das Probemuster sah gut aus und wies Vorteile gegenüber laufenden Modellen auf.

Ich schlug vor: »Wir stellen zwölf Sitze als Prototypen her und bauen je zwei Reihen hintereinander in zwei verschiedene Boeings 737 ein. Dort werden sie im normalen Flugbetrieb ein halbes Jahr lang getestet.« Ich wollte einen Praxistest.

Im Sommer 1974 berichtete man mir in einer Geschäftsführungssitzung, der Test sei sehr gut verlaufen. Auch die Beurteilung durch die Lufthansa sei sehr positiv. Die Serie lief an.

Wir haben daraufhin die Sitze in Massen gebaut und verkauft – zum Beispiel an die Iberia. Kaum waren sie jedoch eingebaut, kamen schon die ersten Beschwerden. Alles mögliche war gebrochen oder eingerissen, wenn Kinder darauf herumspielten oder etwas feucht wurde. Oder jemand hatte sich auf die Lehne gesetzt, und sie war abgebrochen.

Mir kam die ganze Sache seltsam vor. Deshalb fragte ich schließlich nach: »Warum ist der Test so gut verlaufen, wenn der Sitz in der Praxis plötzlich versagt?«

Als ich in einer Sitzung darauf bestand, die Testprotokolle zu sehen, gab man endlich zu, daß die Sitze nie bei der Lufthansa getestet worden waren! Und so wurden schließlich nicht erprobte Sitze eingebaut, die wir dann laufend ersetzen mußten. Einschließlich der Schadenersatzforderungen unserer Kunden haben wir dadurch insgesamt zehn Millionen Mark verloren!

Nach dieser Geschichte verlangte ich vom Aufsichtsrat die Abberufung von Werner Blohm aus der Geschäftsführung sowie aus der Unternehmensbereichsleitung Hamburg. Eine lange und teilweise stürmische Sitzung führte zu seinem Ausscheiden.

Mehr oder weniger freiwillig übernahm ich nun auf Zeit zusätzlich die Leitung des Hamburger Bereiches. Auf einer Betriebsversammlung im Werk wurde die Änderung der Leitung verkündet. Werner Blohm verabschiedete sich. Er wollte es allein und selbst machen. Der Betriebsratsvorsitzende Heinz Henk, eine menschliche und auch fachlich hervorragende Persönlichkeit, stand väterlich bei.

Am gleichen Tag flog ich nach Finkenwerder und ließ die leitenden Mitarbeiter zusammenrufen. Es gelang mir, die Atmosphäre ein wenig zu lockern.

Die Zustände im Hamburger Werk, das an der Fertigung des Airbus A-300 beteiligt war, waren alles andere als erfreulich. Es fehlte eine Herausforderung und eine Führung durch Vorbild.

Mein Büro richtete ich mir mitten im Konstruktionstrakt ein. Es hatte Tradition und Atmosphäre, denn es waren die Räume des früheren Konstruktionschefs Voigt. Ich wollte mitten unter denen, die die Arbeit leisteten und nicht in einem abseitigen Geschäftsführungsflur sitzen. Zudem sollten die etwas verzagten Mitarbeiter, vor allem die, die in Schicht arbeiteten, sehen, daß auch »oben« mit Ernst angefaßt wurde.

Eines nachts ging ich über das Gelände und hörte plötzlich, wie in der Werkshalle der Niethammer aufhörte, zu schlagen. Ich ging hinein und fragte den zuständigen Arbeiter: »Was ist los, warum nieten Sie nicht weiter?«

Er zeigte mir, daß sie eine Niete versehentlich schief geschlagen hatten und versuchte nun, sie auszubohren. Ich sah sofort, daß er das falsch machte: »Doch nicht so, das geht so«, sagte ich und machte es ihm vor. Schließlich hatte ich das in meiner Lehrzeit bei Heinkel gelernt.

Dann wollte er an der Stelle eine gleich große Niete einsetzen, bis ich ihm erklärte, daß er doch eine etwas größere nehmen müsse, da durch das Ausbohren das Loch größer geworden war.

Man kann sich vorstellen, daß solche »Geschichten« am nächsten Tag im ganzen Betrieb rum waren. So erwarb ich mir den Respekt der Arbeiter, weil ich von ihrer Arbeit etwas verstand.

Den ganzen Winter über verbrachte ich immer drei bis vier Tage der Woche in Hamburg, um den Betrieb dort wieder auf Vordermann zu bringen, den Rest der Woche in München, Bonn usw. Ich hatte unser eigenes Firmenflugzeug, in Hamburg gab es einen Werks-Flugplatz. Mein Quartier lag gleich neben der Firma, ganz nahe am Deich. Auf dem Heimweg, oft erst um Mitternacht, fielen mir die ganzen Storm'schen Geschichten über Deichgrafen und ähnliches ein. Die Werksfeuerwehr übernahm meistens meinen Transport.

Vieles war neu zu organisieren. Am schlimmsten sah es im Änderungswesen aus. Es gab ständig Änderungen und kurz darauf wieder neue Änderungen; die dazwischen gefertigten Stückzahlen waren Schrott. Hätte ich nicht meine Erfahrungen aus dem Krieg mit der Me 109 in Wiener Neustadt gehabt, so hätte ich in Hamburg nicht in kürzester Zeit Ordnung schaffen können. Im Grunde habe ich unser damaliges Formularwesen nach 30 Jahren wieder erfunden und zur Grundlage des Änderungswesens beim Airbus gemacht.

Als dieser Informationsweg und die sonstige Organisation standen, ließ ich nach Neujahr 1975 eine Inventur im Fertigteil-Vorbereitungslager der Schlosserei sowie in dem des Metallbaus abhalten. Die von den Änderungen überholten Werksaufträge waren, da man ihren Weg durch den Betrieb nicht verfolgen konnte, bis dorthin durchgelaufen und stapelten sich nun zuhauf im Lager. Man erschrecke nicht: Es lagerten dort über 9000 Betriebsaufträge, die inzwischen durch Änderung überholt waren. Ein Millionenwert, der Schrott war. Schuldige zu suchen war müßig. Ich ließ ohne Bewertung beide Lager verschrotten.

Ehrlich gesagt, war diese Arbeit vor Ort trotz aller Belastung eine Erholung vom Papierkram und von dem Ärger mit Aufträgen, Kollegen und Gesellschaftern in Ottobrunn.

Eine Geschichte soll nicht verlorengehen: Als ich im Herbst nach Hamburg kam, arbeiteten ungefähr 200 Mitarbeiter in Toulouse. Von diesen waren ungefähr 150 mit dem Einbau von Verkleidungen, Gepäckablagekästen, Toiletten, Küchen und ähnlichem beschäftigt. Fast alle Teile, die bis auf Toiletten und Küchen in Werken von uns in Deutschland hergestellt wurden. Für uns stellte sich nun die Frage, ob man diese Montagearbeit abgeben oder hier in Hamburg machen sollte. Mir wurde gesagt, diese Frage sei schon untersucht, wir hätten keine Halle, in die das Flugzeug mit dem Leitwerk hineinpasse.

Eine ganze Nacht diskutierte ich mit dem Leiter des Einflugs, dem »Inhaber« der Halle 7. Am nächsten Morgen war eine Lösung da. Um das Flugzeug in die Halle zu rollen, bevor das Leitwerk die zu niedrigen Hallentore erreicht, mußten wir die Spitze des Rumpfes anheben, bis das Leitwerk hineinging. Wir behielten diese Lösung aber erst einmal für uns. Unsere Forderung auf Verlagerung der Arbeit nach Hamburg ging per Fernschreiben nach Toulouse. Mittags kam bereits Zustimmung! Wir hörten dann von Mitarbeitern aus Toulouse, daß man dort glaubte, uns reingelegt zu haben.

Das Staunen war dann groß bei unseren Freunden, als wir kurz danach in Hamburg an einem kleinen Modell der Halle und einem Airbus vorführten, wie wir durch Anheben des Bugrades das Leitwerk beim Rückwärtsrollen durch das Tor in die Halle hineinbekamen. Enttäuschte Gesichter, aber unsere Toulouser Freunde gratulierten uns.

Ein wesentlicher Grund für diese Aktion war folgender: Ich wollte nicht, daß die Fähigkeit, mit ganzen flugfähigen Flugzeugen umzugehen, in Hamburg verlorenging. Jetzt, wo die A 321 in Hamburg montiert und eingeflogen wird, entfällt natürlich dieser Gesichtspunkt, und man kann neu aufteilen.

Im Februar 1975 hatte ich schließlich den Eindruck, daß das Gröbste geschafft war.[73] Nun wollte ich den Hamburger Bereich jemand anders übergeben. Unsere Wahl fiel auf Ernst-Georg Pantel, der zu der Zeit den Unternehmensbereich Flugzeuge, also F-104, F-4 und Tornado, leitete. Pantel übernahm zum 1. April 1975 und zog nach Hamburg. Er war von Haus aus Betriebswirt und war unter anderem ein möglicher Kandidat für meine Nachfolgerschaft. Die Leitung des Unternehmensbereichs Transportflugzeuge in Hamburg war insofern ein Bewährungsposten für Pantel. Ich schärfte ihm ein, sich vor allem um die Gesundung des Betriebes nach innen zu kümmern, denn es war meiner Ansicht nach die Betriebsnähe, die ihm als Schreibtischarbeiter noch zur Persönlichkeit fehlte. Ich riet ihm also, er solle zwei- bis dreimal wöchentlich, auch nachts, in den Betrieb gehen. Dies klappte leider nur einen Monat, dann war sein Ziel die Spitze in Bonn, die Politik. Für mich eine Enttäuschung, denn die Bonner Politik machten wir über die Deutsche Airbus GmbH.

Pantel mußte dann noch eine Bewährungsprobe bestehen. Ein Jahr nach seinem Amtsantritt erwischte unser Hamburger Werk eine Sturmflutkatastrophe. Am Nachmittag des 5. Januar 1976 stand das Werk 1,8 Meter unter Wasser. Ich war in unserem Tiroler Haus hoch in den Bergen und erlebte es per Telefon mit. Pantel als »Batteriechef« im Kriege hat diese Aufgabe mit Hilfe der Belegschaft, die fast geschlossen ins Werk kam, und einer alarmierten Bundeswehreinheit glänzend gemeistert. Der Schaden betrug allerdings über 800 Millionen DM, der zum größten Teil durch Versicherungen gedeckt war. Jetzt haben wir eine zehn Meter hohe Schutzmauer und Deiche, um in Zukunft so etwas zu verhindern. Die großen Belastungen führten dann bei Pantel zu einem Infarkt, von dem er sich nur langsam erholte.

Die Fusion mit den Hamburger Flugzeugwerken (HFB) hinterließ in vielerlei Hinsicht bei mir persönlich, innerbetrieblich und letztlich auch in der Unternehmenspolitik vielerlei Spuren.

Persönlich war die Vergrößerung auf mehr als 20 000 Mitarbeiter an sehr verschiedenen Arbeitsplätzen ein kleiner Schock in dem Verhältnis zwischen der Spitze in Ottobrunn und dem, der in einer Außenstelle arbeitete. Ich finde heute noch Briefe von alten Mitarbeitern aus den Jahren 1969 bis 71, die bedauern, daß die Zeiten, in denen vieles noch auf Zuruf lief, vorbei seien. Wir mußten von der alten Organisation, die mit dem Unternehmen gewachsen war, umlernen, neue Kommunikationswege suchen, Kontrollverfahren einführen und vor allem den Nachrichtenfluß kanalisieren, damit Wesentliches noch an die Spitze gelangte. Dies gelang, man konnte vieles von außen lernen und Erprobtes übernehmen. Manches aber, was uns so bis ungefähr Mitte der sechziger Jahre lieb und wert war, ging dabei verloren.

Für mich war die Arbeit in Hamburg zwar eine große Belastung, alle drei bis vier Tage einen Ortswechsel, dazwischen noch Probleme mit Panavia in München und die Pflege der Kontakte in Bonn. Zurückblickend aber war es eine herrliche Zeit. Die Arbeit mit den täglichen Problemen vor Ort im Hamburger Werk, mit der Fertigungsorganisation von Hamburg bis Toulouse. Man konnte bei Änderungen, die man machen mußte, in Kürze fast körperlich erleben, wie diese griffen.

Das Unangenehmste in den Auswirkungen der Hamburger Fusion trat in der Entwicklung des gesamten Unternehmens erst später und dann auch mit Verzögerung auf. Die Familie Blohm verkaufte eines Tages ihre An-

MESSERSCHMITT-BÖLKOW-BLOHM (MBB)

MESSERSCHMITT-

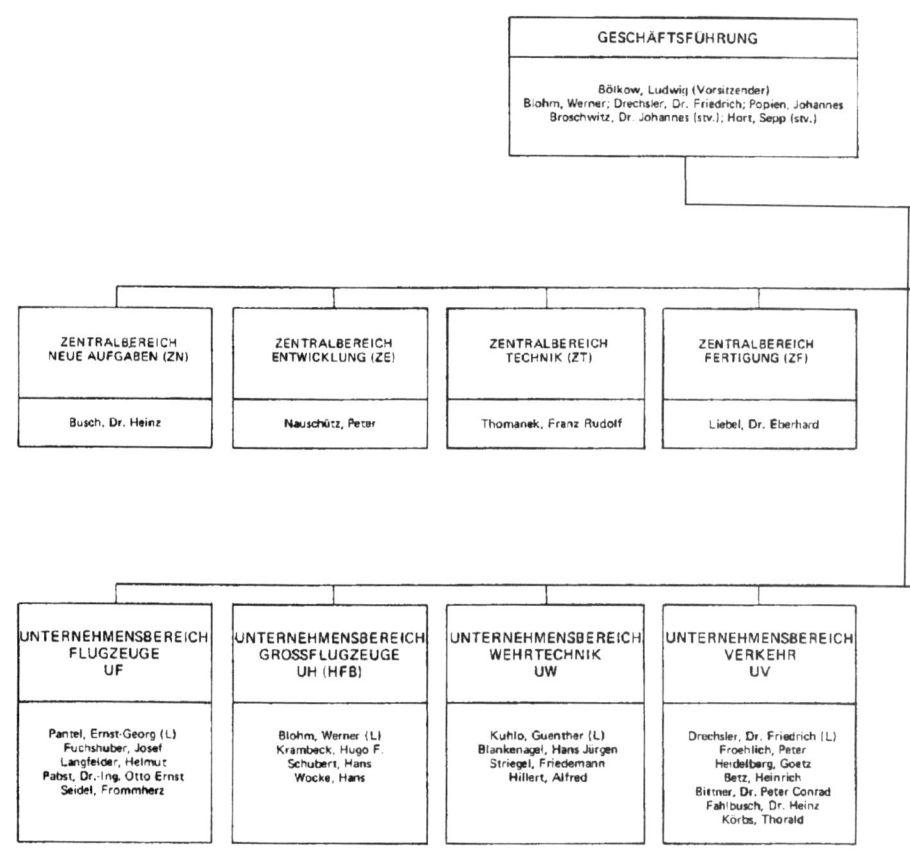

BÖLKOW-BLOHM

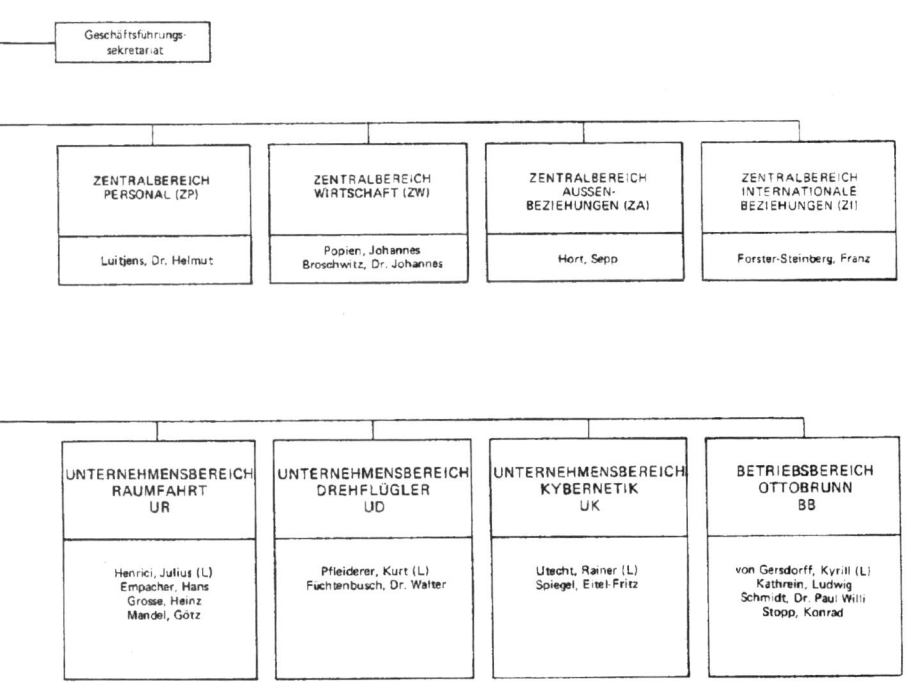

Organisationsplan der Messerschmitt-Bölkow-Blohm GmbH (MBB) von 1970 mit acht Zentralbereichen und acht Unternehmensbereichen. Diese Anordnung und Zuordnung blieb im Prinzip über viele Jahre unverändert.

teile an MBB bis auf einen kleinen Rest an den Hamburger Stadtstaat gegen die beachtliche Summe von rund 75 Millionen DM. Nicht daß der Hamburger Finanzsenator nun besonders intensiv im Aufsichtsrat mitregierte, war entscheidend, sondern daß mit einmal der Freistaat Bayern um seinen Einfluß fürchtete und sich um eine Anteilserhöhung bemühte. Ein langes Ringen setzte ein. Ich selbst hatte Kapitalerhöhungen und Anteilsübernahmen mit Krediten der Bayerischen Vereinsbank finanziert. Bis Anfang der siebziger Jahre war es kein besonderes Problem für mich, da die Zinsen einkommens- und somit steuermindernd abgesetzt werden konnten.

Diese Steuervergünstigung fiel ab 1974 fort. Von da ab war es rein finanziell nicht mehr interessant. Was mich aber überraschte, war, daß eines Tages die Kündigung des Kredites durch »meine« Bank, wie ich sie seit dem 63 Mio-Kredit von 1963 durch Baron Tucher nannte, ins Haus stand. Ungefähr gleichzeitig wurde mir der Wunsch des Bayerischen Finanzministeriums nahegelegt, diesen bisher von der Bayerischen Vereinsbank gestützten Anteil zu kaufen. Zusammenhänge will ich nicht konstruieren, behaupten, aber der Zeitpunkt paßte.

Die Verkaufsverhandlungen führte Herr Menacher im Auftrag seines Vorgesetzten, des Finanzministers Ludwig Huber, den ich übrigens auch im Rahmen meines Abschieds nicht besonders angenehm in Erinnerung habe. Es waren sehr unerfreuliche Verhandlungen, man fühlte, daß Menacher sehr unter Druck stand, den Kaufpreis zu drücken.

Entscheidend für das Unternehmen war aber, daß in den folgenden Jahren die Unternehmensleitung immer mehr unter dem Zwang stand, die Interessen der Gesellschafter von Hamburg, Bremen, Bayern nicht zu vernachlässigen. Neue Themen kamen auf die Tagesordnung, das »Spiel« mit den Mächten beherrschte zunehmend die Strategie.

So gesehen – niemand konnte es 1969 ahnen – war die HFB-Fusion auch »entscheidend«. Insgesamt aber hat sie sich für die »Ordnung« in Deutschland doch als positiver Schritt erwiesen. Dies muß man insbesondere dem intensivsten Streiter dafür, Sepp Hort, zugestehen.

European Space Research Organisation (ESRO) – Erste Schritte ins Weltall

Mit Themen der Raumfahrt kam ich schon während meiner Schulzeit in den zwanziger Jahren in Berührung, sei es durch romantische Zukunftsromane, durch Vorträge – ich erinnere mich an einen, den der Raketenbauer Max Valier im Großen Saal der Schweriner Stadthalle hielt –, durch Zeitungsmeldungen oder durch den UFA-Film »Die Frau im Mond« und ähnliches. Den ersten Raketenantrieb lernte ich an Opels Raketen-Fahrzeug kennen, und mit Hermann Oberths Zweistufenregel wie auch der Berechnung der Fluchtgeschwindigkeit setzte ich mich in der Schulzeit auseinander. Einige Neugierige meines Jahrgangs fanden auch schon früh den Kontakt zu Pionieren der Raumfahrt, wie Wernher von Braun, Rolf Engel, Franz Rudolf Thomanek, Rudolf Nebel, Hermann Oberth und anderen.

Mich interessierte damals aber die Luftfahrt mehr. Trotzdem hörte ich während meines Studiums immer wieder Neues auch aus dem Bereich der Raumfahrt. So wurde beispielsweise damals erzählt, von Braun sei auf dem Artillerieschießplatz Kummersdorf der Reichswehr tätig. Er versuche dort seine Idee einer Flüssigkeitsrakete zu verwirklichen. Tatsächlich gelang ihm dies dann auch.[74]

Während des Zweiten Weltkriegs hatte ich zwei Gelegenheiten, etwas von der Flüssigkeitsrakete A 4, der späteren V 2, zu sehen. Wir führten im Projektbüro von Messerschmitt Berechnungen aus, ob bei der Me 262 noch eine Steuerungsverbesserung in extremen Fluglagen durch ein Ruder im Abgasstrahl der Turbine zu erzielen sei. Meine Chefs Voigt und Schomerus schickten mich damals zur Diskussion dieser Frage nach Peenemünde und gaben mir den guten Ratschlag mit auf den Weg: »Halten Sie auch sonst die Augen auf.«

Was ich natürlich tat. Walter Dornberger hat mich kurz empfangen, von

Braun schickte mich dann in die Fachabteilungen. Sie hatten einen Überschallwindkanal unter der Leitung von Professor Hermann. Seine Arbeiten und Ergebnisse interessierten mich als damaligen Hochgeschwindigkeits-Aerodynamiker von Messerschmitt natürlich sehr. Ich freute mich, daß ich Prüfstände, Raketentriebwerke und Flugberichte sehen durfte.[75]

Kurz vor Ende des Krieges traf ich Wernher von Braun mit ungefähr 50 Mitarbeitern wieder, als sie »auf der Flucht« einen kurzen Aufenthalt in Oberammergau einlegten. Eigenartigerweise ist mir von dieser flüchtigen Begegnung noch in Erinnerung, daß wir darüber diskutierten, ob man Raketen wie die V 2 nicht auch zur Messung der kosmischen Strahlung in großen Höhen benutzen könnte. Von Braun erwähnte damals Namen wie Ehmert und Regener. Er habe mit diesen zusammen die Absicht gehabt, solche Messungen durchzuführen.

Im Verhörlager in Oberammergau im Sommer 1945 tauchte die Raketenfrage nicht auf. Ich verlor sie dann auch bis 1948 ganz aus den Augen. In jenem Jahr kamen in mein Ingenieurbüro, das ich nach dem Krieg in Degerloch gegründet hatte, ein paar junge Leute, um mich zu fragen, ob ich nicht in einem Verein mitmachen wolle, der sich mit Weltraumforschung beschäftige. Sie hätten auch Kontakt zur früheren Gruppe Wernher von Brauns und zu einigen in Deutschland gebliebenen Raketentechnikern. Ich trat dem Verein bei, besuchte Vorträge und bewunderte heimlich den Eifer und Einsatz dieser jungen Menschen, Leute wie Heinz Gartmann mit seinen Büchern, Heinz Hermann Koelle mit Ideen zu Raumfahrzeugen, Werner Büdeler, Alfred Fritz und andere.

Die fünfziger Jahre vergingen schnell. Ich arbeitete mit meinen Mitarbeitern an der Automation von Fabrikationsvorgängen, an unserer gelenkten Panzerabwehr mittels Pulverraketen und an den durch Professor Brandt, Düsseldorf, angestoßenen Überlegungen zu einer Tieffliegerabwehr. Hierbei spielten wir übrigens erste Überlegungen und Rechnungen eines Flüssigkeitsraketen-Antriebs als Variation durch. Allerdings ohne dabei irgendwelche Gedanken an die Raumfahrt zu verschwenden. 1957 änderte sich die Einstellung zu derartigen Fragen mit einem Ruck: Der sowjetische »Sputnik« tauchte am Himmel auf. Man konnte ihn auch hier im Radio deutlich hören. Seine Väter hatten einen Wettlauf, den eine Kommission zum Internationalen Geophysikalischen Jahr bei den »Raketenmächten« USA und UdSSR angeregt hatte, gewonnen. Die US Airforce schaffte mit ihrem »Vanguard« den Termin nicht. Diese für die Amerikaner unangenehme Situation, vor der Weltöffentlichkeit als Verlierer dazustehen, wurde ein wenig durch Wernher von Braun gemildert. Es gelang ihm mit einer für die US-Armee entwickelten militärischen Transportrakete, der »Redstone«, auf Anhieb, den von James Alfred van Allen an der Universität von Iowa gebauten kleinen Satelliten Explorer I in den Orbit zu bringen.

Dieser hatte Meßgeräte an Bord, die zur Überraschung vieler Wissenschaftler intensive Strahlungsbereiche in größeren Höhen meldeten, die später nach ihrem Entdecker Van-Allen-Strahlungsgürtel genannt wurden. Der Weltraum war also nicht leer, sondern erfüllt von hochenergetischen, geladenen Teilchen, zumindest in der Nähe der Erde. Diese Entdeckung versetzte die Weltraumforscher in Aufregung, und natürlich auch mich.

Ich begann nun, gemeinsam mit Wissenschaftlern wie Ehmert, Pätzold und Keppler über die Probleme nachzudenken. Später beriet ich auch in München mit Forschern der Max-Planck-Gesellschaft wie Reimar Lüst und Ludwig Biermann darüber, wie man deren wissenschaftliche Experimente in den Weltraum bringen könnte.

Was mich damals als Ingenieur, der sich in seiner Messerschmitt-Zeit mit der Physik der Strömungserscheinungen in der Nähe der Schallgeschwindigkeit beschäftigt hatte, nachhaltig beeindruckte, war die Entdeckung des Sonnenwindes. Man konnte durch die Zustandsmessung der Gase im Weltraum, deren Daten laufend von amerikanischen Satelliten übermittelt wurden, die Existenz einer Bugwelle von strömenden Teilchen vor der Erde in Richtung Sonne nachweisen.[76]

Nach dem Umzug unserer Firma nach Ottobrunn hatte ich einen jungen Physiker, Wladimir von Maydell, eingestellt. Er beschäftigte sich speziell mit Geräten für die Weltraumforschung. Die Neugier über wissenschaftliche Arbeiten im erdnahen Weltraum ließ mich nun nicht mehr los. Zusammen mit meinen Mitarbeitern dachte ich darüber nach, wie wir mit unserer technologischen Erfahrung bei der Erforschung des Kosmos helfen konnten. Denn ich war sicher, daß wir mit unserem Fachwissen, etwa aus der Flugkörperregelung, ein Know-how besaßen, um beispielsweise Satelliten zu bauen und zu steuern, das in Deutschland einmalig war.

Im Jahr 1960 wurde zum ersten Mal öffentlich auf einer Tagung der Deutschen Gesellschaft für Raketentechnik und Raumfahrt (DGRR) die Frage diskutiert, ob es sinnvoll sei, in der Bundesrepublik Satelliten für Forschungsaufgaben zu entwickeln. Ich verabredete noch auf der Tagung mit Professor August Quick, dem damaligen Leiter der Deutschen Versuchsanstalt für Luftfahrt, einer Vorläuferin der heutigen DLR, eine Denkschrift auszuarbeiten. Wir kannten uns aus meiner Zeit als Aerodynamiker bei Messerschmitt. Quick hatte damals die Leitung der drei Windkanäle der Deutschen Versuchsanstalt für Luftfahrt in Adlershof inne. Als Dritter stieß zu uns noch Professor Pätzold vom Institut für Geophysik und Meteorologie der Universität Köln. In Ottobrunn stand die Arbeit unter Leitung von Wladimir von Maydell, der zwei Jahre lang schon landauf, landab Institute und Firmen besucht hatte, um für die Idee einer Satellitenentwicklung in der Bundesrepublik zu werben.
Der Erfolg unserer Bemühungen war sehr wechselnd. Wir bauten zunächst eine kleine Gruppe auf, die sich mit einem für damalige Verhältnisse schweren Satelliten mit einem Gewicht von 1500 Kilogramm beschäftigte. Bei dem in jener Zeit noch nicht sehr weit gediehenen Stand der Photovoltaik – soweit er uns bekannt war – war nach Meinung der Projektgruppe die für den Betrieb der Geräte und die Energieversorgung des Satelliten benötigte Leistung von 2,5 Kilowatt mit Sonnenpaddeln nicht erzeugbar. Also dachten wir uns eine andere Lösung aus.[77]
Ottobrunn übernahm die Entwicklung eines im Weltraum entfaltbaren Parabolspiegels von 6,8 Metern Durchmesser. Es gelang. In einer Vakuumkammer wurde mit einem Modell von 2,3 Metern Durchmesser die Entfaltbarkeit nachgewiesen. Der Spiegel sollte eine Quecksilberdampfturbine, die durch die neugegründete Junkers GmbH unter Leitung von Julius Henrici entwickelt wurde, antreiben, indem er die Sonne auf einen Kessel konzentrierte und ihn dadurch aufheizte.
Mitten in diesen Überlegungen von Wissenschaftlern und Technikern fiel endlich Mitte Juni 1962 eine Entscheidung des Deutschen Bundestages, rund elf Millionen Mark für die Weltraumfahrt zu bewilligen. Eine Hälfte sollte für internationale Arbeiten zur Verfügung stehen, die andere für nationale Programme. Außerdem gründeten die Europäer am 14. Juni 1962 die ESRO (European Space Research Organisation). Damit begann eine ungemein erregende und kreative Zeit

Zusammenarbeit mit Frankreich

Besuch bei der SNECMA in Villaroche im Juni 1957. Links neben dem Autor: Franz Liedig, rechts: A. O. Ernst, Peter Nauschütz, Siegfried Weiß und Kyrill von Gersdorff. Auf dem Tisch lagen die Federbeine des Senkrechtstarters »ATAR volant«

Willy Messerschmitt und Gero Madelung mit dem Autor auf dem Aero Salon 1957 in Le Bourget. Nach diesem Treffen fand ein erstes Gespräch bei der Firma Dassault statt

◁ Die Firmen Bölkow, Messerschmitt und Siebel hatten auf dem Aero Salon 1965 ein gemeinsames Chalet. Neben dem Autor: Hans-Otto Riedel und Franz Rudolf Thomanek

Die Vertragsunterzeichnung zur Beteiligung des französischen Luftfahrtunternehmens Nord Aviation bei der Bölkow GmbH fand am 25. Juni 1965 in Ottobrunn statt. Neben dem Autor: Franz Forster-Steinberg, Jerome Kane, Hans-Otto Riedel und Jean Cahen-Salvador (Bild unten)

Rechte Seite von oben nach unten:

Die leichte Panzerabwehr-Waffe MILAN für Infanterieeinsatz wurde in deutsch-französischer Zusammenarbeit von MBB und Aérospatiale entwickelt

Die schwere Panzerabwehr-Waffe HOT ist für den Einsatz von Kampfflugzeugen oder Hubschraubern bestimmt, sie wurde von MBB und Aérospatale entwickelt

Das deutsch-französische Tieffliegerabwehr-Waffensystem Roland ist für den Schutz von Objekten und Kampfeinheiten bestimmt

Vor der Vertragsunterzeichnung zur »Airbus Industrie« am 18. Dezember 1970: Henri Ziegler mit Franz Josef Strauß und dem Autor

Die Rumpffertigung für den Airbus A 300 war im Frühjahr 1974 im MBB-Werk Hamburg-Finkenwerder voll angelaufen

Airbus-Endmontage bei der Aérospatiale in Toulouse

in unserer – verglichen mit dem Ausland – kleinen deutschen Raumfahrt-Gemeinde.

Gleichzeitig lief unter der Ägide der europäischen ESRO sehr schnell ein internationales Satellitenprogramm an, zunächst noch unter der Dominanz von England und Frankreich. Die Engländer hatten einen gewissen Vorsprung, ihre erfolgreiche Satellitenserie mit Namen »Ariel« flog schon. Die beiden Nationen konnten damit Erfahrung nachweisen, und dies war damals mit Recht eine wichtige Basis, um überhaupt bei internationalen Wettbewerben ernstgenommen zu werden.

Auch wir bewarben uns um ESRO I und ESRO II unter Assistenz von Boeing zusammen mit Nord Aviation und Saab. Vergeblich, denn der Auftrag ging schließlich an LCT, eine US-Tochterfirma von ITT in Frankreich. Das Angebot war, wie wir später in Erfahrung bringen konnten, ausschließlich von US-Fachkräften ausgearbeitet worden. Das Niveau war deshalb entsprechend hoch, die Anforderungen umfangreich.

Julius Henrici zog mit seiner damaligen Mannschaft bei den Junkers Flugzeug- und Motorenwerken daraus den richtigen Schluß, für das spätere HEOS-A1-Projekt das Angebot von Lockhead anfertigen zu lassen, allerdings unter wesentlicher Assistenz seiner eigenen Mannschaft, die sich noch im Aufbau befand. Er erhielt den Auftrag und hatte als Nebenergebnis durch diese Zusammenarbeit zugleich zwei in Planungs- und Managementtechniken hervorragend ausgebildete Persönlichkeiten, Günter Scheil und Ernst Högenauer.

Wir bei der Bölkow KG arbeiteten in jenen Jahren mit General Electric (GE), Boeing, Hughes, Nord Aviation und BAC zusammen und lernten vor allem von den US-Kollegen Planungs- und Managementmethoden, die in den USA schon zum Stand des alltäglichen Wissens gehörten und uns eine wesentlich bessere Termin- und Kostenkontrolle ermöglichten. Ich erinnere mich insbesondere an zwei Seminare, die ein Boeing-Mitarbeiter hielt, als ich einen Besuch in Seattle machte. Die Kollegen von der dortigen Space Division präsentierten eine Dokumentation über die fünf Flüge des von ihnen gebauten Lunar Orbiter, der zwischen August 1966 und August 1967 zur Vorbereitung des ersten Mondfluges eine systematische fotografische Erfassung der gesamten Mondoberfläche mit etwa zehn Metern Auflösung durchgeführt hatte.

Ich bewunderte die pannenfreie Arbeit des komplizierten Systems und lud den Referenten zu einem Vortrag nach Ottobrunn ein. Über die Zuverlässigkeit großer vernetzter Systeme wußten wir zwar schon eine Menge aus eigener Erfahrung und aus der von uns verantwortlich durchgeführten Fehlerbeseitigung bei der F-104. Aber bei der Qualitätskontrolle des Lunar Orbiters wurden Methoden angewandt, die uns neu waren und die wir sehr bewunderten. An jedem Teil bis zu den Leitungsdrähten hinunter hingen Zettel, aus denen vom ersten bis zum letzten Arbeitsgang alle Firmen und Personen ersichtlich waren, die ein Teil geliefert oder einen Handgriff ausgeführt hatten.

Da dieses System für unsere Firma sehr gut geeignet schien, führten wir sowohl die Theorie als auch die Praxis dieser Qualitätssicherung und -kontrolle bei uns ein. Ich habe von Anfang an versucht, diese Methoden auch anderen Berufskollegen zu vermitteln, und so riefen wir im Rahmen des VDI (Verein deutscher Ingenieure) einen Zuverlässigkeitsausschuß ins Leben. Vergleichbare Systeme gibt es aber auch heute noch nicht in allen Firmen, weil derartige Kontrollen natürlich unbequem sind.

Immerhin stellt die Einführung der Qualitätskontrolle eine wichtige Auswirkung der oft bezweifelten Innovationskraft der Luft- und Raumfahrt dar. In Vorträgen habe ich dies populär dadurch darzustellen versucht, daß ich sagte: »In der Raumfahrt kann man niemanden mit dem Schraubenschlüssel zur Reparatur in den Orbit schicken, wenn dort etwas ausfällt.«

Der erste unter deutschem Projektmanagement gebaute ESRO-Satellit war HEOS-A1. Wie schon erwähnt, wurde der Satellit von der Junkers-Gruppe entwickelt, die damals eine Tochtergesellschaft der Messerschmitt AG war. Wir stellten in unserem Donauwörther Werk den alugeschweißten Tragkörper her.

Der Start erfolgte am 5. Dezember 1968. Wir alle, auch die Zulieferer, waren stolz auf diese Leistung. HEOS-A2 startete dann am 31. Januar 1972, also nach der Fusion mit Messerschmitt, die am 1. Oktober 1969 stattfand, bereits unter der MBB-Flagge. Die Junkers-Mannschaft übernahm einen sehr wesentlichen Teil unserer Raumfahrtaktivitäten.

Neben der Messung von Magnetfeldern und Plasmadichten sowie der Analyse der Teilchenstrahlung auf einer sehr stark exzentrischen Bahn war das spektakulärste Experiment des zweiten HEOS die Freisetzung einer künstlichen Ionenwolke, mit der man die Magnetfelder im erdnahen Weltraum erforschen wollte. Dies war ein Experiment des Max-

Planck-Instituts für Extraterrestrische Physik in Garching unter Leitung von Professor Reimar Lüst. Gestartet wurden beide HEOS-Satelliten von der NASA mit Thor-Delta-Trägerraketen. Eine Zusammenarbeit, die wie bei allen nichtmilitärischen und kommerziellen Projekten unter Ingenieurskollegen ohne jedes Problem ablief.

Im Gegensatz zu diesen internationalen Aktivitäten wurde über das nationale Programm, dessen Anfang unsere Denkschrift von 1962 dargestellt hatte, lange diskutiert. Schließlich unterzeichneten am 17. Juli 1965 das deutsche Bundesministerium für Bildung und Wissenschaft und die amerikanische NASA ein Abkommen zum Bau des Forschungssatelliten Azur, wie das Projekt 625 A aus unserer Denkschrift jetzt hieß. Im Vordergrund der Diskussionen standen Überlegungen über die wissenschaftliche Nutzlast und über die Technologie des Trägers, also des Satelliten. Die Aufträge sollten auf möglichst viele Zulieferer verteilt werden. Auf den ersten Themenkomplex nahmen zunehmend die Wissenschaftler der Weltraumforschung selbst Einfluß.

Was den zweiten Punkt betraf, so waren die zur Teilnahme aufgeforderten Firmen technologisch allerdings kaum vorbereitet. Dies führte schließlich dazu, daß auf vielfachen Wunsch die von einem früheren Landsmann in den USA geleitete US-Firma TRW uns zugeteilt wurde. Letztlich wurde dann aber der von unseren Azur-Mitarbeitern von Maydell und dem Projektleiter Ernst Theunissen gestaltete Entwurf ausgewählt. Beim Bau des Forschungssatelliten Azur haben viele Firmen Erfahrungen sammeln können, Dornier-System über die Lagestabilisierung, ERNO-Raumfahrttechnik über den Thermalhaushalt, AEG über die Solarzellen, Telefunken über die Bandspeicher.

Die Zusammenarbeit war vor allem mit den großen alten Firmen besonders schwierig. Die größten Probleme gab es mit den Planungs- und Zuverlässigkeitsforderungen, die wir als System-Verantwortliche aufstellen mußten. Mit Siemens, das die Bodenhilfseinrichtungen herstellte, hatten wir damals eine gute Zusammenarbeit, vor allem mit den Leitern des damals noch vorhandenen Zentrallabors. Für einige Manager von Telefunken war unsere Firma jedoch nicht standesgemäß. Ein Telefunken-Manager riet beispielsweise von Maydell wohlmeinend, er solle sich doch bemühen, in einer anständigen Firma zu arbeiten, wie dieser mir lachend berichtete.

Der Forschungssatellit Azur wurde für die deutsche Wissenschaft und

Industrie ein Lehrstück von hohen Schwierigkeitsgraden und einer von außen kaum erkennbaren Komplexität. Am 18. November 1962 wurde der Satellit mit einer Scout-Rakete in den USA gestartet. Eine größere Anzahl von Bodenstationen zum Empfang von Meßergebnissen und zur Weitergabe von Steuerbefehlen war inzwischen gebaut worden. So konnte auch der Ausfall einer der beiden Bordbandspeicher – Produkt einer »anständigen Elektronikfirma« –, durch die große Zahl von Bodenstationen kompensiert werden. Wir konnten sogar gelegentlich empfangene Störkommandos, die für uns völlig überraschend auftraten, ausschalten. In späteren Jahren hat man es dann gelernt, so etwas von vornherein zu vermeiden.

Das Urteil eines beteiligten Wissenschaftlers steht für die allgemeine Meinung nach Abschluß des Projekts: »Azur war in jeder Hinsicht ein Erfolg. Er hat im wissenschaftlichen Bereich einige ganz wesentliche Beiträge zum Verständnis der Physik des Strahlungsgürtels geliefert.«

Man kann sich vorstellen, daß die neuen Erkenntnisse der Wissenschaftler über die Verhältnisse im Weltraum uns alle sehr motivierten. Auch die Tatsache, daß die Geräte, die von Technikern der verschiedensten Firmen erdacht, hergestellt und zu einem Gesamtsystem zusammenkomponiert worden waren, dort oben so zuverlässig ihre Arbeit verrichteten, gab uns das Gefühl eines außerordentlichen Erfolgs. Es war ein irgendwie erhebendes Gefühl, dabeigewesen zu sein.

Auch das Zwillingsprojekt zum Azur, der 625 Aeros-A, der federführend von Dornier gebaut wurde, erfüllte alle an ihn gestellten Wünsche.

Nachdem nun der Anfang gemacht war, bauten wir eine ganze Reihe von Satelliten. Zum Beispiel den Nachrichtensatellit »Symphonie«: Schon 1961 sprachen von Maydell und ich mit Siemens über eine mögliche Zusammenarbeit beim Bau von Nachrichtensatelliten für die internationale Kommunikation und zum Direktempfang von Fernsehprogrammen. 1962 schlossen wir einen Beratervertrag mit Professor Friedrich Vilbig, einem pensionierten Siemens-Mitarbeiter. Das mangelnde Interesse der Bundespost sowie die wirtschaftlichen Interessen der Produzenten von Überseekabeln mit eingebauten Verstärkern – darunter leider auch Siemens – und eine nicht vorhandene langfristige Planung auf dem Gebiet der Raumfahrt in der Bundesrepublik verhinderten jedoch lange Zeit einen konkreten Arbeitsbeginn. Erst im Rahmen einer fran-

zösisch-deutschen Zusammenarbeit entstand im Juni 1967 ein entsprechendes Programm und ein Regierungsabkommen.[78]
Wilhelm Göschel war unser Projektleiter und damit verantwortlich für die »interessanten« und hochwertigen Komponenten, die MBB entwickeln sollte.[79] Durch den Wegfall des ELDO-Trägerprogramms mußten beide Satelliten den Bedingungen der amerikanischen Thor-Delta-Raketen angepaßt werden. Um diese Trägerraketen zu nutzen, mußten die Europäer eine bittere Pille der NASA schlucken, nämlich sich verpflichten, die beiden Fernseh-Satelliten nur für experimentelle und nicht für kommerzielle Aufgaben zu nutzen. Beide Satelliten haben übrigens zehn Jahre lang ihren Zweck erfüllt.
Wir wußten aber nun auch, daß wir so etwas in Europa ebenfalls konnten. Es war für Deutschland und Frankreich die entscheidende Vorstufe zum Einstieg in die kommerzielle Nachrichtensatellitentechnik, einschließlich der dazugehörigen Bodentechnik. Bis 1992 war MBB an 35 Nachrichtensatelliten, deutsch-französischen wie internationalen, wesentlich beteiligt. Drei Entwicklungen der Raumfahrt sind mir als besondere Leistung in Erinnerung. Die Sonnensonde »Helios« sowie die Satelliten »COS-B« und »Meteosat«.
1965 hatten wir in Ottobrunn Besuch von Bundeskanzler Ludwig Erhardt. Ich holte ihn am Ostbahnhof ab und stieg zu ihm in sein mitgebrachtes, gepanzertes Auto. In Ottobrunn führte ich ihn unter anderem zur Industrie-Anlagen-Betriebsgesellschaft (IABG), wo wir die große Vakuumkammer für die Simulation von Weltraumbedingungen besichtigten.
Mit dieser Erinnerung und seinen Eindrücken aus Ottobrunn fuhr er 1966 in die USA, wo die Amerikaner ihm einen Vorschlag für eine gemeinsame deutsch-amerikanischen Sonnensonde Helios unterbreiteten. Die Zusammenarbeit wurde von ihm und Präsident Lyndon B. Johnson vereinbart, 1969 wurde der Vertrag über das sehr anspruchsvolle Konzept unterzeichnet. Der deutsche Projektleiter war Arnd Kutzer, der verantwortliche Mann bei MBB Günter Scheil, der vorher bei Junkers und bei uns das HEOS-Projekt geleitet hatte.
Die Hauptaufgabe der Sonnensonden war, den Einfluß des Sonnenwindes auf den interplanetaren Raum zu erforschen. Zehn wissenschaftliche Experimente waren dazu an Bord, 18 Monate betrug die vertraglich vereinbarte Missionszeit. Die Beanspruchung der Sonnensonde war außer-

ordentlich hoch, denn sie näherte sich der Sonne bis auf ein Drittel der Entfernung Erde–Sonne. Die Meßgeräte an Bord mußten einwandfrei arbeiten, die Daten mußten zuverlässig zur Erde übertragen werden. Trotz dieser schwierigen Bedingungen blieben beide Flugkörper über zehn Jahre in Betrieb. Ein Exemplar ist heute im Deutschen Museum in München zu sehen.

Der zweite wichtige Satellit stellte einen international wichtigen Beitrag zur Gamma-Astronomie dar: Ist unsere Galaxis, die Milchstraße, eine flache Scheibe mit Spiralarmen? Diese und andere Fragen versuchen die Astronomen dadurch zu klären, daß sie die Gammastrahlung, die aus dem Weltall zu uns dringt, registrieren und auswerten. Da diese Gammastrahlen nicht sehr energiereich sind, benötigt man zu ihrer Messung eigens entwickelte komplizierte Detektoren.

Einen besonders erfolgreichen Gamma-Detektor trug der Satellit mit Namen COS-B in den Weltraum. COS-B, für den wir die Funkenmeßkammer gebaut hatten, wurde am 9. August 1975 in Vandenberg in Kalifornien gestartet. Ursprünglich sollte die Mission nur zwei Jahre dauern, doch konnte sie immer wieder verlängert werden, bis Mitte 1982 das Lageregelungssystem ausfiel. Dieser Satellit lieferte eine der ersten Gamma-Karten des Himmels, und die Auswertung der Messungen zeigte dann zu unser aller Freude auch, daß die Milchstraße eine flache Scheibe mit Spiralarmen ist.

Der dritte Satellit, den ich hervorheben möchte, ist wohl der in der Öffentlichkeit bekannteste: Obwohl von seiten der deutschen Meteorologen wenig Interesse bestand, gelang es der sehr aktiven französischen Seite dennoch, einen ESRO-Wettersatelliten auf den Weg zu bringen. Sein Name war »Meteosat«. Wir bauten ihn zusammen mit den Franzosen. Im November 1977 wurde der erste Meteosat mit einer US-Thor-Delta-Rakete gestartet, seine Nachfolger starteten mit der Ariane von Korou aus.

Noch vor meinem »Ruhestand« Ende 1977 erhielt ich im Dezember die Kopie der ersten Aufnahmen der Erde, die Meteosat geschossen hatte. Er überträgt alle 30 Minuten Wolkenbilder von ganz Europa bis zur Nordküste Afrikas an die Bodenstation in Darmstadt. Dort werden die Wetterbilder aufbereitet, gespeichert und an alle europäischen Wetterämter weitergeleitet. Insbesondere die deutschen Rundfunk- und Fernsehanstalten benutzen die Meteosat-Bilder regelmäßig für ihren

Wetterbericht. Wer Lust und Mittel hat, kann heute im Deutschen Museum eine Rohaufnahme vom Wettersatelliten selbst empfangen.

An Fernseh- und Nachrichtensatelliten, deren Signale ohne Umweg über eine Bodenstation direkt empfangen werden können, wurde seit 1962 bei MBB gearbeitet. Die damals im Verhältnis noch hohe nötige Sendeleistung wollten wir, wie schon weiter oben dargestellt, zunächst mit einer durch Sonnenenergie getriebenen Natrium- bzw. Quecksilberdampf-Turbine aufbringen, später mit einem Radionukleidgenerator. Die Fortschritte in der Entwicklung der Photovoltaik, also der Stromgewinnung aus Sonnenlicht, führten dann jedoch zu einer wesentlich einfacheren Technik der Energiebeschaffung. Wir rüsteten die Satelliten mit Sonnenpaddeln aus, deren Solarzellen das Sonnenlicht in verwertbaren Strom für die Satellitsysteme umwandelten. Eine Zeitlang waren wir auf diesem Gebiet Weltspitze: Da es vor allem darauf ankam, möglichst leichte Sonnenpaddel zu bauen, hatten wir den leichtesten Kohlefaserträger für die Solarzellen entwickelt, der auf der Welt zu erhalten war. Die damit gebauten Sonnenpaddel hielten lange Zeit eine Spitzenstellung in der Welt.

Leider kam es 1980 aber gerade beim Sonnenpaddel eines von MBB gebauten Satelliten zu einem folgenschweren Fehler: Der deutsche TV-SAT 1 wurde durch die Verwechslung eines Schwenkbolzens beim Endzusammenbau in Korou leider eine Weltraumruine. Eines der beiden Sonnenpaddel ließ sich nicht ausfahren. Zurückzuführen war dies wohl auf einen typischen Fehler im Zuverlässigkeitsmanagement unseres französischen Mitunternehmers, der wie schon so oft auf nationaler Abgrenzung der Technik bestanden hatte. Beim Transport nach Korou, dem Startplatz der Trägerrakete Ariane, wurde das Schwenken der Solarzellenpaddel durch einen Bolzen verhindert. Dieser mußte nun vor dem Start durch einen Schwenkbolzen ausgetauscht werden. Der Fehler war, daß beide von außen gleich aussahen und der Austausch außerdem noch zum Schichtwechsel stattfand. Der neue Mann sah einen Bolzen liegen und eine leere Plastiktüte, dachte, er sei schon vom Vorgänger ausgetauscht und steckte den Schwenkbolzen in die Hülle. Eine notwendige Dokumentation mit Unterschrift des Monteurs und seiner Aufsicht sowie des Kontrolleurs war in der Papierwelt unserer Partner nicht vorgesehen.

Im Unternehmen gab es in meinen letzten Jahren und auch nach meinem Weggang einen regen Wechsel in der Leitung des Unternehmensbereichs Raumfahrt. Mein Eindruck von außen nach meinem Abschied war, daß eine verständnisvolle Hand von oben fehlte. Sie hätte als mitgestaltende Kraft trotz »langer Leine« lenken und manche Auseinandersetzung dämpfen können, so daß die Energie der Mitarbeiter für kreative Dinge hätte genutzt werden können. Aber trotz aller Querelen blieb das Können und die Leistung der Mannschaft außerordentlich gut. Weltniveau hatte die Firma unter anderem bei speziellen Antennen, bei Raketenantrieben von großen Leistungen bis hinunter zu den kleinen schnell schaltenden Lageregelungsantrieben, bei Staustrahlantrieben bis Mach 7, beim Wärmehaushalt und bei Satellitensystemen verschiedener Art. So wurde von der hochmotivierten Mannschaft an beiden Standorten, in Ottobrunn und Bremen, hervorragende Arbeit geleistet: etwa beim Bau der Systeme für Spacelab und für die zweite Stufe der Ariane.

»Ariane« und »Hermes« – Probleme der Trägerraketen

Wie schwierig die Zusammenarbeit zwischen Firmen aus mehreren Ländern sein kann, zeigte sich am Desaster der Europa-Rakete. Bei diesem ehrgeizigen Projekt führte die nicht vorhandene Koordination der Auftragnehmer zu einem Fiasko auf der ganzen Linie, und dies, obwohl die einzelnen Teile der Rakete technisch durchaus auf der Höhe der Zeit waren.

Im September 1961 lud die britische Regierung französische und deutsche Stellen ein, sich an der Entwicklung einer Satelliten-Transportrakete auf der Basis der englischen »Blue Streak«-Mittelstreckenrakete als Unterstufe zu beteiligen. Die »Blue Streak« wurde als US-Lizenz von De Havilland gebaut. Als zweite Stufe war die aus dem französischen Höhenforschungsprogramm stammende »Coralie« vorgesehen. Die dritte Stufe mußte neu entwickelt werden.

Man wollte in Europa von den amerikanischen Satellitenträgern unabhängig werden. Das in der Bundesrepublik damals zuständige Innenministerium berief deshalb eine Expertenkommission unter Leitung von Professor Eugen Sänger ein, um eine derartige »Europa«-Rakete zu planen. Ich war Mitglied dieser Gruppe. Als ich während der Gespräche vorschlug, nicht nur zu zahlen, sondern die dritte Stufe als unseren Anteil an der Rakete selbst zu entwickeln, hatte ich den Eindruck, daß man mich für einen technischen Hochstapler hielt.

Ich wies auf unsere Ottobrunner Erfahrung in diesem Bereich hin: Wir hatten mitgearbeitet bei der Entwicklung eines Flüssigkeitsraketentriebwerks für ein Spezialflugzeug, bei dem für die damalige Zeit ein extremer Brennkammerdruck auftrat, ferner hatten wir eine eigene Abteilung für Lage- und Kursregelung bei der Flugkörperentwicklung, und, was mir wichtig erschien, wir hatten viel Erfahrung in internationaler Zusammenarbeit. Damit konnte ich die Experten am Ende tatsächlich überzeugen.

Die Firmen Focke-Wulf und Weserflug in Bremen sowie der Hamburger Flugzeugbau gründeten daraufhin eine Konkurrenzfirma zu uns, den Entwicklungsring Nord (ERNO), der sich in Konkurrenz zu uns um die dritte Raketenstufe bewarb.

Bei uns in Ottobrunn bildete sich eine Gruppe unter der Leitung eines jungen Diplomkandidaten aus der Sänger-Schule in Stuttgart, Dietrich Koelle. Sein Bruder Heinz Hermann war nach seinem Diplom in Stuttgart in die USA gegangen, um dort bei der NASA mit Wernher von Braun zusammenzuarbeiten.

Wegen mangelnder eigener Sachkenntnis beschloß eine Gutachterkommission unter Führung meines Freundes Professor Bock – wie damals üblich –, eine Arbeitsgemeinschaft zu bilden. Dies war jedoch schon der erste Fehler bei der Organisation. Hinzu kam, daß die inzwischen ebenfalls gegründete Organisation ELDO (European Launcher Development Organisation), die den Gesamtauftrag zu verwalten hatte, sich mehr als Koordinierungsstelle für die drei nationalen Organisationen verstand anstatt als technischer Systemführer, was mir persönlich völlig unverständlich blieb.

Bis heute ist mir immer noch unklar, warum eine Systemführung auch im Lauf der Jahre nicht durchsetzbar war, selbst dann noch nicht, als die Analysen der ersten fehlgeschlagenen Tests in Woomera 1968 vorlagen. Es ging dabei gar nicht darum, daß wir in Ottobrunn einen Führungsanspruch gestellt hätten. Fast habe ich heute den Eindruck, daß unseren Freunden bei der Firma De Havilland so etwas wie Systemführung gar nicht bekannt war.

Die technischen Pannen häuften sich. Eine besonders schwierige Phase sind die Sekunden nach dem Zünden der Triebwerke. Diese müssen ständig so ausgerichtet sein, daß die Rakete senkrecht nach oben startet und auch dann ihr Gleichgewicht nicht verliert, wenn der Schub der Triebwerke nicht völlig symmetrisch ist. Man muß also dafür sorgen, daß die Stellung der Triebwerke ständig nachgeregelt wird, und zwar entsprechend der Schubverteilung und der Neigung der Rakete. Um dies zu gewährleisten, versuchte ich schließlich wenigstens vor dem letzten Test den englischen Partnern klarzumachen, daß wir für diese Winkelsteuerung der Triebwerke der untersten Stufe eine Kreiselplattform und den Einbau von Beschleunigungsmessern in allen Stufen sowie einen Zentralrechner benötigten. Ich stieß jedoch mit meinen Plänen immer

noch auf Widerstand. Die Briten verwiesen darauf, daß sie entsprechende Geräte von den USA im Rahmen der Lizenz für die »Blue Streak« bereits erhalten hätten.
Zu meiner Überraschung brachten sie dann tatsächlich eine »Black Box« mit, die eine Kreiselplattform darstellen sollte, um sie in die dritte Stufe einzubauen. Auf meine Nachfrage, ob das Gerät auch wirklich in das Gesamtsystem passe, erhielt ich keine Auskunft. Die englischen Kollegen murmelten etwas von Triebwerkssteuerung, zentraler Plattform und ähnlichem. Trotzdem dachte ich: Endlich!
Die Europarakete stürzte jedoch unmittelbar nach ihrem Start am 5. November 1971 vom französischen Erprobungszentrum in Kourou aufgrund einer falschen Bewegung der Triebwerke ab. Wir stellten später fest, daß man den Masseanschluß – also die Erdung – der »Box« mit der metallischen Außenhaut der dritten Stufe verbunden hatte. Durch deren elektrische Aufladung wurde das geheimnisvolle Gerät praktisch zerstört, so daß die Bewegung der Triebwerke beim Start nicht mehr ordnungsgemäß gesteuert werden konnte. Mir war das, wie gesagt, unverständlich. Mein Team hatte ebenso wie das der Franzosen die Nase von einer solchen Zusammenarbeit voll.
Die ELDO wurde schließlich auf Betreiben der beiden Länder zu einer Systemfirma umgebaut. Eine gute Ingenieurmannschaft setzte sich in Paris zusammen: Es entstand die »Europa III«. Ein gesunder Entwurf mit einer klaren Führung durch die ELDO-Mannschaft.
Schließlich verließ die neue britische Labour-Regierung die gemeinsame Trägerraketenarbeit. Man bot zwar an, man würde uns laufend »Blue Streak« liefern, wenn wir dafür bezahlten, aber für uns war die Zusammenarbeit mit England zu Ende. Am 20. Dezember 1972 beschloß die Europäische Weltkaumkonferenz, das gesamte Trägerraketenprogramm der ELDO aufzugeben und statt dessen die »Ariane« unter Beteiligung mehrerer europäischer Länder zu entwickeln.
Inzwischen hatte sich aber einiges getan: Die Situation 1970 stellte sich so dar, daß die Bundesrepublik im Grunde immer noch keine eigene politisch-technische Position in der Trägerfrage hatte. Der Einfluß von MBB auf diese Frage war angesichts des Scheiterns der Europa-II-Rakete verständlicherweise nicht groß. In dieser Zeit der technischen Unsicherheit und dazu noch des Regierungswechsels in Bonn traf 1969 ein Angebot der USA an die Bundesrepublik ein mit dem Vorschlag, sich

an einem sogenannten Nach-Apollo-Programm zu beteiligen. Die Satelliten der Europäer würden wie bisher von den USA in den Orbit transportiert.

Ein mehrjähriger Entscheidungsprozeß begann. Wir in Ottobrunn standen nach unseren schlechten Erfahrungen, die wir bei der Zusammenarbeit mit US-Firmen auf dem Flugzeugsektor gemacht hatten, der politischen, kommerziellen und technischen Politik Washingtons auf dem Gebiet der Raumfahrt sehr skeptisch gegenüber, zumindest was die Transportfrage anging. Wir votierten also eher gegen eine Zusammenarbeit mit den USA auf diesem Gebiet.

Wie berechtigt dies war, zeigte sich schon 1971, nachdem in den USA der Kongreß die Mittel für den Raumtransporter – den Space Shuttle – bewilligt hatte. Eine wesentliche Beteiligung daran wurde uns nicht mehr angeboten, dafür aber die Mitarbeit am Bau einer Raumstation. Diejenigen im Bonner Forschungsministerium, die für eine Zusammenarbeit mit den Amerikanern waren, gaben trotzdem nicht auf. Es kam zu stürmischen Sitzungen, deren Verlauf ich teilweise wörtlich mitstenographiert habe. Ich stand manchmal ziemlich allein für die deutsche Industrie, denn unsere Freunde aus Bremen waren sehr zurückhaltend. Sie hatten etwas im Hintergrund, nämlich Ergebnisse aus Abwurfversuchen von Space-Shuttle-ähnlichen Flugkörpern, was ihnen vielleicht trotz des fehlenden Angebots seitens der USA die Chance einer engeren Mitarbeit hätten eröffnen können.

Forschungsminister Hans Leussink und sein Nachfolger Klaus von Dohnanyi standen für die offizielle (ablehnende) Meinung des Forschungsministeriums, die zwar gespalten, deren Richtung aber doch wohl auf höchster Ebene festgelegt war. Von seiten der Forschung und Lehre traten Reimar Lüst und Heinz Hermann Koelle, der inzwischen aus den USA zurückgekehrt war und in Berlin einen Lehrstuhl innehatte, für die Space-Shuttle-Lösung ein. Koelle nannte damals als Transportkosten für ein Kilogramm Nutzlast in den unteren Orbit einen Preis von 800 Dollar. Der heutige Stand ist 5000 Dollar. Ministerialdirektor Güntsch von der Elektronik-Abteilung beschwor uns vor allem mit der Behauptung, die deutsche Elektronikindustrie gerate technologisch ins Hintertreffen, wenn sie nicht Laborversuche in der geplanten Raumstation machen könne. Letztlich stand ich als böser Verhinderer da.

Ich befürchtete eine zu starke Abhängigkeit von den USA beim Transport von Satelliten ins All, wenn wir uns nicht an einer europäischen Trägerrakete beteiligten. Von Dohnanyi entzog sich meinen skeptischen Fragen mit der Beteuerung, die Amerikaner hätten ihm erneut ernsthaft versichert, daß sie europäische Satelliten in den Orbit befördern würden. Auf meine Frage, ob dies auch für kommerzielle, also Nachrichtensatelliten, gelte, gab er keine klare Antwort. Einige Jahre später standen wir dann vor dem Problem, daß die European Space Agency (ESA) den USA vertraglich zusichern mußte, daß der europäische Nachrichtensatellit »Symphonie« nur für Versuche und nicht für den kommerziellen Betrieb genutzt werden dürfe.

Bei diesem Satelliten machten uns die Amerikaner übrigens auch noch in anderer Weise Probleme: Sie hatten uns zugesagt, für diesen Fernsehsatelliten die zum Ausrichten der Antenne notwendigen Infrarot-Horizontsensoren zu liefern, dazu die kleinen Steuerraketen zum Ausrichten des Satelliten. Vier Wochen vor dem vereinbarten Liefertermin kam plötzlich vom US-Department of Commerce – nicht der NASA – das »Nein«.

Über diese Entscheidung war ich jedoch gar nicht sonderlich traurig, eröffnete sie uns doch die Möglichkeit, unser eigenes Know-how einzusetzen. Ein kurzes Gespräch mit den Ottobrunner Fachleuten genügte. Sie telefonierten daraufhin in Deutschland herum, und wir beschlossen, die Teile mit befreundeten Firmen in der Bundesrepublik selbst zu entwickeln. Dies gelang uns innerhalb weniger Wochen.

Wegen der kleinen Steuertriebwerke sprach ich mit German Munding in unserem Lampoldshausener Entwicklungsbetrieb, wo ein Teil der Flüssigkeitsraketen-Erprobung stattfand. Ich fragte ihn, ob er sich zutraue, schnellschaltende, kleine Zehn-Newton-Steuertriebwerke zu bauen. Er schaffte dies ebenfalls in kürzester Zeit. Gerade von diesen kleinen Lagesteuerungsraketen haben wir später einige hundert in alle Welt geliefert.

Doch zurück zu den Trägersystemen. Das Auswärtige Amt ließ sich – dem Schicksal sei es gedankt – nicht von seiner französischen Karte abbringen und erreichte, daß das Forschungsministerium – wenn auch mißmutig – zustimmte, sich an der von Frankreich im Alleingang begonnenen Trägerrakete »Ariane« zu beteiligen. Diese Trägerrakete arbeitet bekanntlich bis heute sehr erfolgreich. Man entschloß sich, einen

Bölkow-Entwicklungen
Kommanditgesellschaft
Ottobrunn bei München

BUNDESREPUBLIK DEUTSCHLAND

DEUTSCHES  PATENTAMT

PATENTSCHRIFT 1 153 657

DBP 1 153 657
KL. 72 d 19/01
INTERNAT. KL. F 07 f

ANMELDETAG: 23. DEZEMBER 1961
BEKANNTMACHUNG
DER ANMELDUNG
UND AUSGABE DER
AUSLEGESCHRIFT: 29. AUGUST 1963

AUSGABE DER
PATENTSCHRIFT: 26. MÄRZ 1964

STIMMT ÜBEREIN
MIT AUSLEGESCHRIFT

1 153 657 (B 65377 I c / 72 d)

Antriebs- und Steuervorrichtung für die Endstufe einer mehrstufigen Trägerrakete

Patentiert für:

Bölkow-Entwicklungen
Kommanditgesellschaft,
Ottobrunn bei München

Dipl.-Ing. Ludwig Bölkow, Grünwald bei München,
und Dipl.-Ing. Dietrich-Eckart Kölle,
Stuttgart-Zuffenhausen,
sind als Erfinder genannt worden

1

Die Erfindung bezieht sich auf eine Antriebs- und Steuervorrichtung für die Endstufe einer mehrstufigen Trägerrakete mit mehreren Düsen, wobei die Steuerung durch Verstellen der Düsenachsen erfolgt.

An das Antriebs- und Steuersystem der oberen Stufen, insbesondere der Endstufe einer mehrstufigen Trägerrakete werden vergleichsweise die höchsten Ansprüche von allen Stufen einer Trägerrakete gestellt, da von diesen Systemen die genaue Einhaltung des Brennschlusses abhängig ist, der wiederum die Bahngenauigkeit bestimmt.

Aufgabe der Erfindung ist es, eine zuverlässig arbeitende Antriebs- und Steuervorrichtung der vorgenannten Art so auszubilden, daß diese bei technisch einfachem, funktionssicherem Aufbau eine hohe Antriebsleistung besitzt und verschiedene Bahnprogramme ermöglicht.

Eine Lösung dieser Aufgabe wird gemäß der Erfindung durch eine Antriebs- und Steuervorrichtung erzielt, welche ein zentrales, mit der Zelle fest verbundenes Flüssigkeitshaupttriebwerk besitzt und zwei diametral angeordnete, unabhängig voneinander um mehr als 10° allseitig schwenkbare und vom Haupttriebwerk unabhängig arbeitende Flüssigkeitssteuertriebwerke mit geringem Schub.

Eine in dieser Weise ausgebildete Antriebs- und Steuervorrichtung ist von besonderem Vorteil, weil sie alle verlangten Anforderungen erfüllt und darüber hinaus die Durchführung weiterer Aufgaben ermöglicht, für die bei den bekannten Endstufen von Trägerraketen normalerweise zusätzliche Antriebs- bzw. Steuersysteme notwendig sind. Insbesondere besitzt die erfindungsgemäße Vorrichtung den Vorteil, daß die Antriebsleistung in Erdnähe im wesentlichen durch das Haupttriebwerk und mit kurzer Brennzeit und geringen Gravitationsverlusten erfolgen kann.

Ferner kann die Stufentrennung unter voller Kontrolle mit Hilfe der Steuertriebwerke durchgeführt werden, die bereits vor Brennschluß der vorgeschalteten Stufe zünden, und außerdem ist es möglich, die Rollstabilisierung der erfindungsgemäß ausgebildeten Endstufe ohne ein zusätzliches Gasdüsensystem durch die beiden Steuertriebwerke vorzunehmen. Weitere Vorteile sind darin zu sehen, daß mit kontinuierlichem Betrieb der Steuertriebwerke hohe Umlaufbahnen erreicht werden, wobei ein besonderes Lagekontrollsystem und eine Triebwerkswiederzündung entfallen kann, und daß es zur Erreichung hoher Umlaufbahnen durch die beiden Steuertriebwerke möglich ist, die Flugzeit relativ kurz zu halten, wodurch der Energiebedarf für Kontrolle und Telemetrie vermindert und somit auch das Batteriegewicht reduziert wird.

2

Um bei der Steuerung der Endstufe um die Roll-, Kipp- oder Gierachse möglichst geringe Verstellkräfte für die Auslenkung der Steuertriebwerke aufbringen zu müssen, sind gemäß einem weiteren Merkmal die Steuertriebwerke kardanisch so aufgehängt, daß die Kardangelenkachsen annähernd durch den Schwerpunkt der Steuertriebwerke verlaufen. Durch diese kardanische Aufhängung wird ein großer Schwenkbereich dieser Triebwerke gewährleistet, wobei Überlagerungen der Drehmomente um die drei Hauptachsen der Trägerendstufe durch sinngemäße Überlagerung der Triebwerksschwenkwinkel möglich sind. Der durch die Lage der Kardanachsen erzielte Vorteil geringer Verstellkräfte bleibt während der ganzen Betriebsdauer der Triebwerke voll erhalten, da im Gegensatz zu Feststofftriebwerken bei Flüssigkeitstriebwerken keine Schwerpunktswanderung auftritt. Die kardanische Aufhängung hat außerdem den Vorteil einer günstigeren Treibstoffzuführung, da der Triebwerkskopf durch die relativ höhere Lage gegenüber dem Kardangelenk zum Anbringen von Leitungen frei ist.

Nach einem weiteren Merkmal der Erfindung erstreckt sich der Schwenkbereich der Steuertriebwerke in der Anordnungsebene der drei Triebwerke von einer Endstellung parallel zum Haupttriebwerk nach außen bis zu einer zweiten Endstellung mit gegen die Flugrichtung, d. h. bremsend wirkendem Strahl.

409 543/161

PROBLEME DER TRÄGERRAKETEN

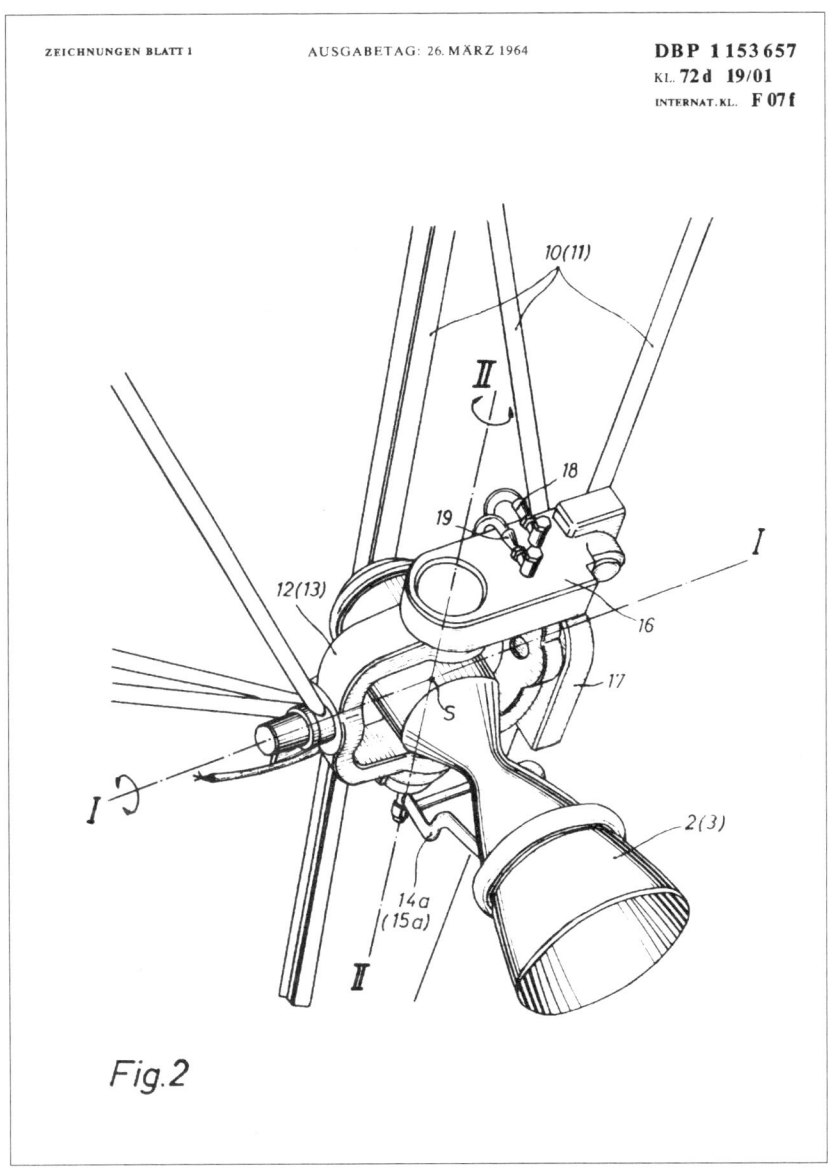

Fig. 2

Titelblatt der Patentschrift des Autors zusammen mit Diederich Kölle über »Antriebs- und Steuervorrichtung für die Endstufe einer mehrstufigen Trägerrakete«. Geschützt wurden allseitig schwenkbare und vom Haupttriebwerk unabhängige Flüssigkeitsraketentriebwerke zur Steuerung der Endstufe einer Trägerrakete, die u. a. die Stufentrennung bei bereits abgeschaltetem Haupttriebwerk ermöglichte.

Beitrag von 20 Prozent zu zahlen. Dieser kam uns zugute, da wir die dritte Stufe bauen sollten. An der Weiterentwicklung waren wir anfangs überhaupt nicht beteiligt. Mit der Zeit haben wir dann einige Zusätze, vor allem Zusatzraketen, konstruiert, an der Ariane 4 und 5 mitgearbeitet und auch an der »Hermes«-Idee. Erwünscht war dies anfänglich, wie gesagt, von Seiten des deutschen Ministeriums nicht.

Das bisher letzte große Gemeinschaftsprogramm zwischen den USA und Europa – in vieler Augen ein Ablenkungsmanöver zur Beschäftigung der Europäer – war das Raumlabor »Spacelab«, das von der ESA in Auftrag gegeben werden sollte. Obwohl ich vom Nutzen dieses Projekts nicht gerade überzeugt war, bewarb sich MBB – aus Beschäftigungsgründen. Julius Henrici war seit der Fusion mit Messerschmitt Leiter des Unternehmensbereiches Raumfahrt, und er ging – unterstützt von einer kleinen US-Gruppe – mit seiner Mannschaft an die Arbeit.

Unser Konkurrent war die ERNO in Bremen. Seit der Fusion von Messerschmitt-Bölkow mit der Hamburger Flugzeugbau GmbH gehörte die ERNO zu 100 Prozent den Vereinigten Flugtechnischen Werken (VFW). Bei den Vorarbeiten für das Spacelab stützte sie sich in hohem Maße auf amerikanische Mitarbeiter. Dies war eine kluge Entscheidung, denn sie selbst hatte nicht genügend Fachleute, und es war gleichzeitig ein taktisch geschickter Schachzug, da in der Bewertungskommission nicht nur ESA-Fachleute, sondern auch amerikanische NASA-Mitarbeiter saßen.

Im Gegensatz zu mir war Julius Henrici nach den Zwischenbewertungen und aufgrund seiner persönlichen guten Beziehungen zur ESA bis kurz vor der Entscheidung sehr sicher, daß wir den Auftrag erhalten würden. Meine Zweifel beruhten vor allem auf der Überlegung, daß der sozialdemokratische Senat in Bremen für Arbeitsplätze im Stadtstaat sorgen mußte und daß deshalb eine Ablehnung des Auftrags für die ERNO auch für die SPD-Regierung in Bonn eine Schlappe wäre.

Tatsächlich erhielten wir den Auftrag nicht. Zwar sprach die technische Bewertung knapp für uns, die politische Entscheidung fiel jedoch unter dem Einfluß des SPD-Forschungsministers Hans Matthöfer für seine Parteifreunde in Bremen. Man wollte uns zwar mit einem anderen Projekt entschädigen, aber darauf warten meine Nachfolger noch heute.

Der eigentliche Nutznießer des Spacelab in Deutschland wurde die Deutsche Versuchsanstalt für Luft- und Raumfahrt (DFVLR, heute

DLR). Für sie begann mit der bemannten Raumfahrt ein fast »goldenes Zeitalter«. Für Deutschland war Spacelab aber gleichzeitig der Beginn eines Dahintreibens in der Raumfahrt ohne eigene Strategie. Bei den Großprojekten Ariane 5 und dem bemannten Raumtransporters »Hermes«, angeführt von Frankreich, beim europäischen Raumstations-Modul »Columbus« und beim amerikanischen Projekt einer Raumstation sollte sich Deutschland jeweils finanziell beteiligen, ebenso wie am europäischen Teil der Raumstation, der an die US-Plattform angedockt werden sollte. Letztlich alles teure und technisch kaum lohnende Projekte, bei denen wir zwischen allen Stühlen saßen und noch sitzen.

Zwei Dinge, mit deren Entwicklung wir in den letzten Jahren meiner Ottobrunner Zeit begannen, wuchsen mir besonders ans Herz, so daß ich sie bis heute verfolge.
An Bord des Space Shuttle hatten fest eingebaute Beobachtungsgeräte oft kein freies Gesichtsfeld. Meine Mitarbeiter Dietrich Davidts und Konrad Moritz schlugen deshalb 1977 vor, einen wiederverwendbaren, rückholbaren Satelliten zu entwickeln, der von der Ladebucht des Shuttle aus mit Hilfe des Manipulators im Weltraum ausgesetzt und nach einiger Zeit wieder eingeholt werden kann. Der Vorteil dieses Konzepts war unübersehbar: Man konnte das Gerät und mit ihm die darin gespeicherte Datenflut sicher zur Erde zurückbringen, der Satellit verblieb nicht – wie die meisten anderen – nach seiner Abschaltung als Müll in der Erdumlaufbahn, sondern konnte erneut eingesetzt werden. Unter dem Namen SPAS (Shuttle Pallet Satellite) wurde die Plattform schließlich als variable Palette in Leichtbauweise gebaut. Sie flog 1983 und 1984 bei Shuttle-Missionen mit und stellte dabei ihre Vorteile unter Beweis.
Bei beiden Flügen war auf dem SPAS-Satelliten das sogenannte MOMS (Modular Optoelectronic Multispectral Scanner)-Kamerasystem montiert, ebenfalls eine Ottobrunner Innovation. Es handelt sich dabei um die erste vollelektronische Weltraumkamera, die gestochen scharfe Aufnahmen von der Erdoberfläche im sichtbaren und im Infrarotbereich lieferte.
Mit MOMS ist allerdings auch eine große politische Enttäuschung verbunden: Die MBB-Entwickler hatten vor, diese Idee kommerziell zu nutzen. Zusammen mit einer US-Gruppe gründeten sie eine Firma, um

SPAS und das Kamerasystem MOMS privat zu betreiben und den Verkauf von Erdaufnahmen wirtschaftlich zu nutzen. Nach einigem Hin und Her wurde dies jedoch von der US-Regierung nicht genehmigt. Wahrscheinlich war die mögliche militärische und wirtschaftliche Erderkundung damals nicht zeitgemäß und den maßgeblichen Politikern der USA nicht angenehm. Immerhin war die weiterentwickelte Optik des MOMS so gut, daß sie eine Auflösung von nur wenigen Metern erreichte.

Ein wenig Ruhm bekamen wir dann aber doch noch ab: General Abrahamson von der NASA sagte auf einer späteren Pressekonferenz: »Ich finde, daß der SPAS-Satellit tatsächlich eine völlig neue Richtung in der Satelliten-Entwicklung, in der Nutzlast-Entwicklung und ein echter Bestandteil dieser Revolution für die Zukunft ist.«

Bis Anfang der achtziger Jahre hatte ich noch engen Kontakt zum Raumfahrtbereich. Von 1979 bis 1982 existierte eine gemeinsame Arbeitsgruppe für Weltraumfragen bei der ESA und der NASA, in der ich Deutschland vertrat. Die Überlegungen dort konzentrierten sich auf die Themen »Transport in eine niedrige Umlaufbahn«, »Bau großer Strukturen im Raum« und »orbitale Stationen«. Als irgendwann wieder über die Notwendigkeit eines Transportfahrzeugs zwischen Erde und niedriger Umlaufbahn gesprochen wurde, drängte ich in Erinnerung an unseren fast zehn Jahre alten Vorschlag auf eine Wiederaufnahme der Arbeiten, stieß aber bei den anderen Mitgliedern auf taube Ohren.

Hellhörig wurde ich jedoch, als in einem Workshop der NASA plötzlich so ein alter Vorschlag vorgelegt wurde, an dem bei MBB Ende der sechziger Jahre Dietrich Koelle zusammen mit Martin Marietta gearbeitet hatte. Das Konzept hieß: Einstufig in den Orbit und zurück.

Folgendes Prinzip steckt dahinter: In einer relativ niedrigen Erdumlaufbahn (in etwa 370 bis 500 Kilometer Höhe) kreist eine Servicestation, die von Raketen von der Erde aus erreicht werden kann. Auf ihr können größere Strukturen zusammengebaut und anschließend in höhere Umlaufbahnen oder beispielsweise zum Mond gestartet werden. Die »Schlepper«, die zwischen der Erde und dieser Station pendeln, sind Raketen, deren Antrieb aus einem Ring von Flüssigkeitsraketen besteht. Sie steigen senkrecht auf, setzen oben ihre Nutzlast ab, fliegen dann zurück und landen auf der Erde – wie einst die Mondfähre auf dem Mond – in senkrechter Position ganz sanft, gestützt auf ihre Raketentriebwerke. Dies ist die wirtschaftlichste Art, Nutzlasten ins All zu bringen. Man kann das Gerät immer wieder verwenden, gleichzeitig ist es nach meiner Meinung die sicherste Art, in niedrigen und mittleren Erdumlaufbahnen Lasten abzusetzen.

Wir sollten vielleicht heute überlegen, ob wir diesen Weg nicht wieder für den Transport von lang strahlendem Nuklearmüll in den fernen Weltraum beschreiten wollen. So könnte man die hochgefährliche Fracht aus unserer Galaxis hinaustransportieren oder in die Sonne schießen, wo sie verglüht. Vom Aufwand her wäre dies sicherlich günstig und von der Sicherheit her langfristig besser als alle Vorschläge, den Atommüll auf oder unter der Erde zu lagern.

Angesichts der hohen Kosten wird heute die Frage mit Vehemenz diskutiert, wie die zukünftige Entwicklung der Raumfahrt aussehen sollte. Ich bin der Meinung, man sollte dies nicht mit Pro oder Contra abtun, sondern sehr viel differenzierter diskutieren und entscheiden. Ausschlaggebend dabei sollte vor allem die Bedeutung einzelner Projekte für die Fragen des Gesamtsystems, in dem wir leben, sein: Erde-Sonne-Milchstraße-Weltraum. Die Frage muß lauten: Was kann die Weltraumfahrt – die bemannte und die unbemannte – für unser System tun?

Für mich stehen drei Punkte im Vordergrund:

Erstens die Suche nach Erkenntnis über unsere gesamte Welt. Was 1958 mit der Erforschung des Van-Allen-Strahlengürtels begann, mit der Entdeckung des Sonnenwindes um 1960 herum weiterging und mit dem »Besuch« der Raumsonde Giotto beim Halleyschen Kometen 1986 einen weiteren Höhepunkt erreichte, hat viele neue Erkenntnisse gebracht. Wir Raumfahrt-Techniker haben den Wissenschaftlern eine große Anzahl von Transportvehikeln für ihre Meßgeräte gebaut und diese auf die entsprechenden Bahnen gebracht.

Aber es gibt für die Zukunft noch genügend Herausforderungen. Selbst unser Sonnensystem ist noch nicht vollständig erforscht. Wir sind gerade auf dem Weg zum wahrscheinlich äußersten Planeten, Pluto. Von dort aus beträgt die Zeit, die ein Funksignal zur Erde unterwegs ist, rund 90 Minuten. Damit kommt eine direkte Steuerung von der Erde aus nicht mehr in Frage. Das Raumfahrzeug muß mit Hilfe eingebauter »künstlicher Intelligenz« vieles selbst entscheiden, vor allem bei einer Landung.

Derartige Aufgaben sind sehr vielseitig und bringen die Technik dadurch voran, daß für ihre Lösung Kreativität nötig ist, die so auf breiter Front aktiviert wird. Dies gilt sowohl für die Entwicklung der Meßgeräte als auch für die Nachrichtenübertragung. Nicht zuletzt stellen auch die langen Flugzeiten hohe Langzeitforderungen an die Zuverlässigkeit der Raumfahrzeuge. Aus all diesen Gründen sage ich ein unbedingtes Ja zu diesen Arbeiten.

Der zweite Punkt ist für mich ebenso wichtig: der erdnahe Raum. Satelliten in einer geostationären Umlaufbahn in 36 000 Kilometern Höhe sind heute unentbehrlich für jede Art der Kommunikation, also Nachrichtenübertragung von der Erde zur Erde über Telefon und Fernsehen, ebenso für die weiträumige Erdbeobachtung, also Wetterbeobachtung oder die Verfolgung von Wirbelstürmen und deren Wegabschätzung. Hinzu kommen mehr und mehr Navigationssatelliten für Vermessung, Luft- und Seefahrt, ja sogar schon für Autos.

Neben den geostationären Satelliten ist die Erdbeobachtung durch Satelliten auf Nord-Süd- oder Ost-West-Bahnen ebenso unverzichtbar. Dies gilt für die Militärs ebenso wie im zunehmendem Maße für Geologen, Umweltschützer und Landwirtschaftsexperten. Für sie ist die Erderkundung wissenschaftlich und wirtschaftlich nutzbar.

Drittens hat für mich der mögliche Blick in den Weltraum außerhalb unseres Sonnensystems und außerhalb unserer Galaxis größte Bedeutung, da wir damit unser physikalisches Weltbild entscheidend erweitern können. Die Erfolge der letzten Jahre mit dem europäischen Röntgen-Satelliten »ROSAT« und dem – wenn auch zunächst etwas mißglückten – amerikanischen »Hubble-Teleskop« vermitteln Einblicke in den Aufbau des Weltalls, die man früher für unglaublich gehalten hätte.

Mit solchen Augen gesehen, wird verständlich, daß es auch uns »Raumfahrttechniker« mit Stolz erfüllt, bei derartigen Projekten dabeigewesen zu sein. Immerhin haben erst unsere Satelliten und Transportsysteme die Gewinnung dieser Daten ermöglicht. Ich persönlich habe die Teilnahme an Raumfahrt-Projekten immer als unwahrscheinliche Herausforderung und großes Erlebnis empfunden.

Wegen ihrer großen Bedeutung müssen diese drei Bereiche mit Sicherheit auch in den nächsten Jahrzehnten wichtige Tätigkeitsgebiete bleiben.

Was die bemannte Raumfahrt betrifft, bin ich wesentlich skeptischer: Das meiste, was heute von Menschen im Weltall getan wird, kann man auch mit unbemannten Raumfahrzeugen tun, sogar die Erdbeobachtung. Im ganzen D1- und D2-Programm gibt es nicht ein einziges Experiment, das man nicht mit einer kleinen unbemannten Rakete hätte machen können. Diese Experimente von Menschen machen zu lassen, halte ich für Unsinn.

Zwei Zentren für bemannte Raumfahrt gibt es augenblicklich auf der Erde, eines in Rußland, eines in den USA. Europa versucht, eine eigene dritte Macht zu werden mit dem »Hermes« und dem »Columbus«-Programm, transportiert von der Trägerrakete Ariane 5.

Im Konzert der Raumfahrt-Nationen spielt die Bundesrepublik eine recht unrühmliche Rolle. Im Rahmen des Spacelab-Forschungsprogramms hat sie sich von den USA seit 1974 massiv zur Kasse bitten lassen. Die Kritik, die beispielsweise vom Verband Deutscher Physiker vorgebracht wird, ist meiner Meinung nach berechtigt. Die meisten Ergebnisse der physikalischen Experimente, die man bei Mikro-Gravitation, also fast in Schwerelosigkeit durchführt, können mit sehr viel geringerem Aufwand auch in der unbemannten Raumfahrt erzielt werden, man denke nur an das Texus-Programm von Schweden aus. Für entscheidende medizinische Experimente sind die Kurzzeit-Aufenthalte von ungefähr acht Tagen bei den meisten Fragen nicht ausreichend. Außerdem können wir alles, was wir über die Belastbarkeit des Menschen in nahezu völliger Schwerelosigkeit wissen wollen, zu geeigneter Zeit von den Russen erfahren, deren Kosmonauten sich zum Teil monatelang in der Raumstation aufgehalten haben.

Für die Lösung unserer Probleme auf der Erde können wir innerhalb der nächsten 100 Jahre von der bemannten Raumfahrt jedenfalls garantiert keine wesentliche Hilfe erwarten.

Wo sonst gibt es auf dem Gebiet der Raumfahrt noch Aufgaben, für die sich Investitionen lohnen? Große Konstruktionen, die vom Weltall aus das Licht der Sonne zur Erde lenken und damit nachts ganze Gebiete beleuchten könnten, Solarzellen zur Energieerzeugung und Antennen, die diese dann in Form von Mikrowellen zur Erde strahlen – solche Projekte könnte man heute und für die Zukunft irgendwann realisieren. Derartig große Strukturen im Weltall aufzubauen und zu warten, erfordert sicherlich Menschen, die gemeinsam mit den Geräten hochtransportiert werden sollten. Hierfür würde sich wieder unsere alte Idee von 1970 bewähren: der »Tug« oder Schlepper.

Ein solches Projekt könnte man sich als gemeinsames Entwicklungsprogramm aller drei Weltraumzentren – Rußland, Amerika und Europa – vorstellen. Da in diesem Fall ein einziges großes System für die ganze Welt ausreichen würde, wären die nächsten Jahre sicherlich günstig, um es in Gang zu bringen. Wir sollten nicht warten, bis die Machtblöcke sich wieder verfestigt haben. Die einmaligen Ausgaben für ein solches Raumfahrtprogramm, das zugleich der Erhaltung des bisher gewonnenen Wissens dient, sind auch unseren Nachfahren gegenüber ohne weiteres zu rechtfertigen. Alle anderen Mittel müssen für die Aufgaben hier auf der Erde und die Erhaltung der Menschheit ausgegeben werden.
Romantische Anschauungen und Visionen wie zum Beispiel ein bemannter Flug zum Mars sollten meiner Meinung nach die Aktivitäten der kommenden Jahre nicht bestimmen.
Auch die Zunahme des Weltraummülls spricht gegen allzuviel bemannte Raumfahrt. Sollte irgendwann einmal im All eine tödliche Kollision eines bemannten Raumfahrzeugs mit einem Stück Raumfahrtschrott passieren, wird die Akzeptanz des Steuerzahlers für solche Ausgaben erheblich abnehmen. Und die bisher erzielten wissenschaftlichen Ergebnisse – soweit sie mir bekannt sind – rechtfertigen meines Erachtens die nötigen finanziellen Risiken und menschlichen Opfer nicht.
Auch ohne »Hermes« und »Columbus« gibt es in der Raumfahrt noch genügend Probleme, die zu lösen sich lohnt.

»Panavia Aircraft GmbH« – Der MRCA-Tornado

In der Zeit unserer Fusionsgespräche mit der Messerschmitt AG im Sommer 1968 arbeiteten wir in unserem gemeinsamen Entwicklungsring Süd (EWR) an einem neuen Projekt: dem »neuen deutschen Kampfflugzeug (NKF)«. Es war das Vorprojekt eines Flugzeuges zur Unterstützung des Heeres, zur Flugplatzbekämpfung sowie des Angriffs auf Schiffe mit unserem Kormoran. Der EWR hatte den Hauptauftrag für diese Untersuchung, die Vereinigten Flugtechnischen Werke (VFW) hatten einen prozentualen Unterauftrag.

Die deutsche Luftwaffe nahm gleichzeitig Verbindung mit den europäischen Partnern auf. Man hoffte, diese für die gemeinsame Beschaffung und Entwicklung eines Nachfolgers für den Starfighter zu gewinnen.

In Europa war kurz vorher eine Zusammenarbeit von British Aircraft Corporation (BAC) mit Dassault aufgekündigt worden. Wieder einmal hatte sich gezeigt, daß bei dem Führungsanspruch und dem Temperament der Spitzenleute von Dassault eine gemeinsame, gleichberechtigte Arbeit nicht möglich war. Auf der Ebene der Luftwaffenstäbe wurde nun versucht, sich auf übereinstimmende Anforderungen zwischen Benelux, Norwegen, Kanada, Italien und Deutschland zu einigen. An diesen Gesprächen nahmen wir von der Industrieseite durch Einzelaktionen teil. Franz Forster-Steinberg, Leiter der Auslandsbeziehungen bei MBB, und ich waren in den Niederlanden und in Italien sehr bemüht, die Engländer bei den anderen Gesprächspartnern. Es zeigte sich aber bald, daß nur die Engländer und Italiener nicht bereit waren, den massiven US-Angeboten für eine Lizenzfabrikation der von General Dynamic entwickelten F-16 zu widerstehen.

Nach diesen Vorgesprächen blieben also im Juli 1968 nur noch vier Länder übrig, die sich an dem Entwicklungsprojekt beteiligen wollten: Großbritannien, Holland, Italien und Deutschland. Die Firmen BAC, Aeritalia/Fiat, Fokker sowie die EWR-Partner, Bölkow GmbH und

Messerschmitt unterzeichneten mit Zustimmung ihrer jeweiligen Regierung eine Absichtserklärung zur Zusammenarbeit, ein »Letter of Intent«.

Der EWR widmete einen Teil seiner Arbeit im Sommer und Herbst 1968 der Definition des Flugzeugs. Noch ohne eine bindende Organisationsform einigten wir uns nach dem Ausscheiden der Holländer mit den Italienern und den Briten auf die wichtigsten gemeinsamen Forderungen für ein Mehrzweckkampfflugzeug. Wir nannten es MRCA (Multiroll Combat Aircraft). Ein schwieriges Stück Arbeit, denn außer den Industriefirmen waren die Regierungen der drei Länder daran ebenso beteiligt wie die Luftwaffen- bzw. Marinestäbe.

Im Sommer 1968 begannen wir intensivere Gespräche mit der BAC. Allen Greenwood als Vizepräsident und Sir George Edwards als Präsident waren unsere entscheidenden Verhandlungspartner. Von unserer Seite waren im wesentlichen zusammen mit mir Franz Forster-Steinberg und Gero Madelung beteiligt.

Sir George vertrat das typische alte England. Ich lernte ihn auf der Luftfahrtschau in Farnborough im September 1968 kennen. Zusammen mit Hans Empacher vom EWR hatte ich eine längere Unterhaltung mit ihm über unsere Erfahrungen in der internationalen Zusammenarbeit. Im Gegensatz zu seinen Verhandlungen mit Dassault in Frankreich vertraten wir die Auffassung, daß keine Seite die alleinige Führung beanspruchen sollte.

Wir kamen dann auch auf den Sitz einer möglichen Zentral-Mannschaft zu sprechen, die in Form einer GmbH Auftragnehmer der Arbeitsgemeinschaft bei den drei Regierungen sein sollte. Auf seine Frage, wo in den drei Ländern dies wohl sein konnte, schlug ich ihm München vor, wir hätten auch schon mit den Italienern gesprochen.

Erschrocken lehnte er ab: »If you will cooperate with Rumania, Hungaria or other nations like those, Munich might be the right place, but not in a cooperation with me.«

Er beruhigte sich nach einiger Zeit wieder, so ganz konnte er sich aber in den restlichen Tagen, in denen wir uns noch mehrfach sahen, mit uns nicht anfreunden. Er wohnte in London im Browns Hotel, wo er seit Jahrzehnten eine Suite hatte. Dort führten wir im kleinen Kreis später die Verhandlungen weiter.

Wir trafen uns mehrfach dort, aber auch in Wimbledon bei BAC und

schließlich in meinem Arbeitszimmer in Ottobrunn. Die Verhandlungen waren sehr schwer. Sie standen oft kurz vor dem Scheitern. Zwischendurch führten wir sogar Scheinverhandlungen mit Dassault, von denen die Engländer erfahren mußten, um sie damit zu erschrecken.
Auch Sir Christopher Hartley, der Vertreter der englischen Regierung, kam zweimal nach Ottobrunn, und wir versuchten in stundenlangen Gesprächen, ihm unsere Position klarzumachen: Wir würden die Zusammenarbeit nur auf der Basis der Gleichberechtigung machen. Auch Bonn stärkte uns bei dieser Position den Rücken.
Noch einmal ging Sir George Edwards auf die Palme, und zwar beim letzten Einigungsgespräch über das gemeinsame Flugzeug. Das Treffen fand in der Nähe Londons in Weybridge statt, am Sitz der Verkehrsflugzeug-Division der BAC. Wir saßen um einen großen Tisch zusammen: Sir George in der Mitte der Querseite auf einem Stuhl mit erhöhter Rücklehne, Allen Greenwood neben ihm.[80] Trotz einer inneren Spannung, die man Sir George bei der Gesprächsleitung anmerkte, verlief zunächst alles recht gut. Wir hatten den Vorteil, daß wir die Gespräche der englischen Freunde untereinander verstanden, während er – da er nicht Deutsch konnte – versuchen mußte, unsere internen Unterhaltungen aus unseren Gesten und Mienen zu deuten. Dabei unterlief ihm ein Mißverständnis.
Mit den Worten: »If you will laugh, I will leave the room«, stand er plötzlich wütend auf und verschwand.
Wir waren völlig überrascht und baten Allen Greenwood, ihn zurückzuholen. Er kam dann auch wieder herein, und Forster erklärte ihm, was unsere interne Unterhaltung bedeutet hatte. Daraufhin kehrte wieder allgemein Ruhe ein.
Irgendwann glaubten die Engländer uns schließlich, daß wir nicht blufften. Eine endgültige Einigung wurde jedoch erst im Dezember 1968 erzielt. Am 26. März 1969 entstand die »Panavia Aircraft GmbH« mit Sitz in München, die Firma, die den Tornado bauen sollte.[81]
Unsere Panavia GmbH war eine interessante Management-Organisation: Eine GmbH nach deutschem Recht mit der üblichen englischen Organisationsform eines Boards of Directors, das aus je zwei Vertretern der drei Gesellschafter bestand, dazu Madelung als General-Manager. Bei ihm mit seinem technischen Können und seinem menschlichen Geschick lag die technische und wirtschaftliche Verantwortung in guten

Händen. Ferner gab es drei Programmleiter, die sich alle drei Monate abwechselten: B. O. Heath (British Aerospace), R. A. Mautino (Aeritalia) und Helmuth Langfelder (MBB). Die Präsidentschaft im Board wechselte in größeren Zeitabschnitten. Ich hatte zufällig das Glück, aber auch den Streß, die letzten Jahre der Entwicklung bis zum Erstflug Ende 1974 den Vorsitz innezuhaben.

Ich erinnere mich daran als eine schöne Zeit. Fast jede Woche war ich zuletzt in Ottobrunn in der Endmontage, dann in Manching, wo der flugfähige Prototyp seine Form annahm. Diese Organisation fordert von den Board-Mitgliedern sehr viel mehr Zeit als bei einem Aufsichtsrat deutschen Rechtszuschnitts, sie bindet die Mitglieder, die Direktoren aber auch persönlich sehr viel mehr an die laufenden Sachfragen. Für internationale Organisationen halte ich sie für die beste Form.

Die Entwicklung des MRCA dauerte länger, als wir uns dies bei der Planung vorgestellt hatten. Konstruktiv waren tatsächlich einige Meisterstücke zu schaffen, beispielsweise die schmierlosen Lager der im Pfeilwinkel verstellbaren Tragflügel.[82]

Probleme gab es auch mit dem Fahrwerk, an dem sich auch Willy Messerschmitt selbst noch einmal zusammen mit unserem alten Augsburger Spezialisten Binz versuchte und eine vom Gewicht her sehr leichte Lösung fand. Leider – oder besser Gott sei Dank – hatten die Engländer in einem anderen Fall etwas Ähnliches schon einmal gebaut und dabei wider Erwarten starke Schwingungen beobachtet. Dann brach noch beim Test in England der Höhenleitwerksanschluß, die Umkonstruktion kostete viel Zeit und Gewicht.

Das Fluggewicht verursachte ohnehin die größten Probleme. Immer umfangreichere Wünsche der Auftraggeber trieben es langsam in eine unverantwortliche Größenordnung. So blieb uns nichts anderes übrig, als die Auflage zu Gewichtsminderungen an alle zu verteilen. Wir bearbeiteten unser Rumpfmittelstück. Das Rumpfvorderteil mit Kabine und Bugradfahrwerk sowie der hintere Teil mit den Trieb- und Leitwerken lag bei der BAC. Die Fiat-Freunde bauten den schwenkbaren Teil des Flügels. Nun teilten wir grob die Gewichtsreduzierung auf.

Ich ließ den EWR-Konstruktionsleiter von Tein zur Mittagspause in die Sitzung kommen und fragte, ob er unseren Gewichtsanteil von 300 Kilogramm »abspecken« könne. Möglich, lautete seine Antwort. Die britischen Freunde hatte ich schon früher auf ihre »unwahrscheinlichen

Blechstärken« hingewiesen. Sie reagierten darauf verärgert, das sei Sache der Konstrukteure, mit denen anscheinend die höchste Ebene kaum direkt redete. Außerdem sei die Lage des Schwerpunktes in Gefahr. Die Triebwerke seien schwerer als zugesagt, daher wäre vorne zusätzliches Gewicht notwendig. Außer unserer Einsparung und leichteren Flügeln ging am Ende nichts.

Eines Tages gingen wir in Weybridge nach unserer Direktoriumssitzung in eine Werkshalle, um dort die lieferbereiten Rumpfvorderteile, auf die wir schon gewartet hatten, zu besichtigen. Die Schicht war gerade zu Ende, und so gingen wir gegen den Strom der nach Hause strebenden Arbeiter, der die Halle verließ. Was mich erschreckte, war der Aneinandervorbeimarsch zweier Gruppen, die nichts miteinander zu tun haben wollten. Die Arbeiter schauten wie auf Kommando weg nach rechts, unsere Gruppe unterhielt sich oder schaute geradeaus. Die Menschen sahen sich nicht an, auch von Grüßen keine Spur. Selbst Fremde begegneten sich normal anders. Im Werk gab es auch drei verschiedene Toiletten für die unterschiedlichen Rangstufen, drei verschiedene Kantinen und ähnliches mehr. Die Meister oder Vorarbeiter liefen in abgetragenen blauen Anzügen mit Krawatte herum. Sie faßten weder Werkzeug noch Material an.

Auch die, die bei uns in Manching zu Gast waren, benahmen sich nicht anders. Dies bewies mir ein kleines Erlebnis: Kurz vor dem Roll-out der ersten Maschine schaute ich mir die Verlegung der elektrischen Leitungen an und entdeckte, daß die verschiedenen Drähtegruppen kurz vor dem Stecker durch eine Schelle mit einer unsymmetrischen elastischen Gummieinlage zusammengehalten wurden. Diese Schelle war dann als Zugsicherung noch irgendwie an der Flugzeugzelle befestigt. Zog man die Schrauben der Zelle stark an, bewegte sich meiner Ansicht nach das Drahtbündel vom Stecker weg, weil es dem Druck des Gummis ausweichen mußte. Es hätte passieren können, daß so die Drähte aus den Klemmen im Stecker herausgezogen würden.

Um dies zu überprüfen, bat ich einen in der Nähe sitzenden Supervisor in seinem blauen Anzug, er möge doch den Schraubenzieher, den ich zufällig auf seinen Tisch liegen sah, nehmen und mir die bezeichnete Schraube anziehen, »please«. Im ersten Ruck stand er auf und ergriff das Werkzeug, dann plötzlich besann er sich auf seinen blauen abgetragenen Festtagsanzug, setzte sich wieder und gab meinen Wunsch an

einen seiner Arbeiter weiter. Als dieser dann anfing, die Schraube anzuziehen, kam er betont langsamen Schrittes näher und schaute zu, wie – entsprechend meiner Ahnung – der Gummi der Schelle die Drähte aus dem Stecker herauszog.
Ich sah ihn an, und er nickte und meinte: »That is British standard.«
Ich sagte ihm, ich trüge hier in Manching die letzte Verantwortung für die Flugsicherheit und würde das Flugzeug so nicht ausrollen lassen. Das Teil müßte geändert werden: Er meinte, ich könne recht haben mit meiner Befürchtung, aber der Ausroll-Termin sei bereits »end of this week«.
Daraufhin ich: »That is enough time for a change.«
Ich ließ mir Muster aller verwendeten Gummigrößen einpacken und die benötigte Zahl pro Flugzeug durchgeben. Mein Fahrer fuhr sofort nach Ottobrunn, und ich alarmierte unseren Einkauf per Telefon. Kurz vor meiner Abfahrt aus Manching kam dann schon die Nachricht, Lieferbeginn sei Donnerstag nacht, alle Teile seien bis Freitag abend vorhanden. Ich konnte mir nicht verkneifen, dies in der Halle dem Meister noch persönlich zu sagen und ihn anzuweisen, schon durch Ausbau der alten Ringe die Arbeit vorzubereiten, denn »Weekend« müßte ja alles fertig sein.
»Do you really believe it?« war Supervisors Abschied. Ich sei so sicher, versicherte ich ihm, daß es unfair sei, ihm darüber eine Wette anzubieten.
Später sah ich meinen neuen Freund erst bei der offiziellen Vorführung im September 1974 wieder. Ich zeigte gerade unserem Verteidigungsminister Georg Leber einige Details, als ich ein besonders freudiges »Hello Mr. Bölkow« an der Absperrung hörte. Ich schaute hin, mein Supervisor stand dort und winkte. Ich erzählte dem früheren Gewerkschaftler Leber die Story.
Was die Einhaltung der Termine betraf, waren wir zwar immer wieder bedrückt, wenn wir durch Fehler bei uns, das heißt im Team der Panavia, Zeit verloren. Wir waren aber nach außen hin in einer glücklichen Lage: Die Turbo Union, in der sich die Firmen Rolls Royce, Fiat und MTU zusammengeschlossen hatten und die für die Triebwerksentwicklung zuständig war, kam auf lange Zeit immer wieder in Lieferverzug.[83]
Später kamen nach den ersten Flügen noch Probleme mit der Elektronik

des Hauptreglers hinzu. Wir schlugen eine Digitalisierung des Reglers vor, was dann auch half.

Es war wirklich eine international verflochtene Arbeit. Die Windkanalversuche liefen in England, in der Schweiz und in Deutschland. Die Auswertung der Ergebnisse verlief in völliger Offenheit untereinander, wobei wir weitgehend auch Kenntnis über die Erfahrung unserer britischen Freunde mit deren anderen Überschallflugzeugen erhielten.

Im Sommer 1974 war es dann soweit. Mit einem britischen Piloten startete die Maschine in Manching zu ihrem offiziellen Erstflug. Ich erfuhr davon per Bord-Telefon in der Nähe des Nordkaps auf einer Urlaubsreise mit meiner Familie. Eine große Erleichterung überkam mich in meiner Schiffskabine. Das Ende der für mich sehr zeitaufwendigen und anstrengenden Verantwortung als Präsident des Boards der Panavia in dieser entscheidenden Entwicklungsphase war nun abzusehen.

Bei der offiziellen Flugvorführung am 21. September 1974 in Manching erhielt das MRCA nun auch seinen neuen Namen »Tornado«. Mit Verteidigungsminister Georg Leber, einem echten Freund von uns, konnte ich mit einiger Befriedigung bei der Brotzeit eine bayerische Maß genießen. Er kam bei dieser Gelegenheit noch einmal auf die Kostensteigerung innerhalb der vorgesehenen Programmlaufzeit zu sprechen. Ich sagte ihm, daß wir uns sicher seien, daß wir die jährliche Steigerung unter der von anderen hochwertigen Industrieerzeugnissen wie Autos halten zu können, natürlich ohne Berücksichtigung der zusätzlichen Forderungen. Diese Einschätzung hat sich dann ja auch bis heute als realistisch herausgestellt. Die dauernden Erzählungen von zu hohen Systemkosten führt bei nicht Fachkundigen zumeist zu völlig falschen Emotionen.

Industriell gesehen waren an dem MRCA-Tornado-Programm mehr als 500 Unterauftragnehmer, über 70 000 Beschäftigte, davon etwa 27 000 in der Bundesrepublik Deutschland, beteiligt. Es stellte bis dahin das bedeutendste militärische Flugzeugprogramm in Europa im Rahmen der NATO dar. Es war und ist ein gutes Beispiel für die Standardisierung eines Waffensystems innerhalb des Bündnisses.

Die Qualität des Systems zeigte sich in den achtziger Jahren an den Erfolgen in dem alljährlich ausgetragenen internationalen Wettbewerb in den USA, wo wir jahrelang den Sieger stellten.

In der Bundesrepublik Deutschland fiel am 7. April 1976 die Entscheidung für die Beschaffung von 324 Tornados für die Bundeswehr. 1979 lieferten wir die ersten Serienflugzeuge aus. Weltweit gilt der Tornado als eine Spitzenleistung militärischer Technik.[84]

Die fast monatlichen Zusammenkünfte des Boards, die dort stattfindenden ausführlichen technischen und auch wirtschaftlichen Aussprachen brachten die Mitglieder persönlich immer enger zusammen. National bedingte Standpunkte verloren gegenüber den sachlich wirklich wichtigen Problemen immer mehr an Gewicht. So gab es eigentlich kaum noch »unverbesserliche« Nationalisten in unserem Kreis.

Häufig diskutierten wir die Frage eines vereinigten Europa zwischen den Großmächten USA und der UdSSR. Vor allem der stellvertretende Vorsitzende von BAC, Allen Greenwood, war diesem Thema gegenüber sehr aufgeschlossen.

Wir verglichen die Möglichkeiten unserer europäischen Firmen, wie sie sich durch die nationalen Zusammenschlüsse in den letzten Jahren in Großbritannien, Frankreich, Italien und in der Bundesrepublik gebildet hatten, mit denen in den USA und kamen mit der Zeit immer mehr zu der Auffassung, daß unsere Methode der Zusammenarbeit für die Lösung einzelner zeitlich beschränkter Aufgaben unwirtschaftlich sei. Jeder versucht während der Zeit der Zusammenarbeit möglichst viel von den technischen Fähigkeiten des anderen ebenfalls aufzubauen, da man ja für einen Wettbewerb gegenüber anderen Firmen gerüstet sein wollte. Eine mögliche Spezialisierung, die zu Spitzenleistungen hätte führen können, wurde so verhindert. Jeder meinte, sachlich nicht zu unrecht, er müsse alles können. Dieser Standpunkt wurde vor allem in Frankreich mit seiner fast völlig verstaatlichten Industrie von oben gefördert.

In den Gesprächen vor allem mit Allen Greenwood kam dieses Thema immer wieder aufs Tapet. Sachlicher Hintergrund waren die großen Aufgabengebiete wie Verkehrsflugzeuge, Kampfflugzeuge, Flugkörper, Hubschrauber sowie die Raumfahrt.

Da es in Europa auf fast jedem dieser Gebiete zwei konkurrierende Firmen gab, kultivierten wir allmählich die Vorstellung der Bildung von zwei miteinander konkurrierenden, international tätigen, westeuropäischen Firmen. Konkret wurden diese Überlegungen jedoch damals nicht. Eigenartig, rational waren die Ideen leicht einzusehen, aber wenn es darum ging, die ersten Schritte zur Gründung derartiger europäischer Firmen zu tun, schien dies zumindest Anfang der 70er Jahre unmöglich.

Ich hielt Vorträge in Deutschland und in London vor der Royal Aeronautical Society und in Italien, Greenwood in Rom. Wir stießen überall auf großes politisches Interesse, aber auch auf Angst, nationale Positionen und wirtschaftliche Vorteile aufzugeben.
Mit der Zeit schrumpften die Chancen für übernationale Unternehmen durch weitere nationale Zusammenschlüsse wie zum Beispiel der von BAC und Hawker Siddeley in Großbritannien. Daß wir unsere Bemühungen dennoch nicht aufgaben, davon zeugt ein Papier, das im

---

Dornier AG
799 Friedrichshafen am Bodensee
Postfach 317

Messerschmitt-Bölkow-Blohm GmbH
8012 Ottobrunn b. München

Zentralgesellschaft VFW-Fokker mbH
4 Düsseldorf
Gartenstraße 15

München, den 19.10.1973

An den
Bundesminister für Wirtschaft
Herrn Dr. Hans Friderichs

53 Bonn
Lengsdorferstr.

Sehr geehrter Herr Minister!

Die Projekte der europäischen Luftfahrtindustrie werden generell als technisch gelungen betrachtet. Gleichwohl blieb ihnen ein durchschlagender kommerzieller Erfolg versagt.
Diese Situation veranlaßte die führenden Unternehmen der Luftfahrtindustrie in der EWG, ihre Lage und ihre Zukunftsaussichten gemeinsam zu analysieren und nach Mitteln und Wegen zu suchen, die geeignet sind, die derzeitige Lage zu verbessern und die Zukunft zu sichern.

Das Ergebnis der Untersuchungen wurde in einer "Gemeinsamen Erklärung" niedergelegt. Ihre Unterzeichner werden sie der EWG-Kommission und ihren jeweils zuständigen nationalen Ministerien vorlegen.

In Anbetracht des Interesses, das Sie, sehr geehrter Herr Minister, für unseren Industriezweig zeigen und der Unterstützung, die Ihr Ministerium verschiedenen Projekten gewährt, erlauben wir uns, Ihnen eine Ausfertigung der "Gemeinsamen Erklärung" vorzulegen. Wir tun dies in der Hoffnung, daß Sie die aufgezeigten Probleme bei der Festlegung und Durchführung Ihrer binnen- und außenwirtschaftlichen Politik berücksichtigen und die Maßnahmen befürworten, die von den Unterzeichnern der Erklärung angeregt werden.

Oktober 1973 elf europäische Firmen formulierten, unterzeichneten und es dann an ihre Regierungen und andere politische Gremien versandten. Ob die 90er Jahre die Zeit dafür reifen läßt, so etwas zu verwirklichen?

> übrig, als sich mit der bescheidenen und untergeordneten Rolle eines Zulieferers der amerikanischen Industrie zu begnügen; wohingegen die Wiederherstellung der Konkurrenzfähigkeit der europäischen Industrie ermöglichen würde, ihren Platz auf dem europäischen Markt und auf den Märkten der Drittländer einzunehmen, und sich eine günstige Ausgangsposition aufzubauen für den eventuellen Abschluß von Kooperationsverträgen über mögliche Großprojekte mit der amerikanischen Industrie.

DASSAULT - BREGUET   S.N.I.A.S.   SABCA

VFW-FOKKER   FOKKER-VFW   DORNIER A.G.

MESSERSCHMITT-BOLKOW-BLOHM   AERITALIA

BRITISH AIRCRAFT CORPORATION Ltd   HAWKER SIDDELEY AVIATION Ltd

WESTLAND HELICOPTERS Ltd

Im Herbst 1973 kam es u. a. durch Initiative des Autors zu einer »Gemeinsamen Erklärung aller führenden europäischen Luftfahrtunternehmen, gerichtet an die jeweiligen Wirtschaftsministerien. Man wollte damit erreichen, daß die Konkurrenzfähigkeit der europäischen Luftfahrtindustrie gegenüber der starken amerikanischen Industrie durch staatliche Unterstützung und politische Maßnahmen verbessert wird.

Fusion mit Messerschmitt und mit HFB

Am 1. November 1968 fand in Ottobrunn die Vertragsunterzeichnung der Fusion zur Messerschmitt-Bölkow GmbH statt. Links neben dem Autor: Ministerpräsident Alfons Goppel, Walter Strohmeyer, Dolmetscher, Jean Crepin, Erwin Lauerbach, Bernhard Weinhardt, rechts: Sepp Hort, Hans Peter, Franz Sackmann, Friedrich Drechsler

Nach dreijährigen Fusionsverhandlungen konnte der Autor seine Unterschrift unter den Fusionsvertrag setzen

Die Fusionsverhandlungen der Messerschmitt-Bölkow GmbH und der Hamburger Flugzeugbau GmbH zur Messerschmitt-Bölkow-Blohm GmbH (MBB) kamen im März 1969 zum Abschluß, das Ergebnis konnte am nächsten Tag der Presse mitgeteilt werden

Gratulation zum 70. Geburtstag von Willy Messerschmitt.

Auf dem Aero Salon 1969 in Le Bourget präsentierte sich die Firma MBB mit einem großen Angebot unter dem Begriff »System«. Die drei Namensträger vor dem MBB-Stand ▽

Vor einem »Hansa Jet«: Der Autor mit Werner Blohm ◁

Beim Empfang nach Unterzeichnung der Siemens-Beteiligung im Schloß Schleißheim. Neben dem Autor: Hans Peter, der erste MBB-Aufsichtsratsvorsitzende und Ministerpräsident Alfons Goppel

Die Bankiers Helmut Haeusgen (Dresdner Bank) und Baron von Tucher (Bayerische Vereinsbank)

Das Risiko hat sich gelohnt – Der Airbus

In der Bundesrepublik gab es Anfang der 60er Jahre in vielen Entwicklungsbüros neue Ideen für Verkehrsflugzeuge, so bei der Hamburger Flugzeugbau (HFB), bei den Vereinigten Flugtechnischen Werken (VFW), bei Heinkel, Messerschmitt, Siebel-ATG, MBB und Dornier. Über alles wurde diskutiert, vom Senkrechtstarter bis zum üblichen Passagierflugzeug.

Heinkel begann 1958 mit einem Projekt He 211, 1960 entwarf die HFB ihre 314 für 70 Passagiere, und 1961 fing sie mit ihrem »Hansa Jet« HFB 320 an. Messerschmitt entwarf eine MP 141 und eine P 160. Auch VFW ging an ein Kurzstreckenverkehrsflugzeug, VFW 614, später, 1964, nach Übernahme von Heinkel an Vorschläge für Senkrechtstarter mit einem Projekt VC 400 und VC 500. Unsere Tochter Waggon- und Maschinenbau AG Donauwörth WMD/SIAT versuchte sich mit einem Kurzstart-17-Sitzer, der Siat 311 A.

Keiner von uns hatte damals wirklich eine Vorstellung über den Aufwand für eine wirtschaftliche Entwicklung und Fertigung. Die Zahlen, die ich von Boeing mitbrachte, wurden als weit übertrieben eingestuft. Es liefen über die Firmengrenzen hinweg auch keine Gespräche für ein gemeinsames Vorgehen. Jeder Anstoß dazu wurde von den immer noch selbstbewußten Größen der alten Firmen abgelehnt.

Ein Beispiel habe ich selbst erlebt. Vorsorglich hatten wir zur Auslastung unserer Zellenbaukapazitäten in Donauwörth angefangen, uns für kleinere Passagierflugzeuge zu interessieren. Es gab einige Entwürfe für einen 16-Sitzer mit zwei Motoren (BS 210), ausgelegt für kleine Flugplätze. Im Wirtschaftsministerium, wo ich um einen Kredit vorsprach, sagte man mir, ich solle doch einmal mit Claudius Dornier darüber sprechen, man plane dort ähnliches.

Wir trafen uns in München im Hotel »Vier Jahreszeiten« und verglichen unsere Entwürfe. Der von Dornier betraf eine verbesserte Do 28. Wir tauschten dann die wesentlichen Daten aus und verabredeten uns auf einen späteren Termin am gleichen Ort. Jeder solle bis dahin auf Grund der Diskussion seine Entwürfe noch einmal überarbeiten. Wir taten es, verglichen das Ergebnis mit dem von Dornier und waren der Meinung, daß unser Projekt nun bedeutend besser und billiger als das von Dornier sei.

Zum verabredeten Termin erschienen wir und warteten – aber vergebens. Keine Nachricht. Von Bonn hörten wir dann am nächsten Tag, daß das Wirtschaftsministerium dem Antrag von Dornier auf Teilfinanzierung der Do 28 entsprochen habe. Im übrigen wären wir doch wohl, wie sie von den Herren gehört hatten, wegen Zusammenarbeit im Gespräch. Was tun? Ich gab die Losung aus: »Nicht beachten.« Uns verging bei so viel Geschäftstüchtigkeit natürlich die Lust auf Zusammenarbeit. Wir hatten auch – nebenbei gesagt – auf unseren ureigenen Gebieten der Verteidigung vollauf zu tun.

Später erwog ich den Plan, zusammen mit unserem Partner Boeing ein Verkehrsflugzeug zu bauen. Boeing sollte den Rumpf übernehmen, wir wollten die Flügel bauen. Aber der Flügel ist das weitaus intelligentere Teil. Daß wir dies übernehmen, wollten die Amerikaner nicht. Also schlugen wir die umgekehrte Aufteilung vor. Dazu hätten wir aber die Endmontage übernehmen müssen, denn den Rumpf hätte man nicht nach Amerika transportieren können, wohl aber die Flügel nach Europa. Aber die Amerikaner wollten die Endmontage behalten. So sind wir in dieser Sache nie mit Boeing zusammengekommen. Dabei haben wir uns sehr viel Mühe gegeben.

Mir schwebte dabei immer vor, daß wir ein Juniorpartner sein könnten, der sich allmählich zu einem echten Partner auswächst und eine Drehscheibe wird für die europäische Luftfahrtindustrie. Diesen Weg verfolgte ich immer parallel zu der sich allmählich formierenden europäischen Zusammenarbeit. Aber obwohl Boeing schon lange bei uns die Beteiligung hielt, konnten sich die Manager der Firma einfach nicht zu diesem letzten Schritt durchringen. Es wäre faszinierend gewesen, eine intensive transatlantische Kooperation aufzubauen. Nicht nur beim Blechbiegen, sondern beim Leisten richtiger Entwicklungsarbeit.

Natürlich hatte Boeing Angst, daß der geplante Airbus eine echte Konkurrenz für sie werden könnte, deshalb haben sie uns immer ein wenig hingehalten. Aber sie wollten sich andererseits auch keine Schlange

am Busen züchten, denn sie erkannten schnell, daß wir auch etwas konnten.
Insgesamt muß man sagen, daß damals eine entscheidende Weichenstellung ablief: Die Amerikaner nahmen die von uns ausgestreckte Hand nicht an. So haben wir den Zipfel einer großen nordatlantischen Flugzeugindustrie losgelassen. Ab 1975 ist diese ganze Sache dann eingeschlafen. Wir haben mit Boeing noch auf dem Waffensektor zusammengearbeitet und haben viel von ihnen über die Raumfahrt gelernt.
Das Wirtschaftsministerium, vertreten durch Hanno Reichard, fragte mich des öfteren, warum ich auf dem Gebiet des Verkehrsflugzeugbaus nichts unternähme. Meine Ausrede »Zu viel Arbeit« ließ er nicht gelten. Darauf sagte ich ihm meine Meinung: Ein Zusammenschluß in Deutschland für ein gemeinsames Projekt reiche nicht aus, um zum Beispiel gegen Boeing anzutreten. Da man mir eine genaue Kenntnis meines Gesellschafters Boeing zutraute, nahm er mir diese Einschätzung ab und bearbeitete, wie ich später feststellte, meinen Freund Bernhard Weinhardt, den Geschäftsführungsvorsitzenden unserer Tochterfirma SIAT, mit dem ich dann auch die deutsche Situation mehrfach diskutierte.
Er war auch meiner Ansicht, daß ein derartiges Projekt nur international in Angriff genommen werden könnte, mindestens europäisch. Wirtschaftlich biete bei der Instabilität der Luftfahrtpolitik der deutschen Regierung, die ja weder »air- noch space-minded« sei, nur eine über die Grenzen hinweggehende vertragliche Bindung eine gewisse Kontinuität der Situation. Darüber hinaus glaubte ich, daß nach 20jähriger Pause bei keiner der deutschen Firmen, die sich jetzt so interessiert zeigten, ein genügendes Ingenieurwissen vorlag, um gegen Boeing und Douglas anzutreten.
Schließlich kam der entscheidende Anstoß 1965. Ich war wieder einmal auf dem Pariser Aerosalon, zusammen mit meinem Kollegen Weinhardt. Im Juni waren dort alle zwei Jahre die Luft- und Raumfahrtfirmen der Welt in Le Bourget vereint, um sich zu treffen und um der Welt ihre Produkte zu zeigen. Auf dem Stand von Boeing ärgerten wir uns sehr über deren Hochnäsigkeit, denn sie ließen jeden spüren, daß sie fast 70 Prozent des Weltmarkts an Passagierflugzeugen beherrschten.
Ich bemerkte zu Weinhardt: »Denen müßte man einmal eins draufgeben.« Er darauf: »Machen wir doch zusammen mit den Franzosen ein eigenes Verkehrsflugzeug!«

Überhaupt war die Frage nach neuen Verkehrsflugzeugen auf jenem Aerosalon aktuell. Alle sprachen von Lösungen der Verkehrsprobleme bei dem zunehmenden, dichter werdenden Luftverkehr. Die Engländer zeigten Entwürfe, ein französisches Marketing-Büro sprach uns an, die Lufthansa plante einen »Busbetrieb« zwischen Hamburg und Frankfurt, Eastern Airlines versuchte so etwas an der Ostküste der USA. Irgendwie lagen Möglichkeiten eines größeren Schrittes in der Luft.

Weinhardt nutzte die Gelegenheit zu einem Kontakt mit dem damaligen Präsidenten der Sud Aviation, General Puget. Sud Aviation hatte bis dahin erfolgreich die Caravelle entwickelt und produziert. Am 18. Juni 1965 saßen wir dann in einem engen Büro auf dem Salon zu dritt zusammen und diskutierten die Frage, ob wir überhaupt etwas tun sollten, und ob zum Beispiel die Sud Aviation mit uns bei solchen Überlegungen zusammenarbeiten würde.

Keinem auf dem Aerosalon kursierenden Vorschlag trauten wir einen möglichen Durchbruch zu. Außerdem schien keine Firma stark genug, um so ein Produkt zu entwickeln und auf dem Weltmarkt gegen die US-Firmen durchzusetzen. Nach meinen guten Erfahrungen mit den gemeinsamen Waffenentwicklungen mit Nord Aviation und Weinhardts Erfahrungen mit der Breguet Atlantique und der Noratlas-Lizenzfabrikation schlugen wir vor, doch ein gemeinsames Abenteuer mit den Engländern zu versuchen. Der Typenname »Airbus« fiel damals bereits in unserer Unterhaltung.

Präsident General Puget war der gleichen Meinung in bezug auf eine europäische Zusammenarbeit und wollte in den darauffolgenden Wochen engen Kontakt mit uns halten.

Es galt nun, die Situation zu Hause zu erkunden. Weinhardt und ich hängten uns in München ans Telefon. Erstaunlicherweise Zustimmung auf breiter Basis von unseren deutschen Kollegen. Am 2. Juli 1965 waren Bölkow-SIAT, Dornier, HFB, Messerschmitt und VFW bereit, gemeinsam Vorbereitungen in Form eines »Studienbüros« Airbus im Deutschen Museum, wo wir noch »Arbeitsplätze« fanden, zu beginnen. Sie stimmten sogar für unseren Vorschlag, Karl Frydag die Leitung zu überlassen. Wir selbst hielten uns in Form von einer Stimme von Bölkow-SIAT bewußt im Hintergrund.

Weinhardt und ich machten uns auf Geldsuche. Als erstes suchten wir den Finanzminister auf. Franz Josef Strauß hatte dieses Amt in der großen Koalition inne. Wir erzählten über unsere Gespräche in Paris, die er sehr begrüßte. Auch er war für eine europäische Lösung. Das Problem kam aber dann bei den Finanzen. Der spätere große Promotor des europäischen Airbusses, Franz Josef Strauß, war jedoch in dieser Zeit der ersten deutschen Firmenzusammenkünfte Juli 1965 noch sehr skeptisch. Er hielt Bernhard Weinhardt und mir, als wir mit der Frage eines möglichen Darlehens für die Entwicklungsphase vorsprachen, die Regeln der (damals noch so bezeichneten) Reichshaushaltsordnung vor, die er als Finanzminister zu vertreten hätte. Er selbst könne von sich aus nichts tun. Das für unseren Antrag zuständige Ministerium sei das Wirtschaftsministerium. Wir müßten die Herren dort interessieren, natürlich würde er im Kabinett dafür stimmen.

Inzwischen war unser Studienbüro »Airbus« im Deutschen Museum an der Arbeit. Eine System- und Marktanalyse erschien einigen älteren Mitarbeitern zu Beginn etwas umständlich, sie wurde aber auf meinen Druck hin gemacht.

Die Ergebnisse dieser Studie gelten übrigens heute noch. Wir haben Fachleute zu uns ins Deutsche Museum eingeladen: Leute aus Hamburg, von Weserflug, von Dornier, Messerschmitt und unserer eigenen »Waggon- und Maschinenfabrik« Donauwörth. Wir unterhielten uns über die Verkehrssituation, über den Bedarf, die Strecken und über die nötigen Flugfrequenzen. Unter Leitung von Karl-Heinz von Trützschler wurden Streckennetze vieler Airlines in Europa untersucht und Prognosen für den Luftverkehr der nächsten Jahrzehnte erstellt.

Die Studie ergab die Prognose, daß der Verkehr sehr stark zunehmen würde, insbesondere der innereuropäische Verkehr, so daß die vorhandenen Flugplätze bald nicht mehr ausreichen würden, wenn man nur kleine und mittelgroße Flugzeuge benutzt. Wir waren deshalb schon damals, Mitte der sechziger Jahre, der Meinung, daß man auch für Kurzstreckenflüge innerhalb Europas große Einheiten braucht.

Ich war skeptisch und nahm deshalb die Papiere mit nach Hause, setzte mich in den Garten und rechnete alles nach. Dabei konnte ich jedoch keinen Fehler finden, obwohl ich der Meinung war, es sei eine sehr optimistische Behauptung, daß der Verkehr so stark ansteigen solle.

Für unser geplantes Flugzeug bedeutete dieses Ergebnis, daß man mindestens 200 Passagiere in einer Maschine unterbringen sollte, damit die nötige Flugfrequenz nicht zu hoch wird. Damals gab es als größtes Passagierflugzeug die 707 von Boeing, die 180 Personen faßte. Sie wurde später verlängert und konnte dann 220 Personen transportieren.

Wir faßten schließlich den mutigen Entschluß, ein Flugzeug für 300 Personen zu fordern.

Eigenartig, schon mit der Gründung des »Studienbüros« Airbus waren alle, das heißt die Industriefirmen, das Wirtschaftsministerium und sogar ein paar Vorstände in den europäischen Fluggesellschaften für ein eigenes europäisches Flugzeug. Ich vergesse nie, welch positive Stimmung damals herrschte: Es ging wie eine Erlösung durch alle Kreise. Wir wollten in der Verkehrsfliegerei wieder mitspielen.

Das allgemeine – auch europäische – Interesse steigerte sich. Im Oktober 1965 saßen wir, das heißt in diesem Fall die europäischen Industriefirmen, mit den Vertretern von 19 europäischen Fluggesellschaften in London-Heathrow zusammen. Als »Anfänger« auf diesem Gebiet hielten wir uns zunächst noch sehr zurück. Die Airlines saßen auf hohem Roß, hatten sie doch Boeing, Lockheed und Douglas in der Hinterhand. Wir entlockten Ihnen Forderungen, bei deren Erfüllung sie eine Beschaffung von Flugzeugen europäischer Herstellung ins Auge fassen würden: Die Sitz-Meilen-Kosten sollten mindestens 20 Prozent unter den zur Zeit von Boeing angebotenen liegen. Der Fluglärm müßte natürlich geringer sein. Auf die Triebwerkszahl wollte man sich nicht festlegen. Zwei-, drei- und viermotorige Lösungen wurden diskutiert. Die Lufthansa war anfänglich für vier. Deshalb vertraten wir dort auch unsere Meinung für zweimotorige Flugzeuge noch nicht sehr laut. Auch die Meinung über die Sitzplatzkapazität ging hin und her; schließlich einigte man sich auf 300 Sitze. Daraus leitete sich dann auch die Bezeichnung »Airbus 300« ab. Wir lagen mit den Ergebnissen unseres Studienbüros durchaus auf der Linie des Symposiums, was uns Sicherheit gab. Es stärkte zugleich unser Zutrauen zu unseren Ottobrunner Systemanalytikern. Zu unserer Freude fanden wir dann in dem Fachreferenten des Bundeswirtschaftsministeriums, Oberregierungsrat Hanno Reichardt, einen interessierten und tatkräftigen Mitstreiter. Wir verkündeten voller Selbstvertrauen, eine »Aufnahme des Liniendienstes 1974« wäre möglich.

Der Weg war aber noch voll von Hindernissen, Steigungen und menschlichen Abgründen. Aber die Eigendynamik des Airbus-Programms begann und gewann durch seine Internationalisierung im Auf und Ab der oft wechselnden Interessen immer wieder Fahrt. Wir in Ottobrunn hatten durch unsere nun schon langjährigen Erfahrungen auf grenzüberschreitenden Gebieten diese Dynamik oft genug gespürt und vertrauten darauf. Wir konnten mit unserem Optimismus die oft zaudernden Mitglieder unserer späteren Arbeitsgemeinschaft immer wieder anschieben, wobei wir allerdings im eigenen Haus mit dem Aufsichtsrat ebenfalls große Schwierigkeiten hatten.

Im November 1965 lud dann der damalige Präsident des Bundesverbandes der Deutschen Luftfahrtindustrie (BDLI), Professor Thalau, Vertreter der Industrie nach Godesberg zu einer Airbus-Konferenz mit Hanno Reichardt vom Wirtschaftsministerium und Oberst Moog vom Verteidigungsministerium ein. Thema war im wesentlichen die Finanzierung eines deutschen Anteils von damals – wir Optimisten! – geschätzten Entwicklungsanteils von 400 Millionen Mark, nach ausländischem Vorbild zehn Prozent Eigenleistung, 20 Prozent rückzahlbares Darlehen. Das Studienbüro sollte vergrößert werden. Im Dezember 1965 gründeten die beteiligten Industriefirmen die »Deutsche Arbeitsgemeinschaft Airbus« (ARGE Airbus), die Leitung übernahm weiterhin Karl Frydag. Auf Regierungsebene tat sich ebenfalls etwas; Wirtschaftsminister Schmücker einigte sich mit dem britischen Luftfahrtministerium auf eine deutsche Beteiligung von 25 Prozent, die restlichen 75 Prozent sollten sich die Briten und Franzosen teilen. Damit war dem damaligen europäischen Prestige zunächst einmal Genüge getan.

So ging das Jahr 1965 zu Ende. Kurz vor Weihnachten saß ich mit Berhard Weinhardt in meinem Ottobrunner Büro zusammen, und wir staunten miteinander, was unsere Initiative vom Juni des gleichen Jahres in Gang gebracht hatte. Wir erinnerten uns, daß wir beide 1957 anläßlich des Pariser Salons auf der Haupttreppe von Nord Aviation durch die Herren von Nord Aviation miteinander bekannt gemacht wurden. Mit einem gewissen Stolz machten wir uns bewußt, daß wir durch unser Gespräch mit General Puget in diesem Jahr, also nur acht Jahre später, gewaltige schlummernde Kräfte in Deutschland und in Europa geweckt hatten.

Natürlich kam noch manches dicke Ende nach, aber es lief immer wieder weiter in der internationalen Vernetzung – eine Seite zog immer wieder und hielt die Sache in Gang.

Im März 1966 beschloß das Bundeskabinett dann endlich, die Airbus-

Entwicklung finanziell zu unterstützen. »Endlich« ist eigentlich falsch, es müßte besser heißen »überraschend«. Man bedenke, nach nur neun Monaten Diskussion!

Bis zum Sommer des Jahres trafen sich Regierungsmitglieder Frankreichs und Deutschlands mehrfach. Der gesamte Förderungsantrag wurde einschließlich einer Auftragshilfe und einer Serienunterstützung mit zwei Milliarden Mark beziffert.

Wir arbeiteten in den verschiedenen Entwurfbüros weiter an der Definition des »Airbus«. Mitte des Jahres stellte dann Sud Aviation als seinen neuen Programmdirektor Roger Béteille vor, einen Absolventen der Ecole Polytechnique. Er wurde von der Persönlichkeit her und durch sein Können auf der technischen Seite der eigentliche »Vater« des gesamten Programms. Unter seiner Leitung wurde der Entwurf erarbeitet. Man entschied sich schließlich für die folgenden Daten: für einen kreisrunden Rumpf mit einem Durchmesser von 5,64 Metern, 290 Passagiere, 1500 Kilometer Reichweite, zwei Rolls-Royce-Triebwerken RB 207. An letzteren wäre dann beinahe zwei Jahre später das Programm gescheitert.

Bei uns in Deutschland wurde die ARGE Airbus im September 1967 in eine GmbH umgebaut. Geschäftsführung Bernhard Weinhardt mit Karl Frydag, Hans Wocke (HFB) und Kurt Lauser (MTT) sowie Felix Kracht (VFW).[85]

Nun begannen also die Arbeiten und damit auch die Schwierigkeiten. Ich möchte nur einige nennen: Aufteilung der Konstruktions- und Fertigungsteile, fünf Zeichnungssysteme existierten allein in Deutschland, dazu ein englisches und ein französisches, verschiedene Abrechnungssysteme, bei uns keine Erfahrungen mit Fertigungskosten von Großbauteilen, Sprachschwierigkeiten, laufende Währungsunterschiede und nicht zuletzt die unterschiedlichen Mentalitäten der europäischen Nationalitäten.

Aber trotz allem: Es lief. Die Airbus-Lokomotive zog unter Roger Béteille in der Zentrale für Technik und Henri Ziegler auf der wirtschaftlichen und politischen Industrieseite in Frankreich weiterhin langsam und sicher bergan. Wir alle wollten letztlich den Airbus, keiner konnte es allein, also mußten sich sogar die Widerspenstigsten mit der Zeit den Sachzwängen beugen. Wir waren mitten in der endgültigen Definitionsphase, die Aufgaben waren verteilt, man gewöhnte sich aneinander. Da

meldeten Mitarbeiter von uns, die bei Boeing in Seattle mit anderen Objekten zu tun hatten, auf der Arbeitsebene plötzlich eine sehr unangenehme nationalistische Stimmung gegen den Airbus. Man verlangte zum Beispiel in unangenehmem Ton von unseren Mitarbeitern die Entfernung von Postern des Airbusses aus ihren Arbeitszimmern. Ich war erschrocken. Ich erinnerte mich an einen Vortrag von George S. Schairer, einem Mitglied der Boeing-Geschäftsleitung, gehalten in Amsterdam über den »Wettbewerb als Seele des Fortschrittes«. Dies war nun also der Unterschied zwischen Lehre und Wirklichkeit.
Bald fühlten wir das negative Klima auch in den Medien. Lockheed und McDonald Douglas kündigten an, daß sie dreimotorige amerikanische Flugzeuge auf den Markt bringen würden, die schon 1971 – und damit früher als die Europäer – fliegen würden. Die Verwirrung wurde noch etwas größer, als nun die Firma Rolls-Royce, deren Triebwerk RB 211 für den Airbus vorgesehen war, umschwenkte: Sie sah aufgrund dieser Aktivitäten in den USA für ihr kleineres Triebwerk RB 207 das größere Geschäft.
Wir behielten in dieser Hektik die Nerven, vor allem Henri Ziegler und Bernhard Weinhardt, gestützt auf den technischen Rat von Roger Béteille. Im August 1968 gründeten wir eine Vertriebsorganisation unter der Leitung von Weinhardt, die »Airbus International«. Unser Verdacht in bezug auf ein Abspringen von Rolls-Royce bestätigte sich: Im April 1969 zog die englische Regierung ihre Finanzierungszusagen zurück. Die negative Nachricht kam zu einem äußerst unpassenden Zeitpunkt. Sie fiel mitten in die Fusionsverhandlungen von Messerschmitt-Bölkow mit dem Hamburger Flugzeugbau, deren Zusammenschluß am 14. Mai 1969 vollzogen wurde. Außerdem war 1969 ein Wahljahr. Bei uns in Deutschland war durch das inzwischen gestiegene Interesse des Wirtschaftsministeriums und auch des Auswärtigen Amtes an der Luftfahrtindustrie die Haltung klar: Wenn Frankreich beim Airbus bleibt, machen wir weiter und übernehmen einen Teil des britischen Anteils.
In Frankreich, das zudem noch das Problem der steigenden Entwicklungskosten der mit den Engländern gemeinsam entwickelten Concorde hatte, kämpfte Henri Ziegler in Paris mit großem Elan für beide Programme. Er war als Präsident der aus der Fusion von Nord und Sud Aviation hervorgegangenen »Aérospatiale« berufen worden.
Wir hofften, daß sich die französische Regierung für eine weitere Mit-

arbeit am Airbus entscheiden würde. Eines Tages rief Ziegler an, die Entscheidung sei für den nächsten Morgen geplant, wir möchten doch kommen. Wir flogen noch am selben Nachmittag nach Toulouse und saßen tags darauf im Büro von Ziegler auf dem Flugplatz und harrten der Dinge. Um zehn Uhr kam endlich der lang erwartete Anruf, alle schauten Ziegler an, sein Gesicht entspannte sich: Seine Regierung hatte sich für die Weiterführung beider Programme, des Airbus und der Concorde, entschieden. Wir schüttelten uns die Hände.

Auf dem französischen Luftfahrt-Salon im Mai 1969 kam der Bundeswirtschaftsminister Karl Schiller nach Le Bourget und unterschrieb zusammen mit dem französischen Verkehrsminister Jean Chamant den deutsch-französischen Airbus-Vertrag. Uns fiel ein Stein vom Herzen. Dazu kam dann noch die Nachricht, daß unser englischer Industriepartner Hawker Siddeley Aviation sich bereit erklärte, als Unterauftragnehmer den Tragflügel auf eigene Kosten fertig zu entwickeln und zu produzieren. Ein Entschluß, der uns wegen seines wirtschaftlichen Mutes beeindruckte!

Mit dieser Entscheidung ging ein Ruck durch die gesamte Mannschaft. Die konstruktive Seite lag seit dem Sommer 1967 in den Händen von Roger Béteille. Er war ein hervorragender gestaltender Techniker, wie man sich ihn nur wünschen konnte. Seine große Stütze auf der Herstellerseite war Felix Kracht, der zunächst Geschäftsführer für die Produktion in der Deutschen Airbus war, dann aber in die Airbus Industrie Toulouse überwechselte und die wesentliche Ergänzung zu Beteille darstellte. Es gab kaum einen Besuch, bei dem man in den Werkstätten in Toulouse nicht irgendwo Felix Kracht mit seinem unverzichtbaren Notizbuch traf.

Der Transport der Teile nach Toulouse war zunächst ein großes Problem: Im Jahr 1970/71 transportierten wir von Hamburg und Bremen Teile des Rumpfes mit einem Durchmesser von 5,64 Metern nach Toulouse, das mitten im Süden Frankreichs liegt. Zunächst per Schiff von der Elbe und Weser nach Bordeaux ohne viel Probleme, dann über Land. Dies war wegen der Größe der Teile ein wirkliches Abenteuer, Brücken galt es zu umfahren, kleinere riß man schon einmal ab, Alleebäume wurden gefällt, Strom- und Telefonleitungen wurden verlegt. Am Schluß war man in Toulouse, und das Wunder trat ein: Die Teile paßten beim Zusammenbau genau ineinander.

Wir starteten nun endlich durch. Als Triebwerk wurde das Mantelstromtriebwerk CF6-50 von General Electric ausgewählt. Die Aufteilung der Arbeiten auf die Partner wurde endgültig vorgenommen und die Transportfrage der Teile innerhalb Europas durch den Erwerb von zwei USA-Super-Guppys, die noch aus dem Mondflugprogramm stammten, erleichtert.[86]

Nun begann der Verkauf – das Schwierigste für die nächsten Jahre: Vertrauen schaffen war die große Aufgabe. Die Fluggesellschaften zögerten, die geschäftlichen und persönlichen Bindungen mit den bisherigen Lieferanten waren noch sehr eng. Die ersten Bestellungen wurden von Air France, Air Inter und Lufthansa im September 1970 angekündigt.

Für uns in Deutschland wurde es mit der Zeit dringend, daß der Airbus nach außen und innen mit einer Stimme sprach. Nach mehreren Fusionen hatte die DA (Deutsche Airbus) nur noch drei Gesellschafter, MBB 60 Prozent, Dornier mit 20 Prozent und VFW-Fokker mit 20 Prozent. Im September 1970 stieg Dornier aus, erst 1985 kam die Firma als Unterauftragnehmer wieder zurück.[87]

Nun ging es um die politisch-wirtschaftliche Stabilisierung der DA GmbH. Von einer beständigen Zustimmung der SPD-Fraktion waren wir nicht so ganz überzeugt. Da machte der Staatssekretär im Wirtschaftsministerium, Detlev Rohwedder, ein Sozialdemokrat, den Vorschlag, Franz Josef Strauß zum Aufsichtsratsvorsitzenden der GmbH zu machen. Er wäre dann der Garant der Zustimmung der CDU/CSU.

Strauß habe ich übrigens immer sehr hoch eingeschätzt. Er hat sich meines Erachtens leider mit den falschen Beratern und Freunden umgeben. Zu seinen runden Geburtstagen wurde ich immer eingeladen und hatte Gelegenheit, diese Leute kennenzulernen. Es war fast immer der gleiche Kreis, ein richtiger Männerkreis mit allem, was dazugehört: Trinken, Jagen, Männerwitze usw. Ich habe nie begreifen können, wie ein so intelligenter und charmanter Mann wie F. J. Strauß solche Leute um sich haben konnte. Was hätte ein solcher Mann, wenn er die richtigen Berater gehabt hätte, aus Bayern, aus Deutschland und aus Europa machen können! Ein Mann mit unglaublichen Begabungen.

Doch zurück zum Airbus: Die Zustimmung von Herbert Wehner als Fraktionschef der SPD wurde eingeholt. Die DA GmbH hatte nun nach außen ein klares Bild und politisches Gewicht.

Im Dezember 1970 gründeten wir, das heißt Aérospatiale und die Deutsche Airbus in Paris, die AI, Airbus-International. Wir wählten, nachdem die Aérospatiale den Präsidenten Henri Ziegler stellte, als Aufsichtsratsvorsitzenden Franz Josef Strauß.

Nicht so sehr stolz, eher etwas schüchtern, saß ich schließlich vor den französischen Fernsehkameras mit Ziegler und Strauß, die die Unterschrift leisteten, auf dem Podium im Hotel Grillon am Place de la Concorde. Trotz aller Probleme flog die erste Maschine schon im Herbst 1972: Am 28. September 1972 Roll-Out in Toulouse, am 28. Oktober 1972 erster Flug. Ein Flugzeug, dessen Großbauteile an 16 Orten Europas in fünf Ländern fabriziert wurden.

Im März 1974 startete die Air France den ersten Linienflug von Paris nach London. Das Airbus-Programm lief an und lief, auch wenn wir eine Zeitlang immer noch schwere Absatzsorgen hatten. Es standen oft sehr viel »weiße« Airbusse auf den beiden Flugplätzen in Toulouse und Hamburg, wo die endgültige Passagierausrüstung eingebaut wurde. Wie weit wir noch von einer Markteinführung entfernt waren, fühlte ich bei persönlichen Unterhaltungen 1970/71 mit ehrlichen Freunden von Boeing und McDonald Douglas. Sie, die die Probleme kannten, hielten uns für ein Nichts. Wir seien keine ordentliche Firma: »Was ist schon eine wirtschaftliche Interessengemeinschaft französischen Rechts mit Sitz in Paris? No realistic management-organisation.«

Es war zum Teil ein Glück, daß sie uns unterschätzten. In ihrem konservativen Managementdenken kam so eine Organisationsform nicht vor. Als gestandene Firma hatten sie natürlich auch kein Gefühl mehr für die Dynamik einer treibenden Aufgabe. Wir, die »Interessenten einer Gemeinschaft« hatten alle das drängende Interesse, den Airbus durchzusetzen. Sie konnten sich so etwas nicht vorstellen und nahmen uns deshalb einige Jahre lang nicht für voll.

Seit der öffentlichen Bekundung der AI-Gründung in Paris im Dezember 1970 im Hotel Crillon war ich bei keinem großen Anlaß mehr dabei. Wichtiger war es mir, die echten Gemeinschaftsgefühle zu stärken: die deutschen Repräsentanten in der Entwicklungszentrale in Toulouse zu verstärken, eine deutsch-französische Schule in Toulouse zu gründen und vor allem die Zulieferliste immer wieder daraufhin zu prüfen, ob nicht mehr Ausrüstungsteile auch in Deutschland gekauft werden könnten, als dies zu Beginn der Fall war.

Heute ist der Airbus aus dem Weltluftverkehr nicht mehr wegzudenken.

Das Risiko hat sich gelohnt. Die Dynamik eines übernationalen Zieles zwang jeden Mitarbeiter, um der Realisierung seiner eigenen Arbeit willen Egoismus und Eigenprestige dem Gesamten unterzuordnen. Wir, das heißt Bernhard Weinhardt und ich, haben bereits 1965 aus den Erfahrungen mit MILAN-HOT und anderen Programmen von dieser Wirkung eines gemeinsamen Zieles gewußt. Es hat sich beim Airbus bewahrheitet. Allen Mitstreitern Dank. Ein Europa der Technik als Vorreiter.

PR-Aktionen –
Auf den Philippinen und in der VR China

Anfang 1973 wurde von einem früheren Mitarbeiter der MBB-Außenstelle Lampoldshausen, Baum, der in den Philippinen zusammen mit einem US-Bürger, Max Goldberger, verschiedene Regierungsprojekte bearbeitete, ein Kontakt zwischen MBB und der philippinischen Regierung hergestellt. Er regte an, den damaligen Minister Alejandro Melchor zu einem Besuch nach Deutschland einzuladen, um bei dieser Gelegenheit über den Verkauf von Hubschraubern mit ihm zu sprechen. Im Juli 1973 kam dann auch eine philippinische Delegation nach Ottobrunn und Kurt Pfleiderer, der im Unternehmen Chef des Bereichs Hubschrauber war, verkaufte die ersten fünf Bo-105-Hubschrauber. Außerdem wurde vereinbart, daß fünf Piloten und zehn Ingenieure aus dem Partnerland bei MBB ausgebildet werden sollten. Tatsächlich erschienen dann in Ottobrunn sehr geschickte Piloten, Mechaniker und Betriebsingenieure, mit deren Schulung eine zunächst sehr erfolgversprechende Zusammenarbeit mit den Philippinen begann.

Unsere Gespräche führten außerdem zu der Vereinbarung, daß MBB sich auf den Philippinen an einer Gesellschaft für Teilefertigung, Montage und Wartung beteiligen werde.

In den ersten beiden Juniwochen 1974 flog ich mit meinem Assistenten für Technik, Adolf Hammer, der früher unter anderem auf dem Gebiet der Raketenartillerie gearbeitet hatte, nach Manila. Bei der Zwischenlandung in Singapur stand auf dem Flug-Vorfeld ein Airbus A300. Mein Freund Henri Zieger war auf einer Werbetour für den Airbus in Ostasien. Wir trafen uns kurz darauf in Manila.

Dort wurden wir zunächst von Alejandro Melchor empfangen und mit dem Gesamtplan der Hubschrauberfirma vertraut gemacht. Melchor, Jurist, war praktisch der zweite Mann im Staat. Er war gegen Marcos in der Wahl unterlegen und dann nach Laos gegangen, um dort Entwicklungshilfe zu leisten. In langen Diskussionen hat Marcos ihn überzeugt, daß er wieder zurückkommen sollte. Bei meinem Besuch war er Marcos Stellvertreter und verantwortlich für alle wirtschaftlichen Angelegenheiten. Er liebte, wie alle Philippinos, das Palavern über alles. Man mußte stundenlang über etwas reden, auch wenn dies in zwei Minuten zu besprechen gewesen wäre.

Zu Beginn unseres Besuches erwartete uns eine Besichtigungstour mit der Bo 105. Auf diesem Rundflug begleitete uns Melchor, sozusagen als Stellvertreter des Präsidenten. Was mich sehr beeindruckte, war eine Festungsinsel im Norden, auf die sich zu Beginn des japanisch-amerikanischen Krieges im Pazifik MacArthur eine Zeitlang zurückgezogen hatte. Anschließend flogen wir zu einer Halbinsel in der Nähe von Manila, wo auf einer riesigen Baustelle auf Betreiben Melchors eine Freihandelszone mit der gesamten modernen Infrastruktur für Fertigungsbetriebe eingerichtet wurde. Einige amerikanische und deutsche Betriebe arbeiteten dort schon mit Erfolg. Die handwerklichen Fertigkeiten der meist sehr jungen Beschäftigten und die Fähigkeiten der Betriebstechniker waren nach dem Urteil der ausländischen Meister gut. Der Grund lag in der guten Ausbildung der Mechaniker. Die Besten konnten sich als Teilekonstrukteure und Betriebstechniker weiterbilden. Die Löhne lagen natürlich im Vergleich zu unseren Verhältnissen sehr niedrig.

Die wirtschaftlichen und technischen Gespräche mit den Ministerialen und den Militärs waren sehr überzeugend. Erstaunlich waren auch die volkswirtschaftlichen und finanziellen Kenntnisse und Pläne, die Melchor bei den Gesprächen entwickelte. Er hatte stets in seiner Brieftasche Unterlagen über die wirtschaftliche und finanzielle Situation, über Export und Import, über Bilanzen.

Gegen Abend landeten wir am Rand einer großen US-Basis auf dem Werksgelände der im Entstehen begriffenen staatlichen Hubschrauberfirma PADC (Philippinean Aircraft Development Company). Es waren bereits einige Hallen und Büroräume aus dem riesigen US-Komplex abgetrennt und sehr gut für Fertigung, Prüfung und Montage hergerichtet worden.

Was mich etwas beunruhigte, waren die vielfältigen Pläne von Baum und Goldberger, für die diese die philippinische Regierung zu begeistern versuchten. Die beiden hatten offenbar mit Vorschlägen für eine

Schiff-Schiff-Rakete und eine Schiff-Flugzeug-Abwehrwaffe – in unseren Augen Phantastereien – das Vertrauen des Präsidenten Marcos und seiner Gattin Imelda gewonnen. Einen Windmotor hatten sie bereits gebaut. Dieser lief so lange gut, bis er beim ersten Sturm zusammenbrach. Auch Entwürfe für ein einfaches Auto waren schon vorhanden. In der Nähe der neuen Werksanlage hatten die beiden einen Raketenprüfstand gebaut. Dessen Ausstattung machte allerdings, etwa was die Meßtechnik betraf, mehr den Eindruck einer Demonstrationsanlage. Es hatte dort auch schon Brände und Explosionen gegeben, andererseits hatten die Vorführungen natürlich gewaltigen Eindruck auf die Zuschauer gemacht.

In diesen Tagen kam dann auch Henri Ziegler mit »unserem« Airbus zu seiner Werbetour nach Manila. Es gab einen Empfang durch die »Philippine Airways«, und Ziegler hielt einen sehr geschickten Vortrag. In den Diskussionen habe ich seine Position selbstverständlich unterstützt. Die Presse war natürlich von der US-Konkurrenz reichlich mit Material versorgt worden. Trotzdem konnten wir, glaube ich, ein wenig überzeugen. Es gab beispielsweise die Frage, wie ein europäisches Konsortium, also keine geschlossene, starke Firma, in der Lage sein könnte, Ersatzteile und Weiterentwicklungen langfristig zu garantieren.

Ein Staatsfeiertag stand an, und wir wurden zum Empfang in den Präsidentenpalast geladen. Am Tag vorher kam ein Schneider ins Hotel und nahm bei Hammer und mir Maß. Am nächsten Morgen brachte er uns beiden den offiziellen Festanzug, eine vorn zuknöpfbare weiße Hemdjacke aus Bananenfasern, die wie Seide wirkten. Damit gekleidet, ging es nun zum Präsidentenpalast.

Eine große Anzahl Würdenträger füllten bereits den Festsaal, einen schönen, holzgetäfelten, niedrigen Raum im spanischen Stil. Die Männer waren alle gekleidet wie wir, die Damen trugen Kleider mit gebauschten Ärmeln, wie sie die Präsidentin liebte. Alle gaben sich sehr würdig, einige knappe Reden wurden gehalten, es gab eine kurze Begrüßung ausgewählter Personen durch den Präsidenten und seine Gemahlin.

Es folgte eine Einladung für den Abend zu einem festlichen Konzert mit anschließendem Essen im neuen Opernhaus. Wir saßen in der Präsidentenloge, ich in der ersten Reihe neben der Präsidentengattin. Es spielte ein sehr angenehm klingendes Orchester mit verschiedenen klassischen

Instrumenten des Inselreiches. Danach brachen wir zum Diner auf, ich war Imeldas Tischherr. Sie trug einen riesigen, ovalen Saphir, eingefaßt von zwei Reihen Brillanten. Nebenbei bemerkte sie, dies sei ein Geschenk ihres Mannes. Wir unterhielten uns sehr lebhaft in Englisch über Themen aus aller Welt. Nach dem Essen wurde getanzt, klassisch-europäisch, Madame tanzte einen sehr guten Walzer im Wiener Stil. Eine Einladung in ihren berühmten Boogie-Woogie-Keller im Palast, die uns ein US-Journalist vorausgesagt hatte, folgte jedoch nicht. Für den nächsten Tag lud man uns jedoch zu einer Dampferfahrt ein.

Auf dem Nachhauseweg fielen uns die vielen hundert käuflichen Damen vor den exklusiven Hotels an der von Imelda Marcos geschaffenen Meerespromenade unangenehm auf.

Imelda Marcos war von Anfang an eine Schlüsselfigur. Sie war eine ehemalige Schönheitskönigin und hatte in den USA studiert. Sie hatte großen Einfluß. Sie baute die Uferpromenade, das Opern- und Konzerthaus, zu irgendeinem Jubiläum die riesige Versammlungshalle, beim Flugplatz ein Dorf mit allen Haus- und Hoftypen des riesigen Reiches ihrer über 7100 Inseln, vom schwach islamischen Süden bis in den katholischen (spanischen) Norden. Einer ihrer Vornamen ist Francisca, dies sei ein Zeichen, daß sie ihre Vorfahren – sie stammen aus dem Norden – bis auf die Mönche, die die Eingeborenen zum Christentum bekehrten, zurückführen konnte. Sie spricht auch Spanisch, das neben Englisch dort Bildungs- und Handelssprache ist.

Imelda Marcos hatte die Vision, den Süden und den Norden ihres Landes zu versöhnen. Sie führte auch die alten Trachten wieder ein, und eine Leidenschaft von ihr waren Folklore-Vorführungen und Tanzen. Gerüchte gingen um, Imelda Marcos sei sehr teuer. Sie nehme 30 Prozent von allen Staatsaufträgen. Tatsache war, daß, wenn man vom Präsidenten etwas wollte, man vorher mit ihr reden mußte.

Den nächsten Tag brachten wir mit dem Präsidentenpaar, Melchor und den Chefs des Heeres und der Luftwaffe auf dem Staatsschiff zu. Vor kurzem war Marcos damit in Indonesien gewesen und hatte an der Nordspitze von Celebes (heute Sulawesi) den Präsidenten Suharto von Indonesien getroffen. Majestätisch hatte er sich und Imelda durch seine an Bord mitgenommene Bo 105 in den Gouverneursplast zu den Gesprächen fliegen lassen. Der Eindruck bei Suharto war dann immerhin so, daß später unser erstes Projekt in Indonesien die Montage, Wartung und dann auch Teileproduktion der Bo 105 bildete. Eine Serie, die dort heute über 150 Hubschrauber erreicht hat.

Unsere Seefahrt mit Marcos gab natürlich Gelegenheit zu langen Gesprächen. Baum und Goldberger versuchten dem Präsidenten und den Generalen ihre Raketenprojekte nahezulegen. Wir, das heißt Hammer und ich, dämpften die beiden, soweit wir konnten. Unsere Zahlen für die geschätzten Entwicklungskosten wurden für übertrieben vorsichtig gehalten, auch wenn wir auf unsere Erfahrungen mit der Roland, mit Kormoran und anderen Flugkörpersystemen hinwiesen. Wir schoben eine Entscheidung bis zum Abschiedsempfang hinaus.

Der Hintergrund bei allen militärisch-technischen Gesprächen war die Angst vor kommunistischen Infiltrationsbemühungen. Man wollte Hubschrauber mit Nachtsichtgeräten, um die endlosen Küstenlinien überwachen zu können, an denen angeblich von U-Booten kleine Boote mit Agenten abgesetzt wurden. Das gleiche Thema spielte später auch in Indonesien eine Rolle.

Abends Abschiedsbesuch bei den Militärs: ein Essen in Generalsrunde, mit Männern – zum Beispiel Ramos –, die heute noch auf der politischen Bühne stehen. Harte Drinks. Es wurde viel getrunken, und alle waren mit der Zeit sehr alkoholisiert. Auf dringenden Rat der deutschen Vertretung und von eingeweihten Journalisten zogen wir uns noch vor dem Höhepunkt des Abends zurück.

Wir wohnten dann noch zwei Nächte als Staatsgäste im Präsidentenpalast. Die Räume enthielten eine riesige museale Sammlung von Hunderten von Kunstgegenständen aus aller Welt, insbesondere natürlich Asiatica. Schließlich kam der Abschiedsempfang beim Präsidenten. Er thronte etwas erhöht in der berühmten weißen Nationaltracht. Wir saßen ebenso gekleidet im Halbkreis. Nochmals kam die Sprache auf die Raketen. Wir sagten schließlich zu, die Entwürfe zu prüfen und Geldbedarf, Personal und Termine zu nennen. Zu meiner Überraschung machte dann Goldberger noch den Vorschlag, daß der Präsident doch seinen Sohn, von dem wir bis dahin nichts Gutes gehört hatten, zur Ausbildung nach München schicken sollte. Auf unsere Kosten! Gottseidank ging Marcos auf diesen Vorschlag nicht ein.

Die Verbindung zu den Philippinen wurde in den nächsten Jahren etwas loser aufgrund der dort auftretenden finanziellen Schwierigkeiten. Gleichzeitig herrschte auch eine gewisse Eifersucht auf unsere neu be-

gonnene enge Zusammenarbeit mit Indonesien. In Manila gab es politische Reibereien, Melchor demissionierte, was sich bei seiner Korrektheit dem Staatshaushalt gegenüber für diesen nicht gerade günstig auswirkte.
Wir haben in verringertem Maße noch kritische Teile zugeliefert, die Zelle des Hubschraubers bauten die Philippinos in guter Qualität schon selber. Eine gewisse Ordnung trat erst dann wieder ein, als ein Hochschulprofessor namens Lim die Geschäftsführung übernahm. Im Grunde schlief das Geschäft mit der PADC ein. Die Hubschrauber werden allerdings bis heute bestens gewartet. Sie fliegen heute, also 1993, fast alle noch. Entscheidend für unseren zunehmend geringeren Erfolg war der wachsende politische Einfluß der USA.
Wenn ich an meine späteren Erfahrungen in Indonesien denke, war es wirklich erstaunlich, daß wir an die philippinischen Funktionäre nie Bestechungsgelder zahlen mußten. Vielleicht war das ein Fehler, aber Melchor wollte es nicht.
Zweimal war ich noch im Lande. 1977, kurz vor meinem Weggang von MBB, als ich mich offiziell vor allem von Melchor verabschiedete. Wir führten damals eine lange Abendunterhaltung über die mögliche Entwicklung des Landes. Er beklagte den steigenden Einfluß der bekannten »nützlichen Abgaben« auf die Entscheidungen auch an höchster Stelle. Die Verhältnisse wurden ja später weltweit bekannt.
Dann machten wir noch eine Kanufahrt zwischen steilen, mit Kokospalmen bewaldeten Hängen und Katarakten. Dabei mußten wir einige Male bis an den Hals ins Wasser. Anschließend flogen wir mit Hubschraubern zum Internationalen Rice Research Institute. Dies ist eine Forschungsanstalt, die die Verbesserung der Landwirtschaft untersucht. Moderne Methoden ermöglichen heute zwei, manchmal sogar drei Reisernten pro Jahr, allerdings nur mit Hilfe künstlicher Düngung und um den Preis des zunehmenden Methan-Gehalts in der Luft, das beim Wachsen des Reises frei wird. Man zeigte uns als Zuchtergebnis auch Sorten mit höherem Eiweißanteil. Die Arbeit des Instituts hat wesentlich zur Verringerung des Hungerproblems in Ostasien beigetragen.
Die staatliche Hubschrauberfirma PADC lief damals noch recht gut. Das handwerkliche Können der Mitarbeiter war groß, wie ich mich bei einem erneuten Besuch in den Fabrikationshallen überzeugen konnte.
1978 begann ich eine mehrwöchige Indonesien-Reise mit einer Stipp-

visite in Manila. Ich wohnte im Hotel Manila, einem wirklichen Palastbau aus alter Zeit. Bei Gesprächen mit Verantwortlichen ging es um einige Beschwerden der schon stark abgemagerten PADC. Ich konnte, da ich »nicht mehr im Amt« war, mehr als Botschafter wirken und versuchte zu vermitteln. Außerdem ging es um den Verkauf von Transall und um den Airbus. Der Einfluß von »Abgaben« war noch stärker als früher, und der Eindruck, den ich im Land, zum Beispiel am Airport, von Service und Pünktlichkeit hatte, war längst nicht mehr so positiv wie bei meinen früheren Reisen.

Man erfüllte mir zu meiner Überraschung einen alten Wunsch, die Besichtigung eines aktiven Vulkans. Im Süden der Hauptinsel Luzon liegt der Mayon. Meine Frau und ich fuhren mit dem Betriebsleiter der PADC ganz in den Süden der Insel. Es war eine sehr reizvolle Autofahrt über die fruchtbare Insel; kleine Bananenhöfe wechselten mit Plantagen, die eine straff geführte Ordnung verrieten. Die Bevölkerung war sehr gemischt, die Hautfarbe wechselte vom Dunkelgrau der Ureinwohner bis zu sehr hellen Gesichtern. Wir wurden überall sehr freundlich empfangen, vor allem in den Gasthöfen. Nach langer Fahrt landeten wir in einem europäisch geführten »Aussichtshotel« am Fuße des Mayon. Von der Terrasse aus konnte man nach Eintritt der Dunkelheit am Gipfel einen rotglühenden, langen Lavastreifen erkennen.

Wir hatten eine verhältnismäßig ruhige Phase erwischt, wie wir am nächsten Tag auf der am Berg gelegenen Beobachtungsstation hörten. Eine Rundreise zeigte uns ein wenig von den Katastrophen der Vergangenheit: riesige Schuttfelder, Ruinen von Kirchen und Dörfern, andererseits die Fruchtbarkeit der großen Felder, die auf der Vulkanasche angelegt worden waren.

Mit Professor Lim und seiner Frau, die uns im Hotel erwarteten, flogen wir nach Manila zurück, beteiligten uns des Abends noch an einer Werbediskussion für Transall. Sie schien mir aber sehr intensiv den wachsenden Einfluß von Lockheed und deren Versuch, über die großen Familien Einfluß zu gewinnen, zu zeigen. Die damals aufkeimenden inneren Auseinandersetzungen deuteten sich in einem zunehmenden Widerstand gegen Marcos in vorsichtigen Einzelgesprächen bereits an.

Die First Lady, Imelda, die später noch zweimal München besucht hat, sprach ich einmal vorsichtig darauf an. Sie wies jedoch einen Einfluß der inneren Opposition lachend zurück. Ihr persönlich mache die kommunistische Opposition auf den verschiedenen südlichen Inseln und vor allem deren Finanzierung durch islamische Potentaten mehr Sorge. Es dauerte dann ja auch noch bis 1986, bis Marcos gestürzt wurde.

1975 besuchte ich ein anderes Land, in dem sich später ebenfalls gewaltige politische Veränderungen abspielen sollten: die Volksrepublik China, kurz nach der »Zweiten Kulturrevolution«. Maos Einfluß war damals bereits im Abnehmen, Tschou En-lai amtierte noch als Ministerpräsident.
Die Reise kam auf Anregung von Franz Josef Strauß zustande, der kurz zuvor dort gewesen war. Strauß schlug vor, wir sollten in China hauptsächlich unsere Hubschrauber in den verschiedensten Variationen vorstellen.
Wir stellten dafür eine Mannschaft zusammen, die sich auf den Weg machte: Ich fuhr zusammen mit dem Leiter unserer Hubschrauber-Abteilung, Kurt Pfleiderer, mit Günther Kuhlo für die MILAN und HOT, mit Sepp Hort als Fachmann für die politische Seite, und meinem Junior. Der Hintergrund unserer Verhandlungen war natürlich, Druck auf die Sowjetunion auszuüben.
Es wurde eine spannende Reise in Maos Land. Wir wurden von hochrangigen Politikern und Funktionären empfangen, bis hinauf in die zweite Führungsebene. Alle unsere Fragen – auch kritische – wurden überraschend offen und höflich beantwortet. Bei den Gesprächen spielte sich meist die gleiche Zeremonie ab: Mein Gesprächspartner und ich saßen beide auf je einem Plüschsofa mit Spitzendeckchen, dazwischen stand ein viereckiger Tisch für die Zigarettendose, den Aschenbecher und für die beiden Tassen mit grünem Tee. Am Boden der Spucknapf. Hinter dem Tisch zwei Dolmetscher. Wir »arbeiteten« uns die Ränge hoch. Am Schluß wollte Tschou En-lei uns noch empfangen, der Termin fiel aber aus »Gesundheitsgründen« dann doch aus. Der Ministerpräsident war damals schon 77 Jahre alt und verstarb wenige Monate später, im Februar 1976.
Man zeigte uns Fabriken verschiedenster Art, zunächst ein Werk für Fräsmaschinen, ein typischer Nachbau einer »Werner-Bank«, dann eine mittlere Drehmaschinen-Fabrik, alles lief in Massenfabrikation ab. Beide Betriebe hatten eine politische Leitung, sozusagen einen Oberkommissar, eine Frau, die uns vor allem die Sozialeinrichtungen und das Lohnsystem erklärte. Frauen, die noch ihre Kinder stillten, brachten diese in den Be-

trieb mit. Dort wurden sie in einer Krippe betreut. Die Mütter unterbrachen hin und wieder ihre Arbeit, um die Säuglinge zu stillen. Fast 50 Prozent der dort Arbeitenden waren Frauen, zumeist sehr jung. Geschickte Vorrichtungen und Hebezeuge erleichterten ihnen die körperliche Arbeit, die zum Teil sehr schwer war. Ich vergesse beispielsweise nie, wie im Werkzeugbau Frauen Schnittwerkzeuge zum Stanzen, Hobeln, Stoßen, Fräsen usw. bauten. Ein besonders schönes und sehr zartes Mädchen schliff Kaliber für Passungen mit hervorragender Genauigkeit.

Die Werkzeugmaschinen waren, wie gesagt, meist Massenprodukte europäischer Muster, in Einzelanfertigung wurden aber auch schon elektronisch gesteuerte, programmierbare Großmaschinen gebaut. Im Fabrikationsbetrieb haben wir jedoch keine gesehen. Als es um die Frage ging, ob die chinesischen Betriebe zum Beispiel eine MILAN herstellen könnten, zeigte man uns eine Fabrik für feinmechanische und optische Produkte, die ein altes amerikanisches, jetzt aus Rußland übernommenes Bombenzielgerät herstellte. Der Stand der Entwicklung entsprach etwa unserem Niveau von 1940/41.

Der technische Leiter, ein Ingenieur, sprach übrigens hervorragend deutsch. Er führte uns durch die technischen Büros. Mir fielen viele nachgedruckte DIN-Norm-Blätter auf. Die Fähigkeit, Bo-105-Hubschrauber und Panzerabwehrwaffen wie MILAN und HOT nachzubauen, war sicherlich vorhanden.

Ein Phänomen, das mich intensiv beschäftigte, waren die Autarkiebestrebungen mancher Einheiten. Ein Beispiel: Eine landwirtschaftliche »Genossenschaft« baute ihre Bearbeitungsmaschinen für den Ackerbau selbst, »sonst müßten sie zu lange warten«. Dies weitete sich dann so aus, daß sie Schubkarren mit Fahrrad-Rädern und Holzgestellen bauten und diese sogar nach außen lieferten. Eine andere Einheit baute Werkzeugmaschinen in kleinen Stückzahlen.

Die medizinische Versorgung dieser Genossenschaften übernahmen im Krankenhaus ausgebildete Sanitäter, sogenannte Barfußärzte. Die Apotheken führten sowohl alte chinesische Medizin als auch neuere pharmazeutische Produkte. In den genossenschaftlichen Altersheimen konnten wir nicht mehr arbeitsfähige Frauen und Männer beobachten, beschäftigt mit Kartenspiel und Fernsehen. Größere Schneiderwerkstätten für den blauen Mao-Einheitslook waren überall zu finden.

Besonders augenfällig waren die Autarkiebestrebungen bei den Militärs.

Eine ruhmreiche Division stand auf unserer Besichtigungsliste. Nach der gegenseitigen Vorstellung ein Ausflug ins Gelände zu militärischen Vorführungen. Wir saßen auf einer erhöhten Tribüne, die Infanterieeinheiten liefen bei ihren Vorführungen immer in einem seltsamen Trippelschritt. Zuerst wurden Schießvorführungen auf fast 200 Meter gezeigt, dann mit der Kalaschnikow aus 100 Metern Entfernung auf eine Zehn-Zentimeter-Scheibe. Daraufhin wurden die Zuschauer, das heißt wir fünf und fünf »Bonzen« in ihren seidenen Einheitsanzügen gebeten, liegend aufgelegt auf 100 Meter Entfernung zu schießen. Zu meiner Verwunderung brachte ich von zehn Schuß acht ins Ziel. Was das insgesamt sollte, weiß ich bis heute nicht. Vielleicht sollte es ein kleiner Affront gegen die Parteileute sein, sie hatten bei 50 Versuchen ganze zwei Treffer. Ein simulierter Angriff mit scharfer Minenwerfermunition schloß das militärische Programm ab.

Die eigentliche Überraschung kam aber erst jetzt: Die Division war Selbstversorger. Sie hatte eine große Landwirtschaft, riesige Stallungen und ließ viele Produkte gleich zu Konserven verarbeiten. Ein eigenes Lazarett mit Labor war selbstverständlich, es gab auch eine Röntgenanlage und Operationssäle in mehreren Größen. Im Ernstfall war das meiste auf Lastwagen verladbar. In einer Ruhmeshalle wurden die medizinischen Wundertaten ebenso wie die militärischen Erfolge gewürdigt. Unsere Begleitung erklärte uns alles ohne Dolmetscher höflich und auskunftsfreudig in Englisch.

Die touristische Besichtigungstour in Peking war das übliche: Kaiserpalast, Halle des Volkes, die endlosen Luftschutzräume unter Peking, die Große Mauer und die Ming-Gräber. Zum Abschied erhielten wir eine Einladung, den Abschußplatz ihrer Großraketen zu besuchen. Leider hatte ich damals keine Zeit. Es wäre sicher sehr interessant gewesen, diesen anzusehen.

An Luftfahrtprodukten und -wissenschaften wurde nicht viel gezeigt. Die MiG 15 kannten wir bereits. Ein wissenschaftliches Institut für Flugeigenschaften war allerdings im Aufbau.

Verhandelt wurde über zwei Bo 105, die von den Chinesen auch gekauft wurden. Die MILAN-Verhandlungen verliefen hingegen im Sande. Leider war man sich von deutsch-französischer Regierungsseite auf diesem Gebiet nie so ganz klar, was man wollte; außerdem ging es auch immer darum, wer von den beiden Partnern im Ausland auftreten sollte.

Insgesamt war der Besuch sehr beeindruckend. Wie es mit China in der Zukunft weitergehen würde, war damals sehr schwer einzuschätzen. Die offiziellen chinesischen Vorstellungen über die Entwicklung der Gesellschaft schienen mir damals nicht geeignet, eine irgendwie geartete Industriegesellschaft mit eigenschöpferischem Charakter zu schaffen. Für einen industriellen Aufschwung wäre dies aber eine unbedingte Voraussetzung gewesen. Aber man schrieb das Jahr 1975, und die großen Unruhen sollten erst später ausbrechen.

MBB hat in der ersten Zeit nach meinem Weggang einige Simulationsanlagen für Regelungsprozesse und Flugsimulatoren entwickelt, gebaut, Programme mitgeliefert und eingefahren. Wie ich hörte, erzählten unsere Ingenieure, daß ihre chinesischen Kollegen sowohl die Theorie als auch die Praxis sehr schnell aufgenommen haben.

»Assistant to the President of MBB« – Kontakte mit Indonesien

Die Verbindung zu dem Land der vielen tausend Inseln kam auf zwei Wegen zustande: Einmal flog der Leiter der MBB-Auslandsabteilung, Franz Forster-Steinberg, nach einer Airbus-Vorstellung in Brasilien weiter westwärts zu einer Kontaktreise und besuchte unter anderem Jakarta. Er stellte über die Deutsche Botschaft erste Verbindungen zu den Beschaffern des indonesischen Militärs her.

Und zum zweiten existierte eine größere Ingenieurmannschaft von Indonesiern, die seit Jahren in Hamburg tätig war. Ihr »Leiter«, Bacharuddin Jusuf Habibie, war mir bereits durch seine Doktorarbeit über die Fortschritte von Rissen bei Dauerwechselbelastungen von Aluminiumkonstruktionen bekannt.

Es begannen Überlegungen, wie man diese Gruppe – sie bestand aus über 20 Ingenieuren, teilweise mit Familie – zum Aufbau einer Verbindung im südostasiatischen Raum nutzen könne. Andererseits erfuhren wir, daß General Suharto, der Präsident Indonesiens, wünschte, daß »seine Gruppe« zum Aufbau des Landes zurückkehren möge und daß er Interesse an einer weitgehend partnerschaftlichen Zusammenarbeit mit Deutschland habe.

Nach Diskussionen mit Habibie entschloß ich mich, nach Indonesien zu reisen und seinem Präsidenten einen Besuch abzustatten. Meine erste Indonesienreise fand 1974 im Anschluß an meinen Philippinen-Besuch statt. Adolf Hammer und ich flogen von Manila über Singapur nach Jakarta, wo wir von Habibie auf dem Flugplatz begrüßt wurden.

Der Aufenthalt begann mit einem Höflichkeitsbesuch bei Präsident Suharto. Er machte einen ruhigen, besonnenen und klugen Eindruck. Er sprach von den Fortschritten, die man nach der Entmachtung Sukarnos und seiner kommunistischen Regierungsmannschaft schon erreicht habe. Auf technischem und wirtschaftlichem Gebiet sei seiner Ansicht nach eine enge Bindung an Europa und die USA nötig. Zu diesem

Zweck wünsche er eine baldige Heimkehr Habibies und seiner Hamburger Ingenieursgruppe. Nach einer Rundreise durch das Land, das aus 13 000 Inseln besteht (2000 davon bewohnt), wollten wir uns zu einem längeren Gespräch wiedertreffen.

Zunächst statteten wir zusammen mit Habibie dem Chef der Ölgesellschaft Pertamina, Ibnu Sutowo, einen Besuch ab. Er galt damals als die wichtigste Person im Lande, denn die Gewinne seiner Ölgesellschaft bestritten rund 60 Prozent des Staatshaushaltes. Ein eigenartiger Typ und fanatischer Golfspieler. Er reiste mit seinem eigenem Jet zwischen mehreren Residenzen im Lande – alle mit Golfplätzen – hin und her. Heute sind dies Luxushotels.

Neben dem Öl waren seine persönlichen Einnahmequellen – wie wohl bei allen führenden Persönlichkeiten des Landes – die »nützlichen Abgaben«, also die Bestechungsgelder der zumeist ausländischen Auftragnehmer für Investitionen. Ein kompliziertes, aber fein abgestimmtes System vieler Familienclans bis hinauf in die absolute Spitze des Landes und deren Familien.

Ibnu Sutowo war ein sehr unterhaltsamer und äußerst gebildeter, aber auch wißbegieriger Gesprächspartner. Wie sein Präsident wollte er mit seinen Mitteln die Wirtschaft, aber auch das Bildungssystem aufbauen. Seine Ölgesellschaft hatte eine eigene, sehr gut organisierte Fluggesellschaft, die »Perlita«. Er sprach als erster von der Notwendigkeit der Errichtung einer eigenen Luftfahrtindustrie. Hierfür wollte er Habibie als Berater einstellen. Er hatte sogar schon eine Ernennungsurkunde vorbereitet. Die Kosten für Reisen usw. würden von ihm getragen.

Wir sollten Ibnu Sutowo noch oft treffen, nicht nur in Indonesien. 1978 ging es allerdings mit seiner absoluten Herrlichkeit zu Ende. Die Pertamina war überschuldet, Ibnu Sutowo wurde Privatmann. Ein Onkel Habibies übernahm die Sanierung der Firma. Ibnu Sutowo lebte allerdings privat im alten aufwendigen Stil weiter. Sein Haus steht in Jakarta neben dem des Präsidenten.

Hammer und ich sahen uns auf der Rundreise das Land und seine Wirtschaft an. Immer war das gleiche zu beobachten: Der Aufbau durch Importe war stets belastet durch »nützliche Abgaben« in beachtlicher Höhe. Wie sollten aber auch ein Minister und seine Familie standesgemäß leben bei einem Gehalt von damals 250 Mark im Monat? Eine große Villa, Auto, Personal, Wache und eine übergroße Reiszuteilung stellte der Staat. Bestechungsgelder waren also ein Bestandteil der Existenz. Mir war dieser Zustand immer wieder fremd, auch bei meinen späteren Besuchen in allen Winkeln des riesigen Reiches.

Interessant und für später bedeutungsvoll war der Besuch von Bandung. Dort lag ein Flugplatz mit einer kleinen Werkstatt, die ein polnisches Landwirtschafts-Streuflugzeug baute und betreute. Der Betrieb gehörte zur Luftwaffe im Rahmen einer Zusammenarbeit mit der Technischen Hochschule Bandung, die von den Holländern stammte. Die Werkstatt war mit einer Anzahl von alten, ausgeleierten Werkzeugmaschinen für Metallbearbeitung ausgestattet. Neben den beiden Hallen war eine riesige Fläche von einstöckigen Baracken, voll eingerichtet zur Prüfung und Reparatur von Flugüberwachungsgeräten. Die gesamte Anlage war mit polnischer Hilfe im Rahmen eines Auftrags zum Aufbau der indonesischen Luftwaffe der alten Sukarno-Regierung errichtet worden. Die alte Luftwaffe unter Sukarno war sehr auf die Sowjetunion und damit auf deren Satelliten wie Polen ausgerichtet.

Zur Zeit unseres Besuches lag die erwähnte Anlage zum größten Teil schon seit Jahren still. Habibie ging mit Geringschätzung – natürlich hatte er als Vergleichswert die Hamburger Flugzeugwerke im Kopf – über die Person des Leiters und über die ganze Anlage hinweg. Ich brauchte später ein Jahr, um ihn davon zu überzeugen, daß es sich besser lohne, in diesen Hallen eine Fertigung anzufangen als auf der grünen Wiese, zumal er persönlich die technische Welt, die Organisation und die Wirtschaftlichkeit eines Unternehmens nur aus der Sicht des Theoretikers kannte.

In Bandung gab es außerdem noch ein großes Reservoir an handwerklichen Fachkräften. Die Firma Fritz Werner und Meißner, ein zur VIAG gehöriges Unternehmen, hatte dort eine Munitionsfabrik für die Armee errichtet, die bei voller Auslastung 7000 Menschen beschäftigt hatte. Inzwischen gab es einen Munitionsüberschuß, ein äußerer Feind war nicht in Sicht, was zur teilweisen Stillegung des Betriebs geführt hatte. Man baute dort damals Teile für eine Volkswagenmontage in Jakarta. Diese zusätzliche industrielle Basis am Ort trug später sehr zu unserem Entschluß bei, in Bandung mit dem Flugzeugbau anzufangen.

Der Besuch einer sogenannten »National School for Administration« in Jakarta war sehr beeindruckend. Ich führte ein persönliches, offenes Gespräch mit dem damaligen Leiter, einem General. Auf der Schule waren

je ein Drittel Militärs, Verwaltungsbeamte und Wirtschaftsangehörige. Man wollte hier eine Elite für den Aufbau des Landes ausbilden, dessen Stabilität bis dahin in der Herrschaft des Heeres bestand und auch heute noch besteht. Marine und Luftwaffe, vor allem letzterer, traute man 1974 immer noch nicht so ganz, da ihr Aufbau vor Suharto sehr stark unter sowjetischem Einfluß gestanden hatte. Suharto hatte 1965 durch einen Marsch seiner Panzerdivision von Bandung nach Jakarta die anlaufende kommunistische Machtübernahme erstickt und versuchte nun langsam, eine demokratische Staatsform aufzubauen. Tausende, vor allem Angehörige der als kommunistenfreundlich geltenden chinesischen Minderheit, fanden bei den nachfolgenden Säuberungen den Tod.
Zum Abschluß unseres Besuches waren wir Gäste auf Bali. Es war gerade die Zeit religiöser Feiern der Hindugläubigen. Wir erlebten eine sehr beeindruckende Aufführung des »Affentanzes«. Die Dunkelheit und die für uns fremden Rhythmen, die auch bei Orff in den Carmina Burana anklingen, wirkten auf uns Neulinge außerordentlich stark, auch deshalb, weil der Abend im Rahmen eines allgemeinen Festes mit Gesängen und Klängen der Gongs und Trommeln bis in die frühen Morgenstunden dauerte.
Am Tag danach sahen wir uns eine profihafte Bühnenaufführung des Barong-Tanzes an und machten einen Ausflug zum großen Kratersee Batur. Inmitten des Sees von zehn Kilometern Durchmesser liegt eine Insel: ein neuer, spitzer Vulkankegel, der etwa alle zehn Minuten Gas, Asche und Dampf ausspuckt.
Zurück in Jakarta besuchte ich abends privatissime mit Habibie und einem Dolmetscher den Präsidenten in seiner Wohnung. Er sprach in der Landessprache Bahasa Indonesia, ich hatte aber den Eindruck, daß er unser Englisch voll mitbekam. Er fragte nach meinen Eindrücken von Land und Leuten und bat auch um freimütige Kritik. Sein Thema war die Industrialisierung Indonesiens auf breitester Basis. Sie hätten nach seiner Meinung eine hervorragende Technische Hochschule in Bandung sowie eine zunehmende Zahl ausgezeichneter handwerklicher Schulen, zum Beispiel in Bandung unter Schweizer Leitung, es müßten sich bald Fortschritte zeigen. Ich äußerte vorsichtig die Bemerkung, ich hätte den Eindruck, für viele Indonesier sei es mit der Arbeit nach dem Examen an der technischen Hochschule vorbei, man wolle dann nur noch Manager spielen. Er antwortete nicht darauf und wirkte sehr nachdenklich.

Kurz beriet er sich mit Habibie direkt. Dieser erzählte mir später, er, Habibie, habe meinen Verdacht abgeschwächt, im Grunde aber – soweit er es nach seinem kurzen Wiederaufenthalt im Lande beurteilen konnte – bestätigt. Habibie war in seiner Jugend in Bandung auf einer höheren Schule gewesen, Abitur in Holland, Studium und Doktorand in Aachen, Industrietätigkeit bei den Hamburger Flugzeugwerken.

Zum Schluß sprachen wir wiederum über die Möglichkeiten einer partnerschaftlichen Zusammenarbeit, die bis in die gemeinsame Entwicklung von Industrieprodukten reichen sollte. Meine zweifelnde Frage, ob er auf wirtschaftliche Produktabsprachen in den fünf Asean-Staaten hoffe, gab er mir nur eine skeptische Antwort. Anschließend führten wir eine Diskussion über den großen Einfluß der »nützlichen Abgaben«, die einer internationalen Marktwirtschaft entgegenstünden. Die Stärke dieser Einflüsse waren ihm auch aus eigenen Kreisen sicher bekannt. Auf meinen Hinweis, daß die Labilität solcher Verhältnisse schon bei dem 250-Mark-Gehalt seiner Minister beginne, antwortete er, daß er gerade dabei sei, dies zu ändern. Zwei Jahre später hörten wir dann, daß er das Ministergehalt auf immerhin DM 6000,– angehoben hatte.

Schließlich ging es um Habibie: Er, Suharto, wolle ihn bis zu seiner endgültigen Rückkehr zu seinem engsten Berater auf technischem Gebiet ernennen. Er bat mich, ihm in Deutschland so viel Freiheit zu geben, daß er auch für weitere technisch-industrielle Bereiche Verbindungen mit Indonesien knüpfen und verhandeln könnte. Dies sagte ich ihm zu. Wir besorgten Habibie dann eine passende Wohnung in Hamburg und gaben ihm den Titel »Assistant to the President of MBB«.

Habibie gelang es aufgrund seiner Geschicklichkeit, seines technischen Wissens und seines Hintergrundes, für sein Land erfolgreich Kontakte in der Bundesrepublik, in Spanien und später auch in Frankreich zu knüpfen.[88]

Mein Hauptgesprächsthema mit Habibie war die Flugzeugfirma, die er in Indonesien aufbauen wollte. Er plädierte für eine Neugründung. Mit der Zeit konnte ich ihn jedoch überzeugen, daß er die bereits vorhandene kleine Organisation in Bandung übernehmen und in eine neue Firma überführen solle. Er solle diese Firma dann ausbauen und der Öffentlichkeit möglichst schnell als Objekt seiner Tätigkeit vorstellen. Das erste Produkt war nach seinem Wunsch der Hubschrauber Bo 105. Kurt Pfleiderer, der Leiter der Hubschrauberabteilung bei MBB, half

ihm sehr.[89] Habibie nannte die Firma nach einem abgestürzten Flugzeugbauer »Nurtanio S.A.«.
1976 machte ich einen weiteren Besuch in Indonesien. Er galt der Hilfe auf verschiedenen Ebenen in Bandung; unter anderem führte ich ein Gespräch mit dem Präsidenten der staatlichen Luftfahrtlinie Garuda, einem früheren General der Luftwaffe. Er war ein relativ junger Mann, der um seine Position als führende Persönlichkeit der Luftfahrt in Indonesien fürchtete und die Konkurrenz von Habibie scheute. Die Garuda lebte technisch in allem von der niederländischen Luftfahrtgesellschaft KLM. Sie war nach deren Vorschriften hervorragend durchorganisiert und qualitätsmäßig voll auf der Höhe. Die Spannungen zwischen ihm und Habibie hielten noch jahrelang an und endeten erst in den achtziger Jahren mit der Entlassung des Generals.
Im gleichen Jahr war ich noch einmal kurz in Indonesien. Kurt Pfleiderer hielt meinen Besuch bei der Einweihung der neuen Nurtanio-Werft am 23. August 1976 für unbedingt erforderlich. Die alten Hallen waren inzwischen sehr gut hergerichtet, und es gab neue Büros. Die ersten Neubauten für die Erweiterung standen kurz vor der Fertigstellung. Alles war festlich geschmückt. Man montierte die Bo 105, flog sie ein und begann darüber hinaus, für den Hubschrauber einige Blechteile zu fertigen.
Für mich das überraschendste war der Auftritt von Habibie und seiner Familie. Eine unwahrscheinliche Hochachtung schlug ihm von allen Seiten entgegen, auch von seiten des Präsidenten. Habibie hielt die Festansprache. Seine noch zwei Jahre vorher vorhandene Hemmung, wegen seiner geringen Übung Bahasa Indonesia zu sprechen, bestand nicht mehr. Er stand im weißen Anzug völlig selbstbewußt und frei auf dem Podium. Die Geladenen spendeten Beifall. Beim Rundgang gab es eine kurze Unterhaltung zwischen dem Präsidenten und mir, er bedankte sich für die Hilfe. Habibie sollte nun mit seiner Familie ganz heimkehren und das Industrieministerium übernehmen, was dann auch kurz darauf geschah.
1978 unternahm ich mit meiner Frau Erika auf Einladung von Minister Habibie eine sechswöchige Reise durch Sumatra, Java, Celebes und Bali. Von der Ausdehnung her ein Weltreich. Von der Vielfalt der Volksstämme, Religionen, Sprachen und Sitten ebenfalls, zusammengehalten durch eine Gesellschaftsspitze, die im wesentlichen noch aus der hollän-

dischen Verwaltung stammt. Dieser Großclan erkennt sich – wie man mir mehrfach versicherte – allein schon durch gewisse holländische Worte in seiner Sprache, dem Bahasa Indonesia. Wenn die Verwaltung versagte, beruhte die Macht des Staates auf dem Heer, das allgegenwärtig und sehr diszipliniert war.

1984 unternahm ich dann meine letzte große Reise nach Indonesien. Zunächst besichtigte ich die von Habibie sozusagen aus dem Boden gestampfte Flugzeugfabrik in Bandung. Sie lag auf der anderen Seite des Flugplatzes, hatte mittlerweile über 10 000 Beschäftigte und war modernst eingerichtet. Habibies Ziel war der Bau eines Turboprop-Verkehrs- und -Frachtflugzeugs mit 30 bis 35 Sitzen und großer Heckklappe zur Beladung mit Fahrzeugen. Konstruktive Hilfe hatte er von der CASA in Spanien und einigen Ingenieuren aus unserem Hamburger Betrieb erhalten. Letztere halfen vor allem bei der Erprobung.

Die handwerkliche Seite in Bandung machte einen sehr guten Eindruck. Die Ingenieur- vor allem die Entwurfseite wirkten spielerisch. Das war damals so, und es soll noch heute so sein.

Ein erster Flug des Prototyps hatte als PR-Aktion für Habibie unter großer Pressebeteiligung schon stattgefunden. Die damals noch nicht guten Flugeigenschaften sah man als Fachmann der CA 335 an. Habibie war äußerst erstaunt, als ich ihm, ohne vorher mit Zeugen gesprochen zu haben, die Schwächen des Flugzeugs aufzählte. Die spanische Zuleistung hielt ich damals für nicht besonders hochwertig. Meine Kritik ärgerte Habibie zwar sehr, unser inzwischen freundschaftliches Verhältnis führte aber zu sachlichen Vorschlägen. Meine Befürchtungen, daß die Schwächen nur mit einer erheblichen Gewichtszunahme, dem Alptraum aller Flugzeugbauer, zu beseitigen seien, haben sich dann später leider bestätigt. Aber das Flugzeug fliegt heute in Indonesien, in den Asean-Staaten mit einigen Exemplaren, und wie ich kürzlich sehen konnte, auch in Spanien. Zu einem Durchbruch und zur Vollbeschäftigung in Habibies Fabrik führte dieses Modell jedoch nicht.

Meine Reise führte dann in den Süden Javas, nach Surabaya, das unserer Generation vor allem durch ein Lied von Brecht, das zum Schlager wurde, im Hinterkopf bekannt ist. Dort besichtigte ich die Reste einer riesigen Schiffswerft, deren Wiederaufbau von einem hervorragenden ehemaligen Kapitän zur See geleitet wurde. Die Führung der Werft lag bei zwei »Vorständen«, die in Jakarta residierten und sich ein- bis zweimal die Woche mit einer Bo 105 auf die Werft fliegen ließen. Typisch für indonesische Spitzenmanager.

Mit dem Werftleiter machte ich eine Fahrt zur Südspitze der Insel, wo wir den zur Zeit nicht aktiven Vulkan Bromo bestiegen, um von dort aus den Sonnenaufgang zu beobachten. Der Bromo ist nur ein kleiner Vulkan, er raucht und qualmt inmitten eines kilometergroßen Riesenkraters.

Dieser Zipfel der Insel machte einen wohlhabenden Eindruck. Sorgfältig angebaute Felder, vor allem Gemüse, ordentliche Dörfer. Die Menschen wirkten glücklich und zufrieden, anders, als wir dies sonst sahen. In dieser Gegend lebten religiöse Hindus, wie die meisten Bewohner auf Bali und auf der benachbarten Insel. Sie waren auf dem Rückzug vor den vom Norden herandrängenden Moslems hier hängengeblieben.

Was mir von den Tagen in Surabaya besonders in Erinnerung blieb, waren Ausgrabungsarbeiten an einer königlichen Residenz aus dem 14. Jahrhundert, einer richtiggehenden Stadt. Das Reich dieser Könige umfaßte Madagaskar, große Teile Hinterindiens und fast den gesamten heutigen Raum Indonesiens, für damalige Verhältnisse, vor allem für die damaligen Verkehrs- und Nachrichtenverbindungen, ein Riesenreich.

Auf dem Rückweg besuchte ich noch die zwei nördlichen Provinzen von Celebes (heute Sulawesi), wo wir Gäste des Gouverneurs waren. Zwischen den Korallenriffen unternahm ich zum ersten Mal in meinem Leben Tauchversuche, ein bleibendes Erlebnis.

Auch hier intensiv betriebene Landwirtschaft, die sorgsam angelegten und gepflegten Dörfer waren unter der Leitung verschiedener deutscher Missionargesellschaften entstanden. Die Menschen wirkten frei und offen. Der Reichtum des Landes beruht auf Kokosnüssen, Muskatnuß und Reis, außerdem auf Thunfischfang und einer beginnenden industriellen Tätigkeit. Es wirkte auf mich eigenartig, mitten in der tropischen Vegetation plötzlich auf eine Fabrik zu stoßen, die Autofelgen in hohen Stückzahlen für Montagefabriken in Jakarta herstellte. Die Arbeit schien gut organisiert, der verantwortliche Leiter, ein Maschinenbauer, der sein Handwerk verstand, wohnte auf dem Gelände, nicht in Jakarta, wie sonst üblich.

Zum Abschied von der Nordspitze der Insel flogen wir dann auf unseren Wunsch zwei Runden um die Aschensäule des in der Nacht vorher ausgebrochenen Vulkans. Zwei Tage vorher waren wir noch harmlos in

Raumfahrt

Die dritte Stufe der europäischen ELDO-Trägerrakete auf dem Wege zur Luftfahrtschau nach Hannover (1970)

Für den Forschungssatelliten 625 B mit solar-turboelektrischer Energieversorgung wurde ein entfaltbarer Kunststoff-Parabolspiegel von 6,8 m Durchmesser entwickelt. Von links: Wlademir von Maydell, Horst Wähner, der Autor und Hans-Otto Riedel

Max Mayer vom Bundesforschungsministerium bei einem Besuch in Ottobrunn. Links neben ihm: Ernst-Georg Pantel und Julius Henrici, rechts: der Autor

Die beiden deutsch-französischen experimentellen Nachrichtensatelliten Symphonie wurden in Ottobrunn integriert und im Dezember 1974 bzw. August 1975 mit amerikanischen Trägerraketen in ihre Umlaufbahn gebracht (oben)

Bundespräsident Heinrich Lübke vor einem Bauteil der dritten Stufe der ELDO-Trägerrakete. Rechts neben ihm: Rolf Engels, Alois Hundhammer, Hans-Otto Riedel und Franz Rudolf Thomanek (links oben)

Die Sonnensonden Helios waren eine deutsch-amerikanische Entwicklung mit wissenschaftlicher Zielsetzung, die im Dezember 1974 und Januar 1976 von einer amerikanischen Trägerrakete in eine sonnennahe Umlaufbahn gebracht wurden. Das Reservegerät kam ins Deutsche Museum (links außen)

Von großer Bedeutung ist der ESRO-Wettersatellit METEOSAT, dessen erste Ausführung 1977 in eine stationäre Umlaufbahn gebracht wurde und uns kurz danach mit Wetterbildern versorgte, die wir über das Fernsehen betrachten können. Inzwischen haben diese Aufgabe METEOSAT 4 und 5 übernommen (links innen)

Die ELDO-Trägerrakete EUROPA 1, Version F 5 startete am 15. November 1966 vom Versuchsgelände Woomera/Australien (rechts)

Die Entwicklung des Hochdruck-Raketentriebwerkes begann 1962 unter Leitung vom Karl Stöckel in Ottobrunn-Süd. Vor Abschluß des Lizenzvertrages fand bei der Firma Rocketdyne in Kalifornien ein Testlauf statt, bei dem Betriebsdrücke in der Brennkammer bis 240 bar gemessen wurden

Das Space-Shuttle-Haupttriebwerk verwendet die bei MBB in Ottobrunn entwickelte Hochdruck-Technologie. Über 100 dieser SSME-Triebwerke wurden bisher gefertigt (unten links)

Das Ottobrunner Raumfahrtteam, das sich schon 1969 mit den Möglichkeiten einstufiger rückkehrfähiger Trägerraketen befaßte, konnte Anfang der 90er Jahre am amerikanischen Projekt »Delta Clipper« mitarbeiten (unten rechts)

seinem Krater gestanden. Jetzt sah die schwarz-graue, nach oben quellende Masse schaurig aus.
Interessant war der Abschluß dieser Reise. Der Präsident lud wieder zu einem Gespräch in seinem Haus ein. Man muß wissen, daß Habibie inzwischen ein Ministerium leitete, das zuständig war für fast alle im Aufbau begriffenen Industrieunternehmen einschließlich einer großen Anlage für angewandte technisch-physikalische Forschung, weit über die Luftfahrt hinaus. Sogar ein Versuchsreaktor wurde errichtet.
Das Gespräch beim Präsidenten drehte sich um fast alle industriellen Bereiche, von der Stahlerzeugung im Werk Krakatau, dem Schiffbau und Waggonbau bis hin zur Fertigung von Flugzeugen und Hubschraubern. Lediglich von Informationstechnik war nicht die Rede. Die Hauptfrage des Präsidenten war, wie man Sachentscheidungen mehr und mehr in indonesische Hände legen könnte und damit unabhängiger von Beratern werden könnte. Vor allem aber, wie man verhindern könne, daß die Investitionen weiterhin so stark vom Bakschisch, also von den »nützlichen Abgaben« – in München sprach man seinerzeit für Krakatau von bis zu 30 Prozent – beeinflußt würden. Im Grunde ging es also um dasselbe Thema wie vier Jahre zuvor.
Ich schilderte Suharto anhand der Schiffswerft in Surabaya die Führungssituation, so wie sie sich mir darstellte. Die Führungsschicht müßte längere Zeit vor Ort sein, um die Praxis kennenzulernen. Heute entscheide sie sich von der luxuriösen Zentrale aus ohne praktische Erfahrung im wesentlichen für den Anbieter, der am meisten Bestechungsgeld zahlt. Ich konnte dem Präsidenten genügend Beispiele nennen, die ich auf meinen vielen Besuchen, aber auch durch Gespräche in Europa kennengelernt hatte. Er wollte ja eine schonungslose Darstellung.
Ihn drückte, wie er mehrfach sagte, die Zeitfrage. Kann er in seiner Regierungszeit noch einen entsprechenden Wandel herbeiführen?
Ich konnte ihm kaum Hoffnung machen. Das Riesenreich mit seiner ganzen Vielfalt ist schwer in den Griff zu kriegen, dazu die Bevölkerungszunahme. Anfangen, so riet ich ihm, müsse er bei den Spitzenkräften, indem er sie von Jakarta in die Region schickt. Als nächstes sei die Ausbildung des Nachwuchses äußerst wichtig. Den Nachwuchs solle er vor Ort an die praktische Arbeit schicken, also natürlich in die Provinz. Er solle mehr Entscheidungen vor Ort zulassen von denen, die die Arbeit machen und auch die Fehler selbst auszubaden haben.

Der Präsident sah dies auch so, aber letztlich muß er auf viele Clans Rücksicht nehmen. Ich machte ihm den Vorschlag, er solle doch erfolgreiche Unternehmer, die ohne Staatsgeld arbeiten – es gibt solche –, auf Zeit in die Verwaltung holen. Mein Pech war jedoch, daß ich, als er mich nach einem Beispiel fragte, jemanden nannte, dessen Name, wie ich später hörte, vor längerer Zeit vom Chinesischen ins Indonesische geändert wurde. Ob mit Recht oder nicht, seit der Revolte von 1966 waren die Chinesen immer noch weitgehend verfemt.

Suharto ist heute nach wie vor der zentrale Ruhepol des riesigen Landes. Das Öl ist der Quell des Aufbaus. Die Frage ist, ob es die teilweise korrupte Führungsschicht noch vor dem Versiegen der Ölfelder schafft, einen modernen Staat aufzubauen. Die Distanz zwischen den sozialen Schichten ist immer noch enorm. Wer es einmal geschafft hat, nach »oben« zu kommen, der ist vom einfachen Volk so weit entfernt wie einst die Kolonialherren. Habibie ist eine Ausnahme: Er bemüht sich immer, auf die Basis zu hören und die Wirklichkeit zu sehen.

Die Verbindung zu Indonesien ist, wie ich meine, von meinen Nachfolgern nicht mit dem nötigen Verständnis gepflegt worden. Beide Söhne von Habibie studieren in Deutschland. MBB schloß mit Indonesien übereilt Entwicklungsverträge, ohne sich vorher über die finanziellen Folgen und die notwendigen Märkte im Osten im klaren zu sein.

Eine der entscheidenden Fragen des Landes ist: Wann wächst eine Generation heran, die die Bedeutung der Logistik, der Bevorratung von Materialien und der längerfristigen Planungen erkennt, sich diese zu eigen macht und danach handelt? Die Menschen in Indonesien sind von hoher Intelligenz – Verhaltensforscher sprechen von einem um 20 Prozent höheren Intelligenzquotienten als bei uns. Über die Notwendigkeit vorsorglichen Handelns kann man zwar sehr gut mit ihnen diskutieren, aber auch nicht mehr. Die extreme Fruchtbarkeit des Landes und die auch heute noch glückhafte religiöse Verwobenheit der Menschen mit ihrer Umwelt, die in jeder der vorhandenen Religionen zu spüren ist, hat es nie nötig gemacht, längerfristige Vorsorge zu treffen. Es wächst den Leuten eben praktisch das Essen in den Mund, und kalt ist es auch nicht. Mangelnde Vorsorge bekommt man deshalb kaum körperlich zu spüren. So hat die natürliche Evolution der dortigen Menschen den heute notwendigen Führungstyp für die moderne Wirtschaft und Logistik nicht zur Auslese gebracht.

»An einer Zusammenarbeit sehr interessiert« – Der Schah von Persien

Im Jahr 1974 besuchte der iranische Ministerpräsident Abbas Hoveida München. Im Rahmen der Gespräche und Besichtigungen fand auch eine Tagestour durch unser Ottobrunner Werk statt.
Hoveida, der Deutschland gut kannte, da er längere Zeit in Stuttgart Generalkonsul gewesen war, interessierte sich überraschend für sehr viele Einzelheiten, insbesondere für unsere Verteidigungs- und Transportsysteme. Die Gespräche führten sehr schnell zu kooperativen Überlegungen, insbesondere auf dem Verkehrssektor. Eine Vereinbarung über Rüstungsgüter hingegen war nicht zu erreichen. Die Verteidigungsseite schien – vor allem was Hubschrauber, Kampfflugzeuge und Transporter betraf – durch die USA dominiert. Dies entnahmen wir verschiedenen vorsichtigen Andeutungen. Wir verabredeten einen baldigen Gegenbesuch im Iran.
Mit dem Leiter der MBB-Auslandsbeziehungen, Franz Forster-Steinberg, flog ich kurze Zeit darauf nach Teheran. Wir wohnten im Norden der Stadt im »Hilton«, einem Hotel amerikanischen Stils. An der einen Seite grenzte es an das berüchtigte Staatsgefängnis »SABAK«, ansonsten fühlten wir uns in dem Hotel wie im Westen.
Am ersten Tag besuchten wir den deutschen Botschafter – wir kannten uns noch gut aus der Zeit, als er die Forschungsabteilung im Verteidigungsministerium leitete. Wir haben damals oft zusammen über die Zukunftstechnik der verschiedenen Militärbereiche nachgedacht. Er bestätigte meine Vermutung, daß die iranische Luftfahrt durch große Käufe von F-4, Herkules sowie Bell-Hubschraubern und einem von Bell auf Kosten des Iran entwickelten Kampfhubschraubers H212 oder 214 voll in amerikanischen Händen sei. Trotzdem habe der Chef der Luftwaffe über ein Familienmitglied starkes Interesse an einem Gespräch mit uns in der Botschaft bekunden lassen. Im übrigen, so informierte uns der Botschafter, würden wir sicher auf die Panzerfrage angespro-

chen. Auf diesem Gebiet liege zur Zeit das heißeste Interesse der Regierung, weil der in Großbritannien gekaufte Centurion unter den Klima- und Geländebedingungen des Landes zu viele Ausfälle habe. Man wünsche sich deshalb den Leopard. Er, der Botschafter, wolle mir aber sagen, daß sein Amt und die Regierung in Bonn sich auf diesem Gebiet sehr zurückhaltend zeigten.

Am nächsten Morgen fuhren wir zum Flugplatz. Auf Einladung des Schahs sollten wir im Privatjet in den Südwesten des Iran, nach Shiraz, fliegen, wo er sich zur Erholung aufhielt. Vor dem Schloß stand ein Panzerbataillon zur Besichtigung durch den obersten Feldherrn bereit.

Der Schah, ein schlanker, lebhafter Mann in olivgrüner Uniform, begrüßte uns offen und locker. Die Unterhaltung begann mit militärischen Fragen: Stand der Entwicklungen beim Tornado, seine Reichweite und Zuladung. Dann sprachen wir über Panzerabwehr: MILAN und HOT. Der Schah kannte ihre Wirkung und Kampfentfernung, er interessierte sich für eine mögliche Lizenzfertigung. Er berichtete, daß seine Experten gerade eine US-Waffe prüften, die sie nicht ganz befriedige. Schließlich landeten wir beim Thema Leopard. Er bat uns, ihn beim Kauf von Leopard I zu unterstützten, soweit wir dazu in der Lage seien. Er kam dann auf die desolaten Verkehrsverhältnisse in seinem Land zu sprechen. Die Häfen hätten keine genügende Auslade- und Lagerkapazität, die Bahnen schlechte Gleisverhältnisse, es gebe keine Rangierbahnhöfe, um von einer zentralen Stelle aus mit geeigneten Straßen- oder Eisenbahnanschlüssen die Güter zu verteilen. Er fragte nach unseren Güterverkehrsarbeiten, erzählte von einem in seinen Augen schlechten französischen Vorschlag und fragte, ob wir eine Verkehrsanalyse für ihn machen könnten. Anschließend könnten wir als U-Bahnbauer auch noch eine Untersuchung über die U- und S-Bahn-Probleme Teherans durchführen. Wir stellten ein Angebot in Aussicht.

Es folgte eine lange Unterhaltung über das Bildungssystem an Universitäten. In Shiraz gäbe es ein Experiment mit US-Beteiligung, der Iran sei aber an einer Zusammenarbeit mit Deutschland auf diesem Gebiet sehr interessiert. Dann ging es um die Facharbeiterausbildung im Lande. Der Schah schilderte die Industrialisierung der letzten Jahre, hatte dabei überraschend viele Statistiken im Kopf und konnte auch gut damit argumentieren. Er deutete auch an, daß er mit seinen Fortschrittsbemühungen, vor allem mit der Verstädterung, nicht überall – insbesondere beim Klerus nicht – auf freundliche Zustimmung stoße. Eigenartigerweise erwähnte er auch die Basarhändler, die sich an der Konkurrenz durch die neuen Kaufhäusern und die modernen Ladengeschäfte stießen. Bei unserem zweiten Besuch beobachtete ich dies selbst und verstand es – von der Händlerseite her – sehr gut. Es bedeutete im Basar einen ähnlichen Machtverlust der Großhändler wie der führenden Geistlichkeit beim Klerus.

Mehrfach deutete der Schah bei dieser Unterhaltung die Befürchtung an, daß er nicht mehr lange genug leben werde, um die Durchführung seiner Vorstellungen und Reformen zu vollenden. Was dann ja auch so eintraf. Nach zwei Stunden drängten Forster und ich allmählich zum Aufbruch, auch weil wir befürchteten, daß die Soldaten auf dem Schloßplatz immer noch in der Sonne stehen mußten.

Die folgenden Besuchs- und Gesprächsprogramme waren sehr umfangreich. Militärisch ging es, wie gesagt, beim Heer um den Panzer Leopard I und die Panzerabwehrsysteme MILAN und HOT. Eine große Munitionsfabrik hatte man in Teheran zum großen Teil mit deutscher Unterstützung durch die Fritz-Werner-Werke gebaut. Die iranischen technischen Führungskräfte hatten fast alle in Deutschland, vor allem an der TU Braunschweig, ihr Diplom gemacht. Sie besaßen durchweg hohes technologisches Niveau.

Die im Norden Teherans liegende große Fabrikationsanlage fertigte von kleinen Kalibern bis zur Artilleriegranate fast alles. Die fertigen Produkte lagen so eng gestapelt, daß wir uns einen warnenden Hinweis über die dadurch entstehenden Sicherheitsprobleme nicht verkneifen konnten. Daraufhin erhielten wir einen Auftrag für ein Gutachten, das später von Erich Prier erstellt wurde. Die technischen Voraussetzungen der Anlage hätten gut ausgereicht, die MILAN zu fertigen. Zu einem Vertragsabschluß kam es aber nicht. Einmal arbeiteten natürlich die Amerikaner wegen ihres eigenen Produktes dagegen, ebenso die Engländer, die damals noch eine eigene Panzerabwehr anboten. Erst später übernahmen sie bei Euromissile eine Lizenz von uns und die deutsch-französische Fertigungsorganisation. Bonn bewahrte wie immer gegenüber Paris Zurückhaltung bei unserer Vertriebs-Initiative für gemeinsam entwickelte Waffensysteme. Frankreich hingegen wollte exportieren. Keine klare Bonner Linie, dort war man immer unsicher auf diesem Sektor.

Im Rahmen der Unterhaltungen, vor allem im Innenministerium und beim Ministerpräsidenten, war die Idee aufgetaucht, das Gesundheitssystem zu verbessern, indem man die mangelnde klinische Ausrüstung des Landes durch den Einsatz entsprechend ausgerüsteter Hubschrauber ausglich.

Das weite Land besaß nur wenige Polikliniken. Vor allem bestand ein Bedarf für Transporte von einer Spezialklinik in die andere. Ich betonte, daß mit einem solchen Transportsystem auch kritische Fälle vom flachen Land in die Krankenhäuser gebracht werden könnten. Zusätzlich tauchte nun die Frage nach einem Nachrichtensystem auf, über das die Hubschrauber angefordert werden könnten und das für jedermann ohne große Schulung und Bildung bedienbar sei. Es ging also nun nicht nur um den Transport zwischen den Krankenhäusern. Wir machten einen guten Vorschlag für ein logistisches System. Angesichts der unzähligen Bell-Hubschrauber auf den verschiedenen Flugplätzen hatte ich aber wenig Hoffnung, daß wir für diese Aufgabe einen Auftrag erhalten würden.

Wir verließen den Iran vorerst mit zwei Aufgaben:
– Wir sollten eine systemanalytische Untersuchung des Güterverkehrs anfertigen und für einen großen Güterumschlagpunkt bei Teheran Planungen vorlegen.
– Sodann sollten wir einen Verbesserungsvorschlag für das Schienennetz des Iran machen, das sich in extrem schlechtem Zustand befand.

Zurück in München begannen wir mit der Arbeit an diesen beiden Aufgaben. Der zweite Punkt erledigte sich bald, da das Interesse der damit befaßten iranischen Ministerien an der notwendigen Zusammenarbeit nicht sehr groß schien.

Die Untersuchung des iranischen Transportsystems wurde bei uns von Hubert Wenzel in Angriff genommen. Weitere Gespräche führten zu einem Auftrag für eine ausführliche Systemanalyse und zu einem planerischen Entwurf für einen Umlade- und Verteilerplatz in der Nähe von Teheran. Die Arbeit gelang sehr gut und gefiel insbesondere dem iranischen Ministerpräsidenten Hoveida. Opposition dagegen machten lediglich ein paar französische Kollegen, die Berater in den Iran entsandt hatten. Daraufhin wurde beschlossen, daß ich dem Schah selbst die Pläne erläutern solle.

Ich fuhr nach Teheran und stellte dem Schah in seinem Teheraner Palast im Norden der Stadt die Arbeit vor. Zu meinem Erstaunen erinnerte er sich an viele Einzelheiten unseres letzten Gesprächs, das ja immerhin schon mehrere Monate zurücklag. Dann ließ er mich über eine Stunde lang unsere Studie erläutern. Teile davon und Einwände dagegen waren ihm schon von Betroffenen vorgetragen worden. Die meisten davon konnte ich ihm widerlegen. Das Grundübel war, daß viele Experten mit unserem Systemdenken nicht vertraut waren. Dieses Denken, das ein vernetztes System von Schiffsverkehr, Eisenbahn, Autostraße, Luftverkehr und Öl- bzw. Gasleitungen umfaßte, war ihnen neu und unbequem. Um so glücklicher war ich über das zunehmende Verständnis meines Gesprächspartners, so daß die Unterhaltung sich immer mehr ausweitete. Letztlich schockierten ihn aber die hohen Kosten für ein solch umfassendes System. Er kam aber selbst zu der Einsicht, daß nicht untereinander abgestimmte Einzellösungen verlorene Investitionen wären.

Schließlich kam ein Adjutant und drängte wegen weiterer wichtiger Termine des Schahs. Dieser versicherte mir zum Abschied, daß die Gespräche umgehend an die Ministerien verwiesen würden. Dort ist diese Arbeit dann steckengeblieben. Die Summen an Bestechungsgeldern, die zur Durchsetzung eines solchen Auftrags notwendig gewesen wären, standen unserer Firma nicht zur Verfügung. Schade! So blieb im Iran alles beim alten.

Die Gespräche gingen jedoch auch nach meinem Ausscheiden weiter. Sie führten schließlich zur Gründung einer Firma für Systemanalyse und Langfristplanung, an der mit je einem Drittel eine neue Universität in Teheran, die Bank des Schahs und MBB beteiligt waren.

Durch die Änderung der Machtverhältnisse ist dies alles erst einmal zu Ende gegangen. Viele Bekannte aus den damaligen Gesprächen sind umgekommen, auch mein wesentlichster Gesprächspartner, Ministerpräsident Hoveida. Er wurde 1979 erschossen. Ein großer Verlust für sein Land.

»Sie waren unser Vorbild« – Der Geist von Ottobrunn

Treffe ich heute Mitarbeiter aus meiner aktiven Zeit im Unternehmen, so höre ich oft fast schwärmerische Worte über diese Zeit der gemeinsamen Arbeit. Eigenartig, es waren doch Jahre härtester Anstrengung, in denen wir uns gegen die Konkurrenz der alten Firmen, die sich zu dem aufgrund ihrer Lizenzproduktionen ohne Risiko langsam ein gutes Finanzpolster zulegten, durchsetzen mußten.

Drei Dinge waren in den Jahren ab 1954 entscheidend für die so stürmische Entwicklung des Unternehmens in den darauffolgenden Jahren: Erstens: Der Ingenieurkern bestand aus einer Mannschaft in München und in Augsburg, die zwar vollständig aus der Luftfahrt kam, in der Mehrzahl aus dem Augsburger Messerschmitt-Entwicklungsbetrieb, die sich aber mit Erfolg auf anderen Gebieten der Technik einarbeitete. Dazu gehörten vor allem die chemische Verfahrenstechnik, die Automatisierung von Fabrikationsvorgängen sowie allgemeine Maschinenbauaufgaben. Diese Flexibilität und unsere Erfolge hatten uns allen großes Selbstvertrauen gegeben. Wir fühlten uns in der Lage, Aufgaben aus neuen Bereichen der Technik anzupacken und erfolgreich zu lösen.

Der zweite Grund war, daß wir nach meinem Entschluß, militärisches Verteidigungsgerät zu entwickeln, nach anfänglichen Zögern zunehmend ministerielle Beamte fanden, die unsere Art zu denken teilten. Sie gehörten einer jüngeren Generation an, die auch eine kritische Einstellung gegenüber den US-Angeboten hatten. Sie brachten den Mut auf, die Verantwortung für die Entwicklung komplizierter Systeme, etwa Panzerabwehr und Tieffliegerabwehr, zu übernehmen.

Mitentscheidend war drittens für den Erfolg der Firma der Kontakt zu Wolfgang Essen, Banker und Finanzvermittler in Hamburg. Wie bereits berichtet, entschloß er sich 1954 zu einer Finanzierung unserer COBRA-Entwicklung aus seinen privaten Mitteln. Zu erwähnen ist noch, daß er uns auf meine Bitte hin aus seiner eigenen Mannschaft

Hans-Otto Riedel als Mitarbeiter überließ. Dieser übernahm nach einiger Zeit bei der GmbH die kaufmännische Geschäftsführung.

1958 zogen wir nach Ottobrunn bei München um – damals noch mit 223 Personen und einem Auftragsvolumen von 9,3 Millionen Mark. Dieser Standort Ottobrunn erlebte den eigentlichen Aufstieg der Bölkow KG und der GmbH, und in der Erinnerung vieler damaliger Mitarbeiter lebt noch heute das Schlagwort vom so erfolgreichen »Geist von Ottobrunn«.

Selbst als wir in Ottobrunn schon einige tausend Mitarbeiter waren, lebten wir immer noch so zusammen, wie wir 1948 im Ingenieurbüro angefangen hatten. Wir waren bis in die späten sechziger Jahre hinein eine immer größer werdende Familie.

Die Beteiligung der amerikanischen Boeing Company an unserer Firma 1965 hatte zur Folge, daß wir in Deutschland innerhalb der Luftfahrtindustrie zu einem Faktor wurden, mit dem man rechnen mußte.

Nach vielfältigen Verhandlungen fusionierten wir schließlich – wie berichtet – 1968 mit der Messerschmitt AG und 1969 mit der Hamburger Flugzeugbau GmbH zur Messerschmitt-Bölkow-Blohm GmbH, MBB, die nunmehr 20 000 Mitarbeiter und einen Jahresumsatz von mehr als 900 Millionen Mark hatte.

Wir waren nun also eine Firma geworden, in der eine direkte Führung, wie wir sie bis 1966/67 gewohnt waren, wegen Größe und der vielen Standorte nicht mehr möglich war.

In Augsburg gab es zwar in dieser Hinsicht kein Problem, denn dort war den meisten klar, daß ich jahrelang einer von ihnen gewesen war. In Hamburg, wo ich aus im Herbst/Winter 1974/75 einige Monate persönlich die Leitung übernehmen mußte, war man besonders skeptisch. »Wat will de dree Dag de Woch bi uns all hier ändern?«, hieß es hinter vorgehaltener Hand. Mein Plattdeutsch half mir hier sehr, mit der Belegschaft ins Gespräch zu kommen.

Es waren schwierige Verhältnisse, die Umstellung von der Transall-Fertigung auf den Airbus stand an, es gab praktisch keine Einnahmen, finanziell lebte der Betrieb von den Einnahmen aus dem Süden. Auf der anderen Seite war es für mich persönlich bei aller Anstrengung ein herrliches Erlebnis, zu sehen, wie die Menschen dort Schritt für Schritt mitzogen.

Im Juli 1969 trat die Siemens AG als Gesellschafter ein, auch die August-Thyssen-Hütte wurde Mitgesellschafter.

Zunächst hielt ich die Siemens-Beteiligung für sehr erfreulich, denn ich bewunderte die Möglichkeiten, die in diesem Konzern in seiner Breite und qualitativen Tiefe steckten. Vielleicht spielte auch eine gewisse Verehrung mit, die sich bei mir in Gesprächen mit Ernst und Hermann von Siemens gebildet hatte.

Willy Messerschmitt war gleich mir ein Befürworter dieser Beteiligung. Wir versprachen uns eine Steigerung unseres technischen Potentials wie auch eine stärkere Position als Firma der Außenwelt gegenüber. Offenbar waren wir uns in unserer Sichtweise als Ingenieure doch sehr ähnlich: Wir sahen Möglichkeiten einer technischen Kooperation, für die aber, wie ich leider erst später erkannte, der Siemens-Konzern nicht geeignet war. Wir waren für die Mehrzahl der dort Führenden lediglich eine »Beteiligung« von zehn Prozent, andererseits aber sah man es als selbstverständlich an, bei uns die Unternehmenspolitik entscheidend mitzubestimmen.

Unsere gemeinsame Vorstellung war auch, unsere junge MBB-Mannschaft könnte eine kreative Unruhe zu Siemens tragen und dort Anregungen und Ideen hineinbringen. Siemens war ja damals auf dem Raumfahrtsektor überhaupt nicht tätig, wir hatten andererseits eine Menge junger Elektroniker bei uns, sogar mehr als Flugzeugbauer, Aerodynamiker und Konstrukteure. Mehrfach saßen wir mit Siemens-Leuten beim Essen zusammen und haben ein Idealbild entworfen von unserer Zusammenarbeit.

Leider wurde sie dann doch nicht das, was sie hätte sein können und was wir wollten. Wir mußten in der Folge viele neue Aufgaben weitervergeben, weil uns Siemens nicht dabei half, so wie ich mir das ursprünglich vorgestellt hatte. Ganz im Gegenteil, wenn wir später ganze Elektronikteile bauen mußten und dafür Aufträge erhielten, wetterten die Siemens-Leute in Bonn dagegen, wir bauten uns eine eigene Elektronik-Kapazität auf, dafür sei doch Siemens prädestiniert. Wirklich getan haben sie aber erst sehr spät etwas. Heute hat Siemens allerdings auch – was man immer zu vertuschen versucht – einen sehr großen militärischen Bereich.

Für mich ist eines der Hauptübel die Anmaßung der Leute, die als Vorstände in großen Firmen wie Siemens sitzen und gleichzeitig in anderen Firmen Aufsichtsräte sind. Da markieren sie dann den wilden Mann. Das, was sie zu Hause nicht durchbringen, weil sie ja selbst auch einen Aufsichtsrat haben, das versuchen sie nun in der fremden Firma.

Nach dem Eintritt von Siemens in die Gesellschafterversammlung gab es einige personelle Veränderungen. Willy Messerschmitt zerstritt sich mit seiner Familie. Walther Strohmeyer verließ daraufhin zu meiner Genugtuung unsere Geschäftsführung. Erlebt hat er den »Geist von Ottobrunn« in seiner kurzen Tätigkeit bei uns sicherlich nicht. Er schlug beispielsweise vor, wir sollten die Firmenführung in die Stadt verlagern. Räume seien am Promenadeplatz schon besorgt. Er war das erste Mitglied unserer Geschäftsführung ohne Sachbezug. Vom Management hatte er einiges gelesen, es aber nicht erlebt.

Eine wesentliche Verstärkung der Geschäftsführung auf der betriebswirtschaftlichen Seite brachte der Eintritt von Johannes Broschwitz in die Geschäftsführung. Die Zusammenführung der bei den beiden Fusionen vereinigten Firmen verlief zunächst verhältnismäßig reibungslos. Eine Menge Direktoren verloren ihre Jobs, was oft mehr Arbeit machte, als es der Bedeutung von Personen und Sache entsprach.

Die Geschäftsführung erfuhr Ende der sechziger Jahre eine etwas unglückliche Ergänzung. Mehrfach hatte ich die Siemens-Seite gebeten, sich nach einem profilierten Kaufmann für uns umzusehen. Um die Jahreswende 1969/70 war ich nach einer Hepatitiskur im Münchner Universitätskrankenhaus in Bad Wiesee zur Nachkur. Unsere Siemens-Freunde erschienen dort und teilten mir mit, sie hätten nun jemanden gefunden. Sie stellten uns aus ihrem Führungskader Johannes Popien als erfahrenen Kaufmann zur Verfügung. Er sei eine wesentliche Verstärkung unserer Führungsspitze. Man habe schon die Zustimmung einiger Mitglieder der Aufsichtsrates von MBB eingeholt.

In der Praxis zeigte sich dann, daß Popien nicht in unsere Führungsspitze paßte. Die Bereiche Betriebswirtschaft, Planung und Bilanzen zusammen mit der Zuständigkeit für Verträge mit der öffentlichen Hand waren bei Johannes Broschwitz in besten Händen. Der Vertrieb auf diesem Gebiet wurde in zunehmendem Maß durch Sepp Hort erledigt, ihm oblag vor allem die Bearbeitung der parteipolitischen Seite, sofern ich nicht selbst Überzeugungsarbeiten in Bonn leisten mußte. So blieb praktisch kein Schwerpunkt für Popien übrig. Unser neuer Kollege zeigte auch keinen Antrieb, sich in unserer Welt zurechtzufinden. Als beispielsweise die Unterschrift für die Tornado-Fertigentwicklung anstand, schickte ich ihm ein Vertragsexemplar, eine Akte von höchstens 1,5 Zentimetern Dicke, zur Unterschrift mit der Bitte, den Vertrag übers Wochenende zu prüfen.

»Das soll ich am Wochenende durchlesen?« war seine Antwort. Broschwitz und mir blieb es allerdings nicht erspart, es über Sonntag zu tun.

Wir wurden nicht warm miteinander. Ein eigenes Ressort konnte er sich nicht aufbauen. Erfahrung mit den Methoden der Behörden oder mit den Risiken des Entwicklungssektors hatte er nicht. Mir wurde klar, daß ihm von seiner Lebenserfahrung her unsere Arbeitsweise unseriös vorkommen mußte, aber belehren ließ er sich leider nicht. Dafür war sein Selbstbewußtsein als gestandener Siemens-Mann zu groß.

Außerdem gab es ja auch bei uns in der Geschäftsführung und vor allem im Aufsichtsrat immer mehr Personen, die glaubten, es ihrem Selbstverständnis schuldig zu sein, bei allen Entscheidungen mitreden zu müssen, was mich in Opposition brachte, da es unsere Entscheidungsgeschwindigkeit, die immer eine unserer Stärken gewesen war, zu verlangsamen begann.

So bildeten sich hin und wieder Grüppchen, vor allem von Mitarbeitern, die aus anderen Betrieben einen anderen Stil gewohnt waren, und begannen zu »stänkern«, leider nicht offen. Sie redeten auch mit Aufsichtsräten und, was ich persönlich übelnahm, mit unserem Gesellschafter Gerd Tacke, der dann, als er selbst in den Ruhestand getreten war, Zeit für »Ermahnungsbriefe« fand. Ein Vorsitzender einer so geordneten Firma wie Siemens war nun weiß Gott nicht in der Lage, sich in die Tagesprobleme einer kürzlich durch Fusion entstandenen Gesellschaft hineinzuversetzen, die ihren wesentlichen Umsatz in internationalen Arbeitsgemeinschaften unter den Exportgesetzen unserer Partner machte. In dieser ohnehin äußerst schwierigen Situationen Vorwürfe zu lesen, die mir wirklich albern erschienen, war schon ärgerlich. Um so mehr, als die einzelnen zitierten Kritiker mir gegenüber sofort wieder von den Vorwürfen abrückten.

Noch heute staune ich, daß ich neben der 80-Stunden Woche, die ich damals hatte, auch diese Belastung noch durchgestanden habe. Zu den umstrittenen Programmen gehörten die Leichtflugzeuge, die Hubschrauberei und der Waggonbau. Immer wieder wurde unsere fehlende Liquidität, die durch die schwerfällige Abwicklung in Bonn zustandekam, der Haupt-Angriffspunkt.

Die Leichtflugzeuge – wir hatten bis in die 70er Jahre über 800 Motor- und Segelflugzeuge gebaut und verkauft – waren ein Verlustgeschäft. Ich hielt es aus nationalen Gründen trotzdem für notwendig, flugbegeisterten Kreisen ein deutsches Produkt zur Verfügung zu stellen. Außerdem lernten unsere Konstrukteure dabei, ein ganzes Flugzeug mit allen Problemen wie deutsche und internationale Zulassungsfragen, Ersatzteilvorsorge und anderes mehr zu beherrschen. Eine Staatsunterstützung wie zum Beispiel in Frankreich und Italien war in unserem nicht für die Luftfahrt begeisterten Bonn nicht zu erreichen. Immerhin ist bei uns die weltweit erste Serie eines Kunststoffsegelflugzeugs entstanden. Das Ende wurde dann vom Aufsichtsrat eingeleitet: Weiterfertigung des Hubschraubers Bo 105 oder der Leichtflugzeuge, so hieß die Alternative. Zugunsten der Bo 105 verzichtete ich auf die Sportflugzeuge.

Nun mußte ich damals recht bescheiden auftreten. Wir zahlten nämlich drei Jahre lang keine Dividende. Mein Finanzchef Broschwitz und ich fanden für uns und die Steuerprüfer genügend Rückstellungsgründe. Wir brauchten jede Mark für Investitionen beim Anlauf der Serien unserer Flugkörper MILAN, HOT, Roland, Kormoran, sowie für Tornado und Airbus. Schwer vorstellbar, wie mir als dem Vorsitzenden einer Firma, die inzwischen mehr als eine Milliarde Umsatz hatte und keine Dividende zahlte, zumute war. Drei Jahre hielten wir dies durch, bis auf der Bilanzpressekonferenz 1976 ein uns sonst immer wohlgesonnener Journalist plötzlich die Frage stellte, warum wir keine Dividende zahlten. Wir hätten doch in den vergangenen Jahren je zwischen 80 und 90 Millionen Mark verdient. Broschwitz' kunstvoll gedrechselte Antwort und mein flehentlicher Blick ließen ihn erkennen, daß die Diskussion uns peinlich und sehr unangenehm war. Er half uns dann mit sehr geschickten Worten, aus der Frage herauszukommen.

1980/81 – nach meinem Ausscheiden – hatte Broschwitz auf einer Gesellschafterversammlung eine Plakatwand über die wirtschaftliche Entwicklung seit 1965 aufhängen lassen. Vor Beginn der Sitzung studierten alle die Zahlen. Auf einmal – ich saß schon auf meinem Platz – kam verschmitzt lächelnd Herr von Srbik auf mich zu und bat mich, zu einem Plakat mitzukommen: Er hatte die versteckten Gewinne der dividendenlosen Jahre entdeckt. Ich beglückwünschte ihn zu seinem bei Aufsichtsräten seltenen Verständnis von Bilanzanalysen und fragte ihn, ob er heute noch einen Schaden für das Unternehmen sehe angesichts der hohen Gewinne. Diese waren inzwischen nach Steuern auf einige hundert Millionen gestiegen.

Er meinte: »Filous seid ihr beide, Broschwitz und Sie, schon, aber ich wäre damals lieber gleich informiert worden.«

Unser Verhältnis wurde besser, zumal er dann auch noch bemerkte, daß wir als kleine Kommanditgesellschaft dem früheren Aufsichtsratsvorsitzenden und zeitweiligen Vorstandsvorsitzenden der Messerschmitt AG aus dem Krieg, Fritz Seiler, der bei der Entnazifizierung fast alles verloren hatte, eine Rente gezahlt hatten. Von Srbik fand das sehr lobenswert, wollte aber im Namen seiner Bank die Rente für Seilers Witwe – Seiler war nämlich Gesellschafter bei von Srbiks Bank Aufhäuser gewesen – nicht übernehmen, wie ich ihm vorschlug. Etwas, was ich persönlich nun wieder sehr »typisch« fand.

Bis zum Ende der sechziger Jahre, also während der gesamten Aufstiegsphase der Firma, hatte die Qualität unserer Mitarbeiterschaft größte Bedeutung. Dieses – für manche schwer erklärbare Phänomen wurde vielfach als das »Besondere« bezeichnet.

Was war das nun?

Es war nichts Geplantes, nichts, was man in Seminaren lernen könnte, sondern eine Geisteshaltung, die sich in vielen Jahren entwickelt hat. Angefangen hatte es damit, daß wir uns Mitte der fünfziger Jahre auf dem Stuttgarter Flugplatz unter nicht gerade idealen Bedingungen für das neue Arbeitsgebiet »Verteidigungstechnik« einsetzten. Es war damals noch ein Gebiet, das uns nicht ernähren konnte, aber wir sahen es als eine notwendige Aufgabe an, weniger als eine Erwerbstätigkeit. Ein Skelett von einigen »Alten«, die ich ansprechen konnte, dazu einige, die aus dem Ausland zurückkehrten, fanden sich hier zusammen. Die schnell wachsende Zahl der jungen Mitarbeiter hatte als Soldat noch die Welt des Krieges an der Front, andere, jüngere, die Bombennächte und die verwüsteten Städte erlebt. Fast alle hatten das Gefühl, beim Aufbau mitmachen zu müssen. Wir alle wollten mithelfen, daß so ein Wahnsinn in Europa nicht noch einmal passieren könnte. Mein Ingenieurbüro und später die Bölkow-Entwicklungen KG waren deshalb für junge, schöpferische Ingenieure ein begehrter Arbeitsplatz, für den man auch die schwierigen Umstände in Kauf nahm.

Unsere Kreativität und Vielfältigkeit wurde vor allem dadurch gefördert, daß wir vieles, was wir an Komponenten brauchten, zum Beispiel

Kreisel für Flugkörpersteuerung und ähnliches, nicht kaufen konnten, oder daß die angebotenen Geräte nicht unseren Vorstellungen entsprachen, was Technik und Kosten betraf. So erweiterte sich über die klassischen Flugzeugkünste Aerodynamik, Festigkeit und Konstruktion hinaus Schritt um Schritt unsere Fachpalette immer breiter, parallel zu unserer Produktpalette. Als wir Ende 1958 nach Ottobrunn umzogen, hatten wir schon mehr Physiker, Mathematiker und Elektroniker als Mitarbeiter der klassischen Flugzeugbautechniken.

Das Bewußtsein, daß eine offene Zusammenarbeit der Fachsparten notwendig sei, war bei uns so verwurzelt, daß ich Protestbriefe von einzelnen Mitarbeitern erhielt, als wir später die Entwicklungsmannschaft mehr auf die Produktpalette ausrichten mußten. Als Klammer bauten wir damals spezifische Fachabteilungen auf, die jeweils nur einmal in Ottobrunn oder an anderen Entwicklungsplätzen vorhanden waren. Diese Spezialisten arbeiteten dann notwendigerweise für mehrere Produktsparten. So hatten wir nur ein Metall-Labor, ein Kunststofflabor und ein Kunststofftechnikum, ein hervorragendes Schall-Labor und ein Chemielabor, das dem Bereich Feststoffraketenentwicklung zugeordnet war, usw. Dazu ein Fremdsprachenbüro für schwierige Texte, eine Zentralbibliothek, die zugleich die Beschaffungsstelle für die gesamte Literatur in Ottobrunn darstellte und somit einen Überblick über alle Neuerscheinungen hatte. Diese Stellen waren, da sie jeweils nur einmal vorhanden waren, Treffpunkt der verschiedenen Produktentwickler und stellten so eine wissensmäßige Klammer über die Projekte hinweg dar. Wichtig war dabei, daß diese zentralen Einrichtungen mit der Zeit eine Mindestgröße, ein »kritisches Minimum« erreichten, um der Projektseite jederzeit eine Spitzenleistung auf ihrem Fachgebiet zur Verfügung stellen zu können. Ihre Leiter mußten das Können ihrer Fachabteilung an die Projektbereiche »verkaufen«, und das konnten sie nur, wenn ihre »Ware« immer dem neuesten Stand von Wissenschaft und Technik entsprach und von ihnen auch entsprechend im Unternehmen bekanntgemacht wurde.

Eine besondere Art von Gemeinsamkeit stellte die seit 1957 aufgebaute »Operation-Research«-Abteilung (OP) dar. Voruntersuchungen und Zukunftsbetrachtungen mit mathematischen Methoden, vor allem der Wahrscheinlichkeitsrechnung, der Zufallstheorie und der Modellierung dynamischer Systeme. Wir schickten zwei Mitarbeiter 1957 ein halbes

Jahr zum weltberühmten Massachussetts Institute of Technology, MIT, nach Boston, damit sie dort den damaligen Stand dieser Wissenschaft studieren konnten. Unter der Leitung von Horst Merbt bauten wir dann mit Erfolg die OP für Verteidigungssysteme und Verkehrsprobleme, später auch für andere Unternehmensbereiche auf.

So garantierten die differenziert gewachsenen Verbindungen und die Abteilungen, die sich über Neues in Wissenschaften und Technologie austauschten, eine beständige Kreativität der Mannschaft.

Wenn eine Aufgabe dann einmal gefunden und klar definiert war, arbeiteten die Beteiligten an der »langen Leine«. Eine gewisse Vorbildfunktion verlangte ich von mir selbst und von allen leitenden Personen.

Ich halte es für sehr wichtig, daß neue Erkenntnisse immer die ganze Mannschaft erreichen. Das geht nur, wenn entweder die Mannschaft sehr klein ist, oder man muß es eben organisieren. Oft war es so, daß ich irgend etwas Interessantes gesehen habe und daraufhin Mitarbeiter dorthin schickte und sagte: »Gehen Sie da hin und schauen Sie sich das mal an!«

Das Arbeiten im Team ist ebenfalls unglaublich wichtig. Zwei mal zwei kann eben auch mehr als vier sein. Wenn wir manchmal nicht weiterwußten, haben wir ein sogenanntes Entwicklungsgespräch geführt. Wir haben uns um einen Tisch gesetzt, zum Beispiel auch mit dem Patentsachbearbeiter. Zwei- oder dreimal kam es vor, daß dieser uns fragte: »Warum streitet ihr denn immer um das, wie wär's denn mit dem?«

Wir haben uns dann an den Kopf gegriffen und gefragt, warum wir so verblendet waren, nicht selbst daraufzukommen.

Im Team gibt es auch so eine Art gegenseitiges Aufheizen, ohne daß gesprochen wird. Irgendwie gibt es ein unsichtbares, unhörbares Fluidum, das sich aufschaukelt. Man spürt das: Wenn jemand zur Tür hereinkommt, stört er nur, man hofft, daß er gleich wieder geht. Und von einer solchen kreativen Atmosphäre hängt es oft ab, daß etwas Neues entsteht.

Immer bemühte ich mich, meinen Mitarbeitern so viel Freiheit wie möglich zu lassen. Sie durften auch mal einen Fehler machen, aber ich habe sie nach außen immer gedeckt. Das hielt ich für eine extrem wichtige Sache. Auch bei Verhandlungen mit dem Ausland war das so.

Ich bin auch der Meinung, daß man gut zuhören muß. Das können viele Chefs nicht. Ich habe anderen oft lange zugehört. Manchmal habe ich ihnen auch helfen können, wenn sie sich festgefahren hatten. Man muß an seine Zuhörer Forderungen stellen, sie fragen, ob etwas geht oder nicht. Das geht nicht immer nur über den Verstand, sondern auch aus dem Bauch heraus. Es gibt Leute, die wollen jede Planung und jede Abschätzung genau berechnen, aber das läßt sich nicht immer durchführen. Entweder hat man so etwas im Gefühl, oder man läßt es. Man muß einfach die Mitarbeiter versuchen mitzureißen.

Oft habe ich nur gesagt: »Ich glaube, daß etwas geht. Ihr könnt mir beweisen, daß es nicht geht, dann will ich euch glauben, aber ich glaube, daß es geht.«

Mein Antrieb kommt aus meiner Erziehung; vielleicht bin ich wirklich ein Sozialist, aber ein realistischer Sozialist.

Ich selbst habe wenige Patente. In dem Augenblick, in dem ich die Firma hatte, wollte ich lieber die Mitarbeiter dazu motivieren, daß sie gute Dinge erfinden. Ich als Chef stellte die Aufgaben, aber die Lösungen wurden nicht auf meinen Namen patentiert, auch wenn ich die Anregung gegeben hatte. Das habe ich mein ganzes Leben lang so gehalten.

Oft wurde ich gefragt, warum ich eigentlich immer in leitenden Positionen war. Ich war nie sonderlich ehrgeizig, auch nie sehr beliebt, zumindest habe ich in dieser Beziehung große Enttäuschungen erlebt. Vielleicht lag mein Erfolg darin begründet, daß ich meine Mitarbeiter immer als Menschen behandelt habe; ich habe mit ihnen geredet und habe auch zugehört. Gleichzeitig habe ich mich immer bemüht, Vorbild zu sein, was die Arbeitsmoral betrifft, und das ist sicherlich auch anerkannt worden.

Mitte der achtziger Jahre fragte ich einen ehemaligen Mitarbeiter, was denn nun damals das »Besondere« war. Er dachte einen Augenblick nach. Schließlich sagte er: »Wenn ich manchmal bis spät in die Nacht mit einem fachlichen Problem beschäftigt war und spät nach Hause ging, brannte oben bei Ihnen im Büro noch immer Licht. Ich wußte meine Arbeit und mich bei Ihnen in guten Händen. Sie waren unser Vorbild.«

Liegt nicht in diesen einfachen Worten ein wesentliches Geheimnis des Führens und der Motivation von Mitarbeitern? Trotz aller Theorien und Schulen für Management besteht die tiefste menschliche Grundlage doch darin, ein Vorbild zu sein. Zum Gesamterfolg gehört dann noch

Phantasie, fachlich breites Können, und – vor allem – arbeiten, arbeiten, arbeiten.
Heute ist das Wort »Firmenkultur« sehr modern. Da gibt es extra Kurse, um so etwas zu pflegen. Ich habe zunächst nie verstanden, was damit gemeint ist. Aber inzwischen weiß ich, daß damit das gleiche gemeint ist, was wir damals unser »Wir-Gefühl« genannt haben. The Spirit of Ottobrunn. Technik ist eben nur ein Teil der Kultur, allerdings ein wichtiger Teil.
Ausdruck unseres Bestrebens, die Mitarbeiter zu motivieren und gute Arbeitsbedingungen für sie zu schaffen, war auch die Einführung einiger sozialer Einrichtungen, die damals, Mitte der sechziger Jahre, in der deutschen Wirtschaft noch weitgehend unbekannt waren, zum Beispiel Urlaubsgeld, gleitende Arbeitszeit, eine Betriebskantine, ein werksärztlicher Dienst und ein Weiterbildungssystem für die Mitarbeiter.
Unsere Urlaubsgeldregelung galt lange als Kuriosum. Quer durch die Abteilungen hatte ich ungefähr fünf bis sieben Vertraute, die mir auf meinem Wunsch hin einige Jahre lang einen Haushaltsplan über ihre privaten Ausgaben machten. Meine Auswertungen zeigten mir Mitte der sechziger Jahre, daß eine Arbeiterfamilie mit vier Kindern gerade so »durchkam«. Einen Urlaub konnten sie kaum für etwas Besonderes nutzen. Dies brachte mich auf die Idee, unserer Mitarbeiterschaft in bezug auf das langsam in Diskussion kommende Urlaubsgeld einen kühnen Vorschlag zu machen: Ein gut verdienender Junggeselle sollte danach im Extremfall ganz auf ein Urlaubsgeld verzichten, ein Familienvater mit Kindern auf der unteren Gehaltsskala erhält so viel, daß er sich einen wirklichen Urlaub leisten könnte. Zum Ärger der Gewerkschaftler, die gern alle gleich behandeln, wurde die Idee von unserem Ottobrunner Betriebsrat und von der Belegschaft angenommen. Für mich ein glückliches Erlebnis. Als das Urlaubsgeld dann in die allgemeinen Tarifbestimmungen aufgenommen wurde, haben wir uns nach einiger Zeit dann letztlich doch der allgemeinen Gleichmacherei angepaßt, um Streit zu vermeiden. Schade!
Im allgemeinen waren wir den tariflichen Fortschritten immer einige Jahre voraus. Wir konnten viele Dinge nur durchsetzen, weil wir in keinem Unternehmerverband waren und deshalb auch keine Tarifverpflichtungen hatten.
So führten wir am 1. September 1967 nach einem halbjährigen Probe-

betrieb auch als eine der ersten deutschen Firmen die Gleitzeit ein. Den äußeren Anstoß gaben die teilweise chaotischen Verkehrsverhältnisse in Ottobrunn zu Beginn und zum Ende der täglichen Arbeitszeit. Ottobrunn-Nord verfügte bis gegen Ende der sechziger Jahre nur über eine einzige Zufahrt. In der Ortsdurchfahrt von Ottobrunn staute sich deshalb jeden Morgen und Abend eine unerträglich lange Autoschlange von Bölkow-Mitarbeitern. Allein schon diese Tatsache legte eine Gleitzeitregelung nahe.

Außerdem bestand unsere Mannschaft zum großen Teil aus »Kopfarbeitern«, und bei diesen lag es in der Natur der Sache, daß es darunter Frühaufsteher ebenso wie Nachtarbeiter gab. Eine starre Arbeitszeitregelung hätte dazu geführt, daß sie einen großen Teil ihrer produktiven Phase nicht am Arbeitsplatz zugebracht hätten.

Das unangenehme Stempeln am Werkstor wurde von den Mitarbeitern schnell akzeptiert, ich selbst machte es vor.

Mit der Zeit bauten wir auch ein optimales System für die werksärztlichen Betreuung auf, außerdem die Bölkow-Gehaltsordnung und eine Altersversorgung. Letztere konnte nach den Fusionen leider nicht verallgemeinert werden, da für die neuen Mitarbeiter natürlich noch keine entsprechenden Rückstellungen gebildet worden waren.

Unser Betriebskasino entstand aus einer Kombination von Beobachtungen bei Boeing in Seattle mit eigenen Ideen und Optimierungsuntersuchungen unserer OP-Gruppe. Realisiert wurde es von unserem ersten Kasinoleiter, Hans Eberhard. Das Kasino wurde ein über die Grenze der Bundesrepublik hinaus bekanntes Vorbild.

Nicht zu vergessen unser Bildungssystem. Angefangen hatte es mit Aussprache-Abenden und vielen Diskussionen, noch in Stuttgart gab es bereits Vortragsveranstaltungen, und nach der Übersiedlung nach Ottobrunn organisierten wir Wochenendtagungen und Führungsseminare. Ich holte August Sahm, den ich in der Stätte der Begegnung um Werner Rietz herum kennengelernt hatte, nach Ottobrunn. Sein Programm wurde von den Mitarbeitern voll angenommen. 1963 wurde das Bölkow-Bildungsprogramm gestartet und in den folgenden Jahren laufend ausgebaut. Die Teilnehmerzahl stieg stetig. Im Sommersemester 1966 hatten wir schon 2400 Zuhörer bei 76 Veranstaltungen. 20 Jahre später, ausgedehnt auf alle Standorte, jährlich mehr als 4500 Veranstaltungen mit über 29 000 Teilnehmern.

Vor allem die Sprachkurse wirkten sich angesichts unserer internationalen Verknüpfungen hervorragend aus. Ein Nebeneffekt überraschte mich dabei besonders: In den Veranstaltungen des Bildungswesens trafen sich die verschiedensten Fachabteilungen und später auch die verschiedensten Unternehmensbereiche. Dies trug sehr zum Austausch und zum inneren Firmenbild, zum »Wir-Gefühl« bei.

Das »Bölkow-MBB-Bildungsprogramm« wurde weit über die Firma hinaus bekannt. Es prägte maßgeblich die betriebliche Weiterbildung in der Bundesrepublik Deutschland. 1970 wurde August Sahm zum Vorsitzenden des Arbeitskreises Weiterbildung bei der Bundesvereinigung der Deutschen Arbeitgeberverbände berufen.

Eine nicht unwesentliche Hilfe zu Motivation und Zusammenhalt bildeten auch die Werksmitteilungen, die unter der temperamentvollen Leitung unseres PR-Abteilungsleiters Eduard Roth entstanden. Dieser prägte Worte wie »Führung an der langen Leine«, »Technosophie« und das »Besondere von Ottobrunn«.

Wie gesagt, Mitglied in Industrieverbänden waren wir in Ottobrunn, solange ich da war, nicht. Darüber herrschte Einigkeit zwischen den Mitarbeitern und der Geschäftsführung. Es war überhaupt schwierig, zu einer sogenannten gesetzlichen Arbeitnehmervertretung zu kommen. In Stuttgart gelang es mir nicht, Mitarbeiter zu überreden, sich in einen Betriebsrat wählen zu lassen. Ein nach dem Gesetz vorgeschriebener Antrag mit 20 Unterschriften kam auch nicht zustande. In Ottobrunn nun konnte ich den Leiter unserer Flugkörperelektronik, Joachim Hermann, gewinnen, eine Liste mit ihm als Spitzenkandidat aufzustellen. Ich habe heute noch die Wählerliste von den 319 Wahlberechtigten. Anfang der Jahre 1959 hatten wir nun also einen Betriebsrat, der sich langsam organisierte. Eine Schwierigkeit war, daß sich damals keiner für die Betriebsrats-Arbeit freistellen lassen wollte. Alle zwei Jahre wurde der Betriebsrat nun größer, mit jeder neuen Wahl. Lange Zeit waren immer noch leitende Mitarbeiter an der Spitze. Keineswegs Erfüllungsgehilfen, sondern positive Opponenten, die für die Mitarbeiter und auch für das Wohl des Gesamtunternehmens eintraten.

Die Fusionen brachten nun neue Aufsichtsräte und bei der Größe der Firma bis zur Mitbestimmung 1975 zwölf Gesellschaftervertreter und sechs Arbeitnehmer in den Aufsichtsrat. Leiter dieser Gruppe wurde als stärkste Persönlichkeit und Arm der Frankfurter IG-Metall-Zentrale

Alois Schwarz. Er war der lokale Betriebsratsvorsitzende des F-104-Tornado-Montage- und -Wartungswerkes Manching. Er war aber schon vorher bei der Messerschmitt AG Gesamtbetriebsratsvorsitzender gewesen.

Mit Schwarz als gewähltem Vorsitzenden gewann der Betriebsrat schon in der Zeit vor dem neuen Betriebsverfassungsgesetz langsam, aber sicher an Macht, innerbetrieblich und im Aufsichtsrat ebenso wie nach außen.

»Bölkows gut verwurzeltes Pflänzchen« – Abschied von der Firma

Wie schon erwähnt, lief bis 1973 die Zusammenarbeit im oberen Führungskreis der Firma gut. Noch im Februar dieses Jahres übernahm Hermann Th. Brandi, technisches Vorstandsmitglied von Thyssen, nach dem Rücktritt von Willy Messerschmitt den Aufsichtsratsvorsitz. Brandi ging sehr sorgsam zu Werke. Er hörte sich intensiv alle Seiten und Ebenen an, den Aufsichtsrat, die Gesellschafter und meine Kollegenschaft, und machte sich so Schritt für Schritt ein Bild von unserer Organisationsart, die er dann schließlich für gut befand. Gleichzeitig bildete er sich ein Urteil über die Besetzung unseres Vorstandes, mit der er nicht so ganz einverstanden war. Mit Recht beanstandete er die kaufmännische Seite, vor allem auf dem Vertriebsgebiet. Er machte mir und dem Aufsichtsrat Vorschläge, die bei einigen Herren des Vorstands nicht so recht Anklang fanden. Ich hingegen fand sie sehr gut.
Aber das Schicksal wollte es anders. Hermann Th. Brandi starb Mitte des Jahres in München bei einer wissenschaftlichen Tagung an den Folgen eines Schlaganfalls. Für mich war er ein väterlicher Berater, der sicherlich ein Freund geworden wäre. Die Reform, die er angeregt hatte, unterblieb.
Es dauerte einige Zeit, bis mich eines Tages im Oktober der Vorstandsvorsitzende von Siemens, Bernhard Plettner, in einem Gespräch fragte, ob ich mir denken könnte, daß der Vorstandsvorsitzende der MAN, Karl Schott, der Ende 1973 dort ausscheiden wolle, ein geeigneter Aufsichtsrat sei. Ich stimmte ihm zu, wies aber darauf hin, daß ich mit Karl Schott aus unserer gemeinsamen Studienzeit sehr gut bekannt sei. Dies war für Plettner jedoch kein Hindernis. Siemens schlug Schott vor, und nach vier Monaten hatten wir Ende Oktober 1973 wieder einen Vorsitzenden im Aufsichtsrat.
Die gemeinsame Arbeit lief gut an, die Reformvorschläge wollte Schott grundsätzlich prüfen. Brandi hatte keine Notizen über seine Gespräche

hinterlassen, nur seine Vorschläge. In Schotts Bemühungen, etwas Ähnliches zu realisieren, platzte jedoch eine für das deutsche Spitzenmanagement typische Bombe. Im Ringen um den Vorsitz bei der VEBA zwischen von Bennigsen-Foerder und dem Kandidaten von Thyssen, Krakow, der bei Krupp mit Krach ausgeschieden war, blieb letzterer übrig. Eines Tages wurde daraufhin unser Aufsichtsrats-Vorsitzender, Karl Schott, nach Erlangen gebeten, und Bernhard Plettner eröffnete ihm, daß es sein und der Firma Thyssen Wunsch sei, daß Krakow möglichst schnell als gleichberechtigtes Vorstandsmitglied in die Geschäftsführung bei MBB eintrete.

Wir in der Branche wußten nur wenig von Krakow als Person, aber wir kannten seine Art der Tätigkeit bei der Werft, die er kurz vor der Tankerkrise auf Tankerbau umstellte, und seine kurze Zeit im Vorsitz von Krupp, die nicht gerade von großem Harmonieverständnis seiner Persönlichkeit sprach.

Im Hotel »Vier Jahreszeiten« führten wir ein längeres Gespräch miteinander. Er hörte sich meine Darstellung des Unternehmens, seiner Organisation und seiner Probleme auf der Seite der kaufmännischen Vertriebsseite an. Zu meiner Überraschung sagte er praktisch nichts dazu, stellte auch keine Fragen. Er hatte wohl bereits eine feste Zusage in der Tasche. Notizen, die zufällig bei Schott landeten, enthielten Hinweise auf Gespräche Krakows mit Hans-Heinrich von Srbik und dem Siemens-Vertreter im Aufsichtsrat. Wären die Vorstellungen dieser Herren realisiert worden, hätte man mich zum technischen Assistenten meines gleichgewichtigen Partners Krakow gemacht.

Dies ließ ich mit mir nicht machen. Immerhin hatte ich eine Firma aufgebaut, die wirtschaftlich und technisch einige Bedeutung in der Welt hatte. Karl Schott spielte bei dem Plan ebenfalls nicht mit. Dieser Stil der »Upper Ten« paßte auch ihm nicht. Daraufhin enthoben die beleidigten Großfürsten Schott seiner Thyssen-Vertretung im Aufsichtsrat. Er trat zurück.

Krakow konnte nur dadurch verhindert werden, daß ich mit meinem Weggang drohte. Die Aérospatiale war seit 1973 Gesellschafter und einer der wesentlichsten Geschäftspartner. Wir haben zusammen Milliardenumsätze gemacht. Henri Ziegler, der Präsident und Generaldirektor, und Charles Cristofini, sein Nachfolger, waren die entscheidenden Leute. Die beiden sahen mich als Garanten für eine weitere gute Zusammenarbeit an und wandten sich deshalb auch gegen Krakow. Sie wünschten, daß ich in einer »sicheren und arbeitsfähigen Position« bliebe und unterstützten mich deshalb auch in dieser Sache.

Ob aus unserem eigenen Zirkel hier mitgemischt wurde, konnte ich nie herausfinden, hatte auch für eine Suche keine Zeit, denn 1974 war ein heißes Jahr. Der Airbus flog, hatte aber kaum Aufträge, Tornado stand vor seinem Erstflug, zudem hatte ich in dieser Phase im EWR den Vorsitz im Board of Directors.

Wieder einmal hatten wir fast vier Monate keinen Aufsichtsratsvorsitzenden. Die Aufsichtsratsmitglieder Alois Schwarz und von Srbik versuchten zu regieren. Wir hatten dringend eine Personalentscheidung im Vorstand nötig.

Inzwischen war Hans Peter – unter anderem auch auf Betreiben von Hort und mir – mit der Leitung des Aufsichtsrates beauftragt worden. Er hatte bereits aus seiner früheren Tätigkeit Erfahrung mit uns und kannte uns alle. Eine stürmische Aufsichtsrats- und Gesellschaftersitzung brachte die Entscheidung in einer harten Auseinandersetzung. Gleichzeitig ging es dabei um die Entlassung von Werner Blohm, deren Hintergründe ich an anderer Stelle geschildert habe.

Eines Abends im Januar saß ich mit einigen Mitarbeitern in einem Elbeufer-Restaurant beim Essen. Plötzlich ein Telefonanruf aus München: »Herr Dr. Peter ist einem Infarkt erlegen.«

Wir waren wie erschlagen. Kaum lief es einmal harmonisch in der Führung, drohte schon wieder Unruhe. Erneut übernahmen Schwarz und von Srbik als seine Stellvertreter seine Aufgabe.

Das Wesentlichste für die nächste Zeit war nun, einen Nachfolger für Hans Peter zu finden. Es bestand rundum wenig Neigung, seinen Stuhl zu übernehmen, auch aus dem Kreis der Gesellschafter kamen keine Vorschläge. Sepp Hort und ich hatten dann die Idee, Karl-Heinz Sonne, den bei Klöckner-Humboldt-Deutz ausscheidenden Vorstandsvorsitzenden, zu fragen. Er war aus seiner BMW-Zeit bei uns in München gut bekannt. Wir fuhren also nach Köln und machten ihm in einem langen und positiv gestimmten Gespräch unseren Vorschlag. Er sicherte uns zu, daß er die Aufgabe, falls der Kreis der Gesellschafter ihm diese anböte, annehme.

Bis zu seiner Bestellung lief alles sehr freundschaftlich und gut. Mit seinem, also Sonnes, Erscheinen in Ottobrunn änderte sich das Bild. Er glaubte, so schien es uns, er sei vom Aufsichtsrat zum Vorsitzenden der Geschäftsführung bestimmt worden. Im Kommandoton berief er Sitzungen ein, griff in größerem Kreis vor allem Hort und mich an, uns, die wir ihn praktisch geholt hatten! Außerdem stellte er unerfüllbare private finanzielle und sonstige Forderungen.

Ein ungutes Verhältnis bahnte sich an. Ich ließ ihn durch einen gemeinsamen Bekannten vorsichtig nach den Gründen fragen. Er erzählte diesem, daß er bei »Dienstantritt« eine Runde bei den Gesellschaftern gemacht habe. Von Bernhard Plettner, Siemens, erhielt er angeblich den Hinweis: »Wie Sie mit dem Bölkow fertig werden, das ist Ihre Sache.« Es ging nicht gut. Ich wehrte mich. Sonne gewann auch keinen Freund in der Geschäftsführung. Nach seiner Übersiedlung an den Tegernsee, bei der wir »kollegial« geholfen hatten, kam dann schließlich die Trennung Mitte des Jahres 1976. Für mich war der Fall »Sonne« eine bittere Lehre. Viele hervorragende Industriemanager kamen hinterher mit dem Spruch: »Das haben wir, die ihn kennen, vorausgesehen, seien Sie froh.« Ich fragte mich, wann ich endlich auf diesem Sektor einmal dazulernen würde. Ich nahm mir damals vor, bei einem Urteil über einen Menschen mehr auf andere zu hören bzw. mehr zu fragen.

In Sonnes Zeit fallen auch zwei Vorkommnisse, die mein Verhältnis zum Betriebsratsvorsitzenden Alois Schwarz lange Zeit sehr belasteten. Ich muß vorweg betonen, daß ich ihm und seinem Eifer gegenüber anfänglich, im Grunde eigentlich immer, eine gewisse Zuneigung empfand. Nach der Fusion förderte ich ihn auch auf materiellem Gebiet – so erhielt er Auto und Fahrer, kleine finanzielle Unterstützungen bei seiner Landtagskandidatur und ähnliches.

Es ging um Gehaltsaufbesserungen außerhalb des üblichen Turnus, um Sonderzahlungen unsererseits und eine von ihm über den stellvertretenden Aufsichtsratvorsitzenden von Sribk veranlaßte Überprüfung eines von mir geführten Sonderkontos für Unterstützungen in Not- und Sonderfällen. Statt gemeinsamer Erklärungen folgten Eidesstattliche Versicherungen, gerichtliche Auseinandersetzungen bis 1982. Schade um die Zeit, vor allem schade für den Ruf des Unternehmens. Wollten wir beide nicht im Grunde das gleiche? Ich habe es ihm immer unterstellt.

In dieser Zeit – ab 1975 – mehrten sich von Bonn bis München Überlegungen über meinen Nachfolger als Vorsitzender des Unternehmens.

Zusammen mit Horstkotte, dem Verantwortlichen für Personal – insbesondere für die Führungsebene – hatte ich seit Jahren Beurteilungslisten angelegt, die wir in variablen Zeitabständen immer wieder überprüften mit der Frage, ob sich die bisherigen Beurteilungen weiter bewahrheiteten oder Änderungen einzutragen seien.

Anfang 1975 hatte Ernst-Georg Pantel eine gewisse Führung nach Punkten. Mein Grund damals, ihn nach Hamburg zu schicken, waren unsere dortigen wirtschaftlich wie führungsmäßig schwierigen Probleme. Trotz guten Zuredens konzentrierte er sich jedoch wie schon gesagt nicht auf Hamburg, die dortigen Mitarbeiter und die organisatorischen Probleme, die dort zu lösen waren, sondern glaubte, in Bonn auf der politischen Ebene vor allem durch seine Beziehungen zur F.D.P. mitmischen zu müssen. Dieser Theaterplatz war aber Sache der Deutschen Airbus GmbH, vertreten durch Rolf Siebert und Johann Schäffler, sowie der Firmenspitze Ottobrunn, die in dieser Sache durch Sepp Hort vertreten wurde.

In die Nachfolge-Diskussion kam nun die Anregung von der Hardthöhe, ich solle doch noch ein bis zwei Jahre länger machen. Die Gespräche gingen hin und her.

Bei so vielen unterschiedlichen Gesellschafterinteressen spielte der Aufsichtsrat eine wesentlich wichtigere Rolle als normalerweise in einer Firma. Die einzelnen Gesellschafter haben immer wieder versucht, über den Aufsichtsrat etwas durchzusetzen, was zu ihrem Vorteil war.

»Wirtschaft intern« schrieb damals: »Die Leute, die Ludwig Bölkow an die Kette legen wollten, sind beim Hauptauftraggeber, also Bonn (dem Bund), wo sie vielleicht mit einem gewissen Verständnis rechneten, auf Granit gestoßen. Der Wert der Anlagen und Aktivitäten in Ottobrunn liegt für Bonn nicht in einer gewinnorientierten Buchhaltung von MBB, sondern in dem Impetus, den Ludwig Bölkow seit Jahren für die neuen Technologien zu setzen wußte und an dem man in Bonn Interesse hat. Nachdem schon Dornier eine vorwiegend unter Ertragsgesichtspunkten orientierte Geschäftspolitik betreibt und auch dementsprechend Knowhow vorwiegend verwertet, wünscht man sich von MBB eine Regie, die letztlich die Bürokraten in Bonn entscheiden läßt, welches Stück heute und morgen gespielt werden soll. Ohne Bölkow ist MBB für den Auftraggeber nur noch halb so interessant. Bleibt die Sorge: Wer übernimmt die Geschäftsanteile all jener Leute, die eine andere Vorstellung haben?«

Die Fronten wurden mit der Zeit immer härter. Bernhard Plettner von Siemens riet mir, nicht für eine Verlängerung zu kämpfen, denn »es gibt keine biologischen Wunder« (was allerdings auf ihn dann nicht zuzutreffen schien bei seiner Verlängerung). Der Aufsichtsratsvorsitzende Ludwig Huber schloß sehr bald zur Linie Hort, von Srbik, Siemens und dem Betriebsratsvorsitzenden Alois Schwarz auf, die dann auch den Gesellschafter Freistaat Bayern auf ihre Seite zogen. Bonn hatte zwar eine Meinung für mich, wollte sich aber nicht in einem Papier äußern.

Aus Anlaß meines 65sten Geburtstags setzte man sich dann im Aufsichtsrat abends zusammen und beschloß, meinen Vertrag, wie 1964 vereinbart, am 31. Dezember 1977 auslaufen zu lassen.

Man bot mir einen Aufsichtsratsehrenvorsitz an, was ich in Erinnerung an die unglückliche Rolle Willy Messerschmitts in den vergangenen Jahren ablehnte, und dafür den mir vorgeschlagenen Beratervertrag annahm.

Nachfolger? Man stellte mir die Frage, wen ich vorschlagen würde. Aufgrund unserer Liste, das heißt der von Horstkotte und mir, nannte ich Helmut Langfelder. Er war bis dahin reiner Flugzeugbauer. Ich kannte und schätze ihn aus der Zusammenarbeit im Board der Panavia bei der Entwicklung des MRCA-Tornados im EWR, zusammen mit den Engländern und Italienern.

Er war außerordentlich intelligent, sprach vier Sprachen fließend. Seine Eltern waren ausgewandert, Jugend und Studium verbrachte er in Australien. Er war schon längere Zeit im Büro bei Willy Messerschmitt in Sevilla und in München, sein engeres Fachgebiet waren Aerodynamik und Flugmechanik.

Der Vorschlag wurde akzeptiert. Langfelder trat offiziell mit dem 1. Juli 1977 in die Geschäftsführung ein und wurde zu deren Vorsitzenden ab 1. Januar 1978 bestellt.

Meinen als selbstverständlich gemeinten Vorschlag, ein Arbeitszimmer in meiner Nähe zu beziehen und an der Arbeit der Geschäftsführung teilzunehmen, um sich auf diese Weise einzuarbeiten, beachtete Langfelder eigenartigerweise nicht. Es entstand sehr schnell, wie ich bemerkte, eine Achse zwischen dem Aufsichtsratsvorsitzenden Ludwig Huber, von Srbik, Hort und Langfelder, die sich vor allem in Personalfragen abstimmten. Man wollte die Ära Bölkow so schnell wie möglich

beenden und verpaßte in diesem Eifer unter anderem eine fabelhafte Gelegenheit:
Seit fast drei Jahren verhandelten wir, vor allem auf Wunsch von Bonn, unter Moderation von Alfred Herrhausen in Richtung einer Fusion mit den Vereinigten Flugtechnischen Werken (VFW) in Bremen. Die 1977 übereilt geschlossene Verbindung zwischen VFW und Fokker wurde – meiner Ansicht nach mit erheblichen finanziellen Opfern – von Bonn gelöst. Die seinerzeit zur Fusion führende positive Darstellung der wirtschaftlichen Zukunft von VFW war nicht eingetreten. Die Firma lebte Ende 1977 mit hohen, vom Bund verbürgten Krediten und war in der letzten Woche des Jahres, wie man mir sagte, praktisch pleite. Sie wurde uns in dieser Woche mit einer Entschuldung von einigen hundert Millionen Mark durch den Bund praktisch zur Übernahme angeboten. Andererseits hatten wir rund eine Milliarde Mark auf der Bank. Wir hätten in diesem Fall aber gar nichts davon gebraucht.
Mein Versuch, Gesellschafter und Aufsichtsrat zu mobilisieren, erstickte schon im Ansatz. Man schien fast anzunehmen, daß ich einen Coup plante. Ein Vertrauensverhältnis zwischen mir und den damaligen Institutionen des Unternehmens existierte seit dem Sommer nicht mehr. Dies war mein »vorletzter Jammer«!
Der letzte kam beim Abschied in der Kantine im Werk Ottobrunn. Er fiel mir schwer. Die Worte meines bestellten Nachfolgers waren für mich und meine Mitarbeiter, die wir alles aufgebaut hatten, nicht gerade berauschend:

»Herr Dr. Bölkow, meine Damen und Herren,
gestatten Sie auch mir an dieser Stelle einige ganz wenige Worte. Dieses gemeinsame letzte Treffen des Jahres ist, das wissen wir alle, diesmal anders als je zuvor. Das vergangene Jahr hat es an bedeutenden Geschehnissen, Entscheidungen, Überraschungen nicht fehlen lassen. Wir haben eben gehört, daß Herr Dr. Bölkow aus der Geschäftsführung ausscheidet und der Aufsichtsrat mich zum Vorsitzer der Geschäftsführung bestellt hat. Über die großen Verdienste, die Herr Dr. Bölkow sich um unsere Firma, ja die gesamte deutsche Luft- und Raumfahrt erworben hat, muß ich in diesem Kreis wohl nicht sprechen. Wir alle, wie wir dastehen, legen Zeugnis ab von seinem Wirken. Ich meine, er ist einer der wenigen, der von sich mit Recht sagen kann, wie der Dichter Horaz, ich

habe ein Denkmal errichtet, dauerhafter als Erz. Die neue Geschäftsführung hofft, daß Herr Bölkow sich bereitfinden kann, im Rahmen eines Beratervertrages seine Verbundenheit mit unseren Aufgaben weiter zu gestalten.
Wenn er auch der Geschäftsführung nicht die Verantwortung für das Geschehen abnehmen kann, ist weiser Rat willkommene Stütze. Zum Abschluß eines Jahres, um so mehr am Ende einer Ära, richtet man den Blick zurück. Wir tun es in Dankbarkeit und mit Genugtuung, denn viel ist erreicht, viel ist geschaffen worden. Wir werden das von und durch Herrn Bölkow gut verwurzelte Pflänzchen weiter hegen. Ich meine aber, unseren Dank an ihn können wir am besten abstatten, wenn wir den Blick nach vorne richten und aus der Pflanze einen großen, stattlichen Baum wachsen lassen. Ich möchte Ihnen allen frohe und geruhsame Festtage wünschen.«[90]

Ein nettes kleines »Pflänzchen«? Ich hinterließ einen Betrieb mit vollbeschäftigten 24 000 Mitarbeitern, der Airbus war noch weit vom Gewinn entfernt, er kostete uns in Ottobrunn bis zum Jahr 1977 an die zwei Milliarden Mark für Entwicklung und Serienanlauf, wozu dann noch die Kosten für die Sanierung von Hamburg und dem Nebenwerk Stade kamen. Der Gewinn von 1977 wurde allein verdient durch die Bölkow-Messerschmitt-Einbringungen. Er machte in diesem Jahr eine hohe Summe aus und zeigte 1978 und in den folgenden Jahren einen nachhaltigen Anstieg.
Allein schon die Andeutung des Versuchs, für meine Beratungsarbeit Büroräume in Ottobrunn zu erhalten, stieß, noch bevor er von mir ausgesprochen war, auf lautesten Widerstand der Einheitsfront von Srbik, Langfelder, Hort und Schwarz. Ich zog in eine Dependance jenseits der Autobahn. Dort arbeitete eine größere Operation-Research-Abteilung unter Dieter Strese. Meine bisherige Chefsekretärin Erika Bücherl, die nach meiner Scheidung Ende Januar 1978 meine Frau wurde, begleitete mich mit zwei Kolleginnen, und wir lösten unser Büro in Ottobrunn auf. Ein Aktenwolf, den ich in Ottobrunn im zweiten Kellergeschoß hatte und der auch dicke Bücher ohne zu zaudern knackte, war einige Tage beschäftigt. Wir hinterließen unserer Auffassung nach keinerlei Unterlagen, aus denen man anderen Leuten etwas anhängen hätte können. Ich staunte aber doch, wieviel sich im Lauf von 15 Jahren angesammelt

hatte, mit dem man hätte nachtarocken können. Aber was soll es? So etwas kostet nur Kraft, mit der man besser für die Zukunft etwas Sinnvolles anfangen sollte.

Den Kontakt zu den laufenden Problemen der Technik und der Wirtschaft im alten Unternehmen löste ich schrittweise. Manches aber behält man trotzdem im Gedächtnis: Wir hatten bei unseren Diversifizierungsbemühungen ein elektronisches Betriebsdaten-Erfassungssystem entwickelt, »Bessy«. Es lief schon sehr gut bei Daimler in Untertürkheim, im Ruhrgebiet, in der Zentrale bei Bosch, in Berlin bei der Deutschen Angestelltenversicherung und auch bei uns selbst. Zu meiner Freude erhielten wir Ende 1977 gegen die Konkurrenz aus München und Paderborn einen für unsere Verhältnisse auf diesem Gebiet sehr, sehr großen Auftrag. Es wäre mit Sicherheit der wirtschaftliche Durchbruch für das System geworden. Eines Tages Anfang des Jahres hörte ich jedoch, daß wir unser Angebot zurückgezogen hätten. Verstört fragte ich herum. Der Vorstandsvorsitzende der Konkurrenz, eine Gesellschafterfirma, hatte meinen Nachfolger angerufen und ihn gebeten, das Angebot zurückzunehmen. Diese Art von Produktion sei doch nicht unser Kerngebiet. Und der liebe Herr Langfelder, neu im Umgang mit großen Herren, befolgte den Rat »sofort«. Hätte er mir das halbe Jahr vorher bei der Geschäftsführung ein wenig über die Schulter geschaut, hätte er vielleicht ein Gespür für solche Entscheidungen mitbekommen. Die Ersatzteillieferungen und interne Weiterentwicklungen bei der Entwicklung der Anlagen haben »Bessy« noch am Leben erhalten. Was jetzt, angesichts der »Strukturbereinigung« 1993/94 daraus wird, weiß ich nicht.

Langfelder sollte dann durch ein tragisches Unglück ums Leben kommen. Bei einer Erkundungsreise zur französischen Hubschrauberdivision in Marignan bei Marseille stürzte der sogenannte Billighubschauber, der »Ecureuil« – »Eichhörnchen«, ab. Zu meiner Zeit haben wir uns immer geweigert, den französischen Weg zur Kostensenkung durch Verwendung von Kraftfahrzeugteilen in Hubschraubern mitzumachen. Langfelder mußte sterben, weil in diesem Hubschrauber eine Öldruckleitung platzte. Beim Notlandeanflug geriet er in eine Telefonleitung. Der Pilot und der neben ihm sitzende Langfelder sowie der in der Spitze von Aérospaciale mitarbeitender General a. D. Toulouse, der sich um unsere deutsch-französische Zusammenarbeit seit Jahren verdient gemacht hatte, starben an ihren Verletzungen. Mein »Frankreich-Vertrau-

ter«, Gustav Adolf Bittner, erlitt schwerste Wirbelsäulenverletzungen, die ihn für alle Zeit an den Rollstuhl fesselten.[91]
Langfelders Tod war ohne Frage ein großer Verlust. Bei seiner außergewöhnlichen Intelligenz und mit seinen Fähigkeiten nach einer Einarbeitungszeit wäre er mit Sicherheit ein guter Unternehmensleiter geworden.
Wie ungern technischer Rat angenommen wurde, spürte ich spätestens im Sommer, als ich versuchte, der ferngelenkten Panzerabwehr mit ein paar neuartigen Ideen auf dem Gebiet des TV-Auges etwas Schwung zu verleihen. Recht hätte ich ja, aber in dieses Gebiet wolle man nicht einsteigen, das sei die Sache der Fachfirmen. Man wurde also vorsichtiger und suchte Freunde für gemeinsame Angebote zu gewinnen, ohne diese technisch anzutreiben. Heute fliegt ein solches Gerät, aber es ist meiner Ansicht nach viel zu teuer. Ich wollte eine sich selbst steuernde »HOT« und nicht High-Tech durch additive Technik.
Diese negative Erfahrung blieb mir für die Zukunft eine Richtlinie. Ich hielt mich mit Systemvorschlägen zurück.
Als ich die Firma verließ, lebte sie weiterhin einige Jahre von dem Schwung, der noch da war. Aber das lief allmählich aus. Mitte der achtziger Jahre war der Elan verbraucht. Da hätte der Nächste kommen müssen, der der Firma neue Impulse gibt. Aber es kam niemand. Es ging dann immer nur um Geld. Man begann zu diversifizieren, immer neue Firmen hinzuzukaufen und andere abzustoßen. Man kaufte quasi Umsatz. So ging es mit MBB zahlenmäßig zwar bergauf, der Umsatz nahm zu, aber trotzdem ging es mit der Firma bergab. Der technische Schwung war verloren, es gab keine Innovationen mehr.
Für die Luftfahrtindustrie war ich noch eine Zeitlang indirekt tätig: Zunächst im Bundesverband der Deutschen Luft- und Raumfahrt (BDLI). Einige Jahre war ich dort noch Präsident, bis ich das Amt an Pantel weitergeben konnte. Es machte mir zuletzt keinen Spaß mehr, da man nicht mehr im täglichen Geschäft stand, sondern mit der Zeit als Präsident nur noch Verwalter war.
In Brüssel arbeitete ich zwei Jahre in der NATO mit an der Realisierung von Tiefflieger-Abwehr und Schiffsbekämpfung, unserem alten Kormoran-Prinzip. Dabei war es sehr interessant, die laufenden Bemühungen um eine technisch-wirtschaftliche Dominanz unserer US-Freunde zu beobachten.

Die deutsche Regierung entsandte mich schließlich noch drei Jahre lang in eine »Space Imaginating Group«, die Vorschläge für die kommenden gemeinsamen ESA-NASA-Arbeiten finden sollte. Die ganze Zukunft der Raumfahrt wurde damals vom »Shuttle«-Prinzip der NASA beherrscht. Es lagen überwältigende Pläne für die geplanten Flüge des Raumtransporters vor. Meine mehrfachen Vorschläge für billigere Transporthilfen wie einstufige, wiederverwendbare Transportraketen führten gerade bis zur Aufnahme dieser schon mehr als zehn Jahre alten Idee bei MBB von Dieter Koelle, aber sie erzielten keine Resonanz in unseren Diskussionsberichten. Die von mir erwähnten Kosteneinsparungen fanden sich im Gedruckten nicht wieder. Man war im Grunde zu sehr auf das Shuttle-Prinzip festgelegt. Die Europäer waren für eigene Wege, außer der in den USA nicht beliebten Ariane, nicht zu begeistern. Hier war immer wieder eine Raumstation wie die MIR der Russen im Gespräch.

Anfang der achtziger Jahre stellte ich meine Mitarbeit in diesen Gremien ein. Man hat mangels eigenen direkten Kontaktes zum Geschehen mit der Zeit nicht mehr die Durchschlagskraft, sich neben den Sitzungen um die Dinge zu kümmern und Entscheidungen vorzubereiten.

Technische Innovationen u. Geist von Ottobrunn

Eine kurze Absprache am Stehpult des Autors. Links: Sepp Hort, rechts: Eduard Roth

Mittagessen im neu eröffneten Betriebskasino (September 1968)

Das millionenfach in deutschen Kraftfahrzeugen eingebaute Sicherheitssystem »Airbag« wurde Anfang 1971 – als Abfallprodukt einer militärischen Entwicklung – bei MBB in Ottobrunn-Süd »erfunden«. Der Autor überprüft zusammen mit Günter Kuhlo einen im Versuch ausgelösten Airbag (links)

Der BMW-Vorstand mit Eberhard von Kuenheim interessiert sich für den »Schwimmenden Jeep« mit Kunststoff-Aufbau. Neben dem Besucher: Peter Bittner und Götz Heidelberg (Bild unten Mitte)

Das Prinzipfahrzeug der Magnetschwebebahn begann im April 1971 mit den Fahrversuchen auf einer 660 m langen Versuchsstrecke parallel zum Haidgraben (Bild unten)

Die Leiterin des Hybrid-Simulations-Zentrums, Eveline Gottzein – u. a. verantwortlich für das Regelsystem der Magnetschwebefahrzeuge – erklärt Ministerpräsident Alfons Goppel Einzelheiten der Simulation. Links Sepp Hort ▷

Anfang der 70er Jahre begann in Ottobrunn die Entwicklung von Lasergeräten für die Medizintechnik, die dann von der MBB-Tochterfirma hergestellt und vertrieben wurden (Bild unten links)

Im Windpark Wilhelmshaven laufen drei MBB-Einblatt-Rotoranlagen mit 56 m Rotordurchmesser; sie liefern seit 1988 Strom ins Netz

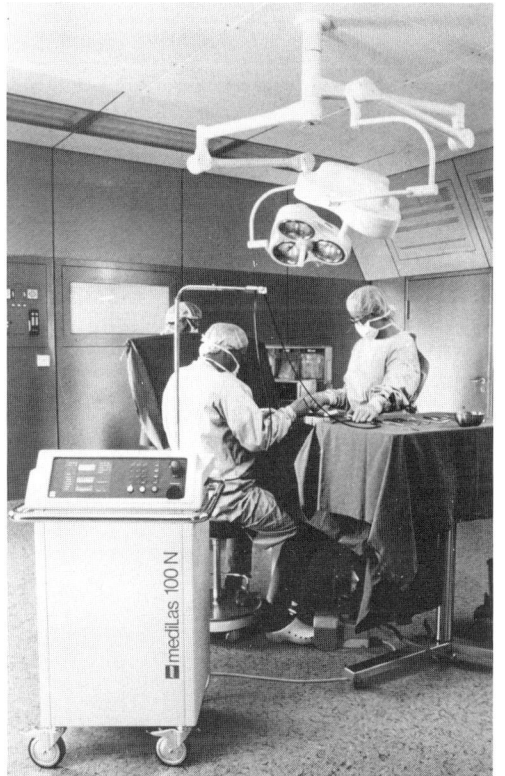

Sonnenkraft-Versuchsanlage in Sizilien mit 1000 Kilowatt-Nennleistung nach dem Turm-Konzept

Solar-Wasserstoff-Versuchs- und Demonstrations-Anlage in der Oberpfalz bei Neunburg vorm Walde, deren erste Ausbaustufe 1990 in Betrieb genommen wurde

»Wir können es packen!« – Überlegungen für die Zukunft

Im Laufe des Sommers 1979 begann ich mich in Gedanken ganz langsam von Ottobrunn zu lösen. Mehr und mehr reizte mich die Frage, was das Wissen und das Können, das sich bei uns Ingenieuren täglich mehrt, für die Zukunft unserer Welt leisten können. Meine Erlebnisse auf den Reisen in Indien, Pakistan, Iran, China, Japan, Brasilien und den USA, vor allem aber auf den Philippinen und in Indonesien, hatten mich tief beeindruckt angesichts der Armut, des zivilisatorischen Rückstandes, der Menschenflut und des Einbruchs westlicher Umwelt- und Lebenseinflüsse, die auf das ursprüngliche Leben dort zumeist außerordentlich zerstörerisch wirken.

In all diesen Ländern hatte ich mir immer viel Zeit genommen, um mehr Erkenntnisse zu sammeln, als es bei einer reinen Geschäftsreise möglich war. Immer wieder kamen mir dabei unsere Arbeitstechniken des »Operations-Research« in den Sinn und der Wunsch, die Probleme, die ich sah, mit diesen Methoden zu analysieren.

Wir hatten in den Jahren zuvor hin und wieder Kontakt zur Systemanalyse-Gruppe des Massachusetts Institute of Technology (MIT) um Professor Jay W. Forrester in Boston gehabt. Die Anfang der 70er Jahre erschienenen ersten Schriften des Club of Rome, »Die Grenzen des Wachstums«, waren im wesentlichen geprägt von dem Forrester-Schüler Dennis Meadows und seiner Frau. Professor Wolf Häfele leitete im von ihm mitgegründeten Institut für Systemstudien der IAEO in Laxenburg bei Wien die große Energiestudie »Energy in a finite world«, die Robert Gerwin 1981 in Deutsch in einer hervorragenden Darstellung herausgab. Diese Veröffentlichungen sorgten für große Unruhe unter denen, die sich fragten, wie sich die Welt entwickeln könnte oder würde.

Die Methoden der Systemanalysen mit moderner Mathematik waren uns bekannt, denn wir hatten in Ottobrunn seit 1958 bei Langfristuntersuchungen in der Wehr- und Verkehrstechnik damit gearbeitet.

Ich richtete mir also in der Nähe des Ottobrunner Betriebes in nützlicher Entfernung ein Büro mit einem Sekretariat als Basis für meine »Beratertätigkeit« ein. In dem Gebäude arbeiteten glücklicherweise, wie schon erwähnt – ausgelagert aus dem Hauptwerk – zwei sehr intelligente Gruppen aus der OR-Abteilung, die noch einige Jahre mit Systemaufgaben für die Verteidigung zu tun hatten. Eine gute Umgebung.

Meine beratende Tätigkeit für MBB und später die DASA bot mir großzügige Möglichkeiten, neben meinen direkten Arbeiten für das Unternehmen und meinen nationalen und internationalen Verpflichtungen mein Wissen um die Zukunftsprobleme unserer Erde langsam und stetig aufzubauen.

Eine meiner ersten Erkenntnisse bei Gesprächen über die vor uns liegenden Zeiten war die Tatsache, daß viele leitende Beamte, Politiker und in der Wirtschaft Tätige von den Problemen der Energieversorgung und deren Umweltverpflichtung zwar sehr viel gelesen und gehört hatten, es ihnen aber andererseits nicht bewußt war, daß wir schnell beginnen müssen, etwas zu ändern. Dies aber ist die Grundbedingung, wenn die Energieversorgung der Welt in 50 bis 100 Jahren noch ausreichend und umweltverträglich sichergestellt werden soll.

Bei rückblickender Betrachtung stieß ich auf überraschende Zeithorizonte, die große technische Veränderungen der Infrastruktur in der Vergangenheit benötigten. Älteste Beispiele findet man bei der Umwandlung der Agrargesellschaft zur Industriegesellschaft in verschiedenen Regionen, beginnend im 18. Jahrhundert in England bis hin zum Gebiet Deutschlands in der heutigen Zeit. Man kann die verschiedensten »zivilisatorischen Bereiche« betrachten: Der Übergang vom Holz über Kohle, Öl und Gas bis zur Kernenergie, der Aufbau eines Eisenbahnnetzes, die Zunahme des Individualverkehrs, die Errichtung von Bibliotheken oder Kommunikationssystemen. Diese Veränderungen liefen immer sehr langsam an, in einem Zeitraum von 30 bis 50 Jahren, darauf folgte ein starker Anstieg und dann eine weitere lineare Zunahme. Eigenartigerweise verlaufen diese Entwicklungen für die verschiedensten Gebiete unserer Zivilisation nach dem gleichen Zeitschema ab. Sie folgen einer mathematischen Kurve, einer sogenannten logarithmischen Funktion.

Viel ist untersucht und gerätselt worden über die Hintergründe dieser

Regelmäßigkeit. Im Grunde scheint sie ein inneres soziales Gesetz unserer menschlichen Gesellschaft wiederzugeben. Vielleicht drückt sie das Wesen einer großen Menschenmasse, ihre Trägheit, ihren Unwillen gegen Änderungen des erreichten bequemen Zustandes aus? Warum soll man sich Lasten auferlegen, die man in die Zukunft verschieben könnte? Die Kinder sollen auch etwas tun!

Leider ist unsere Welt so kurzlebig, daß es sehr schwer ist, einen langfristigen Gedanken durchzusetzen. Politiker sind nur für vier Jahre gewählt, das bestimmt den Rhythmus ihrer Entscheidungen. Ähnlich ist es in den großen Betrieben, wo die Vorstände alle fünf Jahre neu bestellt werden. Trotzdem muß es eine Möglichkeit geben, heute schon die Dinge anzufassen, die in 50 Jahren wichtig sind. Das ist eben deshalb wichtig, weil die Realisierung mancher Maßnahmen 50 Jahre dauert. Dies gilt für die Umstellung der Energieversorgung genauso wie für den Schutz der Erdatmosphäre, wie für Verkehrsprobleme.

Daß die Folgen unseres Nichtstuns die nach uns Kommenden vielleicht vor unlösbare Aufgaben stellen, zum Beispiel durch die Erwärmung der Erdatmosphäre oder durch den dann eingetretenen Energiemangel, diskutiert man zwar, tröstet sich aber mit Ausflüchten wie »Heute spürt man noch nichts« und »Das Öl wird doch immer billiger« und ähnlichem Unsinn mehr. Vor allem hört man immer wieder die Frage: »Warum sollen wir hier bei uns anfangen, wenn sonst auf der Welt nirgends etwas geschieht.«

Meine Auffassung war lange Zeit, man könnte dieses Denken und Verhalten durch wissenschaftliche und realistische Ingenieurs-Darstellung ändern. Ich glaubte, es sei hilfreich, nicht nur die Situation zu schildern, sondern auch Vorschläge zu machen, was zu tun sei, also langfristige Planungen und Vorschläge.

Mit ein paar früheren Mitarbeitern, die noch bei MBB unter Vertrag waren, fing ich zunächst an, Überlegungen anzustellen, wie man einen solchen Wissenstransfer organisieren könnte. Unser Plan war, eine Gruppe aus Fachleuten verschiedenster Wissensgebiete zusammenzustellen, die langfristige Studien über das notwendige Handeln auf den Gebieten Energie, Agrarwirtschaft, Verkehr anfertigen sollten. Vor allem aber sollte sie konkrete Handlungsvorschläge für die Zukunftsgestaltung ausarbeiten.

Ich machte jedoch die Erfahrung, daß es schwierig ist, Verständnis zu

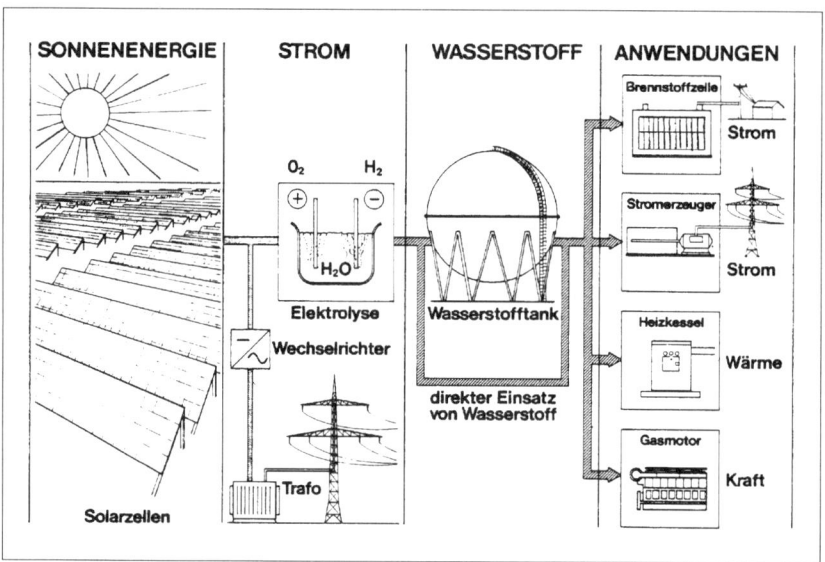

Prinzipschema der Solar-Wasserstoff-Versuchsanlage, die bei Neunburg vorm Walde errichtet wurde. Durch Initiative des Autors kam es 1986 zur Gründung der Solar-Wasserstoff GmbH mit 60 % Beteiligung der Bayernwerke und je 10 % der Firmen MBB, BMW, Linde und Siemens. Wie das Schaubild zeigt, kann bei dieser Demonstrationsanlage der durch Sonnenenergie erzeugte Strom direkt oder über Wasserstoffspeicherung auf verschiedene Weise abgegeben werden.

wecken für die Notwendigkeit solcher Arbeiten, die untersuchen, was heute getan werden muß, um die Zeit in 40 bis 50 Jahren entscheidend mitzugestalten. Noch mehr Mühe macht es auch heute noch, die Zustimmung zu konkreten Entscheidungen zu erreichen, vor allem wenn diese persönliche Einschränkungen oder Opfer verlangen.

Die politische Seite, beginnend mit der Legislative, hat es besonders schwer, sich unter dem Zwang der vierjährigen Wahl-Rhythmen das Wissen größerer Zeiträume zu erarbeiten. Ganz abgesehen davon, daß man der nach Wohltaten dürstenden Wählerschaft klar machen müßte, daß man für die Zeit der Enkelkinder, für deren Existenz und Lebensumwelt, zunächst selbst etwas tun müsse, und zwar heute. Ähnliches ergab sich aus Kontakten mit führenden Personen aus der Wirtschaft und dem Bankenwesen.

Es ging also zunächst einmal darum, das Wissen um die kommenden Probleme der Welt zu erarbeiten und in eine auch Nicht-Fachleuten ver-

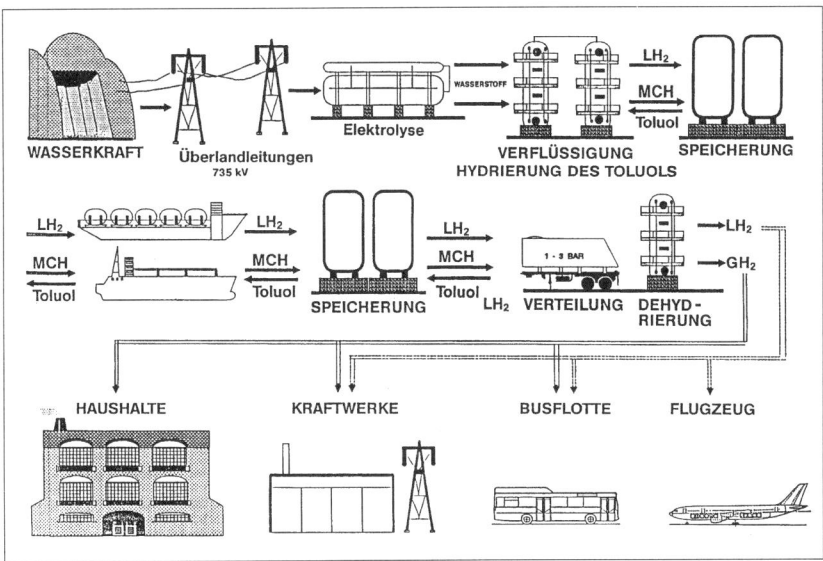

Die Ludwig-Bölkow-Stiftung hat in den vergangenen Jahren die Realisierbarkeit der umweltfreundlichen Erzeugung von elektrischem Strom in Verbindung mit der Wasserstofftechnik untersucht. Schwerpunktmäßig wurden insbesondere Solar-Wasserstoff-Großanlagen in den Wüstenzonen Nordafrikas sowie Stromerzeugung durch Wasserkraft (z. B. in Kanada) verbunden mit dem Wasserstofftransport durch Tankschiffe und Druckleitungen hinsichtlich der Gesamtkosten abgeschätzt und Empfehlungen ausgearbeitet. Die Skizze stellt das Konzept des Euro-Quebec-Hydro-Hydrogen-Pilot-Projektes von 1989/92 dar.

ständliche Form zu bringen. Sodann mußte man klarstellen, daß die Technik in der Lage ist, diese Dinge zwar zu meistern, daß dies aber frühzeitige und teure Investitionen erfordert, die in jeden Lebensbereich eingreifen, in den privaten, in den wirtschaftlichen und in den öffentlichen, also die gesamte Gesellschaft betreffen. Und schließlich muß man der Öffentlichkeit das Überraschendste begreifbar machen, nämlich daß man bereits heute damit anfangen muß, wenn man die angestrebten Verbesserungen in einem erträglichen Rahmen schaffen will.
Nach vielen Vorträgen im Rahmen der Deutschen Gesellschaft für Sonnenenergie (DGS), der Stiftung »Mitarbeit« und anderer Organisationen wurde mir klar, daß eine Gruppe von Angestellten oder freien Wissenschaftlern und Multiplikatoren den Kern eines solchen Teams bilden muß. Dies galt es nun zu finanzieren.

Am sinnvollsten stellte sich dafür eine gemeinnützige GmbH und eine Stiftung heraus, die den GmbH-Anteil hielt und die Finanzierung sichern sollte.

Die Gesprächspartner in Wirtschaft und Finanz waren sehr interessiert, vor allem, wenn ich von Planungsnotwendigkeiten von 30 und mehr Jahren sprach. Im allgemeinen erntete ich Zustimmung. Mein Vorschlag, einen Beitrag für je fünf Jahre von DM 25 000,– bis DM 250 000,– aufzubringen, wurde angehört und als realistisch angesehen, aber ob die Vorstandskollegen mitmachen würden, wußten die Herren im Gespräch noch nicht.

So gründete ich denn die GmbH und die Ludwig-Bölkow-Stiftung und verfaßte dazu ein Papier, in dem unsere Arbeit und unsere Absichten begründet wurden: Wir wollten helfen, mit vielen anderen außerhalb unseres eigenen Kreises das Wissen um die Situation unserer Erde zu klären und Vorschläge für die Planung der Zukunft zu finden. Den Stand dieser Dinge laufend zu verfolgen, ist Politikern, Abgeordneten und Beamten aufgrund ihrer täglichen Belastung und innenpolitischen Auseinandersetzung praktisch nicht möglich. Ebenso verhält es sich bei den Verantwortlichen in der Wirtschaft, denen neben den jährlichen Tarifkonflikten und Verteilungskämpfen und den Belastungen der Mitbestimmung die Vorbildhaltung fehlt.

Ich machte mich also auf die Werbetour: In einigen Monaten hatte ich neben einer Stiftungsausstattung von ungefähr zwei Millionen Mark, deren Zinsen in die GmbH flossen, Zustifterbeiträge von ungefähr einer Million Mark für drei Jahre vereinbart.

Wir fingen an, auf den drei wichtigsten Gebieten zu arbeiten: Energie, Umwelt, Verkehr. Besonders schwierig war es, mit den öffentlichen Händen zu einer Zusammenarbeit zu kommen. Man sah in uns immer ein privates, gewinnorientiertes Unternehmen und wollte nur einen Zuschuß von 50 Prozent und weniger zahlen.

Wenn dieses Problem ausgeräumt war, wurden zur Bearbeitung der von uns vorgeschlagenen Themen Angebote von der »Konkurrenz« eingeholt, die mehr oder minder subventioniert war. Angefangen von den Fraunhofer-Instituten (25 %) über die geförderten Wirtschaftsinstitute (50 %) bis hin zu den immer fast voll von der öffentlichen Hand bezahlten Großforschungseinrichtungen wie der DLR, der KFA Jülich und anderen. Hinzu kam noch, daß dort seit Jahren ein eingespieltes Auftraggeber- und Auftragnehmer-Verhältnis mit den öffentlichen Verwaltungen bestand. Hierbei wird von keiner Seite geleugnet, daß dieses eingespielte »Gutachter«wesen sich allein schon aus Selbsterhaltungsgründen den Auftraggeber-Meinungen anpassen mußte. Es soll sogar vorgekommen sein, daß zwei Abteilungen eines großen Wirtschaftsinstituts je nach Auftraggeber – Forschungsminister oder Wirtschaftsminister – für das gleiche Thema zu zwei konträren Ergebnissen kamen. Bei fast allen nicht aus eigenen Mitteln finanzierten Aufträgen standen wir also unter Konkurrenz. Deshalb fing ich wieder an, für die Idee der Unabhängigkeit solcher langfristigen Arbeiten zu werben.

Die Banken haben große volkswirtschaftliche Abteilungen, die natürlich von vornherein gegen Meinungen von außen eingestellt sind. Auf meine Anfragen hin tröpfelte es ein wenig, denn ich war von früher als »guter Kunde« bekannt.

In der Wirtschaft gab es eigenartige Erlebnisse. Ein als sehr autoritär bekannter Vorstandsvorsitzender – er wurde Gottvater genannt – war von der Idee, zwei und mehr Jahrzehnte im voraus berechenbare Aussagen zu machen, deren Eintrittswahrscheinlichkeit durch laufende Beobachtung der zugrundegelegten Konditionen überprüfbar war, begeistert. Er schlug noch in meinem Arbeitszimmer vor, jedes Jahr einen jungen Mann zu schicken, der auf zwei Jahre voll finanziert werden sollte. Wir richteten einen Arbeitsplatz mit PC und allen notwendigen Utensilien ein und warteten. Nach einiger Zeit des höflichen Abwartens besuchte mich dann sein Nachfolger, sein Vorgänger war in den Aufsichtsrat entschwunden. Bei ihm hörte ich dieselbe Begeisterung für unsere Art zu arbeiten. Die Verabredung wurde bestätigt. Wir warteten wieder ab. Ich besuchte inzwischen Stuttgart, dort war die Unterhaltung schon etwas gedämpfter. Wir luden zur nächsten Stiftungsratssitzung einen Vertreter ein. Es kam der Forschungsleiter. Es gäbe Schwierigkeiten im Vorstand, man wolle uns zunächst durch Zustiftung von Forschungseinrichtungen unterstützen. Also stellten wir eine Liste von Zusatzgeräten für unsere Rechnersysteme auf. Nichts geschah. Nach einigen Jahren schrieb ich einen Abschiedsbrief, der keiner Antwort gewürdigt wurde. Bei späteren, nicht vermeidbaren Begegnungen auf öffentlichen Veranstaltungen tat man erstaunt, man werde nachfragen.

So und ähnlich erging es uns an vielen Stellen. Eine einheitliche Haltung innerhalb eines Vorstandes war bei der Bewilligung von Stiftungs-

geldern wohl nicht zu erreichen. Das Denken in Dekaden und die Bewilligung von Risikokapital für diese Zeiträume weit außerhalb der vorhersehbaren eigenen aktiven Dienstzeit lag außerhalb ihres Vorstellungskreises. Die akuten Probleme der eigenen Produkte, deren Absatz, die nah- und fernöstliche Konkurrenz standen im Vordergrund. Und dann sollte man Geld lockermachen für Studien, deren Ergebnisse gegebenenfalls unpopuläre Entscheidungen im eigenen Haus forderten? Man wollte lieber keine Ergebnisse, die das heutige Wohlleben beeinträchtigten. Nach dem Motto: »Die Zeit wird alle Dinge richten, die Technik und unsere soziale Marktwirtschaft werden es schon schaffen.« Die vielen Vorträge, die ich und andere bei allen möglichen Gelegenheiten hielten, die zunehmende Verschmutzung der Luft, des Wassers und des Bodens haben nun in den letzten Jahren das Bewußtsein in breiten Kreisen der Bevölkerung geweckt, daß mit unserer »heilen Welt« vieles nicht in Ordnung ist. Da es sich meistens um etwas Negatives handelt, sind auch die Medien für solche Darstellungen zu haben. Die von Carter als Präsident der USA veranlaßte Studie »Global 2000« ging aber vielen schon zu weit, und auch der Rio-Gipfel, der ja mit »Verboten« endete, und nicht mit positiven Handlungsvorschlägen.
Erscheinen detaillierte Arbeiten wie zum Beispiel die Ermittlung der Gesamtkosten der Energieerzeugung, die die Kosten für bereits verursachte Schäden aufaddiert, oder die Arbeit des früheren Leiters des Umweltbundesamtes, Professor Wicke, über die Kosten, die aufgebracht werden müssen, um die Welt wieder in Ordnung zu bringen, steht die konservative Welt auf. Dann werden Arbeitsstäbe gebildet, Anzeigenserien kommen in die Blätter, und Gegenstudien werden veröffentlicht. Vor allem, wenn es um die heiligste Kuh unserer konservativen Industriewelt geht, um die Kernenergie, insbesondere um deren Abfallbeseitigung. Leichtfertig wird dann zur Entschuldigung immer wieder behauptet, die erneuerbaren Energien seien zu teuer und ähnliches. Zum Vergleich dienen dann die heutigen Preise, die für die laufenden Techniken nur einen minimalen Aufwand der externen Kosten beinhalten, da der Rest in die Zukunft zu Lasten der nächsten Generationen verschoben wird.
Die in den letzten 50 Jahren explodierende technische Entwicklung der Nachrichtentechnik verbindet jeden Erdenbürger, insbesondere die Bewohner der industriell entwickelten Länder, mit dem Geschehen der ge-

samten Welt. Diese offene, weltweite Gesellschaft stellt an uns die Herausforderung, unser Handeln an den Problemen der Welt auszurichten. Niemand in unserer Industriegesellschaft, die noch lange Zeit das Geschick der Welt bestimmen wird, kann sich herausreden, er habe es nicht gewußt.

Aber der Mensch in seinem Stammesdenken, seinem Kirchturmblick, seinem beschränkten Anpassungsvermögen nur an die kurzfristigen Notwendigkeiten ist seit Tausenden von Jahren der gleiche geblieben. Wird er auf die anstehenden Probleme überhaupt reagieren? Reagieren mit einem offenen Blick auf die Welt und vor allem auch die Welt von morgen, in die er, ob er es will oder nicht, voll eingebunden ist?

Die Frage ist, ob es gelingt, für die Zukunft so viel Verantwortungsbewußtsein bei der Jugend unserer Welt, unseres Europas und unserer kleinen Bundesrepublik zu wecken, also bei einer Jugend, die im Wohlstand lebt, und deren wesentliche Triebfeder es zur Zeit ist, das, was die Kommunikationstechnik ihnen von der Welt erzählt, in Bild und Wort zu erleben und zu genießen.

Was mich ein ganz klein wenig beruhigt ist, daß die Probleme der heutigen Situation von stetig wachsenden Kreisen erkannt werden. Man fängt an zu fragen, ob man nicht etwas tun könne. Wird darüber im Parlament diskutiert, herrscht aber noch immer die Tendenz vor: »...zum andern ist es noch zu früh, die Alternativen können, wenn überhaupt, dann nur additiv genutzt werden, ansonsten ist der Industriestandort Deutschland gefährdet.«

Diese Situation zu ändern, hatten wir uns nun 1986 vorgenommen und vorgeschlagen, eine erneuerbare Energie, die Sonne, in einer detaillierten technischen und wirtschaftlichen Planungsstudie zu untersuchen. Wir folgten dabei dem Dahlbergschen Vorschlag, mit Hilfe von Solarzellen in Nordafrika Strom zu erzeugen und mit diesem durch Elektrolyse Wasser in seine beiden Bestandteile Wasserstoff und Sauerstoff zu zerlegen. Das Wasserstoffgas dient sowohl zum Energietransport als auch zur Speicherung der Energie für die Nacht und für sonnenarme Zeiten. Eine zweite Möglichkeit für den Energietransport deutete sich damals noch zusätzlich an: HGÜ, Hochgespannte Gleichstromübertragung.

Wir arbeiteten zusammen mit anderen Forschungsinstituten einen sehr detaillierten Plan aus und diskutierten ihn positiv mit Ministerialdirektor

Bauer im Forschungsministerium. Nach einer positiven Antwort von dort begannen wir zu arbeiten. Nach einiger Zeit kamen Bedenken aus Bonn; wir führten eine erneute Diskussion in Gegenwart von Minister Riesenhuber und einem Bedenkenträger, Gerd Eisenbeiß. Er war der Meinung, man sollte erst einmal ganz klein anfangen, den Stand der Technik darstellen und dazu einen Ausschuß bilden. Aus den verabredeten fünf Mitgliedern wurden dann zehn Mitglieder. Die einzelnen hatten alle gut dotierte Organisationen hinter sich. Entsprechend dick wurde dann der Wälzer mit dem Abschlußbericht, der dadurch jeden Initiativcharakter verlor. Auf mein Drängen erhielten wir noch den Auftrag, die Kosten einer photovoltaischen Stromerzeugung mit Solarzellen nach dem Stand der Forschung in einer großtechnischen Produktion zu ermitteln. In einer zweiten Studie sollten dann die Stückzahlen für die Zellenproduktion um ein Mehrfaches gesteigert werden, um den Einfluß einer Markteinführung zu untersuchen.

Wir verfolgten keine Vision oder Schätzung, sondern wir faßten den Auftrag als eine echte betriebswirtschaftliche Untersuchung vom Ausgangsstoff Silizium bis zum fertig aufgestellten und verschalteten Solarmodul auf. Vor einer Veröffentlichung diskutierten wir im größeren Kreis von Interessenten und industriellen Herstellern die Zahlen. Meinungsverschiedenheiten gab es: Bei den Zinssätzen stritt man um ein Prozent Differenz, überraschenderweise aber bei den Kosten der Modulaufstellung und -verschaltung und den Wechselrichtern um 100 Prozent Differenz.

In Bonn war man sehr erfreut über unsere Ergebnisse. Der damalige Forschungsminister Riesenhuber regte ein Pressegespräch an. Wir faxten die Unterlagen nach Bonn, aber drei Wochen vor der Pressekonferenz verschickte Siemens Solar, eine Tochterfirma von Siemens, ein eigenes Gegenpapier im Mengenversand. Ich erhielt es über Bonn. Es stellte unsere Vorstellungen als Vision und als Wunschbild hin und ging in keiner Weise auf die detaillierte betriebswirtschaftliche Ermittlung unserer Arbeitsergebnisse ein.

Der wohl gewollte Effekt wurde damit erreicht. Die Bearbeiter in Jülich, die ursprünglich vom Ministerium beauftragt waren, zogen die zugesagte und zum Teil schon in Arbeit befindliche Weiterführung für erheblich höhere Produktionsziffern zurück. Eine offizielle Drucklegung unserer Studie erfolgte ebenfalls nicht. Und wie sieht es heute aus?

Nach dem Umbau der Führungsebene von Siemens Solar bestätigte man uns dort, daß unsere damaligen Zahlen richtig waren, und daß man wisse, daß bei größeren Stückzahlen die Kosten noch einmal erheblich fallen würden. Unsere Arbeit stammte wie gesagt aus den Jahren 1987/88 und wurde im Mai 1988 abgeschlossen!

Die große Frage ist wie immer »der Absatz«. Strom aus Kohle, Öl, Gas und Kernkraft ist zur Zeit billig, so daß die heute noch teuren Solaranlagen keinen Markt finden.

Wieder einmal war der Ausgangspunkt unserer Überlegungen im Interesse der dumpfen Masse der Entscheidungsträger, die jede Unruhe vermeiden wollen, verlorengegangen. Ausnahmsweise einmal langfristig über zehn Wahlperioden hinauszudenken war ihnen unmöglich.

Wir wollten zeigen, daß nach Ende der Energievorräte aus fossilen Stoffen wie Kohle, Öl und Gas die Energiequelle Sonne uns noch Milliarden von Jahren in ausreichendem Maße mit Strom und Wärme versorgen kann. Und das selbst dann, wenn sich die Menschheit weiterhin so stark vermehrt. Außerdem kann durch die Nutzung der Solarenergie der Treibhauseffekt verringert werden. Allerdings nur, wenn man bereits heute schon mit der Umstellung beginnt, die an die 100 Jahre dauern dürfte. Anstelle einer kurzfristigen Marktstrategie müßte man meiner Ansicht nach diese Gesichtspunkte ins Kalkül ziehen.

Natürlich dürfen wir unsere Zukunftsüberlegungen nicht auf die Produktion von Strom durch Solarzellen oder Wärme durch Sonnenkollektoren beschränken, sondern müssen das ganze System sehen, etwa auch die Bereitstellung von Wasser durch Entsalzung von Meer- oder Brackwasser. Auch dafür müßte man bereits heute Anlagen erstellen. Diese Investitionen braucht die Menschheit zum Überleben. Angesichts der Bedrohung durch den Treibhauseffekt, die Luftvergiftung durch unseren Verkehr, durch das Ende der fossilen Energierohstoffe und die nicht gelösten Kernenergiefragen müssen wir uns von unserer bisherigen Vorstellung eines angenehmen Fortschritts lösen. Die neuen Verfahren sind bereits erfolgreich entwickelt.

In diesem Sinne haben wir all die Jahre unsere Arbeiten, soweit sie unserer Initiative entsprachen, unter dem Gesichtspunkt eines Beitrages zur Lösung der vor uns liegenden Existenzprobleme unserer Gesellschaft gesehen, die jetzt in zunehmendem Maße erkennbar werden. Für unsere vielfältigen Arbeiten war es immer schwer, Geld aufzutreiben.

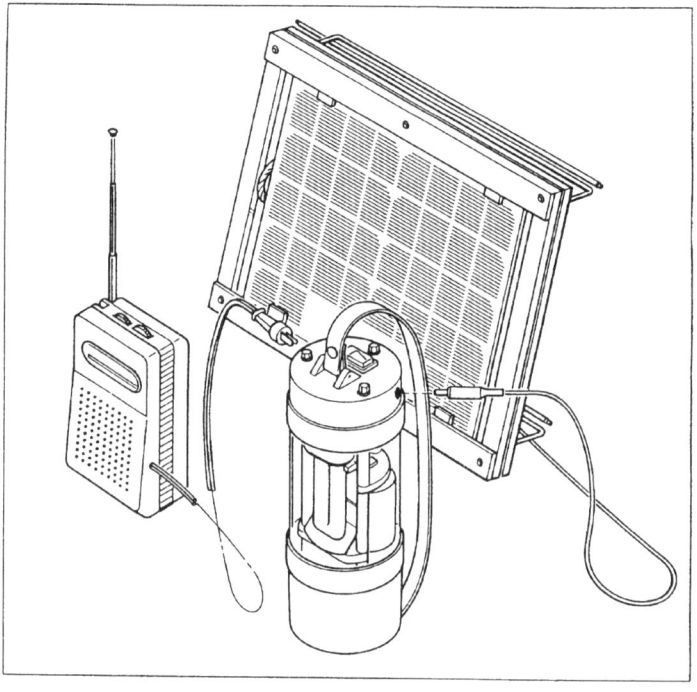

Ludwig-Bölkow-Stiftung

Bedienungsanleitung
für das Solarleuchtensystem

SOLUX II

Die Ludwig-Bölkow-Systemtechnik GmbH hat für die Verwendung in der Dritten Welt eine robuste Solarleuchte entwickelt und in leicht montierbaren Einzelteilen herstellen lassen. Mit einem kleinen Solarmodul, z. B. auf dem Hüttendach, kann bei Sonneneinstrahlung Strom erzeugt und in einem Akkumulator gespeichert werden. Damit steht genügend Strom für Beleuchtung in den Abendstunden und für ein kleines Transistorradio zur Verfügung. Zwei Montagewerkstätten konnten in Afrika für diese SOLUX-Geräte in Betrieb genommen werden. Tausende dieser Solarleuchten stehen bereits in Verwendung.

Wir kümmerten uns immer um Themen, die von der Wirtschaft, der Wissenschaft und der öffentlichen Hand als »zu teuer«, »zu früh«, »nicht lösbar« dargestellt werden. Dabei versuchten wir, den Kosten- und Zeitfaktor für eine Lösung darzustellen. Unsere Überlegungen – vor allem unsere Zahlen und Zeithorizonte – paßten natürlich nicht in das kostenrechnerische Denken eines normalen Wirtschaftsmanagers oder in das eines Politikers, der in noch kürzeren (Wahl-)Perioden denken muß.

In beiden Sparten, der Politik und der Wirtschaft, entstehen bei Verbreiterung des Wissens um die wirklichen Zustände unserer Welt und zugleich der Möglichkeiten, die schlechte Entwicklung zu stoppen, mit der Zeit Handlungsforderungen. Dies ist nun wieder unangenehm für diejenigen, die handeln sollten. Es wächst die Notwendigkeit, etwas zu tun. Der Druck wächst, er wird unbequem und stört die noch ruhigen Jahre bis zur Pensionierung. Am unbequemsten sind naturgemäß die Verursacher dieser Unruhe, die Analytiker, vor allem wenn sie dann auch noch für ihre Vorschläge Anhänger finden. Die Folgen für uns im Kreis der Stiftung waren, daß das Geld immer mehr ausblieb. Die Mehrzahl der jährlichen Stifter zogen sich nach einigen Jahren zurück. Man wollte sich nicht dem Vorwurf der benachbarten Kollegenschaft aussetzen, man unterstütze Spinner und hysterische Visionäre. Letzteres waren wir aber nun weiß Gott nicht. Die beginnende Rezession und Personalwechsel in manchen Firmen verstärkten den Trend. Die Möglichkeit, einen Eigenanteil aufzubringen, der notwendigerweise die Garantie für eine eigene Meinung darstellt, schwand mit der Zeit. Ich trat persönlich mit vielstelligen Summen für die Stiftung ein – eine Lösung, die auf die Dauer keine ist. Jeder bedauert es, in der Wirtschaft und in der Verwaltung, ist aber nicht in der Lage, einen gangbaren Weg vorzuschlagen.

Hannover mit seiner Energie-Agentur, Nordrhein-Westfalen mit seinem Wuppertaler Institut Ulrich von Weizsäckers, Baden-Württemberg mit seiner TA gehen heute schon gangbare Wege. Wir in Bayern fanden bis heute noch keinen...

Wir, die Mitglieder einer hochgezüchteten Industriegesellschaft, stehen vor Entscheidungen, die großen Mut, verbunden mit Selbstvertrauen, Verzicht- und Risikobereitschaft verlangen. Einen Mut, den wir auch 1945 nach dem Zusammenbruch nötig gehabt haben und auch hatten, und der uns auch insgesamt Erfolg brachte.

Unsere Generation war in den zwanziger und dreißiger Jahren schon in mehrfacher Hinsicht herausgefordert worden und hatte meinem Gefühl nach einiges Bedeutendes geleistet, wenn auch politisch auf einer Basis, deren Verhängnis wir nicht erkannten und die uns letztlich in die Katastrophe führte. Dies galt es damals zu korrigieren. Heute sind wir alle aufgerufen, uns der nächsten Herausforderung zu stellen.

An meinem persönlichen Schicksal und meinem Leben wollte ich zeigen, daß so etwas möglich war und ist, und daß unsere Nachfolger die schwierige Welt von heute und morgen zu erhalten haben. Sie müssen sie für die nächsten Generationen weiter aufbauen, deren Wohlergehen im wesentlichen von uns allen, von unserer geistigen und seelischen Haltung abhängt.

Über die eigentliche Arbeit hinaus habe ich immer versucht, diese in Beziehung zu setzen zur gesamten existierenden Gesellschaft. Deshalb wurde ich auch vielfach als Technosoph bezeichnet. Ich selbst würde mich eher Ingenieur nennen, einen, der immer versucht, ein Problem so zu lösen, daß die Technik die Situation verbessern hilft. Das ist meine eigentliche Motivation. Aber von Anfang an habe ich immer mehr gesehen als das enge Problem, als nur die Maschine, nur das Verfahren. Schon früh in den 50er Jahren habe ich den Begriff des Systemdenkens geprägt: Die Lösung eines Problems muß in das Gesamtsystem passen. Solche Überlegungen sind für mich deshalb besonders faszinierend, weil mir die Technik das Vertrauen gibt, daß wir unsere Probleme in den Griff kriegen können. Wir können es packen!

Es liegt nur an uns, am Menschen.

Danksagung

Schaut man, nachdem der größte Teil der Lebensleistung wohl getan ist, zurück, so blickt man in wachsender Dankbarkeit auf die Zeit, die forderte, und noch mehr auf Menschen, die einem dies alles ermöglichten.

Die Eltern haben ihr Leben lang schwer gearbeitet, um in den wirtschaftlich schwierigen zwanziger Jahren ihren Betrieb durchzubringen. Die fordernde Kraft war meine Mutter. Sie war aber zugleich auch die sorgende Seele, auch über uns vier hinaus. Sie unterstützte mich bis in die Mitte meines Studiums. Selbst als der Eiserne Vorhang schon stand, schickte sie uns nach Stuttgart noch eingetauschtes Mehl in Beuteln. Es war mir eine innere Genugtuung, daß ich sie 1955 zu uns holen und ihr noch einige Jahrzehnte eines geruhsamen Lebens verschaffen konnte.

Meine erste Ehe war eine wunderbare Zeit in Augsburg. Wegen der Zerstörung der schönen Stadt im Sommer 1944 zog mangels eigener Wohnung meine Frau Annerose mit den Kindern zu meinen Eltern nach Schwerin. Erst 1946 konnte ich sie nach Stuttgart, wo ich bei meiner damaligen Schwiegermutter wohnte, holen. Die Umsiedlung des Unternehmens nach München und der dann folgende Aufbau mit seinen vielen Reisen brachte dann einen Einbruch ins Familienleben. Den wesentlichen Teil meines Lebens brachte ich nicht mehr in der Familie zu.

Der Betrieb wurde immer mehr zur entscheidenden persönlichen Umwelt. Er wurde der eigentliche Lebenskreis mit seinen innerbetrieblichen Spannungen und mit seinen wirtschaftlichen Problemen im Inland und dann ab den sechziger Jahren auch international. Diese für mich selbst kaum spürbare Verschiebung des Lebenszentrums verstärkte sich naturgemäß mit dem Wachstum, mit den Fusionsproblemen und der zunehmenden Internationalisierung der Aufgaben.

In der Erinnerung ist mir heute manchmal nicht mehr ganz klar, wie wir es damals eigentlich geschafft haben, die vielen, vielen Aufgaben und innerbetrieblichen Probleme zu bewältigen.
Letztere gab es bis zu den Fusionen kaum. Die zunehmenden Aufgaben, an denen wir arbeiteten, faszinierten uns alle so, daß wir wie eine große Einheit zusammenlebten. Selbst unsere Gehälter in Raten störten unser Verhältnis untereinander nicht, im Gegenteil: es stärkte unseren Zusammenhalt.
Es gab kaum etwas neben der Arbeit. Selbst das Wochenende unterbrach den Rhythmus nicht. Wir hatten unser Grausegg in Tirol, einen wiederaufgebauten, verfallenen Bauernhof. Freitag abends ging ich oft spät noch hinauf, zwei bis drei große Aktenkoffer mit Post im Gepäck, die dann dort oben durchgearbeitet wurden.
Eine Folge war, daß die Bindung an die Arbeit, an die Firma und an die dortige Mannschaft enger wurde als die Bindung an die Familie. So kam es, daß meine erste Frau und ich uns 1977 trennten. Danach heiratete ich meine langjährige Sekretärin. Sie schied aus dem Büro aus und wir glaubten, daß nach der harten gemeinsamen Arbeit vor uns eine Zeit der Muse, des Reisens, des Kunstgenusses und des Betrachtens liege. Was für eine Täuschung!
Die Betrachtung der Welt um uns zeigt diese in einem kranken Zustand. Unsere Industriegesellschaft hat sich in den letzten 200 Jahren stürmisch entwickelt, ohne sich umzuschauen und ohne weit genug nach vorne zu schauen. Mit unseren schon erprobten Methoden der langfristigen Vorausschau fanden wir einen Kreis gleichgesinnter, besorgter Menschen, die versuchen, etwas gegen die Gleichgültigkeit der Gesellschaft, der Politik und der Wirtschaft zu tun.
Ob es uns mit unserer Stiftung und ihren Forschungsarbeiten gelingt, Entscheidendes zu bewegen, müssen wir abwarten. Die Zahl der Zweifler, der Reformer steigt, die der Handelnden sinkt.
Meine engste Umwelt, meine Familie, vor allem aber meine Frau Erika ist heute genauso belastet wie in den 30 Jahren unserer Zusammenarbeit. Ein Leben für die Sache. Ihr gehört mein Dank für den Verzicht auf ein beidseitig erhofftes ruhiges Zusammenleben. Ihr widme ich diese Erinnerungen.
Alles, was ich sonst beschreiben dürfte, wäre ohne meine Mannschaft,

ohne das Vertrauen von Gesellschaftern, von Bonner Beamten und Regierungsmitgliedern, von Bankern und sonstigen Tatmenschen nicht möglich gewesen. Letztlich der »Geist von Ottobrunn«.

Im Jahr 1994   Ludwig Bölkow

Anmerkungen

1 Der 1890 auf Java geborene Anthony Fokker, holländischer Staatsbürger, hatte zunächst in Johannisthal bei Berlin mit dem Flugzeugbau begonnen. Um auch die günstigen Möglichkeiten für den Bau von Wasserflugzeugen zu nutzen, verlegte er 1913 seinen Firmensitz nach Schwerin. Seine Produktionsstätten errichtete er auf dem »Hintenhof« genannten Gewerbegebiet an der heutigen Bornhövedstraße. Zunächst baute Fokker Zivilflugzeuge, bald jedoch ging er zur Produktion von einsitzigen Militärmaschinen über. Während des Ersten Weltkriegs waren zeitweise bis zu 1200 Menschen bei Fokker beschäftigt, darunter auch viele Frauen. Nach dem Krieg verlegte er 1919 seine Flugzeugwerke in die Niederlande.
2 Bürgerschulen waren eine gehobene Form der Grundschule, von der aus man nach drei Jahren auf die höhere Schule wechseln konnte. Dies war zwar auch für die Schüler der Volksschule möglich, jedoch erst nach vier Jahren. 1920 wurde die Unterscheidung zwischen Bürger- und Volksschule im Zuge der Bildungsreform aufgehoben, es gab dann nur noch die Volksschule, in die auch ich nach unserem Umzug überwechselte. Für mich war dies die erste Erfahrung mit der »Chancengleichheit«.
Die Volksschule war längst nicht so »gepflegt« wie die bisherige Bürgerschule, aber aus pädagogischer Sicht wesentlich effektiver. Obwohl der Lehrstoff teilweise recht trocken war, gelang es unserem Klassenlehrer Wandschneider, unser Interesse zu wecken. Seine anziehende Persönlichkeit, seine väterliche Fürsorge und Ausstrahlung machten uns das Lernen und Begreifen leicht. Schularbeiten machten wir ihm zuliebe. Wir waren stolz, wenn er uns lobte. Erst Jahre später, am Ende meiner Schulzeit, hatte ich wieder einen so guten Lehrer: Otto Mehr, den Studiendirektor des Realgymnasiums.
3 Wir lernten Latein von der ersten Klasse an bis zum Abitur, hatten zum Schluß also das große Latinum. Von der dritten Klasse an, also der Quarta, lernten wir Englisch und von der vierten, der Untertertia an, auch Französisch. Außerdem viel Mathematik, Physik und Chemie.
Als besonders interesssant empfand ich die naturwissenschaftlichen Fächer.

So erinnere ich mich noch heute genau an die Blattgrün-Untersuchungen unter dem Mikroskop, bei denen wir vom Einfluß des Sonnenlichts auf die Pflanzen erfuhren. Wir gruben auch Seerosen aus, pflanzten sie im Schulaquarium ein und verfolgten dann den Sauerstoffkreislauf.

4 In meinen Augen ist es ein großes Manko, daß heute viele junge Leute, wenn sie ins Berufsleben eintreten, nie einen Mannschaftssport betrieben haben. Sie haben nie gelernt, daß eine Mannschaft mehr zu leisten in der Lage ist als die Summe der einzelnen. Sie haben nie erfahren, wie man die Mitspieler in einem Team motivieren und mitreißen kann. Deshalb stellte ich später immer, wenn ich die Wahl hatte, lieber einen Mitarbeiter ein, der im Sportverein war, als einen, der diese Erfahrungen überhaupt nicht kannte.

5 Die Putschisten unter dem Deutschnationalen Wolfgang Kapp und dem General Freiherr von Lüttwitz wollten die Durchführung des Friedensvertrags von Versailles verhindern und die Abrüstung einstellen. Sie erklärten die gesetzliche Reichsregierung für abgesetzt; Kapp bezeichnete sich selbst als Reichskanzler. Als die beiden auch noch versuchten, die parlamentarischen Körperschaften aufzulösen, begann sich überall Widerstand zu regen: Deutschland war praktisch am Rand eines Bürgerkriegs.

6 In Geschichte und Deutsch hatten wir einen Lehrer, Dr. Seemann, der uns streng deutschnational erzog. Religion – die ganze Klasse war evangelisch-lutherisch – hatten wir bei Oberkirchenrat Gösch, der wegen seiner freien Auffassungen bekannt war. Natürlich war er antimarxistisch eingestellt, kritisierte Darwin und Heckel, war aber auch sehr spitzzüngig gegen konservative Reaktionäre auf der anderen Seite. Mit ihm konnte man auch über Tagesfragen sprechen. Er versuchte ernsthaft, uns bei unserer Suche nach politischen Lösungen für die Zukunft zu helfen.

7 Feder wurde schließlich Professor an der TH Charlottenburg für Planung und Städtebau, gerade zu der Zeit, als ich dort studierte. Er war aber schlecht auf die alten Parolen anzusprechen.

8 Nach einem Jahr Mitgliedschaft hatte man die Fuchsenprüfung. Es gab – von den Studentenverbindungen abgeschaut – einen »Fuchsmajor«, der den Neuen beibrachte, wie man sich zu benehmen hatte, und der sie auf die Fuchsenprüfung vorbereitete. Wir hatten ein richtiges Vereinsleben, und für uns war die Erfahrung lehrreich, wie man dies organisierte und wie man Konflikte austrug. Gerade in jener politisch schwierigen Zeit gab es auch in der Schülerverbindung viele Auseinandersetzungen und Intrigen, alle menschlichen Stärken und Schwächen kamen zum Tragen.

9 Das Sportflugzeug »Sausewind«, ein formschöner zweisitziger Tiefdecker der Bäumer Aero GmbH, Hamburg, mit 65-PS-Sternmotor war die Erst-

konstruktion der Ingenieurstudenten Walter Günter, Walter Mertens und W. Meyer. Das Flugzeug nahm am Deutschen Rundflug 1925 teil und gewann den »BZ-Preis der Lüfte«.

10 Als ich schließlich in den Ruhestand ging, nahm ich noch einmal einen Anlauf zum Segelfliegen. Aber obwohl die alte Faszination immer noch da war, habe ich mich nicht mehr intensiv auf den Segelflug konzentrieren können. Dazu ist mir die Luft heute ein wenig zu eisenhaltig. Um sich in dem heutigen Wirrwar in der Luft wirklich zurechtzufinden, muß man erst einmal die ganze Funkprozedur erlernen, und dazu hatte ich keine Lust. Während meiner Studienzeit herrschten noch goldene Zeiten: Da konnte man einfach herumfliegen, sogar in den Wolken – es gab noch so gut wie keine Bürokratie bei den Fliegern.

11 Ich wußte zwar damals schon, daß bei Heinkel Flugzeuge entwickelt wurden, die man dann als Militärflugzeuge verwenden konnte, aber daß die Bindungen so eng waren, davon hatte ich nicht die geringste Ahnung. Mir war auch anfänglich noch nicht bekannt, daß es in Warnemünde eine Verkehrsflieger-Schule gab, die zur militärischen Pilotenausbildung diente. Dort wurden die zweisitzigen Schul- und Sportflugzeuge He 72 von Heinkel eingesetzt. Ferner betrieb die Reichswehr ein Erprobungszentrum für Flugzeuge in Rechlin an der Müritz und ein geheimes Trainings- und Erprobungszentrum in Rußland, in Lipezk. Dorthin flogen die He 45 und die He 46, die als Aufklärer dienten.

12 Damals gab es natürlich noch keine komfortablen Rohrbiegemaschinen wie heute, deshalb mußte ich für die Verformung der Vier-Zentimeter-Rohre aus Aluminium ein besonderes Verfahren anwenden. Zunächst wurden die Rohre mit heißem, flüssigem Kolophonium gefüllt. Nach dem Erstarren konnte man die Rohre biegen, wozu ich mir ein paar Hilfsvorrichtungen aus Holz baute. Am Ende wurde mit einem Bunsenbrenner das Rohr wieder so stark erhitzt, daß das Kolophonium schmolz und entfernt werden konnte. Zur Kontrolle des Durchmessers wurde dann eine Kaliberkugel von vier Zentimeter Durchmesser durch das Rohr getrieben.

13 Ich erinnere mich noch, daß sich Hitler in seiner Rede sehr negativ über Oswald Spengler, den großen Historiker und Verfasser des Buches »Untergang des Abendlandes«, äußerte. Ein Jahr später, Mitte 1934, erschien von diesem Autor ein weiteres Buch: »Jahre der Entscheidung«, das bei uns Studenten die Runde machte und zu langen Diskussionen Anlaß gab.

14 Das Ganze ging so vor sich: Ich holte mit einer sehr langen Zange ein glühendes Stahlstück aus dem Ofen, warf es mit einem Schwung auf den Amboß, der Kollege fing es auf, schob es auf die Gesenkform, ließ zwei- bis dreimal den Hammer heruntersausen und warf dann das immer noch

glühende Formstück auf die erwähnte Stanze. Der dritte Mann legte es nach dem Entgraten in die Lore. So arbeiteten wir den ganzen Tag. Schnell fand ich heraus, daß man sich die Arbeit mit ein paar Änderungen erleichtern konnte. Das Ergebnis: Wir schafften zwölf Prozent mehr.

15 Die Bekanntschaft mit ihm hatte für mich persönlich nachhaltige Folgen: Einmal war er ein gemäßigter Antisemit, was mich, der dies nie voll mittrug, sehr verwirrte. Außerdem kam es nach einem Vortrag in Schöneberg zu einer Diskussion über die lutherische Rechtfertigungslehre. Es folgte eine lebhafte Auseinandersetzung zwischen uns beiden. Ich lehnte diese Lehre ab, aber er war auch in Kleinigkeiten nicht zum Einlenken bereit, sondern steigerte sich in einen solchen Eifer, daß ich ihm schließlich erklärte, seine unnachgiebige Haltung würde mich zum Austritt aus der Kirche zwingen. Trotzdem lenkte er nicht ein, und ich verließ völlig verunsichert den Saal. Auch am nächsten Tag konnte ich mich nicht beruhigen und ging schließlich zur polizeilichen Meldestelle und erklärte meinen Austritt aus der evangelischen Kirche. Ungefähr 25 Jahre später erhielt ich eine Bestätigung dafür, daß meine Beweggründe im Frühjahr 1934 mehr waren als eine kurzfristige Verärgerung über Niemöller. Ich lernte nämlich Ende der fünfziger Jahre anläßlich der Luftfahrtschau in Hannover den dortigen Landesbischof Lilje kennen. Als ich ihm von dem damaligen Vorfall erzählte, erklärte er, er teile meine Meinung und versuche ständig, die Stellungnahme der evangelischen Kirche auf diesem Gebiet zu revidieren.

16 An der Grenze gab es viele große Güter, die nach dem Ersten Weltkrieg an Heimatvertriebene aufgeteilt wurden. Es war für mich die erste Gelegenheit, einmal mit dortigen Bauern zusammenzukommen und ihre Probleme, die vielfach sehr unterschiedlich waren zu denen in meiner mecklenburgischen Heimat, aus direkter Anschauung kennenzulernen. In dieser Zeit lernte ich Werner Rietz kennen, mit dem ich nach dem Krieg in der »Stätte der Begegnung« zusammenarbeitete.

17 Die Schallgeschwindigkeit beträgt bei 15 Grad Celsius in Bodennähe rund 1224 Kilometer pro Stunde und in 11 000 Meter Höhe 1062 Kilometer pro Stunde. In Bereichen nahe der Schallgeschwindigkeit treten ganz besondere Strömungserscheinungen auf; die Luft verhält sich nicht mehr wie Wasser – wie das bei den langsameren Flugzeugen der Fall ist, sondern sie wird elastisch und läßt sich zusammendrücken. Sie verändert ihre Dichte, erreicht an manchen Stellen die Schallgeschwindigkeit, was dann meist zu Ablösungen führt. So steigt zum Beispiel der Luftwiderstand eines bestimmten Flügelprofils bei der Annäherung an die Schallgeschwindigkeit außerordentlich an.

18 In diesem sogenannten Stoßkanal lief schon seit längerer Zeit ein Meßauf-

trag der Firma Messerschmitt für sieben oder acht Flügelprofile mit Formen, die bis dahin im Unterschallbereich üblich waren. Sie hatten eine Dicke von zwölf Prozent, gerade und gewölbte Mittellinien, Dickerücklagen von 30 bis 40 Prozent der Tiefe des Profils.

19 Ich befaßte mich mit Näherungsmethoden, wie zum Beispiel den Möglichkeiten der sogenannten Prandtlschen Zahl $\sqrt{1 - M^2}$ (M ist dabei das Verhältnis der Geschwindigkeit zur Schallgeschwindigkeit, die Machsche Zahl). Mit Hilfe dieser Formel kann man Ergebnisse aus der Aerodynamik des Unterschallbereiches näherungsweise ganz gut in den Überschallbereich hochrechnen. Man muß aber ein Gefühl dafür haben, wo die Grenzen dieser Formel liegen. Dieses Vorgehen war mein Versuch, Vorgänge und Strömungserscheinungen »rechnerisch«, aber gleichzeitig auch intuitiv zu erfassen, deren Details damals weder durch Feinbeobachtungen noch durch die Theorie zu erfassen waren. Heute sind solche intuitiven Fähigkeiten längst nicht mehr in diesem Ausmaß nötig, denn Computer berechnen fast jede Aufgabe in allen Einzelheiten. Aber damals war für mich diese selbstentwickelte Anwendung der Prandtlschen Zahl beinahe ein Garant für wichtige Aussagen. Natürlich gehörte aber auch ein Quentchen Glück dazu.

20 Bei solchen Weltrekorden gab es genaue Regeln. Es wurde – bei uns in der Nähe von Augsburg nahe einer Eisenbahntrasse – eine Meßstrecke von drei Kilometer Länge aufgebaut, die man in maximal 75 Meter Höhe zweimal in jeder Richtung durchfliegen mußte. Für An- und Abflug gab es an den beiden Enden weitere 500 Meter, in denen das Flugzeug nie höher als 400 Meter über der Erde fliegen durfte. Man wollte damit vermeiden, daß der Pilot durch starkes Andrücken Geschwindigkeit gewinnt, indem er sozusagen »Anlauf nimmt«. Das Einhalten der Regeln wurde von vereidigten Prüfern überwacht, die 400-Meter-Höhengrenze wurde zum Beispiel von anderen Flugzeugen aus überprüft. Ein neuer Rekord war dann aufgestellt, wenn die Durchschnittsgeschwindigkeit um mindestens acht Kilometer pro Stunde über dem bisherigen Rekord lag. Außerdem mußte das Flugzeug nach dem Rekordversuch glatt und unbeschädigt landen.

21 Es ging um die Strömungsgeschwindigkeit an der Oberfläche des Profils. Sie ist höher als die Fluggeschwindigkeit, denn die verdrängte Luft muß ja um das Profil herumströmen und wird dabei beschleunigt. Gleichzeitig mußte man noch die Reibung berücksichtigen und beachten, daß bei diesen Geschwindigkeiten die Luft bereits komprimiert wurde. Mit diesen mathematisch-theoretischen Arbeiten stieß ich recht schnell an die Grenzen meiner Möglichkeiten. Deshalb versuchte ich, mit Plausibilitätsbetrachtungen weiterzukommen.

22 Ein Vorflügel fährt bei überzogenem Flug selbsttätig aus und verhindert den Strömungsabriß.
23 Ein Rauchwindkanal ist ein Windkanal, in dem man die Strömung durch Rauch sichtbar machen kann. Dieser tritt aus mehreren übereinander angeordneten Düsen in Strömungsrichtung aus. Zur Inbetriebnahme ist ein sogenanntes Anheizen erforderlich, das heißt, der Dampferzeuger mit einer Rauchpatrone muß »angezündet« werden. Rauchwindkanäle werden auch heutzutage noch vereinzelt zu Lehrzwecken verwendet.
24 Bei meiner Arbeit für den Hochgeschwindigkeitsbereich kam ich ganz automatisch auch immer wieder mit langsameren Geschwindigkeiten in Berührung. Insbesondere, wenn es ums Landen ging. Die Me 109 landete etwa mit 105 Kilometer pro Stunde, das war sehr wenig. Die Me 262 landete bereits mit 230 Kilometer pro Stunde, und heute sind rund 300 Kilometer pro Stunde und mehr üblich.
25 Nach dem Krieg haben die Franzosen die beiden Flugzeuge den Amerikanern (dem Office of Naval Research, ONR) überlassen, die sie zusammenbauten und erprobten. Dabei entdeckten sie ein Problem, das ich seinerzeit auch schon im Windkanal vermutet hatte. Wenn man über die Landeklappen des Flügels ausbläst, lenkt man die Luft nach unten. Diese Luft trifft auf den Boden auf und wird von dort wieder nach oben umgelenkt. Das Höhenleitwerk erhielt deshalb, je näher man dem Boden kam, eine Ausblasrichtung aus der falschen Richtung, nämlich von unten. Um überhaupt richtig landen zu können, mußte man deshalb das Leitwerk, das auf der Unterseite mit Vorflügel versehen war, sehr weit negativ einstellen. Wir hatten das vorgesehen. Das ONR der amerikanischen Marine hatte diese Probleme aber schnell im Griff und erprobte das Flugzeug mit Erfolg. Ich selbst habe dies jedoch erst 1955 bei einer Reise durch die USA erfahren.
26 Damit dieses Flugzeug so schnell wie möglich gebaut werden konnte, beschloß man, das Tragflächenprofil der Me 110 zu verwenden. Es war sehr druckpunktstabil, das heißt, unempfindlich bei Veränderung des Schwerpunktes.
27 Die Me 321, wie das Flugzeug ab Anfang 1941 hieß, wurde nicht nur entworfen, sondern nach der enorm kurzen Entwicklungszeit von fünf Monaten gleich anschließend in großen Stückzahlen gebaut. Berühmt wurde sie unter dem Namen »Gigant«, später wurde sie auch unter dem Namen Me 323 als motorisiertes Transportflugzeug hergestellt. In ihm konnten entweder Lastwagen, Zugmaschinen, Panzer, Geschütze oder 130 feldmarschmäßig ausgerüstete Soldaten oder 60 Verwundete auf Liegen transportiert werden. Von dieser Version sind im Lauf der Jahre bis zur Einstellung der Produktion im Mai 1944 insgesamt 201 Flugzeuge hergestellt worden.

Die Lastensegler-Version besaß eine Spannweite von 55 Metern und einen Laderaum von 108 Kubikmetern. Die Maschine wurde hochgeschleppt auf etwa 5000 Meter, beim Start benutzte man außerdem meist Zusatzraketen. Von dieser Höhe aus segelten die Transportmaschinen dann in feindliches Gebiet, sie hatten eine Reichweite von etwa 100 bis 120 Kilometer. Die Me 321 war das größte Segelflugzeug, das es je gab. Man konnte bei dem Flugzeug vorn die Nase wegklappen und Panzer hinein- und herausfahren.

28 Im Herbst 1940 wurde geschätzt, daß für die Me 210 rund 58 500 Konstruktionsstunden aufgewendet worden waren. Ein Vergleich: für die Me 109 F hatte man nur 15 427 Stunden gezählt.

29 Bei der vorgesehenen Flughöhe bis 15 000 Metern war dazu ein neuer Motor nötig, der bei Daimler-Benz entwickelt wurde, der DB 628. Ein sehr anspruchsvolles Ziel, zwei mechanisch angetriebene Lader sollten die benötigte Höhenleistung bringen. Die Entwicklung war noch voll im Gange.

30 Die überarbeitete und bereinigte Version der Me 109 sollte als Baureihe K laufen und für die gesamte Großserie Grundlage werden. Wir haben damals immerhin fast 3000 Me 109 im Jahr hergestellt, später noch erheblich mehr.

31 Um die Bedeutung der GM 1-Lösung zur Gesamtlage der Me 109 zu beurteilen, ist es wichtig, die geplante Stückzahl zu kennen: 60 bis 100 Maschinen pro Monat sollten umgerüstet werden. Die laufende Me-109-Produktion hingegen lieferte damals monatlich 1200 ab.

32 In einer Situationsanalyse, die ich nach Kriegsende verfaßte, schrieb ich: »Die außerordentlich großen Vorräte lagerten bis zum Angriff im Werk. Sie wurden nun in aller Eile überhastet auseinandergezogen und verlagert. Das laufend für die steigenden alten Programmzahlen eingehende (Material) stapelte sich teilweise unregistriert zu Bergen. ... Folge: Trotz der großen Vorräte waren in der Folgezeit viele wichtige Halbzeuge, Teile, Geräte usw. manchmal nur unter größten Schwierigkeiten und Zeitaufwand zu finden. In die Endmontage und teilweise auf den Flugplatz kamen hin und wieder Flugzeuge mit Fehlteillisten von nahezu 80 bis 90 Positionen.«

33 Trotz allem wurde die Me 109 von uns immer weiter verbessert, sogar mitten in die laufende Serie hinein. Das anfängliche Fluggewicht hatte Mitte der dreißiger Jahre noch 1700 Kilogramm betragen. 1943/44 wog der reine Jäger bereits um die 2700 Kilogramm, mit steigender Tendenz. Sonderausführungen für Aufklärungszwecke wogen sogar bis zu 3500 Kilogramm.

34 Sie flog mit fünffacher Schallgeschwindigkeit, hatte eine Reichweite von rund 300 Kilometern und konnte von fahrbaren Rampen aus abgefeuert werden. Sie hieß eigentlich A 4; V 2 war ihr Propagandaname und bedeu-

tete »Vergeltungswaffe 2«. Insgesamt sind im Zweiten Weltkrieg mehr als 3000 dieser fast unangreifbaren Raketen gegen London, Antwerpen, Brüssel und Lüttich eingesetzt worden.

35 In einem Bericht, den Fritz Seiler kurz nach dem Ende des Krieges für die Amerikaner anfertigte, beschrieb er die Situation wie folgt: »So waren Ende 1942 53 Flugzeugtypen ohne Berücksichtigung ihrer verschiedenen Variationen und Baureihen im Einsatz bzw. im Bau. ... Es bedarf keiner weiteren Worte, um den im Verhältnis zur Kapazität geringen Ausstoß der Flugzeugindustrie zu erklären und um die Schwierigkeiten im Nachschub und bei der Bodenorganisation zu schildern.«

36 Ich war der festen Überzeugung, daß die Spitze falsch unterrichtet wurde (die Vorgänge um den Riedel-Bericht hatten mich hellhörig gemacht).
Bis zum Herbst war ich durch meine Arbeit an der Me 262 und durch die Aufgabe, die alte Me 109 wieder auf Vordermann zu bringen, mit mir im reinen gewesen. Erst als ich Sonderaufgaben übernahm, erhielt ich mehr und mehr Kontakte nach außen. Damit begannen meine Zweifel.

37 Bei mir war es so gewesen: Ich war vom Eintritt in die Firma Messerschmitt an sehr stark mit den technischen Fragen beschäftigt. Zuerst kamen die Weltrekordflüge, dann lief ja schon alles sehr schnell auf den Krieg zu. Schließlich bekam ich es mit der Me 210 zu tun, bei der ich Fehler beseitigen mußte. Wir arbeiteten Tag und Nacht daran und versuchten, von der Aerodynamik her herauszufinden, wo der Fehler lag. Wie ich schon erzählt habe, gelang es uns auch, die schlimmsten Fehler zu finden und zu beseitigen.
Im gleichen hektischen Tempo ging es auch danach weiter: Bei der Me 262 und der Me 109 war ich ungeheuer engagiert. Wie alle guten Leute habe auch ich die Arbeit nie als Job aufgefaßt, sondern mich immer mit Leib und Seele reingehängt.
Wir bauten Flugzeuge für den Krieg, für die Auseinandersetzung, für die Verteidigung, und wir wollten die Besten sein. Dabei kümmerten wir uns viel zu wenig darum, wie es eigentlich zu der Auseinandersetzung gekommen war.

38 Und das kam so: Bei einem Besuch in Braunschweig bei der DLR bekam er zusammen mit Professor von Kármán die ersten Forschungsberichte aus dem Jahr 1939 über die Pfeilflügelmessungen im Windkanal in die Hand. Den Amerikanern war völlig neu, daß wir eine so starke Pfeilung hatten. Sie selbst hatten gerade einen Wettbewerb ausgeschrieben für den ersten strategischen Düsenbomber. Natürlich war Boeing ganz besonders stark involviert, denn sie war ja die Bomberfirma überhaupt, seit man dort die B-17 und dann die Superfortress B-29 gebaut hatte. Damit war Boeing natür-

lich in dem Wettbewerb führend. Nun war also George S. Schairer nach Braunschweig gekommen und hatte zum ersten Mal gesehen, was »die Germanen« in der Aerodynamik alles konnten. Erst als er die Ergebnisse der Windkanalmessungen gesehen und erkannt hatte, daß die Ergebnisse spektakulär gut waren, glaubte er wirklich an die Vorteile des Pfeilflügels, dann aber setzte er sich sofort hin und schickte ein Telegramm nach Hause: »Letzte Ergebnisse aus den Arbeiten, verifiziert durch Windkanalmessungen, lassen es ratsam erscheinen, eine Pfeilung von 55 Grad vorzusehen.« Seine Leute in Seattle aber, die das Telegramm erhielten, konnten den Wert einfach nicht glauben und hielten ihn für einen Übertragungsfehler. Sie dachten, das Komma sei um eine Stelle versetzt worden. Mühsam fragten sie noch einmal zurück und erhielten die Antwort, das habe schon so seine Richtigkeit.

Mein Nachfolger in der aerodynamischen Abteilung bei Messerschmitt, Walter Pieckert, trug noch weitere Überlegungen zur variablen Pfeilung vor, und wir sprachen auch von den Überlegungen, die man bei Junkers zum Flügel-Rumpf-Übergang bei Annäherung an die Schallgeschwindigkeit angestellt hatte. Diese Dinge wurden später in den USA unter dem Thema »Flächenregel« neu entdeckt und patentiert. Man baute auch unser Modell für die variable Pfeilung nach, weil das Original auf dem Transport in die USA zu stark beschädigt worden war. Es wurde zum Vorbild für die berühmte Bell X 5.

39 In den nächsten Jahren versuchte ich, die optische Industrie, zum Beispiel Contax, die Kamerafertigung von Zeiss-Ikon und Kino-Baur, für meinen Entwurf zu begeistern, allerdings vergeblich.

Einen Versuch wollte ich aber noch machen. Ich schrieb an die Firma Nagel, eine Tochter von Kodak, und beschrieb ihnen meine Kamera-Entwicklung. Daraufhin wurde ich nach Cannstatt zu einem Besuch eingeladen. Als ich dort ankam, wurde ich vom Chef und vom Leiter der Entwicklungsabteilung empfangen. Beide zeigten sich sehr interessiert an meinen Ideen, wollten aber die Patentfähigkeit vorher prüfen.

Schließlich stand ich kurz vor einem Vertragsabschluß mit der Firma Kodak, als ein Sachbearbeiter des Patentamts in Paris ein älteres Patent ausgrub, in dem eine ähnliche Vorrichtung wie in meiner Kamera schon beschrieben war. So erhielt ich leider eine Absage von Kodak. Schade. Ersatzweise bot mir die Firma Nagel dann sogar eine Stelle als Konstrukteur an. Mein »Nein« überraschte die Verantwortlichen. Als ich ihnen dann jedoch von meinen Bauprojekten erzählte, verstanden sie mich.

40 Ich vergab dafür nach der Gründung meines eigenen Ingenieurbüros 1948 Lizenzen an die Firma »Moderner Baubedarf« in Stuttgart. Es war reiner

Zufall – und damals ahnte ich noch nichts von der späteren Duplizität –, daß die Abkürzung dieses Firmennamens »mbb« hieß, so wie später unsere Firma Messerschmitt-Bölkow-Blohm.

41 Zum Beispiel die Kräne: Bis heute haben die Leute vom Bau noch nicht begriffen, daß jeder Kran einen großen Nachteil hat. Wenn er eine Last aufnimmt und sich dann dreht, beginnt er zu schwingen, und man muß danach erst einmal warten, bis er sich wieder ausgependelt hat. Das braucht alles Zeit. Wir haben deshalb die Lasten lieber mit einem Aufzug hochgefahren und z. B. Beton mit Förderbändern transportiert. Wir entwickelten dafür Förderbänder, die man untereinander verketten und damit größere Strecken überbrücken konnte.

42 Zusammen mit verschiedenen Kollegen hielt ich auch eine ganze Reihe von Patenten, so zum Beispiel mit Richard Bauer eines für einen sogenannten Aufnehmer. Es handelte sich dabei um ein kleines Gefährt, das durch einen Elektro- oder Verbrennungsmotor von rund fünf PS angetrieben wurde. Es konnte beim Aufnehmen selbst fahren. Für den Transport wurde er an einen LKW angehängt. Er brachte pro Stunde rund 40 Kubikmeter Schutt, Kies oder Sand auf das Förderbandsystem. Bei diesen Bauverfahren lernte ich, daß man möglichst nie nur ein Einzelproblem anpacken soll, sondern immer das Ganze betrachten muß.

43 Wie vielfältig unsere Arbeiten in den Jahren zwischen 1948 und Mitte der fünfziger Jahre waren, kann die folgende Aufstellung verdeutlichen:
Wir entwickelten
– chemische Reinigungsmaschinen für unsere Maschinenbaufreunde Böhler und Weber in Augsburg. Ausgangspunkt war eine Idee von Weber für ein Sandfilter, das sich automatisch reinigen läßt;
– kleine Fertigungsautomaten, mechanisch gesteuert;
– eine automatische Papierschneidemaschine als Zusatz für EDV- und Adressieranlagen;
– Schnellbauaufzüge, Schrägaufzüge, leichte Turmdrehkräne, sehr leichte Flurförderer, Betonzwangsmischer, teilweise Dinge, die ungefähr zehn Jahre zu früh kamen. Die Auftragnehmer konnten sich Anfang der fünfziger Jahre damit auf dem Markt noch nicht durchsetzen;
– Putzmaschinen für den in der Stuttgarter Gegend üblichen Gipsputz;
– Werkzeuge, vornehmlich Stanzwerkzeuge für die Elektromotorenindustrie, aber auch Werkzeuge für Kleinserien in der Autoindustrie;
– Einblatt-Windrotoren;
– Spezialbagger und Dränagerohrverleger.

44 Interessant sind in diesem Zusammenhang einige Zahlen über die Augsburger Filiale, die anläßlich der Übergabe an Böhler und Weber Ende 1957

festgehalten wurden. Die Nachkalkulation jenes Jahres weist sieben Kunden, 16 Mitarbeiter, Stundensatz DM 5,65, Erlös DM 260 000,– und einen Gewinn von DM 56 000,– aus.
Die Vorkalkulation für 1958 ergab allerdings durch einen geplanten größeren Investitionsaufwand einen Stundensatz von DM 8,50.

45 Wie in einem späteren Kapitel berichtet wird, hatten wir Ende der 60er Jahre zwei Verlustträger, unseren Hubschrauber Bo 105 und die Sportflugzeuge. In der Geschäftsführung mehrten sich deshalb die Stimmen, man solle dem Aufsichtsrat entgegenkommen und die letzteren aufgeben. Ich war dagegen und fühlte mich vor allem von unserem Finanzmann und von Sepp Hort ziemlich alleingelassen. Die Herren Blohm und Dr. Broschwitz verhielten sich neutral. Drechsler war dafür.
Ich meinte, daß der Verlust für die Bo 209 von jährlich einer Million Mark bei Vollkostenrechnung zu ertragen wäre, vor allem aber, daß sich ein Sportflugzeug als ziviles Produkt positiv auf unser Firmenbild auswirken würde. Ich konnte die anderen leider nicht überzeugen. Alles half nichts, ich mußte irgendwie Federn lassen. Am Schluß hieß die Alternative: entweder der Hubschrauber, die Bo 105, oder die Fertigung der Bo 209. Die Entscheidung fiel natürlich für den Hubschrauber.

46 Der Original-Phönix hängt heute im Deutschen Museum. Er läutete weltweit eine neue Entwicklung im Flugzeugbau ein. Fast sämtliche Leistungssegelflugzeuge mit Gleitzahlen bis zu 1 : 60 (ein Meter Sinken auf sechzig Meter Flugweg) sind heute in Faserkonstruktion gebaut.

47 Kindelberger und seine Mitarbeiter machten übrigens keinen Hehl aus der Tatsache, daß sie sich bei der Entwicklung der F-86 stark auf unsere Oberammergauer Vorarbeiten gestützt hatten. Sie fragten mich auch, warum ich nach 1945 in Deutschland geblieben sei. Meine Antwort und die Erklärungen dazu schienen sie aber nicht so ganz begriffen zu haben.

48 Später, Anfang der siebziger Jahre, als ich mit Messerschmitt eine Auseinandersetzung über die Realisierung eines Senkrechtstarters führte, hatte ich ebenfalls solche Zeitvorstellungen. Messerschmitt hingegen glaubte, es könne wesentlich schneller gehen.

49 Der Start erfolgte mit einem Raketensprung vom Boden weg, mit Verzögerung setzte dann ein Marschtriebwerk für den Zielflug ein. Gesteuert wurde mit elektrischen Kommandos über zwei Kupferdrähte, die mit Naturseide und Nylonfäden verstärkt wurden. Sie wurden von einer Trommel aus dem Innern des Flugkörpers gezogen. Lenksystem war ein Zieldeckungsverfahren: Am Ende des Flugkörper-Rumpfes brannte ein Glühsatz, der mit dem Ziel in Deckung gebracht werden mußte. Die Rotation des Flugkörpers wurde durch einen Kreisel, der übrigens mit einer

Schnur beim Abschuß automatisch aufgezogen wurde, mittels eines Spoilers verhindert.
50 Er wurde mit einer Schnur aufgezogen, die ungefähr einen Meter lang parallel zum Steuerungsdraht der Rakete lief.
51 Bei den Zusammenkünften zwischen Thomanek, dem Mathematiker Ernst Geisler und mir entstand später aus diesen Planspielen der Begriff der »Streubombe«. Man versteht darunter kleine Ladungen, die man statistisch, also nicht zielgerichtet, ausstreut.
52 Die so entstandenen Bilder zeigten folgenden Ablauf: Die Auskleidung des Hohlraums – meist Kupfer – verwandelt sich unter dem hohen Detonationsdruck in einen regelrechten »Stachel« aus flüssigen Kupfertropfen mit einem Durchmesser von rund 1,5 Millimetern, der sich mit der extrem hohen Geschwindigkeit von 8000 bis 10 000 Metern pro Sekunde beispielsweise auf die Panzerwand zubewegt. Dort drängt er allein durch den ungeheuer hohen Druck den Stahl zur Seite. So entsteht blitzschnell ein Loch in der Panzerwand. Die Messungen ergaben, daß kaum ein Gramm Stahl verlorengeht, denn nichts verbrennt.
Die Wirkung der Ladung wird um so größer, je genauer die Hohlladung gefertigt ist. Diese Kunst der »Präzisions-Hohlladung« wurde in Schrobenhausen auf die Spitze getrieben. Ein Rekord war die Demonstrationsleistung an einem 20 Zentimeter dicken und zwei Meter langen Stahlplattenstapel, der wenige Mikrosekunden nach der Zündung der Ladung durchbohrt war.
53 Mit anderen Firmen, die keine Newcomer wie ich waren, ging man großzügiger um. Ein Fünf-Millionen-Kredit ging in den Süden Württembergs an Dornier zum Kauf einer Entwicklungsanstalt am Bodensee, Messerschmitt wurde 1957 in Augsburg von Bayern und Bonn saniert. Weitere alte Namen erhielten Kredite zum Wiederaufbau und zum Teil auch für den völligen Neubau von Produktionsstätten.
54 Tatsächlich wurde auf dem Aerosalon in Paris 1959 ein auf dem Strahl »reitendes«, mit Spoilern im Strahl ferngesteuertes SNECMA-Triebwerk, genannt »ATAR volant«, gezeigt.
55 Ihm gelang dann tatsächlich auch mit Hilfe von Gero Madelung das Kunststück, zwischen dem Heinkel-Entwurf VJ (vertical jet) 101 A mit den vier Schwenktriebwerken und dem MTT-Entwurf VJ 101 B mit den komplizierten Gasumleitungen im Rumpf einen Kompromiß zu finden, die VJ 101 C.
Je zwei an den beiden Enden des Flügels schwenkbare Hub- und Marschtriebwerke und zwei im Rumpf vor dem Schwerpunkt liegende reine Hubtriebwerke ermöglichten Senkrechtstart und -landung sowie je nach Stärke

Der Autor mit seiner Mutter (1976)

Karl Bölkow gratuliert seinem Bruder zum Geburtstag ▷

Eine Gratulationsrunde. Von links: Willy Messerschmitt, Heinz Klammer, Iganz von Maydell, Hubert Wenzel, Ernst-Otto Pabst, Gero Madelung, Hans Empacher, Bernd Stückler und Peter Nauschütz ▷

Der Autor mit seiner Chefsekretärin Erika Bücherl

ANMERKUNGEN

der Schwenktriebwerke auch Überschallflug. Die Entscheidung für dieses Konzept fiel im September 1959.

56 Auf eine von mir in den USA gemachte und in den Medien wiedergegebene Äußerung: »Bei der gelieferten Qualität der 90 Flugzeuge sowie auch der Produktionsunterlagen hätten wir in Deutschland längst den ›Prosecutor‹, also den Staatsanwalt, im Hause« reagierte weder die Presse noch die Firma Lockheed.

57 Er entwickelte dort den ersten Hubschrauber der Welt mit pneumatischem Blattspitzenantrieb und brachte die Ergebnisse nach dem Krieg in die USA, wo er bei McDonell, später bei Vertol, mit Erfolg einen größeren Hubschrauber zum Fliegen brachte. Diese Technik wurde dann auch in England und Frankreich wegen zu hohen Brennstoffverbrauchs eingestellt. Wir haben es für Spezialzwecke – Panzertransport – auch einmal versucht. Die Arbeiten wurden wegen Änderung der taktischen Aufgabe ebenfalls eingestellt.

58 Boeing errichtete in München ein Büro. Wir machten im Sommer einen Besuch in Seattle mit Brantz Mayer und dem Präsident von Nord Aviation, Cahen-Salvador.

59 Es handelt sich dabei um ein vernetztes System, das schon bei der Konstruktion beginnt und sich durch den gesamten Produktionsablauf hindurchzieht und das für einen gleichbleibend hohen Qualitätsstandard sorgt. Das zahlte sich aus: Wenn später bei irgendeinem Gemeinschaftsprojekt in der Raumfahrt etwas passiert ist, war das nie eines unserer Teile.

60 Eine Arbeitsgemeinschaft der Firmen HFB, Weserflug und SIAT.

61 Sie bestand aus den Firmen Bölkow, Eltro, Siemens und Telefunken aus Deutschland, den französischen Firmen Nord Aviation und CSF zusammen mit den britischen Firmen Bristol und English Electric.

62 Wir bildeten einen Viererlenkungsausschuß. Für MILAN ernannten wir zwei Projektleiter, Fritz Zeyher bei uns und Hubert Collette auf der französischen Seite.

63 Was die Erprobung des neuen Materials betraf, hatten wir das Glück, drei junge Techniker aus der Schule des in Stuttgart lehrenden Professors Walter Just im Hause zu haben. Diese unsere Stuttgarter »Mafia« – Kurt Pfleiderer und Emil Weiland als Konstrukteure und Günther Reichert als Theoretiker – hatte gute Verbindungen zu Professor Ulrich Hütter in Stuttgart, einem Vorreiter in der Anwendung von faserverstärkten Kunststoffen. Für ihn hatten wir in unserem Naberner Werk bereits einen 20 Meter langen Glasfaserflügel für einen Windmotor auf der Schwäbischen Alb gebaut.

64 Die wesentlichen Konkurrenten waren damals die Bell 47, hergestellt in Italien bei Augusta, und die Alouette von Aérospatiale in Marignon bei Marseille.

ANMERKUNGEN

65 Montagelizenzen mit Teileherstellung bei uns wurden nach den Philippinen, nach Indonesien und – nach einigen erfolgreichen Verkäufen nach Spanien – an die CASA vergeben, an der wir seit der Fusion mit Messerschmitt beteiligt waren.

66 Unsere Konstruktion des halbstarren Rotors wurde zum Vorbild für viele andere Systeme – auch eines ohne Faserkonstruktion in Titan, nämlich beim Hubschraubertyp Lynx in England. Die Glasfaserkunststoffblätter fanden mit und ohne technische Hilfe von uns weltweit Anwendungen.

67 Hans Derschmidt, der wie ich ein Wagner-Schüler der TH Charlottenburg ist, kam 1954 zum Ingenieurbüro Bölkow. Er hat zunächst den erwähnten Einblatt-Kleinhubschrauber Bo 103 von Bauer entwickelt, danach das Hubschrauber-Trainingsgerät Bo 102 »Heli-Trainer«. Sein eigentliches Hobby war die Idee eines Hochgeschwindigkeitsrotors. Er hatte sich nach dem Krieg als routinierter Skiläufer einen anschnallbaren Traghubschrauber gebaut, mit dem er ins Tal flog. Der schlechte Gleitwinkel von 1,4 störte ihn. Er erfand einen neuartigen Rotor, bei dem die Blätter während des Umlaufes eine gesteuerte, zwangsläufig zusätzliche Schwenkbewegung machten. Eine bedeutende Gleitwinkelverbesserung, die übertragen auf den angetriebenen Vorwärtsflug wesentlich höhere Fluggeschwindigkeiten ermöglichen würden. Derschmidt baute in seiner Freizeit ein Modell des Systems, das er im Wind rotieren ließ. Im Jahre 1956 traten wir dann an die Deutsche Studiengemeinschaft für Hubschrauber (DSH) heran und baten um eine Stellungnahme. Die Herren Prof. Focke und Prof. Dr. Just waren des Lobes voll.

Alle Welt hielt das System für die Zukunft des Drehflügels als die Lösung. In der DSH begann Dr. Just 1956 mit Unterstützung des Landesgewerbeamtes Stuttgart mit wissenschaftlicher Untersuchung des Windkanalmodells, eines Vierblatt-Rotors mit fünf Meter Durchmesser. Die Versuche verliefen positiv. Inzwischen finanzierte das Verteidigungsministerium Arbeiten in Richtung auf ein fliegendes Gerät. Wir bauten zunächst einen Fünfblatt-Rotor für den Stuttgarter Windkanal und erreichten in zwei Meßreihen Fortschrittsgrade entsprechend einer Fluggeschwindigkeit von 615 km/h. Darauf erhielten wir einen Vertrag auf eine Flugausführung, die Bo 46. Bei der notwendigen komplizierten Konstruktion ergab es nun größere Schwierigkeiten. Materialfehler bei den großen Magnesiumgußstücken der Arme, Dämpferstreben, Kunststoffblätter und ähnliches. Nach den verlangten 20 Laufstunden des Rotors am Boden fand dann endlich der erste freie Flug im Januar 1964 statt. Vom Auftraggeber eng beschränkt ein Schwebeflug bis max. drei Meter Flughöhe. Einige Schwingungen um die Hochachse führten dann zu Änderungen, die einen erfolgreichen Flug im

Die Familie

Elke Bölkow durchschneidet das Band am Eingang zur Eröffnung des neuen Betriebskasinos im Werk Ottobrunn (September 1968)

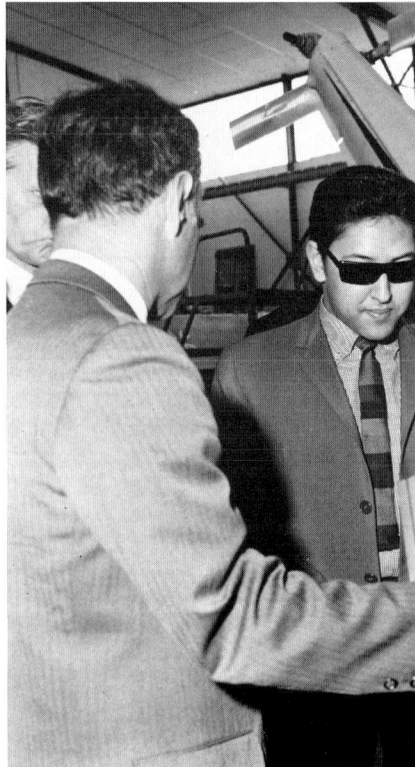

Besuch des Kronprinzen von Nepal, betreut von Ludwig Bölkow junior (MBB-Hubschraubervertrieb) im August 1968

Bei der Verleihung des Ludwig-Prandtl-Ringes (1972). Von links: Robert Legendre (Akademie der Wissenschaften, Paris), der Autor und Annerose Bölkow

Nach der Verleihung der Daniel-Guggenheim-Medaille am 5. Mai 1994 in Washington. Neben dem Autor seine Frau Erika und Werner Heinzmann (DASA)

der Schwenktriebwerke auch Überschallflug. Die Entscheidung für dieses Konzept fiel im September 1959.

56 Auf eine von mir in den USA gemachte und in den Medien wiedergegebene Äußerung: »Bei der gelieferten Qualität der 90 Flugzeuge sowie auch der Produktionsunterlagen hätten wir in Deutschland längst den ›Prosecutor‹, also den Staatsanwalt, im Hause« reagierte weder die Presse noch die Firma Lockheed.

57 Er entwickelte dort den ersten Hubschrauber der Welt mit pneumatischem Blattspitzenantrieb und brachte die Ergebnisse nach dem Krieg in die USA, wo er bei McDonell, später bei Vertol, mit Erfolg einen größeren Hubschrauber zum Fliegen brachte. Diese Technik wurde dann auch in England und Frankreich wegen zu hohen Brennstoffverbrauchs eingestellt. Wir haben es für Spezialzwecke – Panzertransport – auch einmal versucht. Die Arbeiten wurden wegen Änderung der taktischen Aufgabe ebenfalls eingestellt.

58 Boeing errichtete in München ein Büro. Wir machten im Sommer einen Besuch in Seattle mit Brantz Mayer und dem Präsident von Nord Aviation, Cahen-Salvador.

59 Es handelt sich dabei um ein vernetztes System, das schon bei der Konstruktion beginnt und sich durch den gesamten Produktionsablauf hindurchzieht und das für einen gleichbleibend hohen Qualitätsstandard sorgt. Das zahlte sich aus: Wenn später bei irgendeinem Gemeinschaftsprojekt in der Raumfahrt etwas passiert ist, war das nie eines unserer Teile.

60 Eine Arbeitsgemeinschaft der Firmen HFB, Weserflug und SIAT.

61 Sie bestand aus den Firmen Bölkow, Eltro, Siemens und Telefunken aus Deutschland, den französischen Firmen Nord Aviation und CSF zusammen mit den britischen Firmen Bristol und English Electric.

62 Wir bildeten einen Viererlenkungsausschuß. Für MILAN ernannten wir zwei Projektleiter, Fritz Zeyher bei uns und Hubert Collette auf der französischen Seite.

63 Was die Erprobung des neuen Materials betraf, hatten wir das Glück, drei junge Techniker aus der Schule des in Stuttgart lehrenden Professors Walter Just im Hause zu haben. Diese unsere Stuttgarter »Mafia« – Kurt Pfleiderer und Emil Weiland als Konstrukteure und Günther Reichert als Theoretiker – hatte gute Verbindungen zu Professor Ulrich Hütter in Stuttgart, einem Vorreiter in der Anwendung von faserverstärkten Kunststoffen. Für ihn hatten wir in unserem Naberner Werk bereits einen 20 Meter langen Glasfaserflügel für einen Windmotor auf der Schwäbischen Alb gebaut.

64 Die wesentlichen Konkurrenten waren damals die Bell 47, hergestellt in Italien bei Augusta, und die Alouette von Aérospatiale in Marignon bei Marseille.

65 Montagelizenzen mit Teileherstellung bei uns wurden nach den Philippinen, nach Indonesien und – nach einigen erfolgreichen Verkäufen nach Spanien – an die CASA vergeben, an der wir seit der Fusion mit Messerschmitt beteiligt waren.

66 Unsere Konstruktion des halbstarren Rotors wurde zum Vorbild für viele andere Systeme – auch eines ohne Faserkonstruktion in Titan, nämlich beim Hubschraubertyp Lynx in England. Die Glasfaserkunststoffblätter fanden mit und ohne technische Hilfe von uns weltweit Anwendungen.

67 Hans Derschmidt, der wie ich ein Wagner-Schüler der TH Charlottenburg ist, kam 1954 zum Ingenieurbüro Bölkow. Er hat zunächst den erwähnten Einblatt-Kleinhubschrauber Bo 103 von Bauer entwickelt, danach das Hubschrauber-Trainingsgerät Bo 102 »Heli-Trainer«. Sein eigentliches Hobby war die Idee eines Hochgeschwindigkeitsrotors. Er hatte sich nach dem Krieg als routinierter Skiläufer einen anschnallbaren Traghubschrauber gebaut, mit dem er ins Tal flog. Der schlechte Gleitwinkel von 1,4 störte ihn. Er erfand einen neuartigen Rotor, bei dem die Blätter während des Umlaufes eine gesteuerte, zwangsläufig zusätzliche Schwenkbewegung machten. Eine bedeutende Gleitwinkelverbesserung, die übertragen auf den angetriebenen Vorwärtsflug wesentlich höhere Fluggeschwindigkeiten ermöglichen würden. Derschmidt baute in seiner Freizeit ein Modell des Systems, das er im Wind rotieren ließ. Im Jahre 1956 traten wir dann an die Deutsche Studiengemeinschaft für Hubschrauber (DSH) heran und baten um eine Stellungnahme. Die Herren Prof. Focke und Prof. Dr. Just waren des Lobes voll.
Alle Welt hielt das System für die Zukunft des Drehflügels als die Lösung. In der DSH begann Dr. Just 1956 mit Unterstützung des Landesgewerbeamtes Stuttgart mit wissenschaftlicher Untersuchung des Windkanalmodells, eines Vierblatt-Rotors mit fünf Meter Durchmesser. Die Versuche verliefen positiv. Inzwischen finanzierte das Verteidigungsministerium Arbeiten in Richtung auf ein fliegendes Gerät. Wir bauten zunächst einen Fünfblatt-Rotor für den Stuttgarter Windkanal und erreichten in zwei Meßreihen Fortschrittsgrade entsprechend einer Fluggeschwindigkeit von 615 km/h. Darauf erhielten wir einen Vertrag auf eine Flugausführung, die Bo 46. Bei der notwendigen komplizierten Konstruktion ergab es nun größere Schwierigkeiten. Materialfehler bei den großen Magnesiumgußstücken der Arme, Dämpferstreben, Kunststoffblätter und ähnliches. Nach den verlangten 20 Laufstunden des Rotors am Boden fand dann endlich der erste freie Flug im Januar 1964 statt. Vom Auftraggeber eng beschränkt ein Schwebeflug bis max. drei Meter Flughöhe. Einige Schwingungen um die Hochachse führten dann zu Änderungen, die einen erfolgreichen Flug im

Die Familie

Elke Bölkow durchschneidet das Band am Eingang zur Eröffnung des neuen Betriebskasinos im Werk Ottobrunn (September 1968)

Besuch des Kronprinzen von Nepal, betreut von Ludwig Bölkow junior (MBB-Hubschraubervertrieb) im August 1968

Der Autor mit seiner Mutter (1976)

Karl Bölkow gratuliert seinem Bruder zum Geburtstag ▷

Eine Gratulationsrunde. Von links: Willy Messerschmitt, Heinz Klammer, Iganz von Maydell, Hubert Wenzel, Ernst-Otto Pabst, Gero Madelung, Hans Empacher, Bernd Stückler und Peter Nauschütz ▷

Der Autor mit seiner Chefsekretärin Erika Bücherl

Oktober 1964 ermöglichten. Nach dieser Phase begann eine große Diskussion mit Bonn. Den zuständigen Referenten, Ministerialrat Scheven, verließ der Mut. Außerdem konnte er im Ministerium keine militärische Forderung für so ein Gerät erhalten. Die Kompliziertheit schreckte auch viele ab. Kurz und gut, man wollte das Risiko einer zweiten Flugerprobungsphase nicht mehr eingehen.

Trotz des Abbruches gab man aber Derschmidt noch die Möglichkeit, seine Forschungsarbeiten fortzuführen. Er konnte noch das Modell eines Dreiblatt-Schwenkrotors vorstellen, der keine mechanischen Verbindungen mehr hatte. Durch eine entsprechende elastische Aufhängung konnte man eine harmonische Schwenkbewegung aufrecht erhalten. Insgesamt aber erlosch das Interesse an dem Hubschrauber-Schnellflugprogramm. Gelernt haben wir sehr viel.

68 Wir hatten gerade angefangen in Ottobrunn, als sich ein Assistent des in Stuttgart Hubschraubertechnik lehrenden Prof. Focke auf Anraten des Verteidigungsministeriums zu einem Gespräch meldete, Götz Heidelberg. Er hatte Vorstellungen für eine Verbesserung für Hubschrauber mit Blattspitzenantrieb. Albert Wahl in der Verteidigung wußte davon, daß ich während des Krieges 1943 in Wiener Neustadt die Entwicklung eines Blattspitzenantriebes durch Friedrich von Doblhoff, der WNF 342, die dann im Herbst 1943 flog, mit Interesse beobachtet hatte. Heidelberg war ein sehr phantasiereicher, junger, energieausstrahlender Ingenieur. Wir wurden uns einig, Versuche in Richtung von freifliegenden Geräten, insbesondere in Richtung auf große Lastenhubschrauber für die Verteidigung zu entwickeln. Ein Nutzungsvertrag für seine schon angemeldeten Patente wurde geschlossen. 1959/60 bauten wir drei Versuchsrotoren und einen fliegenden Jeep. Ein wesentliches Ergebnis war, daß Reaktionsantrieb in Verbindung mit Steuerungseigenschaften bei kleinen Rotoren durch eine Strahlklappensteuerung zu schlechte Wirkungsgrade ergab.

Wir konzentrierten uns dann auf Versuche in Richtung auf große Lastenhubschrauber. Zunächst eine Versuchsanlage mit acht Meter Durchmesser mit einem Turbomeca-Triebwerk. Rotorblätter aus Aluminium, geklebt mit Hilfe unserer Autoklaven in Donauwörth. Ergebnisse waren sehr gut. Projektuntersuchungen zeigten, daß die Vorteile des getriebelosen und drehmomentfreien Reaktionsrotors bei großen Abmessungen und dementsprechend großen Nutzlasten stärker zur Auswirkung kamen.

Wir erhielten dann den Auftrag für einen Prüfstand mit einem Niederdruck-Reaktionsrotor von 31 Meter Durchmesser und einem Zweistrom-Turbostrahltriebwerk mit Aft-Fan der Firma General Electric von über 13 000 Kilowatt Leistung. Die riesigen Rotorblätter haben wir in unserem Werk

Donauwörth im Autoklaven geklebt, 15 m lang und 2,40 m tief. Die erfolgreichen Versuchsläufe begannen 1964. Maximale Hubkraft waren 36 Tonnen. Überall Bewunderung und Anerkennung, aber eine militärische Forderung, z. B. Transport oder Abschleppen von beschädigten Panzern, war nicht zu erhalten.

69 Die Mannschaft wurde von allen Gesellschaftern gestellt. Darüber hinaus wurde eine größere Anzahl von Außenaufträgen erteilt. Geschäftsführer Götz Heidelberg (MB), Dr. Werner Töpfer (Bundesbahn) und Rudolf Schulze (Strabag). Die umfangreiche Studie wurde vom Forschungsminister, Ministerialdirektor Dr. Finke, beaufsichtigt und finanziert.

70 Er ging – entgegen einer früheren schriftlichen Abmachung, die ich jetzt beim Aktenstudium entdeckte – ebenfalls dorthin mit der Idee, den Antrieb in die »Schiene« durch ein Wanderfeld zu legen. Es gab dann wieder eine neue GmbH. Bundesbahn und Lufthansa mit den genannten drei Firmen und mit zunehmendem Einfluß auch IABG und Siemens.

71 Daneben entwickelte die Bundesbahn selbst – ohne einen industriellen Systemführer – den ICE in dem bei ihr üblichen Schneckentempo. Sie baute dafür eine Strecke Nord-Süd, vor allem im Mittelgebirge mit sehr vielen (leider zu engen) Tunnelstrecken für ein Tempo bis 250 Kilometer pro Stunde aus. Für uns ehemalige Aerodynamiker ist dies ein Unding. Ein Begegnungsverkehr mit Güterzügen, Containern oder Huckepacksystemen bei Spitzengeschwindigkeiten von 250 Kilometern pro Stunde erschien uns unmöglich. Dabei wurden neue Schnellzugtrassen mit sehr vielen Tunnels vor allem zwischen Hannover und Frankfurt/Main gebaut. Ich veranlaßte dann, daß sich eine Gruppe von Ingenieuren letztlich unter Leitung von Dr. Günther um Drehgestelle für hohe Geschwindigkeiten kümmerte, um letztlich vom sogenannten Sinus-Lauf, d. h. dem wechselseitigen Anstoß an den Schienen, wegzukommen. Durch Digitalsimulationen fand der Mitarbeiter Graßberger eine Losrad-Konstruktion, d. h. beide Radscheiben nicht mehr durch eine gemeinsame Achse gekoppelt. Die Anordnung zeigte auf dem Rollenprüfstand in München ein hervorragendes Dämpfungsverhalten. Zusätzlich entwickelten wir dann für das Drehgestell statt Stahl eine Lösung in faserverstärkten Kunststoffen. Einmal aus Gewichtsgründen – es gibt eine Ersparnis von 1,5 Tonnen pro Drehgestell und zweitens wegen der Dämpfungseigenschaften der Faserverbundkonstruktion. Beginn Ende der siebziger Jahre, Bau und erfolgreiche Erprobung bis 1992. Wie nötig so ein oder ein ähnliches Drehgestell ist, spürt man, wenn man heute, 1994, mit dem ICE fährt.

72 Die Messerschmitt AG hatte sich den Unwillen der Luftwaffen-Führung durch eine Schrift gegen die F-4 zugezogen. Ich konnte zusammen mit

Gero Madelung in einem Gespräch mit Luftwaffeninspekteur Steinhoff den Frieden wiederherstellen.

73 Ich möchte an dieser Stelle nicht versäumen, auf die große Hilfe im innerbetrieblichen Konsens, die ich dem Betriebsratsvorsitzenden Heinz Henk zu verdanken habe, hinzuweisen. Es bildete sich dort ein zunehmendes, gegenseitiges Vertrauen heraus, es wurde mit der Zeit ein wirkliches »Wir«.

74 In diesem Zusammenhang tauchte zum ersten Mal der Name des späteren Generals Walter Dornberger auf. Wie die Pulverraketen, schon zu Chinas großen Zeiten im 13. Jahrhundert bekannt, wurden nun auch Flüssigkeitsraketen militärisch genutzt und die Arbeit daran deshalb aus militärischen Mitteln finanziert. Hätten von Braun, der bis zum Schluß seines Lebens in der Weltraumfahrt Realist, aber auch Romantiker war, und seine Freunde damals zu der Möglichkeit nein sagen sollen, daß wegen der möglichen militärischen Verwendbarkeit solcher Raketen endlich Mittel für ihre Idee der Flüssigkeitsraketenantriebe zur Verfügung standen? Wehrtechnik ja oder nein, dies war damals für die meisten technisch interessierten Menschen kein Glaubensbekenntnis.

75 Besonders blieb mir die Flugsteuerung und die Bestimmung der Brennschlußzeit durch die Integration der Beschleunigung über die Zeit mit Hilfe einer Kreiselplattform, eines Schulerpendels und eines Beschleunigungsmessers in Erinnerung, eine sogenannte Trägheitssteuerung. Diese Vorrichtung, die natürlich heute, in den Zeiten der elektronischen Steuerung, veraltet wirkt, beeindruckte nicht nur mich, sondern auch meine Chefs in Augsburg. Schließlich war dies ja der Anfang für die Navigation durch Integration des bisher zurückgelegten Weges. Geistiges Zentrum dieser Arbeit war die Technische Hochschule Darmstadt mit dem Mechanik-Lehrstuhl von Professor Schuler.

76 Eine physikalische Zustandsänderung, wie sie bei einer Strömung beim Übergang vom Überschall- zum Unterschallbereich bekannt war. Zur Theorie des Sonnenwinds trug entscheidend eine Arbeit Ludwig Biermanns aus dem Jahr 1950 bei, in der er sich mit Kometenschweifen beschäftigt hatte. Leider gab es damals keinen Nobelpreis für den Deutschen.

77 Die zweibändige Denkschrift, unterschrieben von Quick, Pätzold und Bölkow, wurde im November 1962 abgeschlossen. Ich bewundere noch heute den Mut unserer jungen Mannschaft, so etwas vorzuschlagen. In unserer Denkschrift schlugen wir eine Serie von fünf Satelliten vor. Wir benannten die Reihe nach dem Jahr 1962 und unseren eigenen Projektnummern 5, also zum Beispiel »625«. Die Diskussion begann.

78 Aus mehreren Firmen wurde ein CIFAS-Konsortium (Consortium Industriel Franco-Allemand pour le Satellite Symphonie) gegründet.

79 Wir bauten folgende Details: den Apogäumsantrieb von 400 Newton Schub und die Kleinrakete für die Bahn- und Lageregelung in allen drei Achsen, eine Arbeit, die erstmals in Europa entwickelt wurde. Für die Regelung war Eveline Gottzein verantwortlich, auch für die hierfür benötigten Steuer- und Korrektur-Kleintriebwerke mit einem Schub von je zehn Newton und sehr schnell aufeinanderfolgenden, äußerst kurzen Intervallen.

80 Es wurde über den neuesten Entwurf des Vertrages der drei Firmen, Airitalia (15 %), British Aircraft Corporation (42,5 %) und MBB (42,5 %) sowie über die Gründung einer gemeinsamen Managementfirma der Panavia GmbH verhandelt.

81 Die Regierungen gründeten die NAMMA (NATO MRCA Management Agency) als Verbindung zu den technischen Abteilungen der Luftwaffen.

82 Wir versuchten uns alle daran, Messerschmitt, Bölkow, Madelung und andere. Schließlich faßte von Tein, den ich von der Hubschrauberkonstruktion in den EWR als Konstruktionsleiter für den deutschen Anteil versetzt hatte, die Ergebnisse der verschiedenen Überlegungen und Versuche in einem Entwurf zusammen. Sein Vorschlag erwies sich bei einem Ottobrunner Dauerversuch unter erhöhter Last als brauchbar.

83 Die Schaufelbefestigung der ersten Gasturbinenstufe, vor allem der Außenring, machten große Schwierigkeiten. Die Schaufel dieser Stufe ist sowieso ein technisches Wunderwerk mit ihren sehr feinen Kühl- und Ausblasbohrungen an den Vorder- und Hinterkanten der Schaufeln. Ich erinnere mich immer noch mit einem guten Gefühl an die gemeinsamen Board-Sitzungen der Turbo Union und unserer Panavia in München oder bei Rolls Royce: Immer gab es dort eine offene sachliche Diskussion der beteiligten Techniker.

84 Herausragende Namen zu nennen ist schwierig. Vorweg die Programmleiter Heath, Manuino und Langfelder, der zugleich bei MBB für die Technik verantwortlich war, und für die Panavia-Gesamtleitung Gero Madelung. Nicht zu vergessen unsere Testpiloten Nils Meister, Fred Rammensee, Arnim Krauthamm und Ludwig Obermeier, der beim Training für eine Vorführung tödlich verunglückte. Ich selbst habe vor allem dem Leiter unserer internationalen Beziehungen, Franz Forster-Steinberg, für seine Zuarbeit im Tornado-Programm zu danken.

85 Die Deutsche Airbus GmbH wurde »koordinierend«, aber exklusiv für die Projektdefinition und die Steuerung aller sonstigen Airbus-Arbeiten in der deutschen Industrie tätig. Sie trug die technische Verantwortung und war für die Finanzierung des deutschen Anteils zuständig. Auf der anderen Seite war sie als GmbH eine Durchgriffsbarriere im Haftungsfall für die »ängstlichen« deutschen Gesellschafterfirmen. Ohne diese schützende Or-

ganisationsform wäre es uns nie gelungen, das Programm bei den deutschen Firmen durchzubringen.

86 Eine große technische Hilfe soll nicht vergessen werden. Die Lufthansa war die »Central Agency« der Atlasgruppe. Sie spezifizierte in vielen tausend Arbeitsstunden die A 300 mit uns und stellte rund 1000 Änderungsvorschläge zur Diskussion, die wir fast alle übernommen haben. Ein wesentlicher Beitrag, der neben unseren Werkstattleistungen die für alle Beteiligten später überraschend hohe Zuverlässigkeit des Flugzeugs erklären konnte. Heute noch ein Dank an die Hamburger Lufthansa-Kollegen unter dem technischen Direktor und Vorstand Abraham.

87 Anfang des Jahres 1970 organisierten wir die Leitung um. Bernhard Weinhardt wurde Vorsitzender der Geschäftsführung, Johann Schäffler war nun für die Technik und mein bisheriger kaufmännischer Assistent Rolf Siebert für die wirtschaftlichen Belange zuständig. Felix Kracht leitete die Produktion. Er ging kurz darauf in die Zentrale nach Toulouse mit der gleichen Aufgabe und vollbrachte dort eine phantastische Leistung.

88 Eine nachhaltige Hilfe sowohl in Jakarta, wie auch in Manila waren die deutschen Botschaften. Ihre uns überlassenen Übersichtsberichte sowie ihre Kontaktmöglichkeiten waren sehr gut.

89 Bauereisen siedelte mit Familie nach Bandung über. Wir stellten auch einen Kaufmann für den Anfang der Firma.

90 Ansprache von Helmut Langfelder am 23. 12. 1977 aus Anlaß der Verabschiedung Ludwig Bölkows.

91 Diese Behinderung hat er dank Technik und eisernem Willen sowie der aufopfernden Hilfe seiner Frau soweit überwunden, daß er noch fast 15 Jahre beste Arbeit für das Unternehmen leistete.

LUDWIG-BÖLKOW-STIFTUNG

»Die bisherige Technik ist in vielfacher Hinsicht noch untechnisch; sie hat noch nicht gut genug verstanden, was Technik ist. Technik ist Mittel zu Zwecken. In ihrer Wachstumsphase war die Technik aber tatsächlich weitgehend Selbstzweck, oder sie war Mittel zur Durchsetzung von Partikularinteressen, von wirtschaftlicher und militärischer Macht. Eine Kultur kann nicht stabil sein, deren Mittel um eine Größenordnung besser durchgebildet sind als das Bewußtsein ihrer Zwecke.«

C. F. von Weizsäcker

»Unserer Stiftung ist die Aufgabe gestellt, an der Erforschung und Planung langfristiger Entwicklungen in unserer technikgeprägten Welt mitzuarbeiten. Durch die Betrachtung von weit vor uns liegenden Zeiträumen sollen Maßstäbe für heutiges Handeln gefunden werden. Dies ist angesichts der Trägheit der grundlegenden Umstellungsvorgänge in Technik und Gesellschaft (vgl. Energiewirtschaft mit Zeiträumen von 50–70 Jahren) keine intellektuelle Spielerei, sondern von existentieller Bedeutung für die Menschheit.

Nur mit langfristigem Denken, nur mit Denken in Zeiträumen, die weit über die eigene Lebenszeit und erst recht über die Zeit des aktiven Berufslebens hinausgehen, nur so werden wir unserer Verantwortung für die nach uns kommenden Generationen gerecht. Nur wenn wir eine Denkebene über unserem täglichen ›Management‹ in Forschung und Wissenschaft, in Technik und Industrie, in Gesellschaft und Politik einnehmen und uns dieser Notwendigkeit bewußt sind, führen wir wirklich.

Die tägliche Arbeit in unserer immer komplizierter und dynamischer werdenden Welt läßt uns nicht den Abstand gewinnen und läßt uns nicht die Zeit, uns mit den langfristigen Problemen zu befassen und die täglich zu fällenden Entscheidungen in ihrer Vielfalt auch noch auf die langfristigen Aspekte auszurichten.

Eine Person, ein Unternehmen, eine Verwaltung, eine Regierung können angesichts der auf uns zukommenden Probleme, auch wenn diese erkannt werden, allein kaum Entscheidendes tun. Es ist die gesamte Gesellschaft, die gefragt und gefordert ist, wenn die Chance eines Erfolges bei der Lösung der gegenwärtigen großen Probleme, wie die Umstrukturierung der Land- und Energiewirtschaft, der Bevölkerungszuwachs in der Dritten Welt, die Umweltbelastung, das Sterben der Wälder und die Arbeitslosigkeit bestehen soll.

Wir sind uns alle mehr denn je darüber im klaren, daß wir in dieses Gesamtschicksal eingebunden sind. Aber wir spüren auch täglich mehr, daß wir mit an Wahlperioden gebundenen Entscheidungen allein nicht zu nachhaltigen Lösungen gelangen. Maßnahmen zur Sicherung der Lebensgrundlagen unserer Enkelkinder verlangen Verzicht und Mehrarbeit von uns Lebenden. Dies läßt sich nur schwer in unserer, von ›täglichen Gefälligkeiten‹ lebenden Gesellschaft verkaufen.

Die Stiftung soll gerade hier begründete Aussagen erarbeiten und diese unabhängig von Einzelheiten in – auch für Nichtfachleute – faßbarer Form verbreiten und so Entscheidungen für die kommenden Generationen heute durchsetzbar machen.«

Dipl.-Ing. Dr.-Ing. e.h. Ludwig Bölkow

Anlaß

Wir leben in einer weitgehend von Technik geprägten Welt. Technik ist einer der wichtigsten Antriebe der Veränderung von Gesellschaft und Umwelt geworden. Sie ist neben der natürlichen Umwelt die Basis für unsere materielle Existenz. Niemand kann im Ernst daran glauben, daß eine technikfreie Gesellschaft eine Alternative zur gegenwärtigen Situation ist.

Insbesondere für unser an natürlichen Reichtümern armes Land ist Technik, insbesondere komplexe Spitzentechnik, eine sehr wichtige Voraussetzung zur Erhaltung unseres gegenwärtigen Lebensstandards.

Technik zusammen mit vorausschauender Planung und effektivem Management war und ist die Ursache dafür, daß wir heute weniger arbeiten müssen, mehr Freizeit und materielle Güter zur Verfügung haben, länger und wohl auch gesünder leben als vor hundert und mehr Jahren. Dies gilt ähnlich, wenn auch nicht in dieser Deutlichkeit, für die noch wenig entwickelten südlichen Länder. Ein schlagartiges Verschwinden von Technik würde möglicherweise für die Menschheit eine dem atomaren Holocaust vergleichbare Katastrophe auslösen.

Trotzdem, wir sind und wir können nicht zufrieden sein mit dem gegenwärtigen Zustand. Wir beginnen zu fragen, welchen Preis wir oder kommende Generationen für die unzweifelhaften Wohltaten, die uns die Technik bietet, zu zahlen haben. Zwar müssen wir undifferenzierten Technikpessimismus und Technikfeindlichkeit ablehnen, wir können aber unser Heil auch nicht mehr in einer blinden Fortschrittsgläubigkeit suchen. Wir können und wir dürfen auch nicht einfach darauf vertrauen, daß die nächste und die übernächste Technikgeneration die Probleme lösen wird, die wir heute aufreißen. Damit drücken wir uns nur vor der Verantwortung gegenüber der Geschichte.

Was sind nun diese Probleme? Wir meinen damit nicht die insbesondere in den Überflußländern häufig geäußerte Überzeugung, daß der durch Technik ermöglichte Wohlstand die Menschen »nicht glücklicher« macht. Es ist wohl eine grundlegende menschliche Eigenschaft, niemals ganz glücklich zu sein. Materieller Überfluß trägt selten zum Glück bei, materielle Not allerdings oft zum Unglück.

Wir meinen die handfesteren, durchaus quantifizierbaren Risiken und Probleme. Jeder, den Not, Hunger und Krankheiten in weiten Teilen dieser Welt persönlich betroffen macht, muß die Ungleichheit beklagen, mit der Technik und der durch sie ausgelöste materielle Wohlstand über diese Erde verteilt ist. Die Gesellschaften und Gesellschaftsgruppen jener nicht entwickelten Gebiete können sich entweder Technik nicht leisten oder, wenn sie ihnen zu schnell und ohne begleitende Ausbildung gegeben wird, nicht handhaben. Für sie wird Technik zur wesentlichen Ursache für Ungleichheit und Ungerechtigkeit in dieser Welt.

Für uns treten andere negative Nebenwirkungen von Technik in den Vordergrund: Sie birgt über ihre kriegerische Anwendung hinaus Risiken für Leben und Gesundheit, sowohl indem sie falsch angewendet wird, als auch durch ihre nicht leicht vermeidbaren Nebenwirkungen.

Insbesondere durch explosionsartige Ausbreitung oder durch den konzentrierten Einsatz von Techniken werden Veränderungen bewirkt, die wir in ihrem Ausmaß kaum vorhersehen können. Technik hat auch immaterielle Auswirkungen, die wir als negativ wahrnehmen. Sie kann mißbraucht werden, um Menschen in ihrer persönlichen Freiheit und in ihrer persönlichen Würde zu beeinträchtigen. Wir müssen hier nur an Kommunikationstechnik und Medizintechnik denken. Und schließlich kann ein zu schneller technischer Wandel die Anpassungsfähigkeit des Menschen und seiner Gesellschaft überfordern, und damit gewachsene Strukturen und Bindungen zerstören, ohne an deren Stelle etwas Dauerhaftes und Nachhaltiges zu setzen.

All dies sind direkte Auswirkungen von Technik auf den Menschen und seine Gesellschaft. Technik beeinflußt aber auch in der massivsten Weise die Natur oder die Biosphäre als Ganzes. Wir wollen hier nur die drei Stichworte Verbrauch natürlicher Vorräte (Rohstoffe, Luft und Wasser), Landschaftsverbrauch (Landwirtschaft, Verkehrswege, Siedlungs- und Industrieflächen) und Umweltverschmutzung durch Abfälle, Schadstoffe, Abwärme und Lärm nennen.

Die Folgen dieser Eingriffe sind weitreichend und, wenn sie, wie heute fast immer, ungeplant geschehen, hauptsächlich negativ für Natur und Menschen, der sich so seiner natürlichen Lebensgrundlagen beraubt. Zwar sind in der Geschichte des Lebens schon immer Arten ausgestorben (und wurden durch neue ersetzt). Das durch die moderne Technik, hauptsächlich durch die moderne Agrartechnik, ausgelöste Artensterben in den letzten fünfzig Jahren, stellt jedoch alle biologischen Katastrophen der geologischen Vergangenheit in den Schatten. Die natürliche Anpassungsfähigkeit von Leben ist – vom Zeitmaßstab her gesehen – überfordert und eine dauerhafte Verarmung der Artenvielfalt die Folge. Die Evolution wird von der technischen Revolution überrollt.

Hinzu tritt eine Verschmutzung der natürlichen Medien, d. h. der Böden, der Gewässer und der Luft mit Stoffen, die es vorher nie in der Natur gab oder zumindest nicht in diesen Formen oder Konzentrationen. Dies hat wiederum meist negative Auswirkungen auf Mensch, Tier und Pflanze und auf die vom Menschen geschaffenen Kunstprodukte, also auch auf die Technik selbst. Die Befürchtungen zielen darüber hinaus auf mehr oder weniger irreversible Verschiebungen im Gleichgewicht der großen geochemischen und energetischen Kreisläufe in der Biosphäre ab. Die Erde könnte langfristig dadurch unbewohnbar für Menschen werden.

Aufgabe

Die oben erwähnten Risiken und Gefahren sind auch deswegen so schwerwiegend, weil sich häufig die vollen Auswirkungen erst mit einer beträchtlichen Verzögerung zeigen. Andererseits darf man nicht der Illusion erliegen, daß technische Veränderungen, insbesondere wenn sie viel Kapital und Arbeitskraft erfordern, schnell durchzuführen seien – auch wenn die Erfindungen und Entwicklungen bereits gemacht wurden, die für die neuen Techniken notwendig sind. Aus diesen beiden Gründen muß frühzeitig gehandelt werden. Wollen wir unsere Verpflichtung gegenüber den nach uns kommenden Generationen erfüllen, müssen wir auf Gefahren achten, die vielleicht erst in ferner Zukunft lebensbedrohend werden, und jetzt mit der Umstellung auf neue Techniken beginnen, die erst in vielen Jahren breite Anwendung finden. Weit vorausschauend müssen wir denken *und* handeln. Hierzu will die Stiftung einen Beitrag leisten.

Sie engt das Thema jedoch in zweierlei Hinsicht ein: Der Zeithorizont ihrer Überlegungen wird in der Regel nicht das Ende des nächsten Jahrhunderts überschreiten. Jenseits dieses Horizonts verliert sich der Blick im Nichtvorhersagbaren. Völlig neue, heute noch nicht entdeckte Techniken werden heraufkommen, deren Möglichkeiten und Wirkungen man naturgemäß jetzt auch nicht in Umrissen angeben kann.

Zweitens wird die Stiftung sich nicht mit allen Techniken befassen, sondern sich auf einige, für Mensch und Natur besonders bedeutsame, wie Energietechnik, Transporttechnik, Agrartechnik und Umwelttechnik beschränken.

Auf dem Energiegebiet untersucht die Stiftung vor allem die Realisierbarkeit eines primärseitig auf Sonnenenergie und sekundärseitig auf Wasserstoff und Strom beruhenden umweltfreundlichen und unerschöpflichen Energiesystems.

In einem ersten Schritt werden zusammen mit Forschungsinstituten, Firmen und staatlichen Stellen Großanlagen in nordafrikanischen Wüstenzonen und im Süden Europas und mittlere und dezentrale Anlagen in Mitteleuropa in Verbindung mit den Verteilernetzen für Strom und Gas betrachtet. Ein Schwerpunkt wird die Abschätzung des Kostenreduktionspotentials der Techniken, insbesondere der Fotovoltaik, durch »low-cost«-Konstruktionen und aufgrund der »learning curve« durch Massenfertigung der Komponenten sein.

Auf dem Transportgebiet befaßt sich die Stiftung vor allem mit langfristigen technischen Entwicklungen in Verbindung mit künftigen Informations- und Kommunikationstechniken. Das Schwergewicht liegt dabei auf den Techniken der Luftfahrt und des schienengebundenen Verkehrs.

Die Luftfahrt ist eine relativ junge Technik mit schnellem technischen Fortschritt. Es besteht jedoch Unsicherheit darüber, wann neue Innovationsschübe zu erwarten sind und auf welchen Teilgebieten (Struktur, Aerodynamik, Antrieb, Avionik) sie auftreten werden. Die Stiftung versucht darauf Antwort zu geben.

Die Eisenbahn ist trotz hoher getätigter Investitionen defizitär. Die Stiftung hat sich die Aufgabe gestellt, neue Betriebsformen, Fahrzeug- und Umschlagtechniken und Informationssysteme zu entwickeln, um dieser relativ umweltfreundlichen Transporttechnik die ihr gebührende Zukunft zu sichern.

Auf dem Agrargebiet untersucht die Stiftung die verschiedenen Wege, die die Agrarwirtschaft in Zukunft einschlagen kann, und zwar sowohl in unserem Land, als auch unter den Bedingungen der Äquatorzone. In den letzten Jahrzehnten haben die Spannungen zwischen Umwelt und Agrarwirtschaft stetig zugenommen. Die Untersuchung geht der Frage nach, wie diese Spannungen dauerhaft abgebaut werden können, und doch das Ziel einer ausreichenden Ernährung der Weltbevölkerung sichergestellt werden kann.

Es werden vor allem zwei Wege analysiert: Erstens die Weiterentwicklung der Hochertragslandwirtschaft und Umwidmung der aus der Produktion ausscheidenden Flächen für den Naturschutz und die Energiewirtschaft und zweitens die Weiterentwicklung des biologischen Landbaus.

Im Rahmen dieser Aufgabe werden verschiedene konkrete Betriebsmodelle für die Erzielung einer Kreislaufwirtschaft entwickelt und pilothaft angewendet. Eines die-

ser Modelle soll zum Beispiel im Babacuwald im Nordosten Brasiliens realisiert werden.
Die Stiftung führt darüber hinaus zur Verbreitung ihrer Forschungsergebnisse und Durchsetzung ihrer Anliegen wissenschaftlich-technische und technisch-gesellschaftliche Veranstaltungen durch. Sie stellt sich damit als Plattform für den Dialog der verschiedensten gesellschaftlichen Gruppen und der Öffentlichkeit über die Zukunft der Technik zur Verfügung.

Vorgehensweise

Zukunftsbetrachtungen können nach zwei grundsätzlich unterschiedlichen Methoden erfolgen, die am treffendsten mit den Worten »Planung« und »Prognose« beschrieben werden. Die Stiftung arbeitet mit beiden Methoden.
Planen heißt »systematisch vorausdenken, um bewußt die Zukunft nach unseren Vorstellungen zu gestalten«. Hierfür benötigt man zuerst ein Planungsziel. Es muß also in einem ersten Schritt ein Techniksystem »konstruiert« werden, das dem Menschen die gewünschten Dienstleistungen liefert, das ausgewogene und humane Arbeit bereitstellt, das knappe Ressourcen, insbesondere natürliche Landschaft, schont, und das schädliche Emissionen vermeidet.
Nunmehr wird in einem zweiten Schritt die Phase des Überganges vom gegenwärtigen zu diesem zukünftigen Techniksystem untersucht. Hierbei spielen folgende Fragen eine Rolle: Wann müssen welche Techniken einsatzbereit sein? Wieviel Kapital und Arbeitskraft erfordert ihre Einführung? Wieviel Materialien und Energie werden dafür benötigt? Was erschwert oder verhindert gar ihre Akzeptanz? Wenn Randbedingungen verletzt werden: Wie muß das Ziel modifiziert werden (Kompromisse, Hinausschieben des Realisierungszeitpunktes).
Indem man diesen Prozeß mehrfach durchläuft, erhält man eine konsistente Planung des Überganges vom gegenwärtigen zum gewünschten zukünftigen Techniksystem.
Technikprognose geht an das Problem aus einem völlig anderen Blickwinkel heran. Sie stellt sich die Frage, ob aus der Kenntnis technischer Vorgänge in Vergangenheit und Gegenwart auf den möglichen Verlauf in der Zukunft geschlossen werden kann. Sie will also die Zukunft nicht verändern, sondern ihren Verlauf erkennen. Sie hat immer mit dem Problem zu tun, daß jede Prognose selbst die Zukunft beeinflußt.
Die Grundfrage der Technikprognose ist: Haben wir es bei der technischen Entwicklung mit einer willkürlichen Folge von Ereignissen zu tun oder gibt es unter der sichtbaren Oberfläche eine Gesetzmäßigkeit, die man durch sorgfältige Analyse der empirischen Daten der Vergangenheit herausfinden und für die Vorhersage zukünftiger Ereignisse verwenden kann? Wenn letzteres verneint werden muß, kann es keine Prognose geben.
Bejaht man jedoch diese Frage, was die Stiftung tut, so geht es darum, aus dem historischen Datenmaterial Gesetzmäßigkeiten zu filtern, die die Zukunft möglicherweise bestimmen. Die Stiftung wird bei ihrer Arbeit die diesbezüglichen Forschungsergebnisse berücksichtigen und selbst tätig werden.